AF635445

Wilhelm Busch · 365 mal ER

WILHELM BUSCH

# 365 MAL ER

TÄGLICHE ANDACHTEN

neukirchener

MIX
Papier | Fördert gute Waldnutzung
FSC® C018236
FSC www.fsc.org

Bibliografische Information der Deutschen Nationalbibliothek:
Die Deutsche Nationalbibliothek verzeichnet diese Publikation in der Deutschen Nationalbibliografie; detaillierte bibliografische Daten sind im Internet über http://dnb.d-nb.de abrufbar.

Die automatisierte Analyse des Werkes, um daraus Informationen insbesondere über Muster, Trends und Korrelationen gemäß § 44b UrhG zu gewinnen, ist untersagt.

21. Auflage 2024
© 2011 Neukirchener Verlagsgesellschafts mbH, Neukirchen-Vluyn
Alle Rechte vorbehalten
Umschlaggestaltung: Grafikbüro Sonnhüter, www.grafikbuero-sonnhueter.com, unter Verwendung eines Fotos von © iStockphoto.com
Verwendete Schrift: Palatino
Gesamtherstellung: Drukarnia Dimograf Sp z o.o., Bielsko-Biała
Printed in Poland
ISBN 978-3-7615-4158-6

www.neukirchener-verlage.de

Wiewohl er gestorben ist,
redet er noch.

*Hebräer 11, Vers 4*

**Seine Barmherzigkeit hat noch kein Ende, sondern sie ist alle Morgen neu.** Klagelieder 3, 22 und 23

In aller Frühe, wenn die meisten Leute noch schlafen, gehen die Zeitungsausträger durch die Straßen der Großstadt und stecken die druckfeuchten Blätter in die Briefkästen. Kaum sind die Leute erwacht, greifen sie danach, um schnell „das Neuste" zu erfahren.

Nun sagt unser Textwort: All diese Neuigkeiten sind gar nicht so überwältigend neu. Es gibt ein Allerneustes. Das sollten wir jeden Morgen begierig in uns aufnehmen. Es ist die Barmherzigkeit Gottes. „Seine Barmherzigkeit ist alle Morgen neu."

Die Tagesneuigkeiten, die wir am Morgen in der Zeitung lesen, sind oft sehr unerfreulich. Ja, sie können uns die Laune für den ganzen Tag verderben. Die taufrische Barmherzigkeit Gottes aber kann uns den ganzen Tag erfreuen, ja, sie kann den grauen Alltag mit hellem Licht erfüllen.

Unser Herz ist allerdings oft gar nicht bereit, diese Barmherzigkeit Gottes zu sehen. Es geht uns oft, wie es dem Sänger des 73. Psalms ging. Er sagte bitter: „Meine Strafe ist alle Morgen da!" So seufzt vielleicht mancher Kranke, mancher Sorgenbeladene, mancher Verbitterte: „Nicht die Barmherzigkeit Gottes, sondern mein Elend ist alle Morgen neu! Sonst nichts!"

Sonst nichts?! Doch Gottes Barmherzigkeit ist über allem Jammer der Welt alle Morgen das Allerneuste. Wer es nicht glauben will, der schaue auf das Kreuz von Golgatha. Paulus sagt von diesem Kreuz: „Gott hat seines eigenen Sohnes nicht verschonet . . . Wie sollte er uns mit ihm nicht alles schenken!" Wer dahin sieht, erkennt, wie Gottes Barmherzigkeit in hellem Glanz durchbricht.

*Herr! Schenke uns doch jeden Tag den hellen Blick auf Deine große Barmherzigkeit! Amen.*

**Du sollst auch einen Räucheraltar machen ... Und Aaron soll darauf räuchern gutes Räuchwerk alle Morgen.**

2. Mose 30, 1 und 7

Das Heiligtum, von dem hier Gott spricht, ist längst verschollen. Aaron ist gestorben. Aber das „gute Räuchwerk" steigt immer noch alle Morgen zum Himmel auf.

Denn in der biblischen Bildersprache ist das „gute Räuchwerk" eine Chiffre für das Gebet der Kinder Gottes.

Manchmal wünsche ich mir, ich könnte nur einen Augenblick lang eine Stadt ansehen, wie Gott sie sieht. Was steigt da am Morgen doch auf an Unruhe, Hetze, Schimpfereien, Fluchen und Unsauberkeit. Wie eine dunkle Wolke muss das in den Augen Gottes aussehen.

Aber sieh – durch all diesen üblen Qualm dringt der Geruch lieblichen Räuchwerks zu Gottes Thron auf. Wenn ich auch die dunkle Wolke über der Stadt nicht sehen möchte und könnte – d a s möchten meine Augen doch gern einmal erblicken: diese „guten Räuchwölkchen" der Gebete aus dem Mund und Herzen der Kinder Gottes.

„Alle Morgen", heißt's vom Räuchopfer Aarons. Kinder Gottes, die sich durch das Blut Jesu erkauft wissen für Gott, können nicht einfach in den Tag hineinstürmen. „Alle Morgen" lassen sie ihr Räuchopfer als Lob und Bitte vor den Thron Gottes kommen.

Jetzt muss aber auch noch dies gesagt werden: Hier ist geheimnisvoll die Rede von einer der tröstlichsten Wahrheiten. Aaron war der erste Hohe Priester im alttestamentlichen Gottesvolk. In ihm ist Jesus, unser Heiland, vorgebildet. Und dieser Hohe Priester bringt „alle Morgen" vor den himmlischen Vater das Räuchopfer der Fürbitte für die Kinder Gottes. „Er ist zur Rechten Gottes und vertritt uns."

*Herr! Wir danken Dir, dass wir vor Dir nicht vergessen sind. Amen.*

**Herr, unser Herrscher! Wie herrlich ist Dein Name in allen Landen!** Psalm 8, 2

„Nun ja“, wird mancher verdrießlich sagen, „das ist ja ein großartiger Lobgesang! Nur – in meinen grauen Alltag passt er nicht hinein! In der himmlischen Welt, in der Gott lebt, da mag man wohl solche Töne hören! Sie passen wohl auch noch in die Kirche, wo man ja die großen Worte gerne hat. Aber von meinem grauen Alltag ist solch ein Lobvers himmelweit entfernt.

‚Herr, unser Herrscher! Wie herrlich ist Dein Name in allen Landen!‘ Großartig! Gewiss! Aber ich habe es zu tun mit kläglichen Kleinigkeiten, mit viel Ärger, mit missgünstigen und kleinlichen Menschen . . . Kurz: dieser Lobgesang und mein Alltagsleben sind zwei ganz verschiedene Welten. Der Lobvers passt in die Bibel, aber nicht in mein tägliches Leben!“

So wird manch einer denken.

Aber nun wollen wir den Spieß umdrehen! Wahrscheinlich ist unser Alltag so grau, kleinlich und verdrießlich, weil wir die Herrlichkeit Gottes und sein Lob aus unserm täglichen Leben ausgeschlossen haben. Wir füllen unser Leben aus mit Sorgen, mit Befriedigung primitiver Bedürfnisse, mit kleinen Streitereien und alldem. Und gegen die Herrlichkeit Gottes haben wir die Fenster dicht gemacht. Darüber werden unser Alltag und unsere Seelen klein und muffig.

Wie wäre es, wenn wir unsern Tag beginnen würden mit solch einem anbetenden Satz: „Herr, unser Herrscher! Wie herrlich ist Dein Name in allen Landen!“ Da würde unsere Seele weit und froh! Das wäre eine Atemübung in Himmelsluft!

*Herr! Du bist in Jesus in diese arme Welt gekommen. Nun komm sogar in unsern Alltag! Amen.*

**So ferne der Morgen ist vom Abend, lässt er unsre Übertretungen von uns sein.** Psalm 103, 12

Ein kühnes Bild zeigt der Psalmsänger: Er sieht den Morgen und den Abend wie zwei gewaltige Läufer, die atemlos auf einer Kreisbahn hintereinander herrennen. Jeder will den andern einholen. Aber sie schaffen es nicht.

Und nun deutet der Psalmdichter das Gleichnis: „So unmöglich es ist, dass der Abend den Morgen einholen kann, so unmöglich ist es, dass mich meine Sünden einholen können, wenn Gott sie mir vergeben hat."

Ein herrliches Bild, mit dem der Dichter die Vergebung der Sünden preist! Die Vergebung der Sünden bietet Gott uns an in Jesus, der für uns am Kreuz gestorben ist.

Nun müssen wir aber auch sehen: Unser Psalmwort hat einen düsteren Hintergrund: Wo man die Vergebung der Sünden nicht hat, da holen uns eines Tages unsere Sünden ein.

Im ersten Buch der Bibel wird eine Geschichte berichtet von einem jungen Mann, der von seinen Brüdern als Sklave verkauft wurde. Nach vielen Jahren, als die alte Sache längst vergessen zu sein schien, kamen die bösen Brüder in ein schlimmes Unheil. Und da sprach einer von ihnen es endlich aus, was alle dachten: „Das haben wir an unserm Bruder Joseph verschuldet." Nun hatte ihre Sünde sie eingeholt.

Man kann lange seiner Schuld weglaufen und seine Sünden leugnen. Aber Gott ist gerecht und heilig. Er sorgt dafür, dass unsere Sünden uns einholen – und wenn es im Jüngsten Gericht wäre! Dann heißt es: „Das habe ich verschuldet! Nun bin ich dem Gericht Gottes verfallen! Wer soll mir jetzt helfen?"

Wie anders spricht unser Psalmdichter: „So ferne der Morgen ist vom Abend, lässt Gott unsere Übertretungen von uns sein" – weil zwischen meinen Sünden und mir das Kreuz Jesu steht.

*Herr, lass uns die Vergebung suchen und finden! Amen.*

**Herr, gedenke, wie kurz mein Leben ist.** Psalm 89, 48

Die Bibel gibt doch immer wieder neue Ausblicke!

Es ist eine alte Sache, dass der Mensch ermahnt wird: „Gedenke, wie kurz dein Leben ist!" Wenn im alten Rom ein siegreicher Feldherr im Triumph in die Stadt Rom einzog, stand ein Sklave hinter ihm, der immerzu sagte: „Denke daran, dass du ein sterblicher Mensch bist!" Und die Mönche des Mittelalters legten einen Totenschädel auf ihr Gebetspult: „Memento mori = Denke an dein Sterben!"

Ja, als ich an unserm Textwort hängen blieb, fiel mein Blick auf die gegenüberliegende Seite. Da las ich: „Lehre uns bedenken, dass wir sterben müssen, auf dass wir klug werden!" „Lehre uns!"

Wie seltsam nun ist unser Textwort! Da wird nicht der Mensch ermahnt, die Kürze des Lebens zu bedenken. Es wird vielmehr Gott ermahnt: „Gedenke, wie kurz mein Leben ist!"

Was dachte sich der Psalmdichter bei diesem Gebet?

Das geht aus dem Zusammenhang deutlich hervor: Er war ein Mann, dem es ernst um Gott zu tun war. Und nun erlebte er es, dass der Herr sein Angesicht verbarg: „Herr, wie lange willst Du Dich so gar verbergen und Deinen Grimm wie Feuer brennen lassen?" Alle seine Sünden stehen gegen ihn auf. Er, der sich bisher so gut vorkam, muss bekennen: „Du zerstörst meine Reinigkeit!" Er sieht nur noch seine und des Gottesvolkes Sünden. Und darüber den Zorn Gottes.

Aber so kann man nicht leben. Und da betete er, der Herr möge ihn doch nicht sterben lassen, ehe er die Gnade erfahren und gesehen hat. Er möchte, dass sein kurzes Leben ein Gefäß werde, in das die Gnade strömt.

*Herr Jesus! Du Gnadenreicher! Lass mein Leben nicht verrinnen, ehe ich Dich gefunden habe! Amen.*

**Da Jesus geboren war zu Bethlehem . . ., siehe, da kamen die Weisen vom Morgenland . . .** Matthäus 2, 1

Das ist doch merkwürdig, dass ein kleines Kind Menschen aus fernen Landen anzieht!

Wenn sonst ein Kindlein zur Welt kommt, da gibt es ja auch einige Unruhe: Die Großeltern kommen. Und vielleicht eine Tante. Und ein paar Bekannte aus der Nähe. Aber damit ist es aus!

Das Kind Jesus aber zieht Menschen an aus großer Ferne. Aus äußerer Ferne. Aber auch aus großer innerer Ferne! Denn diese „Magier" – wie es im griechischen Text heißt – waren bestimmt Leute, die unheimlich verwickelt waren in die Bindungen eines düsteren Heidentums.

Jesus zieht sie an. Welch eine Anziehungskraft ist in diesem Kinde!

Unvergesslich ist mir der erste physikalische Versuch, den unser Lehrer mit uns Schuljungen machte: Er hatte einen kleinen Berg von Sägespänen auf den Tisch gehäuft. Nun hielt er einen starken Magneten in die Späne hinein. Da wurde der Späneberg auf einmal lebendig. Jetzt erst sahen wir, dass unter die Sägespäne Metallstreifchen gemischt waren. Die zwängten sich durch die Späne herbei zum Magneten hin.

Jesus ist der Magnet, den Gott in die Welt hineinhält. Und man kann schon erschrecken bei dem Gedanken: „Gehöre ich vielleicht zu den toten, unbewegten Sägespänen?"

Was für Leute sind es denn, die Jesus anzieht?

Die unruhigen Herzen, die nach Vergebung der Sünden schreien. Die Hungrigen, die verlangen nach Frieden mit Gott.

*„Zieh mich, o Vater, zu dem Sohne . . .!" Amen.*

**Da Jesus geboren war ..., siehe, da kamen die Weisen vom Morgenland ... und sprachen: ... wir sind gekommen, ihn anzubeten.** Matthäus 2, 1 und 2

Das ist doch merkwürdig: Hier treten Leute auf, von denen wir gar nichts wissen.

Wer in ein Hotel kommt, muss einen Meldezettel ausfüllen. Da steht zuerst: „Name?" Dorthin schreibt man seinen Familiennamen. „Vorname?" Dahin schreibe ich „Wilhelm". Welchen Namen hätten wohl die Weisen geschrieben? Wir wissen es nicht. – Auf dem Meldezettel wird weiter gefragt: „Beruf?" Ja, welchen Beruf hatten die Weisen? Keiner weiß es. Im griechischen Text steht „Magier". Luther übersetzt: „Weise". Aber eins ist so unklar wie das andere. – Im Meldezettel wird gefragt nach der Staatszugehörigkeit. In welchen Staat gehörten die Weisen? „Morgenland", das ist ein weites Feld.

Wir wissen nicht einmal, wie viel „Weise" es waren. Dies Nicht-Wissen hat die Menschen gequält. Darum haben sie ein bisschen fantasiert. Sie haben erklärt, es seien drei gewesen. Und Könige seien es gewesen. Und Kaspar, Melchior und Balthasar seien ihre Namen.

Aber das sind Erfindungen. Die Bibel weiß davon nichts. So seltsam ist es mit diesen Leuten.

Nur ein Einziges wissen wir von ihnen: Sie wollten Jesus anbeten. Und sie haben es getan.

Ich hörte einmal, wie in einem Streit drohend ein Junge zum andern sagte: „Ich weiß allerhand von dir!" Wie schön wäre es, wenn man von dir und mir nur das Eine richtig wüsste: Er verehrt und liebt den Herrn Jesus und betet ihn an.

Dem Liederdichter Tersteegen war das ein Herzenswunsch. Darum hat er in einem Lied gebetet: „In Wort und Werk und allem Wesen / Sei Jesus und sonst nichts zu lesen."

*Herr! Sammle die tausend Wünsche unseres Herzens wie in einem Brennspiegel in Dir! Amen.*

**Die Weisen fanden das Kindlein . . . und fielen nieder und beteten es an . . .** Matthäus 2, 11

Wie oft ist diese Szene in der bildenden Kunst dargestellt worden! Die Maler zog wahrscheinlich die Unbegreiflichkeit an, dass große, prächtige, reife Männer vor einem hilflosen Kind im Staube liegen.

Das ist ja auch eine merkwürdige Tatsache, über die nachzudenken es sich lohnt.

„Sie beteten das Kindlein an." Das hieß – kurz gesagt: Sie erkannten die Gottheit dieses Kindes an. Sie sahen in ihm die Offenbarung Gottes.

Welch eine Erleuchtung! Als der Jünger Petrus später den Herrn Jesus als „Sohn des lebendigen Gottes" bekannte, sagte der Herr zu ihm: „Fleisch und Blut haben dir das nicht offenbart, sondern mein Vater im Himmel." Der Heilige Geist muss unsere Herzen erleuchten, wenn wir Jesus als den erkennen wollen, der aus der anderen Welt, aus der Welt Gottes, zu uns kam.

Die Weisen waren zu Hause in einer Welt, die tief religiös war. Allen Religionen ist gemeinsam, dass der Mensch zu Gott vordringen will. Aber allen Religionen gemeinsam ist auch dies, dass keine bis zu Gott gelangt.

Als die Weisen das Kind Jesus anbeteten, bekannten sie: Das ist das Ende aller Religionen, in denen der Mensch Gott sucht. Jetzt ist Gott zu uns gekommen und sucht uns.

Wer das begreift, den treibt es auch heute noch auf die Knie, dass er sprechen muss: „Ich bete an die Macht der Liebe, die sich in Jesus offenbart . . ."

Es hat die Weisen bei dieser Anbetung nicht gestört, dass sie ja sehr allein waren. Ihre letzten Auskünfte hatten sie in Jerusalem bekommen. Und es ist geradezu peinlich, dass nicht ein einziger mit ihnen gegangen war. Aber das hinderte sie nicht, Jesus anzubeten.

*Herr! Lass uns bei den Wenigen sein, die Dich und Dein Heil erkennen! Amen.*

**Die Weisen fanden das Kindlein . . . und beteten es an.**
Matthäus 2, 11

Eine wunderbare Stunde!

Tiefe Stille erfüllt den Raum. Wer offene Augen gehabt hätte für das Unsichtbare, der hätte gewiss sehen können, was dies Kind später als Mann zu den ersten Jüngern sagte: „Ihr werdet den Himmel offen sehen und die Engel Gottes hinauf- und herabfahren auf des Menschen Sohn."

Die Weisen waren kluge und gelehrte Leute. Und ihre Vernunft hat gewiss allerlei Einreden gehabt gegen die Behauptung: In diesem schwachen Kind armer Leute ist der Schöpfer Himmels und der Erde bei uns eingekehrt. Aber das eben ist das Wunder der Anbetung, dass die Vernunft schweigen muss vor der Gotteswirklichkeit; dass alles Fragen still wird; dass all die tausend quälenden Stimmen des Herzens zusammenklingen in dem Einen: „Sollt uns Gott nun können hassen, / Der uns gibt, / Was er liebt / Über alle Maßen? / Gott gibt, unserm Leid zu wehren, / Seinen Sohn / Aus dem Thron / Seiner Macht und Ehren."

Was anders könnte uns wohl aus der Friedelosigkeit unseres Herzens erlösen, als dass wir stolzen Leute des 20. Jahrhunderts demütig neben die Weisen aus dem Morgenland hintreten und sprechen: „Ich sehe Dich mit Freuden an / Und kann nicht satt mich sehen. / Und weil ich nun nichts weiter kann, / Bleib ich anbetend stehen . . ."

Wir beten mit den Worten eines Mannes (August Ebert) aus unsern Tagen:

*„Die Weisen hat dein Stern herbeigezogen, / Sie opferten ihr Gold zum Angebinde. / Mir hat es auch mein Haupt hinabgebogen, / Dass ich es neige Dir, dem heil'gen Kinde; / Denn Dich umleuchtet reiner Gottesglanz. / So tu ich Deinem Strahl mich auf und bitte: / Durchdringe Du mein Wesen endlich ganz! / Sei Du mir Ursprung, Ziel und heil'ge Mitte!" Amen.*

**Die Weisen taten ihre Schätze auf und schenkten ihm Gold, Weihrauch und Myrrhe.** Matthäus 2, 11

Das waren Geschenke, wie sie bestimmt auf keinem Weihnachtstisch gelegen haben. „Gold" – vielleicht! Aber nicht so viel Gold, wie die Weisen brachten. Denn davon konnten Maria und Joseph nachher lange in Ägypten leben. Aber – Weihrauch! Wer bekommt schon Weihrauch?! Und erst gar Myrrhe! Wir wissen wahrscheinlich gar nicht, was das ist. Was ist denn wohl Myrrhe?

Schon die alten Ausleger haben in diesen Geschenken eine heimliche Bedeutung erkannt.

Luther hat gesagt, die Myrrhe weise schon hin auf den Kreuzestod Jesu. Denn ehe man ihn kreuzigte, gab man ihm „Myrrhe mit Wein" zu trinken. Und bei seiner Bestattung brachte Nikodemus „Myrrhe und Aloe bei hundert Pfunden". Es ist einfach herrlich, wie die alten Ausleger überall einen Hinweis auf das Kreuz finden. Denn nichts ist größer und wichtiger als das, was auf Golgatha geschah.

Manche sehen in den Geschenken einen Hinweis auf die drei Ämter Christi: Das Gold weist auf sein K ö n i g s a m t. Der Weihrauch, wie ihn die Priester im Tempel brauchten, weist auf sein P r i e s t e r a m t, durch das wir mit Gott versöhnt werden. Und die Myrrhe, die als wertvolles Parfüm benutzt wurde im Altertum, weist auf ein P r o p h e t e n a m t. Seine Rede ist Wohlgeruch. In Nazareth wunderten sich die Leute seiner „holdseligen Worte".

Wir wollen uns den andern Auslegern anschließen, die in den Geschenken der Weisen Vorbilder auf das sehen, was wir schenken können: Gold des Glaubens, Weihrauch des Gebets, Myrrhen (die im Geschmack bitter sind) der Buße und Reue.

Wir wollen mit diesen Gaben, die ihn erfreuen, unseren Herrn ehren.

*„Nimm doch, nimm doch gnädig an, / Was ich Armer schenken kann!" Amen.*

**Die Eltern Jesu meinten, Jesus wäre unter den Gefährten, und kamen eine Tagereise weit und suchten ihn ... Und da sie ihn nicht fanden ...** Lukas 2, 44 und 45

Ungeheures Getümmel erfüllte die Straßen und Plätze Jerusalems. Das große Gottesfest war zu Ende.

Da vermissten Maria und Jospeh ihren 12-jährigen Jesus. „Nun!", sagte Joseph. „Er wird schon mit Bekannten aus Nazareth aufgebrochen sein!" So zogen sie los. Und als sie die Reisegesellschaft aus Nazareth trafen, war die erste Frage: „Ist Jesus bei euch?" Welche Enttäuschung! Er war nicht da!

In einer Lebensbeschreibung eines Gottesmannes las ich, wie er als junger Mann Gott und Frieden für sein Herz suchte. Bei einer Sonntagswanderung kam er an einer Kirche vorbei, wo gerade die Glocken läuteten. „Hier ist eine Reisegesellschaft, die zum Himmel wandert", dachte er und ging hinein. Aber er war enttäuscht, als er hörte, wie zwei leise miteinander zankten. Er sah ein paar Mädel, die kichernd einige junge Männer auf sich aufmerksam machen wollten. Der Gesang war kümmerlich. „Singen so die Erlösten?", dachte er. Und als die Predigt ein „Mischmasch von religiösen Gedanken und Weltweisheit" war, schlich er hinaus.

Hier war eine Reisegesellschaft, bei der Jesus nicht zu finden war.

Und nun müssen wir fragen: Ist unsere Familie, ist unser Freundeskreis, sind unsere christlichen Kreise Reisegesellschaften, wo man Jesus findet? Ja, sind wir selbst Leute, bei denen suchende Herzen ihren Heiland finden können?

Wir müssen einmal die ersten Kapitel der Apostelgeschichte lesen, wo uns die erste Christenheit gezeigt wird. Ja, das war eine Reisegesellschaft, bei der Jesus zu finden war. So sollte es bei uns sein!

*Herr Jesus! Wir möchten Dich gern bei uns haben. Amen.*

**Da die Eltern Jesu ihn nicht fanden, gingen sie wieder nach Jerusalem und suchten ihn.** Lukas 2, 45

Bei Massenveranstaltungen kommt es ja immer mal vor, dass Kinder im Gewühl abhanden kommen und gesucht werden.

Es ist also doch wohl nichts Besonderes gewesen, dass Maria und Joseph ihren 12-jährigen Jesus im Getümmel eines großen Gottesfestes in Jerusalem verloren.

Doch! Es war etwas Besonderes! Weil es sich nämlich nicht um irgendein Kind, sondern um Jesus handelte.

Seht die beiden an: Sie haben Jesus verloren. Sind sie nicht geradezu Abbilder des „christlichen Abendlandes"? Man hat Kirchen – wie man dort den Tempel hatte. Man hat Religion – wie man in Jerusalem Opfer und Kultus hatte. Aber Jesus hat man verloren. Und wo man Jesus verloren hat, hat man Gottes Gnade verloren und den guten Hirten, der unsere Seelen versteht.

Die Eltern suchten Jesus. Aber nicht, weil sie ihn nötig zu haben meinten, sondern weil sie glaubten, das Kind habe sie nötig. Wieder gleichen die beiden dem „christlichen Abendland". Man unternimmt allerlei, um das Christentum zu erhalten und zu retten. Man bildet sich ein, Jesus habe uns und unsere Hilfe nötig.

Es ist alles ganz anders! Darum würden wir gut tun, mit allen unsern Kräften Jesus zu suchen. Er sagt: „So ihr mich von ganzem Herzen suchen werdet, will ich mich von euch finden lassen." Wir wollen ihn suchen, nicht weil er uns braucht, sondern weil wir ihn nötig haben. Wir wollen ihn suchen, weil wir ohne ihn Gott verlieren, die Gnade Gottes und unser ewiges Heil. Wir wollen ihn suchen, weil er der Einzige ist, der Sünden vergibt, Frieden mit Gott schenkt und unsere Herzen erneuert.

*Herr Jesus! Wir danken Dir, dass Du uns schon lange gesucht hast. Amen.*

**Und es begab sich, nach drei Tagen fanden die Eltern Jesus im Tempel sitzen mitten unter den Lehrern, wie er ihnen zuhörte und sie fragte. Und alle verwunderten sich seines Verstandes und seiner Antworten.** Lukas 2, 46 und 47

Das ist erstaunlich! Zwölf Jahre war Jesus alt, als dort im Tempel die Weisen und Gelehrten seines Volkes sich um ihn scharten und sich mit ihm in ein tiefes Gespräch über göttliche Dinge einließen.

Das war ein großartiger Anfang für die Laufbahn Jesu!

Und wer war nun der Letzte, mit dem er im Sterben sprach? Es war ein Mörder, der neben ihm gekreuzigt war!

Mit der geistigen Elite fing Jesus an – und mit dem Mörder endete er. Von der Prominenz zum Verbrecher! Ist das nicht eine erschütternde Niveausenkung?!

Was wir jetzt beobachtet haben, ist bedenklich – nicht für Jesus, sondern für die klugen und gelehrten Männer dort im Tempel. Ein Gleichnis Jesu kann uns das verdeutlichen:

Er verglich einst das Reich Gottes mit einem großen Festmahl, das ein König veranstaltete. Der König schickte seinen Knecht aus, die Gäste einzuladen. Aber die wollten nicht kommen. Da schickte der König seinen Boten „an die Hecken und Zäune", um alle einzuladen, die nur kommen wollten, die Krüppel und die Elenden.

Jesus ist der „Knecht Gottes", der zum Festmahl ruft. Er rief diese Gelehrten im Tempel. Aber sie verwarfen ihn. Da ging er zu den Verlorenen, zu dem Schächer und den Zöllnern und Sündern. Und so geht es heute noch.

Jesus ist auf die „geistige Elite" nicht angewiesen. Aber wir alle – wer wir auch sind –, wir können nicht leben und nicht selig werden ohne ihn.

*Herr! Bewahre uns davor, Deinen Gnadenruf zu verachten! Amen.*

**Mein Sohn, warum hast du uns das getan?** Lukas 2, 48

So fragte vorwurfsvoll Maria, als sie nach langem Suchen ihren verlorenen 12-jährigen Sohn Jesus im Tempel wieder fand. „Warum hast du uns das getan?"

Sie bekam eine Antwort, die sie nicht verstand. Und so musste sie schon am 12-jährigen Jesus lernen, dass er der Herr ist, der uns keine Rechenschaft schuldet.

Maria hat noch oft so fragen müssen. „Warum hast du uns das getan?", hat sie gefragt unter dem Kreuze, als sie Jesus sterben sah und den Sinn seines Todes noch nicht verstand.

„Warum hast du uns das getan?", müssen immer wieder die Jünger Jesu fragen, wenn ihr Herz sie dunkle Wege führt. So haben Christen manchmal gefragt, wenn er die Hand von ihnen abzog und die Sünde mächtig wurde. So haben sie oft gefragt, wenn sie Niederlagen erlebten, wo sie Siege Jesu zu sehen hofften.

Und immer liegt ein Vorwurf in dieser Frage – ein Vorwurf, der uns nicht zusteht, weil Jesus der Herr unseres Lebens ist.

Dieser Vorwurf aber verschwindet aus der Frage, wenn wir uns unter Jesu Kreuz stellen. Da sehen wir den Gewaltigen mit der Dornenkrone sterben. Und dann müssen wir fragen: „Herr, die Bibel sagt, dass Du für uns da hängst. Warum hast Du das für uns getan?"

Und nun antwortet er: „Ich sah, wie ihr unter dem gerechten Zorn Gottes steht um eurer Sünden willen. Ich aber habe euch lieb und will nicht, dass ihr in die Hölle kommt. Darum habe ich an eurer Statt den Zorn Gottes und sein Gericht auf mich genommen. Ich trage die Strafe, auf dass ihr Frieden hättet. Darum habe ich euch das getan!" Wer diese Antwort hört und glaubt, stellt keine Fragen mehr.

*„Tausend-, tausendmal sei Dir, / liebster Jesu, Dank dafür!" Amen.*

**Wisst ihr nicht, dass ich sein muss in dem, das meines Vaters ist?** Lukas 2, 49

Es ist interessant, wie Jesus hier ganz klar die Frage beantwortet, wo er denn eigentlich herstamme, wer sein Vater sei.

Bei einem der großen Feste in Jerusalem haben Maria und Joseph den 12-jährigen Jesus aus den Augen verloren. Nach drei Tagen endlich fanden sie ihn im Tempel.

„Dein Vater und ich haben dich mit Schmerzen gesucht!", ruft Maria vorwurfsvoll. In geradezu majestätischer Endgültigkeit antwortet Jesus: „Mein Vater hat mich gesucht? O nein! Ich bin hier im Tempel Gottes geblieben, weil Gott mein Vater ist."

Seit 2000 Jahren haben Spötter und Gelehrte, Theologen und Atheisten Jesus die Gottessohnschaft abgesprochen. Wenn sie Recht hätten, wäre Jesus ein Betrüger oder ein Irrer. Denn er hat bis zu seinem Tod am Kreuz erklärt: „Ich bin von oben, ihr seid von unten!" Wenn sie Recht hätten, wüssten wir nichts von Gott, gäbe es keine Offenbarung, wäre die Welt gnadenlos, gäbe es keinen Trost im Leben und im Sterben.

Lasst uns Jesus dankbar sein für die klare Erklärung seiner Gottessohnschaft. Denn das heißt ja: Er ist wirklich die Offenbarung des verborgenen Gottes. Er ist wirklich der Erlöser unseres dunklen Lebens. Er ist wirklich die Tür zur Seligkeit. Er ist in Wahrheit der gute Hirte! Nun heißt es in der Bibel mit Recht von ihm: „Wer den Sohn Gottes hat, der hat das Leben." Nun ist wirklich über der Welt das Licht aufgegangen: „So sehr hat Gott die Welt geliebt, dass er seinen eingeborenen Sohn gab, auf dass alle, die an ihn glauben, nicht verloren werden, sondern das ewige Leben haben."

*Herr! Öffne unsere blinden Augen, dass wir Dich recht erkennen! Amen.*

**Und er ging mit ihnen hinab und kam gen Nazareth.**
Lukas 2, 51

Was war das für ein Herabsteigen!

Eben noch hat Jesus im Tempel majestätisch erklärt, dass Gott sein Vater sei. Nun geht er mit seinen Eltern nach Nazareth.

Ausgerechnet Nazareth! Ein verachtetes Dorf, von dem das Sprichwort ging: „Was kann von Nazareth Gutes kommen!“

Da sehen wir Jesus auf seinem Weg nach unten. Nazareth war nur eine Etappe. Der Weg begann in der ewigen Welt. Von Jesus heißt es: „Er war im Anfang bei Gott.“ Welch ein Herabsteigen war dann seine Menschwerdung. Die Bibel sagt: „Er entäußerte sich selbst und nahm Knechtsgestalt an, ward gleich wie ein anderer Mensch . . .“ Sein ganzes Erdenleben war ein Herabsteigen. Verächtlich sagten von ihm die Großen seines Volks: „Dieser nimmt die Sünder an und isst mit ihnen.“ Wie niedrig wurde Jesus, als er seinen Jüngern Sklavendienste tat und ihnen die Füße wusch! Und endlich stirbt er zwischen Verbrechern den schmählichen Tod am Kreuz. Nun ist er ganz unten!

Es kann sein, dass jetzt jemand abschaltet und denkt: „Was hat das alles mit unseren heutigen Problemen zu tun?“

Aber da liegt nun vor mir der Brief eines jungen Menschenkindes, das verzweifelt ist über seine Verstrickung in Sünde und das keinen Ausweg sieht.

Für solche Menschen ist Jesus herabgestiegen. Wir haben einen göttlichen Heiland, der herabsteigt zu den Sündern bis in die tiefsten Tiefen; der sich solidarisch erklärt mit den Sündern, ihre Schuld am Kreuz auf sich nimmt und sie herausholt aus den Tiefen Satans.

*Herr Jesus! Unser verklagendes Gewissen sagt uns, dass wir „unten“ sind. Dank sei Dir für Dein Kommen! Amen.*

**Jesus nahm zu an Weisheit . . .** Lukas 2, 52

Nun, das könnte genauso gut in der Lebensbeschreibung eines jeden Philosophen stehen. Es fragt sich nur, ob das die Weisheit ist, in der Jesus zunahm.

Weisheitslehrer sind sehr beliebt, wenn sie eine Weisheit lehren, die rein verstandesmäßig ist, über die man diskutieren kann, die – und das ist wichtig – unser Leben nicht angreift.

Was für eine Weisheit war es denn, in der Jesus „zunahm"? In der Bibel steht: Es gibt eine Offenbarung der Weisheit Gottes. Das Erstaunliche ist: Diese Weisheit ist zugleich Kraft. Und nun das Seltsamste: Diese Weisheit Gottes, die zugleich Kraft ist, ist das Kreuz Jesu Christi. So steht es in der Bibel: „Die Griechen fragen nach Weisheit. Wir predigen den gekreuzigten Christus . . . göttliche Kraft und göttliche Weisheit."

Das ist ein schweres Wort. Wir wollen es jetzt einfach hinnehmen: Das Kreuz Jesu ist die göttliche Weisheit.

„Jesus nahm zu an Weisheit." Was heißt das nun? Er wollte je länger je mehr nichts als das Kreuz. Jeden Tag wurde er gewisser und entschlossener, sein Leben hinzugeben für unsere Erlösung. Dem Heiland wurde sein Kreuz immer wichtiger. Wird es uns auch immer wichtiger? Hier ist göttliche Weisheit. Sollten nicht auch wir darin zunehmen? Auch wenn die Welt dies Kreuz für lauter Torheit ansieht. In einem Lied heißt es: „Seh ich das Kreuz den Klugen dieser Erden / Ein Ärgernis und eine Torheit werden, / So sei's doch mir, trotz alles frechen Spottes / Die Weisheit Gottes."

Das Kreuz Jesu muss unsere Lebensphilosophie werden, wenn wir im Reich Gottes leben wollen.

*Herr! Lass mich wachsen im Verständnis der göttlichen Weisheit! Amen.*

**Jesus nahm zu an Alter . . .** Lukas 2, 52

Dass solch eine Selbstverständlichkeit in der Bibel steht! Jeder nimmt doch zu an Alter!

Jawohl! Für uns ist das selbstverständlich. Aber für Jesus ganz und gar nicht!

Wir sind gleichsam in einem Kahn, der auf dem reißenden Strom der Zeit dahingetrieben wird. Gott aber ist das Ufer. Das steht fest.

Und Jesus? Die Bibel sagt von ihm: „Er war im Anfang bei Gott." Bei Gott, wo es keine Zeit gibt und kein Älterwerden. Jesus deutete einmal an, dass er Abraham kenne. Da regten sich die Leute auf: „Welch ein Unsinn! Du bist noch keine 30! Und Abraham lebte vor 1000 Jahren." Da entgegnete Jesus: „Ehe Abraham war, bin ich." Jesus also gehört an das Ufer zu Gott. Nicht in den Zeitstrom.

Und nun steht hier: „Er nahm zu an Alter." Das heißt: Er hat sich in den Strom der Zeit hineingeworfen, um Versinkende zu retten.

So ist es! Wir treiben dahin und versinken. Die Bleigewichte der Schuld ziehen uns hinunter. Wir treiben dahin und werden mit nichts fertig, am wenigsten mit uns selbst. Ein junger Mann schrieb bitter: „Man nannte uns halbstark, zur Hälfte stark. Und die andere Hälfte?! Keiner bemerkte sie . . . Keiner hörte das Winseln hinter dem Grölen, das Hilfsbedürftige unter der Kraftschicht." Das passt im Grunde auf jeden Menschen.

So treiben wir dahin in der Zeit. Verloren!

Aber nun stürzt sich Jesus, der Retter, in den Strom der Zeit. Er stirbt über seinem Rettungswerk. Aber gerade dadurch kann und will er uns an das rettende Ufer zu Gott bringen.

*Herr Jesus! Wir danken Dir, dass Du aus der Ewigkeit in die Zeit kamst, um uns aus der Zeit in die Ewigkeit zu bringen. Amen.*

**Und Jesus nahm zu . . . an Gnade bei Gott . . .** Lukas 2, 52

Was erlebte Jesus zwischen dem 12. und 30. Lebensjahr?

Wir wissen darüber nur: „Jesus nahm zu an Weisheit, Alter und Gnade bei Gott und den Menschen."

Weiter nichts?

Nein! Weiter nichts! Aber dieser eine Satz sagt uns genug. Er ist gar nicht so inhaltlos, wie er auf den ersten Blick erscheint.

„Gnade bei Gott." Das bedeutet hier so viel wie „Wohlgefallen".

Jeder eilige moderne Mensch denkt doch jetzt: „Na, das ist ja schön und gut, dass da vor 2000 Jahren einer Gottes Wohlgefallen hatte. Aber so wichtig kommt mir das nicht vor, dass man so viel Worte darüber verlieren muss."

Und das eben ist ein Irrtum! Dass wir noch atmen und leben, das verdanken wir dem Wohlgefallen Gottes an Jesus. Dies ist wahr, wenn anders die Bibel die Wahrheit sagt. Im Psalmbuch steht: „Der Herr schaut vom Himmel auf der Menschen Kinder, dass er sehe, ob jemand klug sei und nach Gott frage. Aber sie sind a l l e abgewichen . . ., da ist keiner, der Gutes tue, auch nicht einer."

Und darum ist die Welt reif, ja überreif zum Gericht und Untergang.

Aber halt! Da sieht nun Gott den Einen, Jesus! – an dem er Wohlgefallen haben kann. Und um dieses Einen willen ist Gott gnädig und hat Geduld. Wie groß muss wohl Gottes Gnade erst in unserem Leben werden, wenn wir diesen Einen als unseren Heiland annehmen! Paulus sagt: In Jesus werden wir Gott „angenehm".

*Herr Jesus! Lass uns Deine Einzigartigkeit erkennen und an Dich glauben! Amen.*

**Jesus nahm zu an ... Gnade ... bei den Menschen.**
Lukas 2, 52

Dies Wort muss uns ja den Atem verschlagen!

Es gibt eine Menge Menschen, die bekennen: „Wir sind glücklich, dass w i r bei Jesus Gnade gefunden haben!" Das ist ja die „frohe Botschaft", dass in Jesus die herrliche Gnade Gottes unter uns Sündern erschienen ist.

Aber hier in unserem Textwort ist die ganze Sache umgedreht und auf den Kopf gestellt. Da steht nicht: „Menschen fanden bei ihm Gnade!" Sondern: „Er, Jesus, der Gottessohn, fand Gnade bei den Menschen!"

Das ist unerhört! Das kommt uns ja beinahe wie eine Gotteslästerung vor. Hat denn Jesus Christus das nötig, dass Menschen ihm gnädig sind?! Und – übrigens – es ist ja nicht weit her mit der Gnade der Menschen, die sie dem Sohn Gottes schenken. Am Ende haben sie ihn ja gnadenlos gekreuzigt. Und bis heute sind die Menschen im Grunde sehr ungnädig gegen den Heiland.

Also – was soll das denn heißen: „Jesus fand Gnade bei den Menschen"?

So klein macht sich der Sohn Gottes, so gering wird er, dass er geradezu um Gnade bei uns bettelt; dass er froh wird, wenn er Gnade bei uns findet. So niedrig wird er – so zieht er „Knechtsgewand" an, dass er bittet, wir möchten ihn doch gnädig aufnehmen.

Nein! Nötig hat er das nicht! Er braucht uns nicht! Aber weil er uns liebt und weil er weiß, wie nötig wir ihn haben, darum bittet er uns, wir möchten doch so viel Wohlgefallen an ihm haben, dass wir ihn aufnehmen.

Wir sollten das Wunder der Gering-Werdung Gottes und die Liebe Jesu in diesem Textwort erkennen! „Wie viele ihn aber aufnahmen", sagt die Bibel, „denen gab er Macht, Gottes Kinder zu werden."

*Herr! Wir wollen Deine Niedrigkeit nicht verachten, sondern anbeten. Amen.*

**Der Teufel führte Jesus auf einen hohen Berg und zeigte ihm alle Reiche der Welt ... und sprach: Alle diese Macht will ich dir geben ... So du willst mich anbeten ...**

Lukas 4, 5–7

Es ist erstaunlich, wie selbstverständlich die Bibel vom Teufel redet! Sie spricht von ihm, als gehöre er zur Wirklichkeit wie die Sonne oder die Luft.

„Es gibt doch keinen Teufel!“, lächelt der moderne Mensch.

Wirklich?! Ist der Teufel eine Einbildung oder eine Vorstellung vergangener Zeiten?

Unser Herz sagt es anders. Und im Grunde verstehen wir die Qual, die aus einem alten persischen Lied spricht, das die unheimliche Macht des Teufels über unsere Seelen schildert:

„Der Menschen Herz regierst nur du / ... Vom Mutterschoße, der uns trug, / Bis zu dem letzten Atemzug / Lenkst du der Menschen Bahn. / Dein ist des letzten Stündleins Pein ...“

Aber nun kommt es der Bibel gar nicht darauf an, den Teufel zu predigen. Sie setzt ihn nur in ihrem Wirklichkeitssinn als gegeben voraus. Es kommt ihr vielmehr darauf an zu verkünden: „Der Sohn Gottes ist gekommen, dass er die Werke des Teufels zerstöre.“ Dies Zerstören begann, als Jesus dort auf dem Berg die Absage erteilte.

Das will die Bibel sagen: Bei Jesus ist Freiheit von der Macht der Finsternis. Darum rühmen die Leute, die an Jesus glauben, mit den Worten des Apostels Paulus: „Gott hat uns errettet von der Obrigkeit der Finsternis und versetzt in das Reich seines lieben Sohnes.“

*Herr Jesus! Sei Du unser Herr! Lass uns glauben, dass der Teufel uns nichts mehr zu sagen hat! Amen.*

**Das alles will ich dir geben, so du niederfällst und mich anbetest.** Matthäus 4, 9

Wenn am Samstag die Zeitung gebracht wird, bekomme ich jedes Mal zuerst einen kleinen Schreck: „Das alles soll ich lesen?" Denn die Samstagausgabe ist dick wie ein Lexikon.

Aber dann stellt es sich heraus: Die meisten Seiten enthalten nur Offerten. Da werden Autos, Kurorte, Textilien, offene Stellen und was es nur gibt angeboten.

Der Handel gehört zum bunten Menschenleben.

Darum ist es nicht verwunderlich, dass sogar die Bibel einen Handelsteil hat. Sie berichtet von einer Offerte, die der Teufel dem Sohn Gottes macht, als der sich anschickte, den Weg zum Kreuz einzuschlagen.

Von einem Berg zeigte der Teufel dem Herrn Jesus alle Reiche der Welt und ihre Herrlichkeit und bot ihm an: „Dies alles will ich dir geben, wenn du niederfällst und mich anbetest."

Die Offerte ging völlig daneben. Warum? Ein Angebot hat nur dann einen Sinn, wenn eine Nachfrage besteht. Der Teufel bietet Jesus an, was der nicht begehrt.

Die Weltherrschaft – nein, die will Jesus gar nicht. Jesus will nicht groß werden. Er will niedrig werden, damit er uns groß machen kann. Der Teufel will ihn reich machen. Er aber will arm werden, damit wir durch seine Armut reich werden. Der Teufel will ihn mächtig machen. Aber er will machtlos sein am Kreuz, damit wir Macht bekommen, Gottes Kinder zu werden.

So wurde Satans Offerte abgewiesen. Der Handel kam nicht zustande!

Gott sei Dank, dass das geschah. Denn die Verkauften wären wir gewesen. Nun aber dürfen wir seine Erkauften sein.

*Herr! Wir danken dir, dass du uns nicht verkauft, sondern für Gott erkauft hast! Amen.*

**Sie haben nicht Wein.** Johannes 2, 3

Man darf's dem Heiland sagen!

Das müssen wir wissen in den vielen Alltagsnöten, mit denen wir uns herumschlagen müssen: Man darf's dem Heiland sagen!

In dem kleinen Dörflein Kana war eine Hochzeit. Und dabei ging den armen Leuten der Wein aus. Kann diese kleine Verlegenheit wirklich den Sohn Gottes interessieren?

Ja, er nimmt sie aufs Herz und hilft. Diese schöne Geschichte ist wirklich zum Verwundern: Da tritt der Sohn Gottes seinen Weg in die Welt an. Er will die Schuld der ganzen Welt wegtragen. Er will den Tod überwinden. Und diesen Weg beginnt er so, dass er bei einer Kleine-Leute-Hochzeit aus der Verlegenheit hilft.

Deutlicher kann es uns nicht gesagt werden: Jesus ist ein Heiland auch für die kleinen Alltagsnöte. Wir wollen es doch ruhig zugeben: Unser Leben setzt sich zum größten Teil aus kleinen Schwierigkeiten zusammen. Wer wandelt denn schon immer auf den Höhen der Menschheit! Und auch ein solcher Wanderer fällt höchst unsanft auf den Boden, wenn er Zahnschmerzen hat. O, diese lumpigen Alltagsnöte! . . .

Man darf's dem Heiland sagen! Das ist so tröstlich!

Ich vergesse nicht, wie eins meiner Kinder sich einst zu Weihnachten einen Wecker wünschte. Und es bekam so einen richtigen Küchenwecker. Wie war die Kleine glücklich! Sie ließ ihn unentwegt rasseln.

Aber auf einmal wurde es still. Da stand das Kind, tränenüberströmt, und hielt mir den Wecker hin. Er war kaputt. Ich kann die Geste nicht vergessen, wie das Kind den Wecker hinhielt: in großem Jammer und doch mit ganz großem Vertrauen.

So dürfen wir dem Heiland unsere „kaputten Wecker" und „leeren Weingefäße" hinhalten.

*Herr Jesus! Dir sei Dank, dass wir es dürfen! Amen.*

**Eines Hauptmanns Knecht lag todkrank, den er wert hielt.**
Lukas 7, 2

Hier erlebt ein Mann die Grenzen seiner Macht. Das ist eine bittere Sache!

Der Mann war Offizier in der gewaltigen Armee Roms. Als Besatzungsoffizier hatte er große Macht. Sicher haben ihn viele beneidet. Denn der Wunsch nach Macht ist tief im Menschenherzen verwurzelt.

Sicher hatte der Hauptmann Freude an der Macht. In einem späteren Wort kommt das für einen Augenblick zum Ausdruck: „Ich habe auch Untergebene, die mir aufs Wort gehorchen." In diesem Zusammenhang aber sagt er weiter: „Auch ich bin der Obrigkeit untertan." Und da spürt man, wie er sich leise an den Grenzen seiner Macht gerieben hat.

Nun aber ist er an die wirkliche und furchtbare Grenze aller Menschenmacht gekommen: Der Tod hält Einzug in seinem Haus. Der Tod! Hier hat alle Macht ein Ende.

Der Bibelkenner denkt hier an einen anderen Bibelvers, in dem auch von den Grenzen unserer Macht die Rede ist. Im Römerbrief heißt es: „Das Gute, das ich will, das tue ich nicht; sondern das Böse, das ich nicht will, das tue ich."

Wie nimmt uns doch die Bibel alle Illusionen! Sie zeigt uns unsere Grenzen am Tod und an der Ohnmacht unseres bösen Herzens.

Wenn wir es doch aufgeben wollten, uns gegen diese harte Erkenntnis zu wehren! Mit vollem Bewusstsein wollen wir unsere Grenzen sehen. Das treibt uns dann – wie den Hauptmann in unserem Textwort – zu dem, „dem alle Gewalt gegeben ist im Himmel und auf Erden", zu Jesus.

*Herr! Du kannst uns über unsere Grenzen hinüberführen, über den Tod zum Leben, über Sündenknechtschaft zur Freiheit der Gotteskinder! Amen.*

**Das sandte der Hauptmann die Ältesten zu Jesus und bat ihn, dass er käme und seinen Knecht gesund machte. Da sie zu Jesus kamen, baten sie ihn mit Fleiß: Er ist es wert, dass du ihm das erzeigest; denn er hat unser Volk lieb, und die Schule hat er uns erbaut.** Lukas 7, 3–5

Man wird beschämt, wenn man das liest.

Dieser Hauptmann war ein Heide. Aber an Liebe und Barmherzigkeit übertriff er uns Christen weit.

Kapernaum war die wichtigste Stadt Galiläas. Und dort in Galiläa lebten Menschen, denen die Herrschaft Roms unsagbar verhasst war. Sie litten unter der Schmach, dass Gottes Volk den heidnischen, gewalttätigen Römern unterworfen war. Dort in Galiläa schwelte der Hass.

Es war sicher kein Kinderspiel, in Kapernaum Chef der Besatzungstruppe zu sein.

Und nun seht diesen Hauptmann! Als er die Ältesten der Stadt bittet, bei Jesus für ihn einzutreten, tun sie das mit Freuden. „Er ist es wert . . ., unser Versammlungshaus hat er uns geschenkt.“ Auf einmal kommt es zu Tage, wie hier ein Mann den stillen Hass überwunden hat – durch Barmherzigkeit und Liebe.

Und wird das barmherzige Herz dieses Offiziers nicht schon darin offenbar, dass er sich um einen kranken Knecht so viel Mühe macht, ja, dass er sich seinetwegen Demütigungen unterwirft?!

Wenn ein Heide schon so sein kann, wie viel mehr sollten Christen die Welt durch Liebe verwandeln!

Wie viel mehr sollten Christen den Hass in der Welt durch Liebe besiegen, die doch einen Herrn haben, der für seine Feinde gestorben ist!

*Herr! Vergib uns unsere Lieblosigkeit und Herzenskälte! Mach uns durch Deine Liebe zu Weltüberwindern! Amen.*

**Da sandte der Hauptmann Freunde zu Jesus und ließ ihm sagen: Ach Herr, bemühe dich nicht; ich bin nicht wert, dass du unter mein Dach gehest . . ., sondern sprich ein Wort, so wird mein Knecht gesund.** Lukas 7, 6 und 7

Das war ein aufregender Augenblick im Hause des römischen Offiziers!

Ich stelle mir die Situation so vor: Ein Bote kommt und berichtet atemlos: „Du hast doch die Ältesten zu Jesus gesandt, damit sie für deinen kranken Knecht bitten sollen. Nun, sie haben es großartig gemacht! Sie haben auf deine Verdienste hingewiesen, und dann haben sie gesagt, du seiest es wert, dass . . ."

Der Hauptmann unterbricht: „Was haben sie gesagt? Ich sei es wert, dass Jesus meinem Knecht helfe?" „Genau so!", bestätigt der Bote.

Da wird der Hauptmann bleich und wendet sich an einige Freunde, die gerade da sind: „Lauft! Eilt zu Jesus und sagt ihm, ich sei n i c h t wert, dass er selbst zu mir komme!"

„Ich bin nicht wert . . ."

Die Ältesten der Stadt sagten: „Er ist ein wertvoller Mann!" Und hätten wir die Vorgesetzten des Hauptmanns gefragt, so hätten die ebenfalls versichert: „Er ist ein sehr wertvoller Offizier."

Aber der Hauptmann sagt von sich: „Ich bin nicht wert . . ." So kann nur ein Mensch sprechen, der sich im Lichte Gottes gesehen hat. So spricht ein Mensch, der nicht davon redet, was e r über Gott denkt, sondern der fragt: „Was denkt Gott über mich?"

So sollten wir fragen. Die Antwort steht in der Bibel: Wir haben nichts zu rühmen vor Gott! „Wir sind allzumal Sünder."

Wer so weit gekommen ist, den treibt es zu Jesus, dem Gekreuzigten, dem Erretter der Sünder.

*Herr! Zeige uns unser Herz! Amen.*

**Sprich ein Wort, so wird mein Knecht gesund.** Lukas 7,7

Gewiss war der römische Besatzungsoffizier aus dem Standort Kapernaum nicht sehr „religiös". In Rom kannte man viele Götter. Und man nahm sie alle nicht mehr ernst. Außerdem: Solch ein Offizier kam in viele Länder und sah viele Tempel. Da wird man skeptisch. Es gab wohl nur einen einzigen Gott, dem der Offizier opferte: das war der römische Kaiser, der sich zum Gott erklärt hatte.

Nein, „religiös" war dieser Hauptman sicher nicht. Aber er hatte angefangen, nach der Wirklichkeit zu fragen. Und da war er auf den Gott Israels gestoßen – den wirklichen, lebendigen Gott. Darum war es wohl keine leere Geste, dass dieser Hauptmann der Gemeinde in Kapernaum ein Versammlungshaus bauen ließ. „Die Schule hat er uns erbaut", rühmten die Ältesten der Stadt.

Wie manches Mal mag dieser ernste Mann gefragt haben: „Gott! Wo bist du? Gib dich zu erkennen!"

In dies Fragen hinein hörte er von Jesus. Während rings um ihn die Menschen über Jesus diskutieren, geht ihm die Erkenntnis auf: „In Jesus ist der unbekannte Gott zu uns gekommen." Der Hauptmann glaubt: „Gott ist in Christo." Mit dieser Erkenntnis kommt Licht in das Herz.

Nun traut der Offizier dem Herrn Jesus alle Macht Gottes zu. Aber damit begnügt er sich nicht. Er nimmt bittend diese Macht für sich in Anspruch. Darüber freut sich Jesus. Denn er ist gekommen zu helfen. In der Weihnachtsbotschaft nennt der Engel ihn „sotär" = Retter. Luther übersetzt das mit „Heiland". Ja, das ist er!

*Herr Jesus! Wir sind ohnmächtig. Du hast alle Macht! Wir sind arm. Du bist reich! Wir danken Dir, dass Du für uns da sein willst! Amen.*

**Es geschah aber, da Jesus nahe an Jericho kam . . .**
Lukas 18, 35

Jericho hat viel erlebt!

Vor Urzeiten hatten die Kanaaniter es erbaut und eine uneinnehmbare Festung daraus gemacht. Aber als Gottes Volk vor die Stadt kam, stürzte der Herr die Mauern um. Die Stadt war ihm mit ihrem entsetzlichen Heidentum und ihren schmutzigen Sünden reif geworden für Gottes Gericht. Über die rauchenden Trümmer rief der Feldherr über Israels Heer, Josua, ein furchtbares Wort: „Verflucht sei der Mann vor dem Herrn, der sich aufmacht und diese Stadt Jericho wieder baut. Wenn er ihren Grund legt, das koste ihn seinen ersten Sohn; und wenn er ihre Tore setzt, das koste ihn seinen jüngsten Sohn!"

Mehr als vier Jahrhunderte später wagte Hiel von Beth-El, diesem Fluch zu trotzen. Seine Söhne starben, als er Jericho wieder aufbaute.

Welch düsterer Schatten lag über dieser Stadt! Als Jesus in einem Gleichnis von unbarmherzigen Räubern sprach, verlegte er den Schauplatz der dunklen Tat in die Gegend von Jericho.

So ist Jericho ein Bild der Welt: Verflucht und belastet mit alter und immer neuer Schuld.

Und zu dieser Stadt Jericho kommt nun Jesus. In die unheimliche Atmosphäre begibt sich der Hohe Priester, der am Kreuz alle alte Schuld wegträgt und Frieden macht mit Gott. Werden die Menschen in der Stadt begreifen, was geschieht?

Wir wollen es gleich vorwegnehmen: Nur ein blinder Bettler und ein reich gewordener Betrüger begriffen die Gnadenstunde. Sollen wir sagen: „Wie traurig!"? Freuen wir uns lieber, dass doch zwei ihn aufnahmen! Und sorgen wir dafür, dass wir bei den zweien stehen!

*Herr! „Lass Deine Todespein / An mir nicht verloren sein!" Amen.*

**Da Jesus nahe an Jericho kam, saß ein Blinder am Wege und bettelte.** Lukas 18, 35

Welch ein Kontrast!

Es ist unerhört, wie dieser eine Vers der Bibel uns die größten Gegensätze vor die Augen stellt.

Da ist auf der einen Seite Jesus. Der Jesus, von dem der Apostel Johannes bezeugt: „Wir sahen seine Herrlichkeit, eine Herrlichkeit, als des eingeborenen Sohnes vom Vater, voller Gnade und Wahrheit." Da ist der Jesus, über den Gott selbst das Zeugnis ablegte: „Das ist mein lieber Sohn, den sollt ihr hören!"

Da ist Jesus, der dem Sturm gebot, dass er stille wurde; der Jesus, der den Lazarus mit machtvollem Wort aus dem Grabe rief; der Jesus, der seine Feinde fragen konnte: „Wer von euch kann mich einer Sünde zeihen?"

Und diesem Herrn gegenüber sitzt im Staub der Straße das personifizierte Elend: ein Bettler, der sich kümmerlich durchbringt mit den Pfennigen, die man widerwillig in seinen Bettlerlöffel wirft. Blind ist er! Unendliche Nacht umgibt ihm. Wie viel Verzweiflung, Bitterkeit und Verzagtheit mögen ihn erfüllt haben!

In diesem Bettler hat die gefallene Welt Gestalt gewonnen; die Welt, die von dem Sündenfall bestimmt ist. Eine verlorene Welt!

Aber die zwei stehen sich nicht nur gegenüber. Es hat einmal einer gesagt: „Jesus hat einen Zug zum Elend." Dasselbe sagt David: „Der Herr ist nahe denen, die zerbrochenen Herzens sind, und heilt die, so ein zerschlagenes Gemüt haben."

Wenn es so steht, tun wir ja gut, alles Elend unseres Lebens, das offenbare und das heimliche, vor Jesus auszubreiten. Denn er begegnet auch uns.

*„Du kommst ins Elend her zu mir! / Wie soll ich immer danken Dir!" Amen.*

**Da der blinde Bettler hörte das Volk, das vorüberging, forschte er, was das wäre.** Lukas 18, 36

Wie gut können wir diesen Mann verstehen! Er wollte etwas mitbekommen vom Leben. Er wollte teilhaben an dem, was die Vielen umtreibt.

Wer will das nicht?!

Wir haben ein großes Verlangen nach dem Leben. Und wenn wir sehen, dass viele sich zu einer Sache drängen, dann wollen wir dabei sein. Dies Verlangen, überall „dabei" zu sein, hat manchen jungen Menschen in zeitliches und ewiges Verderben geführt.

Da saß also dieser blinde Bettler an der Straße nach Jericho. Eines Tages hörte er eine große Volksmenge daherkommen. Sofort fing an er an zu rufen und zu fragen: „Was ist denn los?"

Man spürt geradezu sein Verlangen, am Leben teilzuhaben. Und er ahnt nicht, dass in dieser Volksmenge der Eine, Herrliche ist, der von sich sagen konnte: „Ich bin das Leben." Das wusste er noch nicht, als er aus seiner Blindheit heraus forschte. Aber als er es erfuhr, da griff er zu und fand „d a s Leben". Das wirkliche Leben! Jesus, den Heiland!

Das ist die große Frage für uns, ob wir bei dem Suchen nach dem Leben wirklich auf Jesus stoßen, der von sich gesagt hat: „Ich bin gekommen, dass die Menschen das Leben haben sollen." Oder ob wir hängen bleiben bei dem, was die Welt „Leben" nennt und was doch den Hauch des Todes in sich trägt.

In dem Bettler, der „auch etwas vom Leben haben wollte", verkörpert sich gleichsam die ganze Menschheit. Möchten wir doch wie der Blinde erfahren, dass „etwas vom Leben" zu wenig ist. Wir dürfen „d a s Leben" haben – in Jesus Christus.

*Herr! Bewahre uns, dass wir nicht am Leben vorbeileben! Amen.*

**Der blinde Bettler rief und sprach: Jesus, Du Sohn Davids, erbarme Dich mein!** Lukas 18, 38

„Halt!", muss man rufen bei diesem Bibelvers. „Lest nur nicht so schnell darüber hinweg! Hier erleben wir ja das Wunder des Glaubens!"

Im Brief an die Römer sagt der Apostel Paulus: „So man von Herzen glaubt, so wird man gerecht; und so man mit dem Munde bekennt, so wird man selig."

Dieser Vers im Römerbrief schildert ja genau den blinden Bettler. Er glaubt von Herzen an Jesus und bekennt es laut mit dem Mund.

Aber nun habe ich in der Freude über dies Wunder des Glaubens etwas überstürzt angefangen. Betrachten wir die Sache der Reihe nach:

An der Straße nach Jericho saß dieser blinde Mensch. Eines Tages kommt ein großer Menschenhaufe vorbei. Man erklärt dem Bettler: „Jesus von Nazareth geht vorüber!"

In diesem Augenblick geht in dem Herzen des Blinden ein großes Licht auf: Er kennt die heiligen Schriften. Und er weiß, dass darin der Welt ein Heiland, ein Erlöser versprochen wird. Er hat sich alles, was er darüber hörte, gut eingeprägt: Von Gott soll er kommen, geboren werden aber soll er aus dem Geschlecht des Königs David. Und in Bethlehem soll er geboren werden!

Auch von Jesus hat er viel gehört. Und als Jesus vorübergeht, da wird ihm klar: „Der ist der Heiland!"

„Jesus von Nazareth", haben sie ihm gesagt! „Unsinn!", denkt er. Und schon schreit er los: „Jesus! Davidssohn, erbarme Dich mein! Jesus! Messias! Heiland! Hilf mir!"

Der arme Blinde hat offene Augen bekommen, dass er Jesus als Sohn Gottes erkennen, bekennen und anrufen kann.

*Herr! Der Du nicht irgendjemand, sondern unser Heiland bist, wir beten Dich an! Amen.*

**Der Blinde aber rief: Jesus, Du Sohn Davids, erbarme Dich mein! Die aber vornean gingen, bedrohten ihn, er sollte schweigen. Er aber schrie viel mehr ...** Lukas 18, 38 und 39

Es war schon schlimm!

Da liefen die Leute mit dem Herrn Jesus und – benahmen sich so abscheulich gegen den armen blinden Bettler.

Man kann das verstehen: Da waren sie von weither gekommen, um Jesus zu hören. Aber man vernahm ja nicht ein Wort, wenn der Kerl da so brüllte.

Ja, verstehen kann man es schon, dass auch Jesus-Jünger oft erbärmlich handeln. Aber traurig ist es doch!

Nun müsste man eigentlich annehmen, dass die Geschichte so weiterginge: Als der Blinde merkte, wie übel die Nachfolger Jesu sich verhielten, wurde er still und murmelte enttäuscht: „Wenn die Jesus-Leute so sind, dann will ich von Jesus und seiner ganzen Sache nichts mehr wissen. Schluss damit!"

Aber das ist wundervoll – so geht die Geschichte nicht weiter. Durch die Enttäuschung an den Nachfolgern Jesu ließ der Blinde sich nicht abhalten, Jesus weiter anzurufen.

Kürzlich las man von einem indischen Christen, der als Student nach Deutschland kam. Der hatte dem Christentum abgesagt, weil die Christen ihn so tief enttäuschten. Das ist eine traurige Sache! Und sehr beschämend für die Christenheit.

Aber töricht hat dieser Inder doch gehandelt. Er hätte von dem blinden Bettler lernen sollen.

Wenn Jesus der Erlöser ist – und er ist es! –, dann muss ich seiner Erlösung teilhaftig werden, auch wenn die ganze so genannte Christenheit sich als unerlöst zeigt. Es geht um ihn, um Jesus allein!

*Herr! Gib, dass nichts und niemand uns aufhalten kann, Dir anzugehören! Amen.*

**Die aber vornean gingen, bedrohten ihn, er sollte schweigen. Er aber schrie viel mehr: Du Sohn Davids, erbarme Dich mein!** Lukas 18, 39

Wir werden nicht ohne weiteres geneigt sein, einen Bettler als Vorbild und Lehrmeister anzuerkennen. Aber mit dem blinden Mann unserer Textgeschichte dürfen wir eine Ausnahme machen. Von dem können wir etwas lernen!

Tag für Tag saß er an der Straße. Eines Tages kam Jesus vorbei, umgeben von einem Haufen Volks. Der Blinde glaubte an Jesus; er glaubte, dass Jesus Gottes Sohn und der Heiland sei. So fing er an, nach Jesus zu rufen.

Die Leute, die Jesu Worte hören wollten, wurden dadurch gestört. Darum schrien sie dem Bettler zu, er solle schweigen.

Aber der Mann ließ sich nicht einschüchtern. Er rief und schrie beharrlich: „Jesus, erbarme Dich mein!"

Jetzt wurden die Leute böse und bedrohten ihn. Das wurde eine ungemütliche Situation für den blinden Bettler. Es ist unheimlich, wenn man als Einzelner von einer Volksmenge bedroht wird.

So ist das bis zum heutigen Tag. Wenn ein Menschenherz begreift, dass Jesus, der Sohn Gottes, der einzige wirkliche Helfer und Erlöser ist, und nun zu ihm schreit und ruft, dann bietet der Teufel alles auf, um solch ein Herz zur Ruhe zu bringen. Da heißt es: „Du wirst überspannt!" Oder die Vernunft droht: „Du wirst doch nur Enttäuschung erleben."

Da kommen Stimmen von außen und innen, die das Herz zum Schweigen bringen wollen.

Der blinde Bettler ließ sich nicht verwirren. Er rief, bis Jesus ihm antwortete. Es ist nicht gut, wenn man mit dem Kopf durch die Wand will. Aber in diesem Fall geht es nicht anders.

*Herr Jesu! Gib auch uns solch ein Verlangen nach Dir! Amen.*

**Jesus aber stand still.** Lukas 18, 40

Eine einzige Erfahrung kann viele Theorien über den Haufen werfen.

Wie viel ist doch geschrieben und geredet worden über das Beten. In dem 34. Psalm setzt der König David allen Theorien seine Erfahrungen entgegen: „Da dieser Elende rief, hörte der Herr." So hat er es erlebt. Und so haben es in allen Jahrhunderten unzählige Beter erfahren.

So hat es auch jener blinde Bettler erlebt, der einst vor dem Tor zu Jericho an der Straße saß. Eines Tages kam der Herr Jesus vorbei. Sofort fing der Bettler an zu schreien und zu rufen: „Jesus, du Heiland, erbarme dich mein!"

Es wäre nicht sehr verwunderlich gewesen, wenn Jesus einfach weitergegangen wäre. Denn er war in jener Stunde umgeben von einer großen Volksmenge. Da waren viele, die ihn etwas fragen wollten. Da kamen andere, die ihm ihre Bitten vortragen wollten. Und die meisten wollten ihn sehen und hören. Konnte Jesus sich denn in diesem Augenblick aufhalten lassen von dem Bettler, der heiser vom Straßenrand her schrie?!

Wahrscheinlich waren in der großen Menge um Jesus auch sehr einflussreiche Leute. War es denn für Jesu Pläne nicht besser, wenn er sich denen widmete, statt auf den armseligen Bettler zu hören?

Aber nein! Hier steht: „Jesus stand still und hieß ihn zu sich führen." Da ist einer, der nach ihm ruft. Nun bleibt Jesus stehen.

Das ist doch eine herrliche Verheißung für uns. Wir dürfen beten! Wir dürfen zu ihm schreien! Er hört uns! Er bleibt bei dem Elenden stehen. Es ruft keiner vergeblich. Dass wir doch zu jenen gehörten, die auch mit bekennen können: „Da dieser Elende rief, hörte der Herr!"

*Herr! Wir danken Dir für Dein offenes Ohr! Amen.*

**Jesus aber stand still.** Lukas 18, 40

Das ist schwer zu begreifen!

Wenn wir etwas Wichtiges vorhaben, dann lassen wir uns nicht gern aufhalten. Wenn eine Hausfrau Gäste erwartet und in den Vorbereitungen steckt, wird sie ärgerlich, wenn ein Hausierer ihr eine lange Geschichte erzählen will.

Und wenn der Herr Direktor zu einer wichtigen Sitzung eilt und unterwegs von einem unwichtigen Menschen angehalten wird, dann heißt's: „Lieber Mann! Jetzt habe ich keine Zeit!"

In unserer Textgeschichte sehen wir den Herrn Jesus auf dem Weg zu dem allerwichtigsten Werk, das in der Welt je geschehen ist: Er ist auf der Straße, die nach Golgatha führt. Dort will er die „Sünden der Welt wegtragen". Dort will er die Hölle und den Tod besiegen. Dort will er Frieden machen zwischen Gott und Mensch. Er will eine Tat tun, die alle Menschen zu allen Zeiten und auf allen Kontinenten angeht.

Und auf diesem Weg wird er von einem Bettler aufgehalten. Der sitzt an der Straße und schreit nach ihm.

„Jesus aber stand still." Da möchte man sich ja einmischen: „Herr Jesus! Du kannst dich doch auf dem Wege zur Erlösung der Welt nicht aufhalten lassen durch diesen Kerl!" Und wenn wir an Jesu Stelle gewesen wären, hätten wir gesagt: „Lieber Mann! Wenden Sie sich an das Wohlfahrtsamt!"

„Jesus aber stand still." Man muss fragen: Warum tut er das? Die Antwort finden wir in der Bibel: „Du bist wert geachtet vor meinen Augen."

So viel ist unserem Heiland und Erlöser ein einziger, armer Mensch wert! So viel!

*Herr! Dir danken wir, dass auch wir wert geachtet sind vor Dir. Amen.*

**... und Jesus hieß den Blinden zu sich führen. Da sie ihn aber nahe zu ihm brachten ...** Lukas 18, 40

Man sieht es geradezu vor sich, wie die Leute dem blinden Bettler aufhelfen aus dem Straßengraben und wie sie ihn nun mit liebender Sorgfalt zum Herrn Jesus führen.

Das sind dieselben Leute, von denen es vorher heißt: „Sie bedrohten ihn, er sollte schweigen." Der Blinde war nämlich den Leuten auf die Nerven gefallen, weil er so unablässig und laut schrie: „Jesus! Erbarme Dich mein!"

Eben noch war da eine wild drohende Schar. Und im nächsten Augenblick sind sie freundliche Krankenpfleger, die den Blinden zum Arzt bringen.

Welch eine Verwandlung! Wie ist denn so etwas möglich?

Nun, wir können auch schnelle Verwandlungen erleben. Ich habe gesehen, wie in einem Hotel ein ruppiger Hausbursche die Freundlichkeit selber wurde, als er ein großes Trinkgeld sah. Und ich habe gesehen, wie ein unfreundlicher Beamter auf einmal liebenswürdig wurde, als er einen hohen Vorgesetzten erblickte.

Aber so etwas lag ja in unserer Geschicht nicht vor. Es ging um einen armen Bettler. Und doch wurden böse Leute auf einmal barmherzig.

Wie ging das zu?

Als sie drohend vor dem blinden Bettler standen, war Jesus dazwischengetreten. Jesus verwandelt Situationen. Wo er hinkommt, hören Zorn und Drohungen auf. Wo er Gewalt gewinnt über Herzen, werden sie voll Liebe und Barmherzigkeit. So war es damals, und so ist es noch heute.

Hass, Drohungen, Unfreundlichkeit und Herzenskälte sind „Werke Satans"! Jesus aber ist gekommen, dass er die „Werke Satans zerstöre".

*Herr! Richte auch in unserm Leben Dein Friedens- und Liebesreich auf! Amen.*

**Da sie den Blinden aber nahe zu Jesus brachten . . .**
Lukas 8, 40

Das ist ein schönes Geschäft: Menschen zu Jesus führen!

Wir sind so geschickt, andere zu v e r führen. Es ist unheimlich, wie einer dem andern Mut macht, auf dem Weg der Sünde und des Unglaubens zu gehen.

Wie anders geht es hier zu! Da sind Menschen, deren Namen wir gar nicht kennen, geschäftig, einen armen, blinden Bettler zu Jesus zu führen.

Das ist für einen Christen das lieblichste Geschäft.

Der Graf Zinzendorf war der Erste, der Missionare in die weite Welt sandte, damit der Name Jesus bekannt würde. Sein Herz brannte – so drückte er es aus –, „dem Lamme Seelen zuzuführen". Als es bei ihm zum Sterben kam, sagte er voll Freude zu seinen Freunden in der barocken Sprache seiner Zeit: „Welch eine formidable Karawane aus unserer Ökonomie steht jetzt schon vor dem Thron des Lammes."

Wir sollten uns jetzt nicht aufhalten an der Sprache, die unsere Zeit nicht mehr gut versteht. Wir sollten vielmehr fragen: „Ist aus unserer Ökonomie wohl schon ein einziger Mensch dem Herrn Jesus zugeführt worden?"

Ein einziger Mensch?!

Man sagt so schnell: „Ach, das ist doch Sache der Prediger und Pfarrer!" Welch ein Irrtum! Die ersten Christen, von denen die Bibel berichtet, haben es besser gewusst. Wegen einer harten Verfolgung mussten sie aus Jerusalem fliehen. Weiter erzählt die Bibel von ihnen: „Die nun zerstreut waren, predigten das Wort." Das waren unbekannte Leute, einfache Christen, denen das Herz brannte über dem Heil Gottes in Jesus Christus.

*Herr! Vergib Deiner Christenheit ihre Trägheit, und mache uns zu Deinen Zeugen! Amen.*

**Jesus fragte den Blinden und sprach: Was willst du, dass ich dir tun soll?** Lukas 18, 40 und 41

Ein Mann hat einen Wunsch frei!

In solch eine Lage möchten wir gern auch einmal kommen. Was würden wir uns denn wünschen? Wir werden viel über uns selber verraten, wenn wir darauf Antwort geben.

„Was willst du, dass ich dir tun soll?“, fragte der Herr Jesus den Blinden, der jahraus, jahrein an der Landstraße saß und Pfennige erbettelte, um sein armseliges Leben zu fristen.

Wenn der Mann gering von Jesus gedacht hätte, dann hätte er geantwortet: „Herr! Es kommt selten vor, dass so viele Leute auf einmal hier vorbeikommen. Lass mich doch jetzt kassieren. Und wenn Du ein empfehlendes Wort dazu sagst, dann wird mir sehr geholfen.“

Wenn der Blinde so gesagt hätte, hätte er sich entlarvt. Dann hätte er gezeigt, dass er ist wie die meisten Leute: bedacht auf schnellen, materiellen Vorteil.

Nun, er hat um etwas Besseres gebeten. Und damit erinnert er uns an eine ähnliche Geschichte im Alten Testament. Da wurde ein junger Mann, der König Salomo, von Gott gefragt, was er sich wünsche.

Der Salomo wünschte sich ein weises und gehorsames Herz, dass sein Leben Gott wohlgefalle. Darauf hat ihm Gott geantwortet: „Weil du solches bittest und bittest nicht . . . um Reichtum noch um das Leben deiner Freunde . . ., so habe ich getan nach deinem Willen.“

Unsere Wünsche verraten uns. Was wünschen wir in den Tiefen unseres Herzens? Wir sollten uns das Größte wünschen: den Heiligen Geist, der uns den Herrn Jesus erkennen lässt, der uns glauben lehrt und uns neu macht.

*Herr! Läutere uns! Mache unser Herz weit für Deine Gaben! Amen.*

**Jesus fragte den Blinden und sprach: Was willst du, dass ich dir tun soll? Der Blinde sprach: Herr, dass ich sehen möge.**
Lukas 18, 40 und 41

Das heißt beten: dem Herrn klar sagen, was man will.

Wir haben eine Menge Wünsche, die wir dem Herrn nicht sagen. Und wir tun recht daran. Wir wissen ganz genau, dass diese Wünsche nicht nach seinem Willen sind.

Unsere Wünsche und unser Verlangen werden gewissermaßen schon sortiert, wenn wir uns überlegen, ob wir sie dem Herrn im Gebet vortragen dürfen. Böse, unreine und selbstsüchtige Wünsche werden wir selbst nicht für geeignet dafür halten. Die werden also aus unseren Gebeten ausgeschieden. Und wir werden gut tun, sie auch aus unserm Leben auszuscheiden. Solche ungeeigneten und bösen Wünsche wollen wir unter das Kreuz Jesu bringen. Wir wollen sie als Sünde bekennen und den Herrn Jesus bitten, er möge sie in sein Sterben mit hineinnehmen.

Aber alles andere dürfen wir dem Herrn klar und bestimmt im Gebet vortragen. Er wird dann wiederum unsere Wünsche und Bitten sortieren und still das beiseite legen, was nicht nach seinem Willen ist und was uns schädlich wäre.

„Herr, dass ich sehen möge“, betete der blinde Bettler, der vor den Toren der Stadt Jericho dem Herrn Jesus begegnete.

Der Blinde redete nicht hin und her. Er machte nicht viele Worte. Kurz und klar brachte er seine Bitte vor.

Es war ein sehr großer Wunsch. Aber die Größe der Bitte zeigt uns die Größe des Vertrauens zur Größe und Macht Jesu.

Der blinde Bettler betete ja nicht ins Ungewisse zu einem unbekannten Gott. Er hatte erkannt und glaubte, dass Gott in Jesus zu uns gekommen ist. Nun konnte er im Glauben und voll Vertrauen bitten.

*Herr! Lehre uns recht beten! Amen.*

**Jesus sprach zu dem Blinden: Sei sehend! Dein Glaube hat dir geholfen.** Lukas 18, 42

Der Herr Jesus spricht hier sehr merkwürdig!

Da war ein blinder Bettler an der Straße nach Jericho. Als der hörte, dass Jesus vorüberkam, schrie er unentwegt: „Jesu, Du Sohn Davids, erbarme Dich mein!"

Jesus rief den Blinden zu sich und heilte ihn. Dabei sagte er das merkwürdige Wort: „Dein Glaube hat dir geholfen."

Wenn man den Bettler später fragte: „Wer hat dir geholfen?", antwortete er gewiss: „J e s u s hat mir geholfen!"

Jesus aber sagt: „Dein G l a u b e hat dir geholfen!" Das ist doch merkwürdig gesprochen!

Der Herr Jesus will hier offenbar den Glauben des Blinden ehren. So wichtig ist der rechte Glaube!

Wir lesen nirgendwo, dass der Herr Jesus die guten und frommen Werke der Pharisäer gelobt hat. Aber den Glauben des Bettlers erkannte er mit bedeutungsvollen Worten an. So wichtig ist der rechte Glaube!

Wie sah denn der Glaube des blinden Mannes aus? Oder – so können wir auch fragen – wie sieht ein Gott-wohlgefälliger Glaube aus?

Der Blinde hatte die rechte Erkenntnis über Jesus. Er bekannte: Dieser ist der verheißene Heiland, der Sohn Gottes, Mensch geworden aus dem Stamme Davids.

Die Bibel sagt immer, dass sehr viel abhängt von der Erkenntnis Jesu Christi. Aber die Erkenntis allein kann auch toter Besitz sein. Der Blinde hatte mehr: Er gab sich in völligem Vertrauen in Jesu Hände.

Das ist der rettende Glaube: Jesus als den Heiland und Sohn Gottes erkennen und sich ihm völlig anvertrauen. Dieser Glaube rettet sogar von der Hölle.

*Herr! Wir glauben! Hilf unserm Unglauben! Amen.*

**Und Jesus sprach zu dem Blinden: Sei sehend! . . . Und alsobald ward er sehend . . .** Lukas 18, 42 und 43

Es war ein armer Mensch, der dort bei Jericho an der Landstraße saß! Blind war er! Und obendrein ein Bettler.

Wir gleichen sehr diesem armen Menschen.

Denn wir sind auch B e t t l e r . Unablässig betteln wir die Welt an, sie möge uns doch ein wenig Freude geben. Und Trost soll sie uns geben.

Aber die Welt ist ja selber so arm. Wie sollte sie uns Trost und Freude geben können! So bleiben auch die reichsten Leute arme Schlucker, solange Jesus nicht in ihr Leben gekommen ist. Der erlöst uns aus dem Bettlerdasein. Denn er gibt uns, was unsere Seele braucht an Trost, Freude, Frieden und Hoffnung.

Ja, ohne Jesus gleichen wir sehr dem armen Bettler. Denn auch wir sind b l i n d . Der Mann war in Finsternis gefangen. So sind auch wir in Dunkelheit eingesperrt. In Jesus ist „das Licht der Welt“ gekommen. Aber unsere Augen sind zu blind, ihn zu erkennen. Er selber muss uns die Augen auftun.

Wenn wir den verlorenen Zustand unseres Lebens erkannt haben, dürfen wir – wie der Blinde bei Jericho – rufen: „Jesus! Du Heiland! Erbarme Dich mein!“

Da hört er uns. Und er spricht auch heute noch: „Sei sehend!“

Als dem Blinden dort an der Straße die Augen aufgingen, sah er als erstes in das Angesicht seines Heilandes, des Sohnes Gottes, des Herrn Jesus.

Genauso ist es, wenn er uns die Augen auftut. Dann sehen wir ihn, in dem uns Gott das Licht und das Leben und sich selbst schenkt.

*„Herr! Gib Augen, / Die was taugen, / Rühre meine Augen an! / Denn das ist die größte Plage, / Wenn am Tage / Man das Licht nicht sehen kann.“ Amen.*

**Und alsobald ward er sehend und folgte Jesus nach und pries Gott . . .** Lukas 18, 43

Ein Patient wurde aus dem Krankenhaus entlassen. „Herr Doktor“, sagte er, „darf ich mich nun als geheilt ansehen?“ Der Arzt antwortete: „Gibt es völlige Heilung? Sagen wir: Sie sind gebessert!“

Es gibt viele, die meinen, Jesus sei gekommen, um unser Leben zu bessern. Das ist ein Irrtum! In der Bibel steht: „Durch seine Wunden sind wir geheilt!“

Das muss doch schön sein: Ein geheiltes Leben! Unsere Textgeschichte zeigt uns, wie solche Heilung aussieht.

An der Straße sitzt ein blinder Mann und bettelt. Nun kommt Jesus vorbei. Und das Wunder geschieht: Der Blinde glaubt an ihn. Solcher Glaube an den Herrn Jesus wächst nicht von selber in unseren Herzen. Er ist ein Werk des Heiligen Geistes.

Dann stand der Blinde vor Jesus und zeigte dem sein Elend. So geht es weiter mit der Heilung, dass wir unseren elenden Zustand erkennen und vor dem Herrn ausbreiten.

Das Nächste ist, dass der Mann ein Wort Jesu bekommt und sehend wird. So kann ein einziges Wort Gottes unsere Augen erleuchten, dass wir alles neu sehen!

„Er folgte ihm nach“, steht hier. In einem alten Lied heißt es drastisch: „O lass mich an dir kleben / Wie eine Klett’ am Kleid.“ Nun bekam das Leben dieses Mannes einen neuen Herrn und eine neue Richtung. So geht die Heilung weiter.

Und dann? „Er pries Gott.“ Leute, die Jesus geheilt hat, sind keine Trauerfahnen, sondern Menschen mit Lobliedern im Herzen und auf den Lippen.

*Herr! Du sagst: „Siehe, ich mache alles neu.“ Tue dies Werk auch an uns! Amen.*

**Und alsobald ward er sehend und folgte Jesus nach und pries Gott. Und alles Volk, das solches sah, lobte Gott.**
Lukas 18, 43

Die Sache fing damit an, dass der Herr Jesus einem blinden Bettler das Augenlicht wiedergegeben hatte. Das ist etwas Großes!

Es gibt Tausende, die erklären jetzt: „An mir hat Jesus noch etwas viel Größeres getan: Er hat mir alle meine Sünden vergeben. Er hat mich durch seinen Tod am Kreuz zum Kind des lebendigen Gottes gemacht. Er hat mich errettet von der Obrigkeit der Finsternis und versetzt in sein Reich."

Ja, das ist noch größer!

Aber achten wir nun auf den Blinden, der sehend geworden war! Von ihm lesen wir: „Er folgte Jesus nach und pries Gott."

Nachfolgen und fröhlich Gott loben – das gehört also offenbar zusammen.

Es gibt Christen, die folgen mit Ernst dem Herrn Jesus nach. Er lebt ja, und also können wir ihm nachfolgen. Aber man hat bei diesen Christenleuten oft den Eindruck, dass die Nachfolge ein hartes und bedrückendes Werk ist. Es ist nichts zu spüren von der „Freude am Herrn". Da stimmt doch etwas nicht!

Und es gibt andere, deren Mund förmlich überfließt von Lob und Preis. Aber in ihrem Leben ist vieles nicht in Ordnung. Man merkt nichts davon, dass sie einem Herrn folgen, der das Kreuz nach Golgatha trug – zum Sterben. Da stimmt es auch nicht.

Mit Ernst dem Herrn Jesus nachfolgen und den lebendigen Gott preisen können für sein Heil – wo das zusammenkommt, da ist man wirklich in die Welt der Erlösung eingetreten.

*Herr! Schenke uns einen rechten, vom Heiligen Geist gewirkten Christenstand! Amen.*

**... der Mann folgte Jesus nach und pries Gott. Und alles Volk, das solches sah, lobte Gott.** Lukas 18, 43

Das Auto hat lange im Kalten gestanden. Jetzt drückt man auf den Startknopf – aber der Wagen springt nicht an. Angstvolle Sekunden! Wie atmet man erleichtert auf, wenn der Motor endlich „Trr-Trr-Trr" macht. Jetzt läuft er schon von selber weiter. Aber das Anspringen! Die Initialzündung! Darauf kommt's an!

Auch im Reiche Gottes ist manchmal solch eine Initialzündung nötig. Das sehen wir hier.

Der Herr Jesus hat einem blinden Manne, der bettelnd an der Straße saß, das Augenlicht geschenkt. Voll überströmender Freude fängt der Geheilte an, Gott zu loben. Mir ist, als höre ich seine heisere, abgeschriene Stimme singen: „Lobe den Herren, den mächtigen König der Ehren ..."

Das Volk hatte bisher stumm dabeigestanden. Die einen waren verdrießlich, dass Jesus sich mit einem solchen Strolch einließ und dabei tat, als seien sie gar nicht vorhanden. Die anderen waren bewegt und fragten sich: „Was ist dieser Jesus für ein Mann?"

In all diese Überlegungen hinein erklingt das Loblied – nicht schön, aber laut und von Herzen. Erstaunt hören die Menschen zu. Aber dann packt es sie. Eine zaghafte Stimme fällt ein. Dann kommt ein Männerbass dazu. Und schon singen viele mit. Zum Schluss ist es ein brausender Gesang: „Und alles Volk lobte Gott."

Der arme Bettler riss eine Volksmenge mit zum Lob Gottes.

Wie viel Christenleute und Prediger quälen sich ab, solche Initialzündung zu geben. Aber der Wagen will nicht ansprigen. Woran das wohl liegt?

*Herr! Mache uns zu geisterfüllten Leuten, die die Freude am Herrn weitergeben! Amen.*

**Sie gingen hinauf nach Jerusalem; und Jesus ging vor ihnen, und sie entsetzten sich, folgten ihm nach und fürchteten sich.** Markus 10, 32

Ein Magnet ist das Kreuz Jesu Christi!

Da zieht der Herr Jesus nach Jerusalem. Die Jünger wussten genau: Dort wartet der tödliche Hass. Und damit gar keine Illusionen aufkamen, weist Jesus selbst sie darauf hin: „Sie werden mich kreuzigen."

Jetzt war die Lage für die Jünger so, dass sie abspringen konnten. Es zwang sie doch niemand mitzugehen. Sie konnten zu ihrer Fischerei zurück. Sie m u s s t e n nicht zum Kreuz.

Und – sie w o l l t e n auch nicht. Furcht beherrschte ihr Herz: „Sie entsetzten sich und fürchteten sich."

Und doch heißt es dann: „. . . und sie folgten ihm."

Sie mussten nicht. Sie wollten nicht. Und sie gingen doch! Solch ein Magnet ist Jesu Kreuz. Es zieht die Herzen an und mit.

Zwar will es scheinen, als habe am Ende bei den Jüngern doch die Furcht gesiegt, als sie bei Jesu Verhaftung auseinander liefen und sich versteckten.

Aber – das Kreuz war stärker. Der Magnet ließ sie nicht los. Es ist uns ein Brief des Petrus erhalten. Darin schreibt er: „Jesus hat unsere Sünden selbst hinaufgetragen auf das Kreuz, auf dass wir, der Sünde abgestorben, der Gerechtigkeit leben . . ."

Auch von dem Jünger Johannes sind Briefe auf uns gekommen. Wie wird da Jesu Kreuz gerühmt! „Das Blut Jesu Christi macht uns rein von aller Sünde."

Ja, Jesu Kreuz ist ein starker Magnet. Die Jünger wehrten sich gegen den Zug. Aber am Ende wurde er ihnen zu mächtig. Und Besseres kann auch uns nicht widerfahren!

*Herr! Vergib uns unser Widerstreben gegen die Anziehungskraft Deines Kreuzes! Amen.*

**Da ging Judas Ischariot zu den Hohen Priestern und sprach: Was wollt ihr mir geben? Ich will euch Jesum verraten. Und sie boten ihm dreißig Silberlinge.** Matthäus 26, 14 und 15

Wie viel ist uns Jesus wert?

Von diesem Jesus sagt die Bibel: „So sehr hat Gott die Welt geliebt, dass er seinen eingeborenen Sohn gab, auf dass alle, die an ihn glauben, nicht verloren werden, sondern das ewige Leben haben."

Wie viel also ist uns nun dieser Jesus wert?

Judas hat die Frage klar beantwortet: „30 Silberlinge." Das waren mal ziemlich genau 84 DM.

Ist das viel oder wenig?

Ich finde, es ist eigentlich noch sehr viel. Denn wenn ich die meisten meiner Zeitgenossen ansehe, dann muss ich feststellen: Sie geben Jesus weg, ohne irgendetwas dafür zu verlangen. Unsere Zeit wirft Jesus weg wie ein altes ererbtes Möbelstück, das in die moderne Wohnung nicht mehr passt und das uns kein Althändler abkauft.

Dem Judas war Jesus immerhin 84 DM wert.

Aber doch ist das in Wirklichkeit eine lächerliche Summe! Es gibt Leute, denen Jesus viel mehr wert ist.

Die Bibel berichtet von einem jungen Mann, Stephanus. Dem war Jesus das Leben wert. Er ließ sich lieber steinigen, ehe er seinen Heiland preisgab. Und er hat viele Nachfolger gefunden – bis in die Gegenwart.

Was ist u n s Jesus wert?

Ehe wir die Antwort geben, sollten wir vorher hören, wie viel w i r dem Herrn Jesus wert sind. Die Antwort lautet: Alles! Für uns verließ er die Herrlichkeit bei Gott, für uns trug er das Gericht Gottes am Kreuz. Das muss man bedenken!

Und nun müssen wir antworten: Was ist Jesus uns wert?

*Herr Jesus! Werde Du uns über alles wertvoll! Amen.*

**Und da Jesus zu Tische saß, kam eine Frau, die hatte ein Glas mit ungefälschtem und köstlichem Nardenwasser, und sie zerbrach das Glas und goss es auf sein Haupt.**

Markus 14, 3

Eine sehr wertvolle Parfumflasche kommt also merkwürdigerweise auch im Leben Jesu vor.

Jesus sitzt bei einem Gastmahl. Auf einmal eilt eine Frau auf ihn zu und gießt köstliches Rosenwasser über sein Haupt aus. Sie ist so aufgeregt, dass sie die Flasche nicht öffnet, sondern einfach zerbricht.

Eine exaltierte Person? O nein! Hier sehen wir etwas Großes: eine Leidenschaft des Glaubens – eine Leidenschaft für den geoffenbarten Gott.

Man liest überall eine Reklame für ein Erfrischungsgetränk, das nur „eisgekühlt" genießbar ist. Man hat heute oft den Eindruck, als wenn wir Christen Reklame machen wollten für ein eisgekühltes Christentum.

Die Bibel kennt das nicht. Als die beiden Jünger in Emmaus den auferstandenen Herrn erkannten, war ihr erstes Wort: „Brannte nicht unser Herz in uns, als er mit uns redete auf dem Wege?" Und der Apostel Paulus sagt: „Die Liebe Gottes ist ausgegossen in unser Herz." Das ist Leidenschaft des Glaubens! Da sehen wir Herzen, in denen Jesus ein Feuer angezündet hat.

Wie armselig ist doch unser kalter Christenstand!

Wie könnte es denn anders werden? U n s e r e Liebe zu unserm Erlöser wird in dem Maße wachsen, in dem wir erfüllt und überführt werden von s e i n e r Liebe. Und seine Liebe finden wir gewaltig am Kreuz, wo er unser Bürge wird, der vor Gott für uns einsteht; wo er für unsere Schuld bezahlt.

*Herr! Wir bekennen Dir die Kälte unserer Herzen. Wir hätten so gerne brennende Herzen! Amen.*

**Jesus stand auf . . ., nahm einen Schurz und umgürtete sich. Danach goss er Wasser in ein Becken und hob an, den Jüngern die Füße zu waschen.** Johannes 13, 4 und 5

In einem großen Hotel wimmelt es von mancherlei Leuten, die den Gästen zur Hilfe bereitstehen: Da sind der „Ober" im Frack und der Essenbringer im weißen Jackett. Da sind der einflussreiche Portier und der elegante Geschäftsführer. Und ganz unten auf der Stufenleiter ist der Mann in der „grünen Schürze", der Hausdiener, der die Schuhe putzt und die Koffer trägt.

Die Passion Jesu begann damit, dass er sich diese grüne Schürze umband. Damit machte er deutlich, dass er der Mann sein will, der die Lasten trägt und die Schuhe putzt oder – nach der Sitte der damaligen Zeit – die staubigen Füße wäscht.

Der Sohn Gottes, der Herr aller Herren, als Hausdiener! Das verschlägt einem den Atem.

Wenn es aber nun so ist, können wir ihn nicht mehr beleidigen, als dass wir seinen Dienst nicht in Anspruch nehmen.

Es gibt so viele, die tragen ihre Lebenskoffer selber. Sie tragen die Lasten der unvergebenen Sünden heimlich mit sich herum. Sie wollen ihre Lebensprobleme allein lösen. Sie wollen sich selbst vom Schmutz ihres Lebens reinigen.

Wie töricht! Der Sohn Gottes hat die Schürze des Hausdieners umgetan. Nun ruft er: „Kommet her zu mir alle, die ihr mühselig und beladen seid!" Lasst uns doch ihn in Anspruch nehmen!

Die grüne Schürze Jesu ist die herrliche Fahne der Hoffnung für alle, die müde sind und sich abschleppen; die schmutzig sind und nicht wissen, wie sie rein werden sollen. Wir wollen uns und alles ihm übergeben.

*Herr Jesus! Wir danken Dir, dass Du unser Heiland bist. Amen.*

**Jesus stand auf . . ., nahm einen Schurz und umgürtete sich. Danach goss er Wasser in ein Becken und hob an, den Jüngern die Füße zu waschen.** Johannes 13, 4 und 5

Das muss lange gedauert haben! Denn jeder Jünger kam einzeln an die Reihe. Das ist wichtig!

Ein moderner Staatsmann hat gesagt: „Wir müssen eine globale Strategie treiben.“ Er meinte, man müsse als Staatsmann die Welt im Auge haben.

Jesus hat eine globale Strategie getrieben. Als er am Kreuze hing, starb er für die Welt. „Also hat Gott die Welt geliebt, dass er seinen Sohn gab“, sagt die Bibel. Und: „Gott war in Christo und versöhnte die Welt mit ihm selber.“ Das ist groß! Und Christen sollten in großen Linien denken!

Aber – da ist nun unser kleines Alltagsleben mit seinen Nöten, Problemen und Versuchungen. „Ja“, denken wir, „es ist ja schön und gut, dass Jesus die Welt will. Aber wenn ich meinen Alltag ansehe, finde ich keine Verbindung zwischen den großen Weltgedanken Gottes und meinem kleinen Leben. Es ist mir, als sollte ich einen riesigen LKW in meiner Wohnung unterbringen.“

Darum ist die Fußwaschung so wichtig. Da ist es, als wolle der Herr Jesus sagen: „Sieh, ich meine dich ganz persönlich. Dir allein will ich dienen. Dich persönlich will ich waschen von deinen Sünden.“

Das Evangelium ist eine Welt-Sache. Aber es ist zugleich die allerpersönlichste Sache. Wohl sagt die Bibel: „Gott war in Christo und versöhnte die Welt . . .“ Aber dann geht es gleich weiter – und da ist jeder persönlich gemeint: „Lasst euch versöhnen mit Gott!“

*Herr! Lass mich beides fassen: Dein Heil für die Welt und Dein Heil für mich persönlich! Amen.*

**Danach goss Jesus Wasser in ein Becken und hob an, den Jüngern die Füße zu waschen.** Johannes 13, 5

Jede Stadt hat ihr Wappen. Wenn man ein Wappen suchen sollte für die Gemeinde Jesu Christi, müsste man das Waschbecken wählen. Das klingt seltsam in einer Zeit des Badezimmerkomforts, in der das Waschbecken ausstirbt. Und doch . . .!

Das Waschbecken, das der Sohn Gottes in seinen Händen trug, zeigt die General-Linie Jesu! Jesus will dienen!

Kürzlich sagte mir ein Mann: „Es ist doch gleichgültig, ob man Buddhist, Mohammedaner oder Christ ist. Wenn man es nur ehrlich meint!" Ich entgegnete ihm: „So können Sie nur reden, weil Sie weder Christ noch sonst etwas sind. Hören Sie: In allen Religionen muss der Mensch Gott dienen. Im Evangelium wird uns verkündigt: Gott will uns dienen durch Jesus. Ist das nicht ganz groß?!"

Das Waschbecken zeigt auch, wie Jesus uns dienen will: Es geht ihm um unsere Reinigung!

Im Propheten Jesaja steht ein furchtbares Wort: „Nun sind wir allesamt wie die Unreinen, und alle unsere Gerechtigkeit ist wie ein schmutziges Kleid." Das ist wahr! So stehen wir vor Gott! Nehmen wir dazu das Wort aus dem Neuen Testament: „Das sollt ihr wissen, dass kein Unreiner Erbe hat am Reiche Gottes", dann geht uns auf, wie nötig uns die Reinigung ist, die Jesus gibt – durch sein Blut.

Das Waschbecken zeigt auch die General-Linie der Jesus-Nachfolge. Jesus sagt: „Ein Beispiel habe ich euch gegeben." Wer Jesus angehört, der hat die Armseligkeit eines selbstsüchtigen Lebens, in dem man sich nur um sich selbst dreht, erkannt. Der bekommt durch den Heiligen Geist den Drang, andern zu dienen.

*Herr! Lass Dein Waschbecken unser Wappenbild werden! Amen.*

**Jesus sprach: Der mit der Hand mit mir in die Schüssel tauchte, der wird mich verraten.** Matthäus 26, 23

Zwei Hände hatten zwei Brotstücke gefasst und tauchten sie zu gleicher Zeit in die Brühenschüssel.

Es waren die Hand Jesu und die Hand des Judas Ischariot. Das ereignete sich bei dem Mahl am Abend vor dem Sterben Jesu.

Zwei Hände begegneten sich. Und in diesem Augenblick geschah etwas Furchtbares: Bei Judas kam eine lange Geschichte zum Abschluss. Er sagte sich von Jesus los und beschloss endgültig, ihn zu verraten. Und Jesus ließ in diesem Augenblick den Judas fallen.

Machen wir uns klar: Bei Judas handelt es sich nicht um einen gottlosen Menschen. Im Gegenteil! Judas war ein christlicher Mann. Jahrelang war er mit Jesus gewandert. Er hatte große und herrliche Stunden mit ihm erlebt. Jedermann sah in Judas einen Christen.

Und den ließ Jesus fallen! Den gab er endgültig auf. Schmerzvoll sagt er: „Wehe dem Menschen . . .!“

Bei Judas war ein langes Spiel mit der Sünde vorausgegangen. Da ist gewiss auch manches Werben Jesu um die Seele dieses Mannes vorausgegangen. Denn so schnell gibt unser Herr und Heiland einen Menschen nicht auf. Aber an Judas sehen wir – es kann geschehen. Das müssen die Christen wissen, die es nicht ganz ernst nehmen wollen mit ihrem Erlöser.

Hier geschah an einem einzelnen Mann, was an dem Volk von Jerusalem im Großen geschah. Jahrelang hat Jesus gerufen und geworben. Die Leute konnten ihn hören. Sie konnten weglaufen. Sie konnten wiederkommen. Es gab in ihren Herzen mancherlei Kämpfe und Erwägungen. Aber dann auf einmal war die Stunde da, in der eine Entscheidung fallen musste. Da sagten sie sich von Jesus los! „Kreuzige ihn!“

*Herr! Schenke uns eine ganze Bekehrung zu Dir! Amen.*

**Da kam Jesus zu einem Hofe, der hieß Gethsemane, und sprach zu seinen Jüngern: Setzet euch hier, bis dass ich dorthin gehe und bete ... Und er fing an zu trauern und zu zagen.** Matthäus 26, 36 und 37

Irgendwann kommt ja wohl für jeden ein Augenblick, in dem es ihm mit Schrecken aufgeht, was es heißt: Ich muss sterben! Der Augenblick, wo das Grauen des Todes uns überfällt.

Diesen Schrecken erlebt der Herr Jesus dort im Garten Gethsemane. Man kann unser Textwort übertragen: „Er fing an, sich zu entsetzen."

Das griechische Wort im Grundtext wird gebraucht, wenn ein Mensch plötzlich etwas Grauenerregendes sieht. In dieser Nachtstunde sah Jesus wirklich etwas Furchtbares: Er sah den Tod. Nicht den „süßen Tod", der die Seele frei macht von den Fesseln des Leibes. Nein! Er sah den wirklichen Tod, der – wie die Bibel sagt – der „Sünde Lohn" ist; der das Richtschwert Gottes ist. Er sah den Tod, dessen „Gewalt der Teufel hat" (Hebr. 2, 14). Den Tod, der Gottes Fluch über eine gefallene Menschheit ist. Er sah den König der Schrecken, der uns das Licht der Augen auslöscht, um es wieder zu entzünden vor den Schranken des Gerichts Gottes. Den wirklichen Tod sah Jesus, und er entsetzte sich.

Aber was hat denn nun der heilige Gott, der Sohn, mit solchem Tod zu tun? Wir werden das nur verstehen, wenn wir die Botschaft der Bibel hören: Er hat für uns als Stellvertreter gelitten. Und er „rang mit dem Tode" dort in Gethsemane, damit wir, vom Grauen des Todes erlöst, selig und im Frieden sterben und zu ihm heimgehen können.

Wie sollten nicht wir, wir vom Tode Gezeichneten und zum Tode Bestimmten, diesen Erretter vom Tode von ganzem Herzen suchen?!

*Herr! Du hast des Todes Schrecken geschmeckt, damit wir das Leben haben. „Herr! Lass Deine Todespein / An mir nicht verloren sein!" Amen.*

**Jesus betete und sprach: Mein Vater, ist's nicht möglich, dass dieser Kelch von mir gehe, ich trinke ihn denn, so geschehe dein Wille!** Matthäus 26, 42

Vor Jahren bin ich mit Freunden in der Schweiz zur Diavolezza-Hütte im Engadin gestiegen. Damals fuhr noch keine bequeme Bergbahn dort hinauf.

Von weitem zeigte mein Freund mir die Höhe. Nun, die erschien mir nicht so gewaltig. Aber als ich dann dicht vor den Felswänden stand, bekam ich doch Sorge, ob ich das Besteigen schaffen könnte.

Das ist ein schwaches Bild für das, was mit Jesus im Garten Gethsemane geschah. Unbeirrbar war er während seiner Erdentage auf das Kreuz zugegangen.

Aber nun steht die Todeswand grauenvoll vor ihm. In dieser Not flüchtet er zum Vater: „Mein Vater! Gibt es keinen andern Weg?"

Und der Vater zeigt ihm: Es gibt keinen andern! Da ist Jesus bereit, sich selbst zu opfern.

Hier ist er uns einen Weg vorangegangen. Denn es kommen für jeden Christen dunkle Stunden, in denen Gott uns ein Opfer abverlangt. Da sagt Gott etwa: „Gib diese Sünde auf!" Oder: „Zerreiße jene Bindung!" Oder er nimmt uns einen lieben Menschen oder Besitz oder eine wichtige Stellung. Wie sollen wir denn mit unserem armen, schwachen Herzen damit fertig werden?

Da heißt es auf den Heiland schauen, wie er dort in Gethsemane seine Last übernahm. Das sind die großen Ereignisse, die in der Stille geschehen, dass Menschen in entscheidenden Stunden ihres Lebens neben den ringenden Heiland niedersinken und ihr Herz und alles opfern. Da erfahren sie dann, was im 34. Psalm steht: „Welche auf ihn sehen, die werden erquickt, und ihr Angesicht wird nicht zu Schanden."

*Herr! Der Du vorangingst, hilf uns durch! Amen.*

**Als Jesus noch redete, siehe, da kam Judas und mit ihm eine große Schar mit Schwertern und mit Stangen.**

Matthäus 26, 47

Geschrei und Waffengerassel unterbrechen die Stille des Gartens Gethsemane.

Von zweierlei Häschern ist hier die Rede. Die einen hatten „Schwerter“. Das waren offenbar richtige Soldaten.

Zu denen gesellten sich nun Männer mit „Stangen“. Wie seltsam! Waren das Bohnenstangen? Oder Gardinenstangen? Was sollen wir davon halten?

Im griechischen Text des Neuen Testamentes steht hier das Wort „xylos“. Das bedeutet einfach „Holz“. Mit „Hölzern“ also zogen sie gegen den Sohn Gottes aus, mit Knüppeln.

Das ist erschütternd! Da sendet Gott seinen Sohn, dass wir durch ihn „Leben und volles Genüge“ haben sollen. Der Mensch aber geht gegen diese Liebe an mit Knüppeln. Verkehrtes Menschenherz!

Es gibt eine griechische Übersetzung des hebräischen Alten Testamentes. In der kommt das Wort „xylos“ an einer bedeutsamen Stelle vor. „Xylos“ wird der Baum genannt, von dem Adam und Eva aßen im Ungehorsam gegen Gott. Es ist der „Baum der Sünde“. Ja, mit den Knüppeln vom Baum der Sünde geht der Mensch gegen Jesus vor.

Jedes Mal, wenn wir leichtfertig sündigen, nehmen auch wir einen Knüppel vom Baum der Sünde und gehen gegen Jesus an. Wie groß ist die Schar geworden seit jener Nacht in Gethsemane! Wie oft gehörten wir ihr an, wenn wir sündigten!

Darum dürfen wir die Sünde nicht leicht nehmen. Mag die Welt es tun! Aber wer dem Herrn angehört, soll wissen, wie weh man ihm tut.

*Herr! Vergib, dass wir Dich so oft betrübten! Gib uns den Geist, der uns in Dein Bild verwandelt! Amen.*

**Petrus aber folgte ihm nach von ferne . . ., auf dass er sähe, wo es hinaus wollte.** Matthäus 26, 58

Sieh da! Ein Zuschauer bei der Passion Jesu! Jesus wird in der Nacht aus dem dunklen Garten Gethsemane gebunden weggeführt. Und nun ist es auf einmal wie im Theater: Auf der Bühne löst eine wilde Szene die andere ab. Und Petrus hat sich als Zuschauer ins Parkett gesetzt. Es haben sich seitdem viele Zuschauer neben ihm eingefunden, die mehr oder weniger beteiligt den Vorgängen folgen wollen.

Was erlebt nun Petrus?

Es heißt wörtlich: „Er wollte das Ende der Geschichte sehen." Nun, das Ende sah er nicht. Denn mit der Gefangennahme Jesu begann eine Sache, die bis heute nicht zu Ende ist. Jesus wurde gekreuzigt, begraben und auferweckt. Er nahm den Thron beim Vater ein. Und seitdem zieht der Vater durch den Heiligen Geist verlorene Sünder zu seinem Sohn. Die Geschichte geht weiter in alle Ewigkeit, bis die neue Welt anbricht, in der die ewig Geretteten das „Lamm Gottes" preisen.

Petrus sah nicht nur nicht „das Ende", das er sehen wollte. Es geschah mehr: Er wurde auf einmal hineingezogen in das Geschehen. Er wurde von den Kriegsknechten angegriffen. Er verleugnete seinen Heiland und entdeckte sich selbst als ganz und gar Verlorenen. Und als nachher der auferstandene Herr ihm das Kreuz als die Versöhnung für Sünder zeigte, da glaubte er und wurde ein Zeuge des Gekreuzigten. Nein! Er blieb nicht lange Zuschauer. Er wurde Mitbeteiligter. Ja, er starb sogar selbst später an einem Kreuz.

Jesu Passion duldet keine Zuschauer. Wenn wir nicht wie Petrus hineingezogen werden, dann werden wir verstockt. In jedem Falle geschieht etwas an uns und in uns.

*Herr! Lass uns Dein Sterben zum Leben dienen! Amen.*

**Es standen aber die Knechte . . . und hatten ein Kohlenfeuer gemacht, denn es war kalt, und wärmten sich. Petrus aber stand bei ihnen und wärmte sich.** Johannes 18, 18

Feuer ist unheimlich und lockend zugleich. Wir haben das schon erlebt, wenn wir ein brennendes Haus sahen: Das war schrecklich und doch auch fesselnd.

Die heidnischen Griechen hatten eine Sage, die von dieser Doppelart des Feuers spricht: Das Feuer habe ursprünglich den Göttern gehört. Aber Prometheus habe es gestohlen. So sei das Feuer göttlich. Und doch hänge ein Frevel daran.

So war es auch mit dem Feuer, das in der Nacht vor Jesu Tod im Hof des hohenpriesterlichen Palastes brannte und Frierende wärmte.

Es lockte den Petrus: „Komm doch her! Sei doch nicht so ängstlich! Ihr Jesus-Leute habt ja Komplexe! Mische dich getrost unter die gottlosen Knechte! Hier ist es warm! Und hier erfährst du das Neueste!"

Petrus kam – und verleugnete an diesem Feuer seinen Herrn und Heiland. Er fiel und wurde ein Spott der Menschen.

Es brennen viele solche Teufelsfeuer in der Welt. Daran hat Petrus wohl gedacht, als er später über die Verführten schrieb: „Denn so sie entflohen sind dem Unflat der Welt durch die Erkenntnis Jesu Christi, werden aber wiederum in denselben verflochten, ist mit ihnen das Letzte ärger geworden denn das Erste."

Nach einem Vortrag in Berlin kam ein junger Mann zu mir und bekannte: „Ich kam aus einem lebendigen christlichen Kreis, als ich die Stelle in Berlin antrat. Hier lockten die tausend Lichter. Und da verleugnete ich meinen Herrn und verlor alles."

„Bewahre dein Herz mit allem Fleiß! Denn daraus geht das Leben", sagt die Bibel.

*Herr! Hilf uns und bewahre Du uns! Amen.*

**Es standen aber die Knechte und Diener und hatten ein Kohlenfeuer gemacht, denn es war kalt ...** Johannes 18, 18

Nacht über Jerusalem!

Alles schläft. Nur im Palast des Hohen Priesters brennen die Lichter. Da steht der gebundene Jesus vor dem Hohen Rat als Angeklagter.

Und im Hof brennt ein Feuer, an dem sich die wartenden Schergen wärmen.

Dies Feuer ist ein Zeichen für die Unruhe, die Jesus in die Welt gebracht hat.

Ohne Jesus lägen diese Knechte in ihren Betten.

Ohne Jesus hätte der Römer Pilatus am nächsten Morgen ausschlafen können. Nun musste er in aller Frühe aufstehen, um Jesus gegenüber Stellung zu nehmen.

Ohne Jesus hätte ein einflussreicher Mann namens Saulus nach einigen Sitzungen ruhig schlafen können. Aber als ihm der auferstandene Herr Jesus begegnet war, schrie er in großer Unruhe in einem einsamen Zimmer in Damaskus zu Gott, er möge ihn doch vom ewigen Zorn und Gericht erretten.

Ohne Jesus wären heute Tausende von Menschen im Schlaf der Sünde und Selbstgerechtigkeit, die jetzt bekennen: Durch ihn wurden wir vom Schlaf erweckt und zu einem neuen Leben im Frieden mit Gott geführt.

Ohne Jesus wäre die Welt heute vielleicht sehr friedlich. Aber nun wird sie durch apokalyptische Stürme reif für die Wiederkunft des Herrn Jesus in Herrlichkeit.

Zur Zeit der Jugendbewegung haben wir gern nächtliche Feuer entzündet. Und dann sangen wir: „Du hast in dieser armen Welt / Ein Feuer angefacht ... Lass auch in uns dein Feuer glüh'n ..."

*Ja, Herr! Lass auch uns durch die heilige Unruhe zum Frieden kommen! Amen.*

**Und alsbald krähte der Hahn.** Matthäus 26, 74

Welch ein lächerliches Tier ist doch ein Hahn! Hochmütig stolziert er daher! Wenn ich hochmütige Leute sehe, muss ich immer denken: „Gockelhahn!"

Ja, der Hahn erinnert sehr an manches Menschliche. Wie verliert er seine komische Würde, wenn er hinter den Hennen herrennt – ein Bild der triebhaft gebundenen Menschen!

Und solch ein alberner Hahn spielt eine Rolle in der Leidensgeschichte des Herrn Jesus! Wie ist das möglich?

Der Herr brauchte ihn, um seinen Jünger Petrus zurechtzubringen.

Es war ein paar Stunden vor diesem Hahnenkrähen. Da hatte Petrus große Worte gemacht, wie der Herr sich auf ihn verlassen könne. Aber der Herr hatte ihm nur geantwortet: „Eh morgen früh der Hahn kräht, wirst du mich dreimal verleugnen."

Nun steht Jesus gebunden vor Gericht. Draußen im Hof tippt ein Mädel dem Petrus auf die Schulter: „Du gehörst doch auch zu diesem Jesus!" Petrus wehrt ärgerlich ab. Bald darauf sagen ein paar Kriegsknechte nacheinander dasselbe. Erschrocken flucht Petrus und erklärt: „Ich kenne diesen Jesus gar nicht!" – „Und alsbald krähte der Hahn!"

Da kommt Petrus zu sich. „Er ging hinaus und weinte bitterlich" – über sich selbst!

Die Bibel ist voll von solchen Geschichten, in denen Menschen sich selbst, ihren verlorenen Zustand vor Gott und ihre Sünde erkennen lernten.

Ist für uns diese Stunde auch schon gekommen? Hat für uns der Hahn auch schon gekräht, dass wir unser eigenes verlorenes Herz erkannten?

Dann ist die Stunde da, wo wir Jesus als unseren Heiland finden können, der uns vor Gott gerecht macht.

*Herr! Zeige uns unser Herz! Amen.*

**Da sprachen sie alle: Bist du denn Gottes Sohn? Jesus sprach zu ihnen: Ihr sagt es, denn ich bin's.** Lukas 22, 70

Eine dunkle Nachtszene!

Gefesselt steht Jesus vor dem Hohen Rat seines Volkes. Draußen ist dunkle Nacht. Trübe flackern die Lichter.

Stundenlang schon geht das Verhör, ohne dass etwas dabei herauskommt. Endlich kommt man zur Sache:

„Bist du Gottes Sohn?"

Und nun ist es auf einmal, als wenn es ganz hell würde. Klar sagt Jesus: „Ja, ich bin Gottes Sohn." Er wiederholt hier sein früheres Zeugnis, das er einst vor dem Volk sagte: „Ich bin von oben, ihr seid von unten."

Mit diesem Zeugnis ergießt sich helles Licht in die Welt. Nun brauchen wir nicht mehr ängstlich zu fragen: „Wo ist denn Gott?" In seinem Sohn Jesus ist er zu uns gekommen!

Nun ist Gott nicht mehr nur der verborgene Gott. Er hat die Wand zertrümmert, die seine Welt von der unseren trennte. Er hat „besucht und erlöst sein Volk".

Nun brauchen wir nicht mehr verbissen zu fragen, wie denn Gott allen Jammer der Welt zulassen könne. Er hat ein unüberhörbares und unübersehbares Zeichen seiner Liebe gegeben: den Sohn!

Als Jesus dies Zeugnis über sich selbst abgelegt hatte, riefen die Ältesten: „Was bedürfen wir weiter Zeugnis? Wir haben's selbst gehört aus seinem Munde!" So sagen wir auch!

Der Hohe Rat verschloss sich dieser Gottesoffenbarung in Jesus. Das kann man tun. Aber es ist entsetzlich. Nehmen wir lieber diesen Gottessohn an, der von Gott kam und für uns in den Tod am Kreuz ging. Lasst uns mit vollem Willen an ihn glauben!

*Herr! Wir danken Dir, dass Du aus der Welt des Vaters zu uns kamst. Amen.*

**Da zerriss der Hohe Priester seine Kleider und sprach: Er hat Gott gelästert!** Matthäus 26, 65

Warum entsetzt sich heute kein Mensch über Jesus? Warum zerreißt niemand heute sein Gewand? Vielleicht haben wir noch gar nicht richtig begriffen, was dieser Jesus bedeutet!

Es war bei dem Prozess Jesu in der Nacht vor dem Karfreitag: Die Sache ging nicht vorwärts. Da sprang der Hohe Priester auf und fragte: „Ich beschwöre dich, dass du uns sagst, ob du der Sohn Gottes bist."

„Ich bin's", sagte Jesus. „Und bald werde ich zur Rechten Gottes sitzen, und einst werde ich in Herrlichkeit wiederkommen."

Da zerriss der Hohe Priester sein Kleid und schrie: „Gotteslästerung! Todesurteil!"

Der Mann hat verstanden, dass Jesus etwas Ungeheures aussagte über sich selbst. Er begriff: „Wenn dieser Jesus die Wahrheit sagt, dann kann meine Vernunft einpacken." Oder ist es nicht gegen alle Vernunft, dass Gott in diesem armen Gefesselten zu uns kam?!

Er sagt sich: „Wenn dieser Jesus Recht hat, dann sind der Kaiser in Rom und wir und alle Mächtigen auf Erden nur auf Zeit geduldet. Dann gehört alle Macht diesem gefesselten Mann."

Der Hohe Priester weiß: Diesem Jesus gegenüber gibt es nur zwei Möglichkeiten: Man bringt ihn um – oder man glaubt an ihn, fällt nieder und betet ihn an.

Vor dieser Entscheidung stand nicht nur der Hohe Rat in Jerusalem. In dieser Entscheidung stehen w i r jetzt. Wir müssen Jesus in unseren Herzen neu umbringen. Oder wir müssen ihm zufallen und uns ihm zu eigen geben.

*Herr! Wir danken Dir für Dein klares Zeugnis über Dich selbst. Amen.*

**Da zerriss der Hohe Priester seine Kleider . . .**
Matthäus 26, 65

Schade um dies schöne, geschmückte Gewand!

Wie oft war der Hohe Priester mit ihm durch die Tempelhallen gegangen! Und dabei war er überzeugt: „Ich bin Gott und den Menschen wohlgefällig!“

Sind wir nicht genau wie dieser Mann? Wir sind doch auch überzeugt, dass wir Gott wohlgefällig sind. Unsichtbar tragen wir ein Prunkgewand. Die Bibel nennt es in ihrer besonderen Sprache das Kleid der eigenen Gerechtigkeit. Wir müssen wissen: Dies Gewand ist nur in unseren eigenen Augen schön. In Gottes Augen – so sagt uns Gottes Wort – ist es ein „schmutziges, unflätiges Kleid“.

Lasst uns doch das Kleid der eigenen Gerechtigkeit zerreißen! Und wenn wir dann vor Gott arm und bloß und als verlorene Sünder dastehen, dann schenkt uns Jesus ein neues Gewand: die Gerechtigkeit aus Gnaden, die er uns am Kreuz erworben hat.

Ich saß einmal mit einem Mann zusammen. Er war todkrank. Und nun rühmte ich ihn, weil er viel getan hatte für die Jugendarbeit. Er hatte aus eigenen Mitteln ein schönes Jugendheim gebaut und Kraft und Zeit den jungen Menschen gewidmet. Davon sprach ich. Auf einmal machte der Mann eine Handbewegung, als wenn er meine Worte wegwischte, und sagte:

„Hier kommt ein armer Sünder her, / Der gern ums Lösgeld selig wär'.“

Da erlebte ich es, wie ein Mann das Prunkkleid seiner eigenen Gerechtigkeit zerriss und sich im Glauben kleidete in das Kleid der Gnade, das Jesus schenkt. Jesaja sagt: „Ich freue mich im Herrn; denn er hat mich angezogen mit Kleidern des Heils.“

*Herr! Weil wir nur im Gnadengewand vor Dir bestehen können, greifen wir im Glauben nach diesem Kleid. Amen.*

**Da zerriss der Hohe Priester seine Kleider und sprach: Er hat Gott gelästert!** Matthäus 26, 65

Als Schüler habe ich einst eine Mathematikaufgabe falsch gemacht. Da nahm der Lehrer einen Rotstift und strich die ganze Arbeit aus. Das tat weh.

In unserer Textgeschichte strich ein Mann sich selbst aus.

Als bei dem Prozess Jesu der Hohe Priester sein Gewand zerriss, handelte es sich ja nicht um irgendeinen Straßenanzug. Der Mann trug das Gewand des Hohen Priesters. In diesem Amtskleid ging er in das Allerheiligste des Tempels, um mit Blut die Versöhnung Gottes mit den Sündern zu vollziehen. Von diesem Gewand steht im Gesetz Gottes: „Wer Hoher Priester ist, auf dessen Haupt das Salböl gegossen ist, der soll seine Kleider nicht zerreißen."

Und nun tat das dieser Hohe Priester doch! Und er vollzog damit etwas, was ihm selbst nicht klar war: Er strich sich und sein menschliches Priesteramt durch.

Unser Text zeigt eine atemberaubende Szene. Hier stehen sich zwei Priester gegenüber: der menschliche und der göttliche.

Als der Hohe Priester sich selbst ausstrich, wurde deutlich: Von jetzt an gilt nur noch das göttliche Priesteramt Jesu. Er ist jetzt der alleinige Hohe Priester. Seht, wie er nach Golgatha geht, um Gott mit der Welt zu versöhnen; Jesus, der Hohe Priester, schreitet zum Altar. Der Altar ist das Kreuz. Und das Opfer? Das ist er auch. Er ist „Gottes Lamm, das der Welt Sünde wegträgt". Er ist Priester und Opfer zugleich.

Nun haben wir einen von Gott bevollmächtigten Priester: Jesus! Nun haben wir ein wirklich gültiges Opfer: Jesus! Nun können wir Sünder wirklich Frieden mit Gott haben: durch den Glauben an Jesus.

*Herr! Nun ist alles klar: In Dir finden wir Frieden. Amen.*

**Und sie banden Jesus und führten ihn hin.** Matthäus 27, 2

Welch ein Unsinn!

Wirklich, diese Stricke, mit denen Jesus gefesselt wurde, sind ein lächerlicher Unsinn!

Den Mann, der den Sturm auf dem Meer mit einem einzigen Wort stillte – den Mann, der den Lazarus mit einem einzigen Ruf aus den Fesseln des Todes riss – den Mann, der Gewalt hat über die Dämonen – diesen Mann kann man doch nicht mit ein paar Stricken festhalten!

Diese Fesseln zeigen uns, wie sehr sich der Mensch täuscht über die Macht des Gottessohns – bis zum heutigen Tag.

Aber warum denn hat er sich so ruhig diese Fesseln anlegen lassen? Warum zerriss er denn nicht die Stricke und warf sie seinen Gegnern vor die Füße? Das wäre doch eine großartige Szene geworden! Warum nicht?

Weil er zum Kreuze geführt werden w i l l ! Weil er der ist, von dem Jahrhunderte früher der Prophet Jesaja verkündet hat: „Er tat seinen Mund nicht auf wie ein Lamm, das zur Schlachtbank geführt wird . . . Er ist um unserer Missetat willen verwundet und um unserer Sünde willen zerschlagen. Die Strafe liegt auf ihm, auf dass wir Frieden hätten . . .“

Darum also ertrug der Herr Jesus diese lächerlichen Fesseln, weil er sie tragen wollte. Eine Stunde, bevor sie ihm angelegt wurden, hat er in der Stille des Gartens Gethsemane seinem Vater gesagt: „Ich bin bereit, den Kelch des Leidens zu trinken.“ Nun trinkt er ihn.

So notwendig für die Welt erscheint also dem Heiland sein Kreuzestod, dass er willig seine Arme fesseln lässt.

*Herr! Öffne uns die Augen für unsere Erlösung! Amen.*

**Und sie banden Jesus und führten ihn hin.** Matthäus 27, 2

Es ist also wirklich möglich, dass d e r sich fesseln lässt, der Macht hat über Stürme, Herzen, Dämonen und sogar den Tod!

Ja, wenn das möglich ist, dann will auch ich ihn binden und festhalten. Denn ich möchte keine Stunde mehr ohne ihn leben.

Wenn der Hass ihn binden konnte – wie viel mehr wird die Liebe ihn festhalten können!

„Du sollst uns nicht entkommen!", sagten die Kriegsknechte und banden ihn. Genauso sagt ein gläubiges Herz zu Jesus: „Du sollst mir nicht weggehen!" – und bindet ihn.

Ich bin froh, dass ich die Stricke kenne, mit denen der Glaube und die Liebe den Heiland festhalten und binden können. Ich will sie verraten:

Ein richtiges Seil ist aus mehreren Stricken zusammengeflochten. So ist auch das Seil, mit dem Glaube und Liebe den Herrn Jesus binden, ein zusammengedrehtes Seil.

Einer dieser Stricke heißt: ein zerbrochenes Herz! Die Bibel erklärt: „Der Herr ist nahe denen, die zerbrochenen Herzens sind." Als der verlorene Sohn sagte: „Ich habe gesündigt gegen den Himmel und vor dir", da kam der Vater nicht mehr von ihm los. Da musste er ihn annehmen.

Als Petrus in der Nacht zum Karfreitag bitterlich weinte über sich selbst, da ging das Herz Jesu mit ihm, bis es ihn wieder gefunden hatte.

Ein zerbrochenes Herz bindet Jesus!

Und der andere Strick heißt: völliges Vertrauen! Wie hat der heidnische Hauptmann von Kapernaum Jesus gebunden, als er sagte: „Sprich nur ein einziges Wort!"

*Herr! Wir danken Dir, dass Du Dich so gern festhalten lässt! Amen.*

**Aber Herodes mit seinem Hofgesinde verspottete Jesus.**
Lukas 23, 11

Ich habe mich oft gefragt: Warum eigentlich reizt Jesus so sehr zum Spott? Bis zu diesem Tag! Man nimmt in der Welt jeden ernst, auch wenn er großen Unsinn verzapft. Aber bei dem Namen „Jesus“ verziehen sich die Mienen zum Lächeln und zum Spott.

Warum denn?

Das liegt wohl an dem Gegensatz zwischen Jesu Aussagen und dem Augenschein. Jesus macht sehr große Aussagen über sich selbst: „Mir ist gegeben alle Gewalt im Himmel und auf Erden.“ Und dabei sieht es immer so aus, als sei Jesu Sache am Untergehen. Oder er sagt: „Kommt her zu mir alle, die ihr mühselig und beladen seid. Ich will euch erquicken.“ Aber als er das sagte, stand er mit leeren Händen vor den Leuten. Er sagt: „Ohne mich könnt ihr nichts tun.“ Und die Welt wird doch offenbar sehr gut fertig ohne ihn. Jesus sprach in bedeutsamen Worten davon, wie der „Vater“ ihn liebe. Aber als er am Kreuz hing, schrie er: „Mein Gott! Warum hast du mich verlassen!“ Kein Wunder, dass die Ältesten höhnten: „Gott erlöse ihn, hat er Lust zu ihm!“

Dieser Gegensatz reizt einfach zum Spott.

Dies aber ist nun das Eigentümliche des Glaubens, dass uns auf einmal aufgeht wie ein helles, blendendes Licht: Jesu Worte sind wahr! Sie stimmen! Er hat wirklich alle Gewalt! Er allein kann erquicken! Ohne ihn ist tatsächlich all unser Tun unfruchtbar und leer! Er ist doch der geliebte Sohn des lebendigen Gottes!

So gibt es also Jesus gegenüber nur den Spott – oder die Erleuchtung durch den Heiligen Geist.

*Vater! Lass uns nicht blind bleiben! Gib uns das helle Licht Deines Geistes, dass wir Jesus erkennen! Amen.*

**Da nahm Pilatus Jesus und geißelte ihn.** Johannes 19, 1

So etwas hat es zu allen Zeiten gegeben: Martersäulen, an die man Menschen bindet, um sie zu schlagen und zu erniedrigen.

Solch eine Säule gab es im Gerichtshof des Pilatus. Und ebenso gebrauchte man sie in deutschen Konzentrationslagern.

Nun wurde der Sohn Gottes an solch eine Säule gebunden! Schaudernd wenden wir uns ab von den Knechten, die das traurige Werk vollbringen.

Wir sollten uns nicht abwenden! Wir sollten vielmehr darauf achten, dass wir nicht dasselbe tun: Jesus, unsern Heiland, den Sohn Gottes, anbinden.

W i r können das tun?! O ja! Wir!

Wir haben unsere Kirchen zu Martersäulen gemacht, in denen wir Jesus anbinden. Dort soll er bleiben, aber ja nicht heraustreten in unser Alltagsleben, in unser Familien-, Geschäfts- und politisches Leben! Da wollen wir ohne ihn sein!

Wie war es denn damals im römischen Gerichtshof in Jerusalem? Der Mensch triumphierte und war groß. Jesus aber war gebunden – und litt unsagbar! Ist das nicht eine Schilderung unserer abendländischen Kulturwelt? Der Mensch ist groß und tut sich wichtig. Jesus aber leidet unerhört.

Ja, sogar in unserem ganz persönlichen Leben binden wir Jesus oft an die Martersäule. Wir, die wir ihn kennen, binden ihn oft so fest an, dass er uns nicht stört, wenn wir nach unseres Herzens Gelüsten tun wollen.

Lasst uns Jesus losmachen und ihn bitten:

*Herr! Binde Du mich – so, wie nur Du fesseln kannst –, binde mich mit den Seilen Deiner Liebe! Binde mich an Dich! Amen.*

**Da nahm Pilatus Jesus und geißelte ihn.** Johannes 19, 1

Ein kluger Mann muss je und dann Kompromisse schließen. Wer immer mit dem Kopf durch die Wand will, ist ein Narr.

Der Römer Pilatus war kein Narr. Dass er sich auf Kompromisse verstand, zeigt er am Karfreitagmorgen. Dieser Angeklagte Jesus war offenbar unschuldig. Also: Freispruch! Aber draußen tobte die Masse: „Kreuzige ihn!“

Was sollte man tun? Pilatus wählt einen Mittelweg zwischen Freispruch und Todesurteil: Er lässt Jesus geißeln.

War das nicht gut? Wir alle müssen doch immer Kompromisse schließen.

Gewiss müssen wir das! Aber – Pilatus erfuhr, was auch wir unbedingt wissen müssen: Jesus gegenüber gibt es keine Kompromisse. Hier hört die weltliche Klugheit auf! Der Offenbarung Gottes in Jesus gegenüber gibt es nur eine klare Entscheidung. Der Apostel Jakobus hat das unüberhörbar deutlich gesagt: „Wer der Welt Freund sein will, der wird Gottes Feind sein.“ Und der Herr Jesus selbst hat gesagt: „Wer nicht mit mir ist, der ist wider mich.“

Der Apostel Paulus hat den Christenstand einmal so geschildert: „Gott hat uns errettet von der Obrigkeit der Finsternis und versetzt in das Reich seines lieben Sohnes.“ Das ist doch deutlich: Entweder ist man errettet, oder man ist noch unter der Obrigkeit der Finsternis. Für einen Kompromiss ist hier kein Platz.

Pilatus konnte nicht stehen bleiben bei dem Kompromiss. Er musste das Todesurteil über Jesus fällen. Nun steht er im Glaubensbekenntnis als der ungerechte Richter. Wer nur halb zu Jesus steht, wird sein Feind werden müssen.

*Herr! Gib uns den Mut, es ganz und völlig mit Dir zu wagen! Amen.*

**Sie flochten eine Dornenkrone und setzten sie auf Jesu Haupt.** Matthäus 27, 29

In einem Straßburger Hotel hatte ich einst ein seltsames Erlebnis:

Ich saß im Lesezimmer und arbeitete an einer Predigt über die Dornenkrone Jesu.

Da trat eine Frau auf mich zu und sagte: „Gestern Abend hörte ich Ihren Vortrag über das Kreuz Jesu. Nun wollte ich Ihnen etwas zeigen, was Sie sicher interessiert."

Damit zog sie aus ihrer Handtasche ein Päckchen, reichte es mir und erklärte dazu: „Ich komme eben aus Palästina. Da habe ich einige Zweige von einem Dornenstrauch abgebrochen. Mit solchen Dornen ist doch wohl Jesus gekrönt worden."

Da lagen nun die drei Zentimeter langen Dornen in meiner Hand – eine Illustration zu meinen Predigtgedanken. Schrecklich waren diese Dornen! Und ich sah im Geist ihn, der die Dornenkrone getragen hat: „O Haupt voll Blut und Wunden, / Voll Schmerz und voller Hohn, / O Haupt, zum Spott gebunden / Mit einer Dornenkron' . . ."

Ich kann diese entsetzlichen Dornen nicht vergessen.

In der Bibel steht: „Schrecklich ist's, in die Hände des lebendigen Gottes zu fallen." Hier aber geschah das Umgekehrte: Der geoffenbarte Gott fiel in die Hände der Menschen. Und die haben ihn mit den fürchterlichen Dornen gekrönt. Nicht nur die Kriegsknechte, sondern wir alle. So sind wir! Der Heidelberger Katechismus sagt: „Ich bin von Natur geneigt, Gott und meinen Nächsten zu hassen."

Kann das anders werden? Ja! Eben durch den Mann mit der Dornenkrone.

*Herr! Du ließest Dich hassen, damit Gott uns um Deinetwillen lieben kann. Wie anbetungswürdig bist Du! Amen.*

**Sie flochten eine Dornenkrone und setzten sie auf Jesu Haupt.** Matthäus 27, 29

Es gibt ein eindrucksvolles Bild von einem Maler aus dem 15. Jahrhundert, Hieronymus Bosch. Da steht Jesus inmitten von grauenvollen Fratzen. Ein Kerl mit gepanzerten Fäusten hält die Dornenkrone über den Scheitel des Herrn Jesus.

Mit einer rührenden Gebärde, mit einer stillen Bereitschaft neigt der Herr Jesus sein Haupt der schrecklichen Krone entgegen. Wer dies Bild ansieht, versteht: Hier ist Barmherzigkeit am Werk! Die Dornenkrone trägt der Heiland für diese entsetzlichen Menschen – und auch für mich. „Nun, was Du, Herr, erduldet, / Ist alles meine Last; / Ich hab es selbst verschuldet, / Was Du getragen hast . . .“

Diese rohen Burschen ahnen nicht, was sie tun: Sie krönen Jesus zum König im Reiche der Liebe Gottes.

Es ist ein wundervolles Reich, dessen König die Dornenkrone trägt. Wo gibt es sonst wohl ein Reich, in dem der König selbst sich um jeden Untertanen persönlich kümmert! Hier gibt es keine Bürokratie. In diesem Reich hat es jeder mit dem König direkt zu tun.

In diesem Reiche sollte man sein!

Nun, die Grenzen des Reiches der Liebe stehen uns offen. Man kann allerdings in dies Reich nicht hineinfahren mit Eisenbahn oder Auto. Man überschreitet die Grenze, wenn man im stillen Kämmerlein sich dem König völlig übergibt.

Braucht man an den Grenzen dieses Reiches auch einen Pass?

Ja! Nicht einen Pass mit Stempel und Visa. Der gültige Pass ist ein zerbrochenes, bußfertiges Herz, das nach Frieden mit Gott verlangt.

*König mit der Dornenkrone! Dein blutiger Anblick ist erschütternd. Und doch – er erquickt unsere Seelen. Amen.*

**Jesus ging heraus und trug eine Dornenkrone und ein Purpurkleid. Und Pilatus spricht zu ihnen: Sehet, welch ein Mensch!** Johannes 19, 5

Auf der Schwäbischen Alb gibt es in dem Kalkgestein Risse, die in abgründige Tiefen führen.

So kommt uns oft die Bibel vor. Mitten im Fluss der aufregenden Erzählung sind da plötzlich Stellen, deren Tiefen man kaum ermessen kann.

Solch eine Stelle ist unser Textwort. Geschändet durch eine rohe Geißelung, lächerlich gemacht durch alberne Königszeichen, so steht Jesus vor dem tobenden Volk.

Der römische Prokurator sieht Jesus an. Der Anblick erschüttert ihn. Und laut ruft er: „Sehet, welch ein Mensch!"

So hat Luther übersetzt und will damit andeuten, dass Pilatus jetzt das Mitleid der Menge für diesen armen Jesus erwecken will.

Aber das Wort bedeutet mehr. Wenn man's wörtlich aus dem Griechischen übersetzt, heißt es: „Sehet! Der Mensch!" Da ist Erstaunen und Erschrecken in der Stimme des Pilatus. Er hat viel mit Menschen zu tun gehabt. Aber er verachtet sie. Sie waren wie eitle Pfauen, wie wilde Tiger, wie dickfellige Elefanten, wie gackernde Hühner, gemein wie Schakale.

Und nun sieht er – zum ersten Mal – einen Menschen. In dem geschändeten Jesus erscheint ihm der wahre Mensch, der Mensch, wie er sein sollte – der Mensch, wie Gott ihn sich dachte. „Sehet! Der Mensch!"

Das ist wichtig. Man kann nicht von Humanität und Menschlichkeit reden, ohne von Jesus zu reden.

„Sehet! Der Mensch!" Im Hebräischen heißt „Mensch" „Adam". Und das Neue Testament nennt Jesus „den zweiten Adam". Er ist der Mensch, mit dem Gott noch einmal von vorn anfängt.

*Herr! Der Du wahrer Mensch geworden bist, mache uns zu Menschen nach Deinem Bilde! Amen.*

**Pilatus führte Jesus heraus und setzte sich auf den Richtstuhl an der Stätte, die da heißt Hochpflaster, auf hebräisch Gabbatha.** Johannes 19, 13

Da steht nun Jesus vor den Augen des ganzen Volks auf der erhöhten Terrasse. Wenn wir's recht betrachten, steht Jesus zu allen Zeiten so auf dem Forum der Welt.

Und die Menschen?

„Weg!", rufen die Selbstgerechten. „Seine Rede trieft von den Worten ‚Gnade' und ‚Vergebung'. Das brauchen wir nicht! Wir sind genau richtig!"

„Wir wollen ihn nicht!", erklären die Sünder. „Er ruft immer zu Buße und Umkehr. Das gefällt uns nicht!"

„Lachhaft, dieser Jesus!", sagen die Idealisten. „Seine Erlösung mag recht sein für Schwache! Für uns gilt: Strebend sich bemühen!"

„Ach nein", erklären Gelehrte und wenden sich ab. „Er ist zu unmöglich, dieser ‚Sohn Gottes'! Er passt nicht in unser Denksystem!"

„Hört doch auf mit diesem Jesus!", brüllen die Dummen. „Man müsste ja denken, wenn man sich mit ihm einlässt. Und das Denken ist eine unverschämte Zumutung!"

„Jesus?", fragen die Religiösen. „Wir glauben an Gott. Aber – wieso Jesus?"

„Gut für das Volk, aber nicht für unsere Arbeit", erklären Politiker. „Denn der Jesus hat ja keine Macht. Bei uns gilt nur, wer Macht hat."

So könnte man lange fortfahren. Jesus auf dem Forum! Ist denn da keine Stimme für Jesus?

Doch! Der Schächer am Kreuz und die große Sünderin und der Zöllner Zachäus und viele andere: Leute mit zerbrochenen Herzen und unruhigen Gewissen sehen ihn, freuen sich an dem Heiland und glauben an ihn.

*Herr! Lass uns zu den wenigen gehören, die Dich erkennen! Amen.*

**Sie nahmen aber Jesus und führten ihn hin. Und er trug sein Kreuz und ging hinaus zur Stätte, welche heißt auf hebräisch Golgatha. Daselbst kreuzigten sie ihn.**

Johannes 19, 16 bis 18

Ein niederdrückendes und furchtbares Bild! Wie viel Leiden, Jammer, Schmerz, Rohheit und Härte marschieren auf dieser via dolorosa, auf der Schmerzensstraße.

So kann man die Sache ansehen. Aber wenn wir näher zuschauen, verwandelt sich diese Schmerzensstraße zu unserem Verwundern in eine Siegesstraße.

Wenn ein römischer Feldherr siegreich zurückkehrte, wurde für ihn in Rom eine Siegesstraße geschmückt, auf der er in Pracht einziehen konnte.

Erscheint es nicht etwas verrückt, wenn wir sagen: Jesus verwandelt die via doloraos in eine Siegesallee?

Und doch – es ist so! Seht nur! Dort reitet der römische Hauptmann ärgerlich fluchend über das widerliche Kommando. Bald aber wird er vor aller Welt sich zu diesem Jesus bekennen.

Seht den Mann Simon, den man gezwungen hat, Jesus beim Kreuztragen zu helfen. Wie tobt der Mann innerlich vor Wut! Aber Geduld! Es wird nicht lange dauern, dann wird er Jesus bekennen als seinen herrlichen Erlöser von Tod, Sünde und Welt.

Und dort keucht hinter Jesus her ein elender Verbrecher. Er ist auch zum Kreuzestod verurteilt. Es wird nicht lange dauern, dann wird er Jesus anrufen und mit ihm ins Paradies einziehen.

Und vor allem, was das Auge nicht sieht: „Jesus hat die höllischen Mächte überwunden und zum Spott gemacht."

So sagt uns die Bibel.

Welch ein Siegeszug! Über der via dolorosa klingt es schon: „Dass Jesus siegt, / Bleibt ewig ausgemacht!"

*Herr! Siege auch über unser Herz! Amen.*

**Und Jesus trug sein Kreuz.** Johannes 19, 17

Aus dem Stadttor Jerusalems quillt es heraus: schreiende Kinder, weinende Frauen, hochmütige Priester, spottender Pöbel und römische Legionäre.

Und dann kommt er, der Trost der Welt, der geoffenbarte Gott – Jesus! Man sieht ihn kaum. Man sieht nur das riesige, drohende, fürchterliche Kreuz, das auf seinen Schultern schwankt.

Dies Kreuz ist eine echt menschliche Erfindung. In Karthago wurde sie gemacht von irgendeinem kranken Gehirn. Origines berichtet, dass die Gekreuzigten oft noch zwei Tage lang lebten.

Man hat den Erfinder des Kreuzes nicht ins Irrenhaus gesperrt. Im Gegenteil! Die Römer haben Karthago erobert und zerstört. Aber diese fürchterliche Erfindung brachten sie mit nach Hause. Ob Kreuz oder Atombombe – das menschliche Gehirn brütet immer dasselbe aus: Qual und Leid. Das Kreuz war die Kehrseite der Macht Roms. Rom war prächtig und voller Glanz. Aber die Kehrseite waren – Kreuze!

Wir wollen nicht tun, als ginge das uns nichts an. Wir haben oft uns durchzusetzen versucht. Und dabei haben wir viele kleine Kreuzlein gezimmert für die anderen. Ehemänner können Kreuze herstellen für ihre Frauen und umgekehrt. Kinder sind Kreuzbauer für ihre Lehrer. Nachbarn können einander grausam quälen.

Wie Recht hat die Bibel: „Das Menschenherz ist böse von Jugend auf!“

Wie herrlich aber ist die Verheißung des großen Gekreuzigten, dass man wiedergeboren werden kann zu einem neuen Leben – zu einem Leben voll Liebe.

*Herr! Hilf uns, zu lieben – wie Du die liebtest, die Dir das Kreuz bereiteten! Amen.*

**Und als sie kamen an die Stätte, die da heißt Schädelstätte, kreuzigten sie ihn daselbst.** Lukas 23, 33

Welch ein großer Verwandler ist doch unser Gott!

Das sehen wir an dem Kreuz.

Das Kreuz war eine abscheuliche Erfindung, eine Manifestation menschlicher Grausamkeit.

Nun nimmt Gott dies schreckliche Kreuz und verwandelt es in den herrlichsten, heiligsten Gegenstand: Er macht aus dem Kreuz einen Altar, auf dem ein Opfer dargebracht wird, das endlich, endlich Frieden bringt zwischen dem heiligen Gott und uns Sündern.

Das widerliche Kreuz wird zum lieblichen Altar. Und das Opfer, das auf diesem Altar geopfert wird, das alle anderen Opfer überflüssig macht, ist Jesus. „Sieh, da ist Gottes Lamm, welches der Welt Sünde wegträgt", heißt es von ihm.

Nun können wir Frieden finden an diesem Altar. Hier finden wir die Tilgung aller unserer Schuld, die wir quälend heimlich mit uns herumtrugen. An diesem Altar dürfen wir einen wundervollen Tausch machen: Alles Dunkle unseres Lebens dürfen wir auf dem Gekreuzigten liegen sehen. Und sein Friede kommt wie in Strömen auf uns zu.

Herrliches Kreuz! Lieblicher Altar! Ein Mann des Alten Bundes vergleicht in einem Psalm unsere Seele mit einem heimatlosen Vogel. Aber jetzt kann er rühmen: „Der Vogel hat ein Haus gefunden und die Schwalbe ihr Nest" – den Altar Gottes, von dem es heißt: „Gott war in Christo und versöhnte die Welt mit ihm selber und rechnete ihnen ihre Sünden nicht zu und hat unter uns aufgerichtet das Wort von der Versöhnung."

*Herr! Öffne uns die Augen für die große Gabe Deines Kreuzes! Lass auch uns hier Frieden finden! Amen.*

**Und als sie kamen an die Stätte, die da heißt Schädelstätte, kreuzigten sie ihn daselbst.** Lukas 23, 33

Was muss das für ein starker Nagel sein, der die rechte Hand Jesu festhält! Denn diese Hand ist ja so unheimlich stark. Von ihr heißt es schon im Alten Testament: „Seine rechte Hand hilft mit Macht.“

Diese Hand wurde einst über das tobende Meer gestreckt. Da wurden die wilden Wogen still, und der Sturm legte sich.

Diese Hand griff nach dem Petrus, der eben in den Wellen versinken wollte. Da war er gerettet!

Diese Hand entriss den Lazarus und den Jüngling aus Nain der Faust des Todes. „Der Herr siegt mit seiner Rechten“, rühmt ein Mann in der Bibel.

Und nun ist diese starke Hand angenagelt am Kreuz, aufgespießt wie ein Schmetterling von einem eifrigen Sammler. Ist es denn nun zu Ende mit der Stärke dieser Hand? Siegt nun dieser abscheuliche Nagel?

Nein! Das ist das Wunder von Golgatha: Diese angenagelte Hand tut gerade jetzt ihre größte Tat: Sie trägt die größte Last weg, die es je gab – die Schuld der Welt. Sie bezahlt die größte Rechnung, die es je gab – die Forderung Gottes an den Menschen. Sie zerbricht die stärkste Mauer, die es je gab – die Mauer zwischen Gott und uns Sündern.

Es ist so wichtig, dass wir das begreifen! Wer es begreift und von Herzen glaubt, der wird bekennen: Diese ohnmächtige, arme, angenagelte Hand Jesu hat mich herausgerissen aus dem Zorn Gottes, aus der Friedelosigkeit, aus Schuld und aus allen Bindungen des Teufels. Sie hat mich getragen zum Herzen Gottes.

So siegt nicht der Nagel, sondern die starke Hand Jesu, unseres Erlösers.

*Herr! Führe unsern Geist recht ein in das Wunder von Golgatha! Amen.*

**Und als sie kamen an die Stätte, die da heißt Schädelstätte, kreuzigten sie ihn daselbst.** Lukas 23, 33

Eine Mutter mit einem kleinen Kind besuchte mich. „Gib schön das Händchen!“, mahnte die Mutter ihr Kind. Das reichte mir die linke Hand. Da die Mutter eine kluge Frau war, lachte sie nur und sagte: „Die Linke kommt von Herzen.“

Es ist etwas dran, dass die Linke dem Herzen näher ist als die Rechte. Ich habe einmal darüber nachgedacht, welche Rolle die linke Hand des Herrn Jesus spielte. Und da entdeckte ich: Sie trat immer in Aktion, wenn Jesus etwas besonders Liebevolles tat.

Man brachte Kinder zu ihm. Mit der Rechten hat er sie gesegnet. Mit der Linken geherzt.

Er wusch seinen müden Jüngern die staubigen Füße. Mit der Rechten ergriff er den Schwamm. In die Linke legte er die müden Füße der Jünger.

Mit seiner Rechten tat er Wunder und Zeichen. Aber wenn seine Liebe durchbrach, musste die Linke mit herhalten. So, als er die Arme ausbreitete und rief: „Kommet her zu mir alle, die ihr mühselig und beladen seid!“ Und ebenso, als er im Garten Gethsemane seine Arme schützend vor seine Jünger hielt und den Häschern sagte: „Lasst diese gehen!“

Ja! Jesu linke Hand kam „von Herzen“.

Und nun ist diese Hand angenagelt. Nun ist es aus mit den Liebesbezeugungen! Und der grausame Nagel triumphiert! Ist es wirklich so?

Gott sei Dank: Nein! Es ist ganz anders. Gerade in diesem Augenblick der scheinbaren Ohnmacht tut die Hand Jesu die größte Liebestat. Einer, der es verstanden hat, singt: „Auch mich, auch mich erlöst er da, / Für mich gab er sein Leben dar, / Der ich von seinen Feinden war!“

*Herr Jesus! Wir danken Dir für Deine grenzenlose Liebe! Amen.*

**Und als sie kamen an die Stätte, die da heißt Schädelstätte, kreuzigten sie ihn daselbst.** Lukas 23, 33

Das muss ein besonders langer und schrecklicher Nagel gewesen sein, der Jesu F ü ß e an das Holz spießte! Wie ohnmächtig sind nun diese Füße, die so viele Wege gingen im Dienst einer verlorenen Welt!

W e i t e Wege gingen diese Füße: Von Galiläa bis zu den Toren Jerusalems an das Grab des Lazarus, den Jesus von den Toten erweckte.

S e l t s a m e Wege gingen diese Füße: Sie liefen über das Meer, als die Jünger in dunkler Nacht „Not litten von den Wellen".

E r m ü d e n d e Wege sind diese Füße gegangen. Jesus sank in tiefen Schlaf, als er einst in ein Schiff gestiegen war. Wie erschöpft muss er gewesen sein, als er dann sogar im Sturm schlief!

G e f ä h r l i c h e Wege sind diese Füße gegangen, als er sich Jerusalem näherte, wo sein Tod schon beschlossen war.

Nun sind diese Füße angenagelt. Nun triumphiert der Nagel. Ist es wirklich so?

O nein! Diese angenagelten Füße, deren Wege zu Ende scheinen, triumphieren doch über den Nagel. Wieso?

Weil Jesus selbst in dieser Stunde seines Todes zum Weg wird für uns, zum einzig möglichen Weg für uns Verirrte. Er sagt: „Ich bin d e r Weg!" Und die Apostel bekennen, dass wir „durch ihn zu Gott kommen"! Er ist der Weg, von dem schon der Prophet Jesaja weissagte, dass „auch die Toren auf ihm nicht irren können".

O herrliches Kreuz, wo die größte Tat geschieht, wo die Gottesliebe siegt, wo den verlangenden Sünderherzen der Weg sich auftut zum Herzen Gottes!

*Herr! Wohin sollen wir gehen? Du bist der Weg! Amen.*

**Pilatus schrieb eine Überschrift und setzte sie auf das Kreuz; und war geschrieben: Jesus von Nazareth, der Juden König ... Und es war geschrieben in hebräischer, griechischer und lateinischer Sprache.** Johannes 19, 19 und 20

Als ich noch in die Schule ging, gab mir der Studienrat einmal einen Aufsatz zurück, in dem viele rote Striche waren. Darunter stand: „Oberflächlich! Mangelhaft!"

Jetzt möchte ich das Plakat vom Kreuz Jesu nehmen und darunter schreiben: „Oberflächlich! Mangelhaft!"

Um das zu zeigen, gehen wir jetzt das Plakat durch:

„Jesus": Das ist richtig! Den Namen hat Gott selbst bestimmt. Man kann ihn übersetzen mit „Heiland"!

„von Nazareth": Das ist falsch! Roter Strich! Wenn Jesus „von Nazareth" wäre, wäre er ein großer Mann aus kleinen Verhältnissen. Aber er stammt ja aus Bethlehem. Und das bedeutet: Er ist der, welcher nach den Verheißungen Gottes als Heiland der Welt aus dem Geschlecht Davids in Bethlehem geboren werden soll. Er ist der verheißene Sohn Gottes.

„König": Wieder ein Fehler! Erst als er nach seiner Auferstehung in die ewige Welt zurückging, gab ihm der Vater das Königsamt. Hier am Kreuz verwaltet er das Priesteramt. Er opfert als der wahre Priester ein endgültiges Opfer – sich selbst! – zur Versöhnung der Welt.

„Der Juden": Wieder falsch! Jesus starb für alle Welt. Gott sei Dank! Auch für uns! Das dreisprachige Plakat über dem Kreuz und die ausgebreiteten Kreuzarme rufen: „Komm, ganze Welt, / Ach komm herbei. / Hier kannst du, dass Gott gnädig sei, / Ohn' dein Verdienst erkennen ..."

*Herr! Hilf uns, Dich immer besser zu erkennen! Amen.*

**Und es war oben über ihm geschrieben, was man ihm schuld gab, nämlich: Der König der Juden.** Markus, 15, 26

Von überall her drängen sich Plakate in unseren Blick: „Trinkt Citronel!“ – „Der Herr trägt Schuhe von . . .!“ und so weiter – und so weiter!

Lange, ehe es diese Plakate gab, hat ein Plakat Aufsehen erregt, das über dem Kreuz des Gottessohns hing: Es verkündete, „was man ihm schuld gab“.

Eine Anklageschrift war dies Plakat! Wie unerhört! Der Mensch klagt seinen Herrn und Gott an. Und das tut er bis zum heutigen Tag. Wie oft sah und hörte ich z. B. die Anklage: „Wie kann Gott das alles zulassen?!“

Nun, es gibt in der Tat eine Anklageschrift, die zwischen Gott und uns eine Rolle spielt. Aber die ist in der Hand Gottes und richtet sich gegen uns.

Ich habe im Geist einmal einen Blick getan in diese Schrift. Da standen alle meine Sünden: Gottlosigkeit, Unreinigkeiten, Versäumnisse, Lieblosigkeiten, Schuld über Schuld!

Ja, das war die furchtbare Anklageschrift gegen mich!

Aber als ich näher zusah, las ich: „Anklage gegen Jesus, den Sohn Gottes.“ Meine Schulden waren ihm zugerechnet.

Da verstand ich auf einmal das seltsame Wort aus dem 53. Kapitel des Propheten Jesaja: „Der Herr warf unser aller Sünde auf ihn . . . Er ist um unserer Missetat willen verwundet und um unserer Sünde willen zerschlagen. Die Strafe liegt auf ihm, auf dass wir Frieden hätten.“

Wer das glauben kann, der singt getröstet und froh: „Die Handschrift ist zerrissen, / Die Zahlung ist vollbracht . . .“

*Herr Jesus! Du unser Stellvertreter und Heiland! Wir danken Dir! Amen.*

**Da sie Jesus aber gekreuzigt hatten, teilten sie seine Kleider und warfen das Los darum.** Matthäus 27, 35

Man möchte laut rufen: „Sind denn keine Erben da, die ein Recht haben an Jesu Hinterlassenschaft?"

Da würden aber die Kriegsknechte uns auslachen und erklären: „Bei Verurteilten ist der Staat der Erbe. Und was solch einer auf dem Leibe trägt, fällt nach altem Recht uns zu. Dieser Jesus hat nichts hinterlassen als seine Kleider. Also sind wir die einzigen Erben!"

Doch da irren die Soldaten. Gegen ihre Behauptung erhebt sich ein gewaltiger Chor aus allen Zeiten und aus allen Kontinenten. Es sind die Stimmen derer, die an Jesus als den Sohn Gottes und als ihren Erlöser glauben.

Hört, was diese Stimmen sagen!

Da heißt es: „Behaltet nur den Rock Jesu. Uns hat Jesus ein schöneres Gewand vererbt: ‚Christi Blut und Gerechtigkeit, / Das ist mein Schmuck und Ehrenkleid, / Damit will ich vor Gott besteh'n, / Wenn ich zum Himmel werd' eingehn.'"

Da ruft es: „Wir sind die eigentlichen Erben Jesu! Als er sein Haupt neigte und verschied, hat er uns Frieden vererbt, Frieden, der höher ist als alle Vernunft!" – Und weiter ruft der Chor: „Völlige Versöhnung zwischen uns Sündern und dem heiligen Gott hat er uns sterbend vererbt!" – „Und die Gotteskindschaft hat er uns vererbt!" – „Und den ganzen Himmel hat er uns vererbt, dass wir nun eine gewisse Hoffnung des ewigen Lebens haben!"

Der große Psalmsänger und König David hat lange vorher im Geiste dies Losen um Jesu Erbe gesehen. Und da lacht er geradezu die Soldaten aus und erklärt: „Mir ist das Los gefallen aufs Liebliche. Mir ist ein schönes Erbteil geworden."

*Herr Jesus! Lass uns nicht leer ausgehen! Amen.*

**Da sie Jesus aber gekreuzigt hatten, teilten sie seine Kleider und warfen das Los darum.** Matthäus 27, 35

Im Altertum gebrauchte man zum Losen bunte Kieselsteine. Auf Golgatha, wo drei Kreuze aufgerichtet waren, klapperten die harten Kiesel. Härter aber als die Steine waren die Herzen.

Drei Menschen sterben grauenvoll. Die Soldaten aber würfeln ganz unbewegt. Die Geschichte der letzten Jahrzehnte zeigt, dass der moderne Mensch noch genauso hartherzig dem Sterben von Menschen gegenübersteht.

Aber nicht nur die Mitleidlosigkeit dieser Soldaten verrät ihre harten Herzen. Sie werden unter dem Kreuz Jesu noch deutlicher entlarvt.

Der dort in der Mitte stirbt, ist ja der Sohn des lebendigen Gottes. Er hängt am Kreuz als das große Opfer, das Gott mit den Sündern versöhnt. Er hängt dort als das „Lamm Gottes, das der Welt Sünde wegträgt"!

Neben Jesus hängt ein Sterbender, der auch zum Kreuz verurteilt war. Der erkennt Jesus als Gottessohn, bekennt seine Sünden und wird von Jesus angenommen: „Heute wirst du mit mir im Paradiese sein."

Unter dem Kreuze steht ein römischer Hauptmann. Als Jesus stirbt, ruft der laut: „Dieser ist Gottes Sohn!"

Das waren Leute, deren harte Herzen erweicht wurden durch den Gekreuzigten.

Aber die Kriegsknechte würfeln. „Man kann ja etwas gewinnen. Wie sollte uns da der gekreuzigte Mann interessieren!" So hart sind die Herzen. Damals und heute! Ein Geschäft ist wichtiger als Jesus!

*Herr! Erweiche unsere Herzen, dass Dein Kreuz uns zum Heil wird. Amen.*

**Alsbald lief einer unter ihnen (den bewachenden Soldaten), nahm einen Schwamm und füllte ihn mit Essig und steckte ihn auf ein Rohr und tränkte ihn (den Gekreuzigten). Die andern aber riefen: Halt!** Matthäus 27, 48 und 49

Wir betreten die schreckliche Richtstätte Golgatha. Der Sohn Gottes kämpft einen Kampf, dessen Tiefe wir nicht ermessen. In seiner Not ruft er: „Mich dürstet!“

Der Schrei reißt einen der Hüter hoch. Er taucht einen Schwamm in Weinessig, steckt ihn auf eine Lanze und tränkt den Heiland.

Der Schwamm auf der Lanze kommt mir vor wie ein wunderbares Feldzeichen. Um das Kreuz her ist nur Hass. Und Spott! Und Gleichgültigkeit! Ungerührte Herzen! Hart wie Stein!

Dort aber geht der Mann mit dem seltsamen Feldzeichen. Er kümmert sich nicht darum, dass die anderen ihm ein „Halt!“ zurufen. Er löst sich aus der Masse. Sein Schwamm ist ein Zeichen für alle, die nicht „mit den Wölfen heulen“ wollen.

Es ist eine große Sache, wenn ein Mensch sich um Jesu willen aus der Masse löst.

Was ging wohl im Herzen dieses Soldaten vor? Gewiss hat der Gekreuzigte sein Herz angerührt. Er ist nicht mehr gleichgültig.

So ist der Schwamm auf der Lanze das Feldzeichen für alle, die sich trotz Spott, Hohn und Gleichgültigkeit zu diesem Jesus bekennen.

Und nun sehen wir im Geist die große Schar derer, die diesem Feldzeichen folgen. Da ist der Graf Zinzendorf, der verkündet: „Ich bin durch manche Zeiten, / Ja, auch durch Ewigkeiten / In meinem Geist gereist. / Nichts hat mirs Herz genommen, / Als da ich angekommen / Auf Golgatha! Gott sei gepreist!“ Oder ich denke an die Väter der Erweckung im 19. Jahrhundert, die bekannten: „Es wisse, wer es wissen kann: / Ich bin des Heilands Untertan!“

*Herr! Löse uns aus der Masse! Hilf, dass wir uns frei zu Dir bekennen! Amen.*

**Heute wirst du mit mir im Paradiese sein.** Lukas 23, 43

Ein junger Mann nahm an einer Beerdigung teil. Der Tod des Bekannten, der da begraben wurde, bewegte ihn nicht sehr. So stand er ziemlich gleichgültig am Grabe. Aber plötzlich, als er die Schollen auf den Sarg poltern hörte, schoss ihm ein Gedanke durch den Kopf: „Ich möchte gern in den Himmel kommen!"

Er fand selber diesen Satz kindlich. Aber der ließ ihn nicht mehr los, bis er verstand: „Das ist ja der wichtigste Wunsch!"

Wollen wir auch in den Himmel kommen? Dann muss uns die Geschichte von dem Verbrecher, der neben Jesus am Kreuze hing, unerhört wichtig werden. Denn hier ist der Mann, der es von Jesus garantiert bekam, dass er in den Himmel komme. Es hilft nichts: Wir müssen von dem gekreuzigten Verbrecher lernen!

Vier Schritte gehören dazu, die ans Ziel bringen. Diese vier Schritte zeigt die Rede, die der Verbrecher an seinen Kumpan hielt, als dieser Jesus lästerte.

„Und du fürchtest dich auch nicht vor Gott?" Das ist der erste Schritt: Gott ernst nehmen und ihn fürchten.

Das ist der zweite Schritt: Bekenntnis der Schuld: „Wir empfangen, was unsere Taten wert sind!" Er klagt nicht Menschen an, sondern sich selbst.

Der dritte Schritt: Ja-Sagen zum Gericht Gottes: „Wir sind mit Recht im Gericht!" Einmal müssen wir vor Gottes Gericht: entweder hier oder dort.

Der vierte Schritt: Glauben an Jesus: „Dieser hat nichts Böses getan. Herr, gedenke an mich!" Da wurde ihm die Tür des Himmels aufgetan.

Es sind mächtige Schritte, die der Mann tat, obwohl er am Kreuze angenagelt war. Es waren Schritte, die ihn aus dem Verderben in den Himmel brachten.

*Herr! Nimm auch uns in den Himmel! Amen.*

**Da nahmen sie den Leichnam Jesu und banden ihn in leinene Tücher mit Spezereien.** Johannes 19, 40

Es ist ein ergreifendes Bild: Zwei vornehme Männer nehmen Jesus vom Kreuz, salben ihn mit köstlichen Spezereien und hüllen ihn in weiße Leinwand.

Zwei Männer, die dem Herrn etwas Liebes tun wollen und ihm dienen wollen.

Sie haben damals wohl noch gar nicht ganz verstanden, was wir verstehen dürfen: Alles, was wir für Jesus tun, ist längst überholt, überschattet, überrundet von der ganz großen Liebe, die er an uns tut.

Sie holen den Leichnam Jesu aus der Schande heraus. Es schien ihnen unerträglich, dass er unter Verbrechern verscharrt werden sollte.

Jesus aber ist gekommen und gestorben, dass er uns aus der Schande hole. Seien wir doch ehrlich: Unser Leben ist oft eine große Schande. Wir wissen es, wenn wir im Licht Gottes stehen. Da heraus holt uns Jesus und erhöht uns zu Kindern Gottes.

Die beiden Männer haben Jesus in weiße Leinwand gehüllt. Jesus aber ist gekommen und gestorben, um uns, die wir befleckt sind von Sünde, in die weiße Leinwand seiner Gerechtigkeit zu kleiden.

Die beiden Männer haben Jesus mit köstlichen Salben einbalsamiert. Jesus aber ist gekommen und gestorben, um uns den Heiligen Geist zu geben, der in der Bibel manchmal mit dem duftenden Rosenöl verglichen wird.

Wie oft sind unsere Wohnungen erfüllt mit dem üblen Geruch von Streit, Selbstsucht und allerlei Bösem! Der Heilige Geist aber schafft göttlichen Wohlgeruch. Den will Jesus uns geben.

Es ist schön, wenn wir etwas für Jesus tun und unsere Liebe zu ihm unter Beweis stellen. Aber wichtiger ist es, dass wir uns von seiner ganz großen Liebe lieben lassen.

*„Liebe, Dir ergeb ich mich, / Dein zu bleiben ewiglich.“ Amen.*

**Die Strafe liegt auf ihm, auf dass wir Frieden hätten.**
Jesaja 53, 5

Was ist das doch für ein wundervolles Wort!

Welche Kraft geht doch von ihm aus! Und wenn wir es begreifen, haben wir genug für unser ganzes Leben.

Dies Wort greift das tiefste Verlangen unseres Herzens auf und führt es hin zum Hügel Golgatha vor den Toren Jerusalems. Hoch ragt hier das schreckliche Kreuz, an dem der Sohn Gottes, der Herr Jesus, stirbt.

„Du verstehst das Geheimnis von Golgatha nicht?", sagt dies Wort. „Nun, das macht nichts. Denn dies Geheimnis wird zuerst erlebt, dann erst verstanden. Dieser Gekreuzigte gibt dir Frieden ins Herz!"

Wir kennen wohl das schöne Gedicht Goethes, das er „Wanderers Nachtlied" überschrieben hat. Da heißt es: „Ach, ich bin des Treibens müde! / Was soll all der Schmerz und Lust? / Süßer Friede, / Komm, ach komm in meine Brust!"

Jedes Herz seufzt so: „Ach, dass ich Frieden hätte!"

Nun geschieht das Wunderbare. Das Kreuz Jesu verwandelt das „Ach, dass ..." in ein „Auf dass ..." Der Mensch denkt: „Ach, dass ich Frieden hätte!" Und unser Textwort zeigt auf Jesu Kreuz und ruft: „Sieh dorthin! Da stirbt Jesus für dich, a u f d a s s du Frieden hast!"

Das Kreuz Jesu verwandelt unser Verlangen in Erfüllung, unsere Sehnsucht in ein Gestilltwerden.

Wie gesagt: Das dürfen wir erleben. Und dann werden wir immer besser verstehen, wieso das geschieht: Die Quelle unserer Friedlosigkeit ist unsere Schuld. Das Kreuz Jesu aber deckt Schuld zu und gibt Vergebung der Sünden.

*Herr! Wir danken Dir, dass das tiefste Verlangen unseres Herzens unter Deinem Kreuz gestillt wird! Amen.*

**Die Strafe liegt auf ihm, auf dass wir Frieden hätten.**
Jesaja 53, 5

Merkwürdig fremd klingt dieses Wort in unserer modernen Welt. Und der Mensch von heute versichert, dass er keine „Antenne“ für solch ein Wort habe.

Wovon spricht denn der Prophet? Er zeigt auf das Kreuz Jesu Christi, er zeigt auf den sterbenden Mann mit der Dornenkrone und behauptet, diese Geschichte von Golgatha ginge uns sehr nahe an. Der Mensch aber von heute zuckt die Achseln und meint: „Ich wüsste wirklich nicht, was das alles mit meinem Leben zu tun haben soll!“

Aber da irrt der moderne Mensch. Wir wissen alle, dass wir ein Angstgefühl in uns haben, eine innere Unruhe, ja eine Hölle im Herzen.

Und wenn wir einmal stille werden, erkennen wir: Diese Unruhe hat zwei Seiten. Wir wissen, dass unser Leben schuldig ist, dass wir nicht sind, wie wir sein sollten. Wir haben ein böses Gewissen. Und die andere Seite: Wir wissen genau, dass alles einmal bezahlt werden muss. Als mir ein Mann einst seine unglückliche Ehe klagte, sagte er, wie in einer plötzlichen Erleuchtung: „Nun muss ich bezahlen, was ich früher gesündigt habe.“

Diese Unruhe quält den Menschen von heute. Und in diese Welt hinein ruft nun das Evangelium: „Gott hat so bedingungslos und schrankenlos geliebt, dass er seinen Sohn gab. Der Mann am Kreuz hat für alle bezahlt. Er hat bezahlt!“

Geht uns das nun an, dass in der Welt eine Stelle ist, wo wir unsere Schuld und unsere Friedelosigkeit wegwerfen können? O gewiss! Der gekreuzigte Sohn Gottes ruft in unsere Zeit: „Wendet euch zu mir, aller Welt Enden, so werdet ihr errettet.“

*Herr! Wir danken Dir, dass auch heute in Dir Heil ist für unser unruhiges Gewissen! Amen.*

**Das Wort vom Kreuz ist uns eine Gotteskraft.**
1. Korinther 1, 18

„Es ist abscheulich“, sagte empört ein Mann, „dass die Christen einen Gehenkten zum Mittelpunkt ihres Glaubens machen! Das Bild eines zu Tode Gemarterten kann doch nur niederdrückend wirken!“

Man sollte meinen, der Mann habe Recht. Aber es ist seltsam: Der Anblick des gekreuzigten Heilandes wirkt gar nicht niederdrückend. Im Gegenteil! Nichts in der Welt kann unser Herz so sehr trösten und aufrichten wie der Aufblick zum Kreuz des Herrn Jesus. Von diesem Kreuz geht nicht ein scheußlicher Todeshauch aus. Von hier weht vielmehr herrlicher, göttlicher Lebensatem.

Wie ist das möglich?

Das kommt daher, dass am Kreuze nicht irgendein Tod gestorben wurde. Hier geschah vielmehr eine gewaltige, herrliche Heilstat Gottes.

Wir wollen einfach ein paar Bibelworte hören, die davon reden: „Gott war in Christo und versöhnte die Welt mit ihm selber.“ – „So sehr hat Gott die Welt geliebt, dass er seinen eigenen Sohn gab, auf dass alle, die an ihn glauben, nicht verloren werden, sondern das ewige Leben haben.“ – „Siehe, da ist Gottes Lamm, welches der Welt Sünde wegträgt.“ – „Wer will verdammen? Christus ist hier, der gestorben ist, ja, viel mehr, der auch auferweckt ist.“ – „Gott hat seines eigenen Sohnes nicht verschont, sondern hat ihn für uns alle dahingegeben. Wie sollte er uns mit ihm nicht alles schenken.“ – „. . . wie viel mehr wird das Blut Christi, der sich selbst Gott geopfert hat, unser Gewissen reinigen von den toten Werken, zu dienen dem lebendigen Gott.“

Das sind liebliche und gewaltige Worte, die das Leben verkündigen.

*„Herr! Lass Deine Todespein / An mir nicht verloren sein!“ Amen.*

**. . . so haben wir Frieden mit Gott durch unsern Herrn Jesus Christus.** Römer 5, 1

Wie herrlich das klingt! Wie ein wunderbares Glockengeläut über alle Unruhe einer Großstadtstraße hintönt, so dringt der Klang dieses Wortes hinein in alle Unruhe unseres Herzens. So trostvoll und gewaltig kann nur die Bibel reden.

Aber – das ist seltsam – zugleich widerspricht dies Wort all dem, was der Mensch, auch der religiöse Mensch, sich gedacht hat.

Von G o t t ist hier die Rede. Und zwar in großer Gewissheit. Ja, ist denn Gott nicht ein ganz großes Problem? Weiß man denn überhaupt, ob er ist und wie er ist und wo er ist?

Und vom F r i e d e n m i t G o t t ist hier die Rede. Ja, haben wir denn Krieg mit Gott? Ist der denn eine feindliche Macht, die uns bedrohen kann? Das haben wir doch nie bedacht!

Und dann steht da „w i r h a b e n". Das sieht ja aus, als wenn der Apostel Paulus, der das geschrieben hat, einen ganz festen Besitz hätte; als wenn er seines Heils ganz gewiss wäre. Gibt es denn so etwas? Ist denn nicht das Christentum nur ein Suchen und Vermuten? Ist es denn nicht im besten Fall ein Diskussionsgegenstand?

Als der Apostel diesen Satz schrieb, stand er im Geiste unter dem Kreuz Jesu Christi. Und hier fand er, was auch wir finden dürfen. Seit er Jesus ins Angesicht geschaut hat, weiß er: Gott lebt! Und wenn er den Gekreuzigten anschaut, weiß er: Gottes Zorn und Gericht über die Sünde ist ernst. So ernst, dass der Sohn Gottes dafür stirbt. Aber wenn er das Kreuz ansieht, erfährt er zugleich: Hier wird der Zorn gestillt; hier wird die Schuld weggetragen; hier findet man im Glauben Frieden mit dem großen Gott.

*Herr! Lass auch uns unter Deinem Kreuz Gewissheit und Frieden finden! Amen.*

**Durch unsern Herrn Jesus Christus haben wir den Zugang im Glauben zu dieser Gnade.** Römer 5,2

In einem mittelalterlichen Volksspiel tritt der Doktor Faustus auf und beschwört böse Geister. Da erscheint auch das Teufelchen Vitzli-Putzli. Das wird von Faust gefragt, ob es denn nie Sehnsucht nach der ewigen Seligkeit verspüre.

Darauf antwortet der Dämon: „Wenn eine Leiter von der Hölle zum Himmel hinaufführte und ihre Sprossen wären lauter scharfe Schermesser – ich würde sie sofort erklimmen, und wenn ich in Stücke zerschnitten hinaufgelangen sollte.“

Der Verfasser dieses alten Spiels hat es richtig erkannt, dass selbst im gottlosesten Herzen eine geheime Sehnsucht lebt nach Gott, nach Frieden, nach Gnade, nach himmlischem Leben, nach Vergebung der Sünden.

Der Mensch selbst verschüttet sich diese Sehnsucht, weil er nicht glaubt, dass sie ihm in Wahrheit erfüllt werden könnte.

Wie schön ist das Evangelium! Denn es sagt uns: Es gibt eine Leiter, die uns direkt zum Herzen Gottes führt. Sie besteht nicht aus „scharfen Schermessern“. Jesus Christus, der gekreuzigte Sohn Gottes, ist diese Leiter.

Allerdings muss auch dies gesagt werden: Jesus, der Gekreuzigte, ist die einzige Leiter, die in den Himmel führt. Es wende doch niemand ein, das sei eine intolerante Behauptung und es gebe viele Wege. Wenn es dem heiligen Gott gefallen hat, den e i n e n Weg zu seinem Herzen über das Kreuz zu öffnen, dann wollen wir nicht mit ihm zanken, sondern dankbar diesen Weg zum Leben gebrauchen.

*Du Herr mit den Nägelmalen, der Du die Himmelsleiter, der Weg und die offene Pforte zum Vater bist, Dir gehört unsere Liebe. Amen.*

**Durch unsern Herrn Jesus Christus haben wir den Zugang im Glauben zu dieser Gnade, darin wir stehen.** Römer 5, 2

Es ist ein seltsames Gefühl, wenn man nach USA geflogen ist und nun durch das Portal des Flughafens den anderen Kontinent betritt. Wie stark muss ein Auswanderer das Neue empfinden, der nicht nur zu einem Besuch, sondern zum Bleiben gekommen ist.

Das ist ein schwaches Abbild von dem, was der Apostel hier sagt. Er spricht von einem „Zugang“. Durch ein Portal ist er gegangen in ein neues, wunderbares Land.

Es ist das Reich der Gnade Gottes; das Reich – so sagt ein Liederdichter –, „da Fried' und Freude lacht“.

Ehe man durch das Portal in das Gnadenreich Gottes kommt, lebt man in einer furchtbaren Welt. Man ist gnadenlos. Gott sagt „Nein!“ zu uns. Friedelosigkeit regiert das Herz. Aus der Angst vor irgendetwas kommt man nicht heraus. Dieser Zustand ist so unerträglich, dass man sich beständig „zerstreuen“ muss. So sehr, dass man am Ende, wenn's ans Sterben geht, nichts mehr zusammenfindet.

Das Portal! Das Portal müssen wir finden, durch das man in das Reich der Gnade kommt. In das Reich, wo man gesammelt leben darf und kann. Wo Gott nicht mehr gegen, sondern für uns ist; wo man seiner Liebe gewiss wird und sein Kind ist.

Wo ist das Portal? Es klingt paradox, was Paulus uns da sagt: Das Portal zum Reich der Gnade ist – der gekreuzigte Jesus Christus. Es gibt kein anderes. Jesus sagt: „Niemand kommt zum Vater denn durch mich.“

*Herr! Wir danken Dir, dass in Dir uns eine Tür aufgetan ist. Amen.*

**Dem aber, der nicht mit Werken umgeht, glaubt aber an den, der die Gottlosen gerecht macht, dem wird sein Glaube gerechnet zur Gerechtigkeit.** Römer 4, 5

Eine seltsame Begebenheit berichtet Ingrid Trobisch aus ihrer Missionsarbeit in Kamerun: „Eines Tages stürzte Paul in unser Wohnhaus und meldete atemlos: ‚Sie sind alle fort. Die Station ist verlassen!'

Wir blickten zum Fenster hinaus. Tatsächlich, da zogen sie mit ihren Bündeln auf dem Kopf . . ."

Der Missionar eilt der abziehenden Schar nach: „Sagt mir offen, was los ist", bittet er. Und er bekommt die Antwort: „Es hat keinen Zweck, länger in der Mission zu bleiben und den Weg Gottes zu gehen." Mit einer Armbewegung zeigt der Sprecher auf die Bergkette. „Unsere Sünden sind so hoch wie jene Berge. Der Weg Gottes ist zu schwer!"

Haben diese Kameruner nicht Recht?

Darum auch wenden sich so viele heimlich und öffentlich vom Evangelium ab: „Der Weg Gottes ist zu schwer! Laufen wir lieber weg!"

Es quälen sich so viele Christen mit ihrem Christenstand ab. Sie wollen heilig und gut sein. Aber es gelingt nicht. „Der Weg Gottes ist zu schwer!"

Die Kameruner sind wieder umgekehrt, als der Missionar ihnen das Kreuz des Herrn Jesus zeigte. Wie wunderbar ist dies: Da liegt ein neuer „Weg Gottes" vor uns, der in das Reich Gottes mitten hineinführt. Nicht „mit Werken" umgehen! Nicht mehr sich quälen! Nichts mehr von Angst und innerer Not. Sondern: Wir dürfen uns ganz dem Sohn Gottes geben, der am Kreuz für uns starb. Er macht gerecht! Er macht rein! Er heiligt! Er macht alles neu! In einem Lied heißt es: „Wie lang' hab' ich mühvoll gerungen, / Geseufzt unter Sünde und Schmerz, / Doch als ich mich ihm überlassen, / Da strömte sein Fried' in mein Herz."

*Herr Jesus! Du neuer Weg Gottes! Dir sei Dank! Amen.*

**Am Abend aber kam ein reicher Mann von Arimathia, der hieß Joseph, welcher auch ein Jünger Jesu war ... Der nahm den Leib Jesu und wickelte ihn in reine Leinwand und legte in in sein eigenes neues Grab, welches er hatte lassen in einen Fels hauen.** Matthäus 27, 57–60

Ein seltsamer Mann, dieser Joseph!

Er lebte mit dem Tod. Er kam vom Tod nicht los.

Darum hatte er sich schon zu Lebzeiten sein Grab bereiten lassen. Die Sache war kostspielig. Denn das Grab wurde aus einem Felsen herausgearbeitet.

Die ägyptischen Könige haben auch zu Lebzeiten ihre Grabstätten herrichten lassen. Aber sie bauten diese Pyramiden, damit man ihr Gedächtnis nach ihrem Tode festhielt.

Darum ging's offenbar dem Joseph nicht. Denn wir hören nichts von einem prunkvollen Grabmal.

Wie oft mag der Mann vor der Grabhöhle gestanden und sich gefragt haben: „Was ist mit mir, wenn mein Leib einst hier liegt?"

Der oberflächliche Mensch von heute tut, als wenn er ewig zu leben hätte. Wer mit dem Tod rechnet und vom Tod her lebt, bekommt einen neuen Blick für die Nichtigkeiten der Welt. So ging's dem Joseph. Und das trieb ihn zu Jesus.

Joseph hing sicher an seinem Grab. Aber für Jesus gab er es gern her. Und so wurde sein Grab zum Denkmal des Lebens. Von hier erstand Jesus aus den Toten.

Von jetzt an durfte Joseph sein Grab im Licht der Auferstehung ansehen. Und wir – ja, wir dürfen unsere Gräber auch so ansehen. An Gräbern dürfen wir singen: Jesus lebt! Darum gilt: „Lässet auch ein Haupt sein Glied, / Welches es nicht nach sich zieht?!"

Nun ist das Grab nicht das Letzte. Wir werden auch von den Toten auferweckt werden. Mag diese Wahrheit auch manchen bedrohlich erscheinen – Jesus-Jünger freuen sich daran.

*Herr! Lebensfürst! Du wirst meine Seele nicht dem Tode lassen. Amen.*

**Siehe, es geschah ein großes Erdbeben. Denn der Engel des Herrn kam vom Himmel herab, trat hinzu und wälzte den Stein von der Tür (am Grabe Jesu) und setzte sich darauf. Und seine Gestalt war wie der Blitz und sein Kleid weiß wie Schnee.** Matthäus 28, 2 und 3

Jesus lebt! Der Sohn Gottes ist auferstanden! Es ist so unbegreiflich! So unwahrscheinlich! Aber was tut's! Die Freude überströmt die Herzen derer, die an Jesus glauben. Und dass es so unbegreiflich ist, das ist ihnen gerade recht.

Da ist der gewaltige Engel! Wie freute er sich wohl, als ihm Gott den Auftrag gab: „Jetzt brich hinein in die sichtbare Welt! Reiß die Steinplatte vom Grab des Sohnes und bahne ihm den Weg! Die Stunde des Lebens ist gekommen!"

Ich habe im Geist den Engel dahinstürmen sehen, wie er lachend denkt:

„Sieh mal an! Um die Soldaten, die das Grab bewachen, kümmern wir uns gar nicht!

Und in dem allmächtigen Rom haben wir auch nicht angefragt, wie sich die kaiserliche Regierung dazu stellt, wenn wir das Urteil des Prokurators Pilatus einfach missachten!

Und die Priester und die ganze Kirche sind nicht gefragt worden, ob diese Auferstehung wohl zur Förderung des religiösen Lebens dient.

Und die Weisen und Gelehrten sollen zusehen, wie sie diese Sache in ihr Weltbild einordnen!

Gott stellt die Welt einfach vor die vollendete Tatsache. Herrlich! So ziemt es dem großen Gott!"

So ähnlich wohl wird der Engel gedacht haben. Und so geschah es auch: Gott stellt die Welt vor die vollendete Tatsache: Jesus ist auferstanden! Nun fallen die Soldaten in Ohnmacht. Pilatus ist verlegen. Die Priester sind ratlos. Die Jünger Jesu aber „wurden froh, da sie den Herrn sahen".

*Herr! Wir beten Dich an und freuen uns in Dir! Amen.*

**Ein Engel des Herrn kam vom Himmel herab, trat hinzu und wälzte den Stein von der Tür des Grabes und setzte sich darauf.** Matthäus 28, 2

Ja, seht euch nur recht diesen Felsblock an!

Er hatte das Felsengrab des Herrn Jesus verschlossen, wie wenn eine gewaltige Faust voll Hass das Grab zuhielte. Leuchtend prangte auf der Stirn der Felsplatte das Siegel des römischen Statthalters. Es war, als wenn der Stein prahlen wollte: „Ich bin von höchster Stelle autorisiert, das Grab Jesu endgültig zu verschließen." So war der Stein ein Denkmal der Feindschaft gegen Jesus. Er war eine Auslegung des Wortes: „Er kam in sein Eigentum. Und die Seinen nahmen ihn nicht auf."

Und nun sehen wir denselben Felsblock am Auferstehungsmorgen! Es steht hier: „Der Engel wälzte den Stein von des Grabes Tür und setzte sich darauf."

Warum setzte er sich darauf? Er war doch wohl nicht müde! Der Engel wollte deutlich machen: Diese Felsplatte, die das Zeichen der Ablehnung Jesu war, soll jetzt im Dienste dieses Auferstandenen stehen. Sie soll die Kanzel werden, von der aus zuerst die Botschaft von der Auferstehung verkündigt wird.

Wenn der Fels reden könnte, würde er sagen: „Ich habe eine wundervolle Veränderung erlebt. Ich war im Dienste der Feindschaft gegen den Sohn Gottes. Und nun darf ich in seinem Dienst stehen."

So wird der Fels ein Abbild vieler Christen. Der Apostel Paulus war wie ein Fels gegen Jesus. Doch wie stand er später im Dienst des Auferstandenen! Und der Apostel Petrus! In der Nacht vor der Kreuzigung Jesu stieß er den Herrn von sich und erklärte: „Ich will ihn nicht kennen!" Aber 53 Tage später war er ein gewaltiger Zeuge des Herrn Jesus.

Jesus starb am Kreuz und wurde auferweckt, damit auch wir solche Veränderung erfahren.

*Herr! Brich unsern bösen Willen und nimm uns in Deine Gewalt! Amen.*

**Die Hüter (am Grabe Jesu) erschraken vor Furcht und wurden, als wären sie tot.** Matthäus 28, 4

In einem der technischen Zukunftsromane schildert H. Dominik eine packende Szene: Man hat einen neuen gewaltigen Panamakanal gegraben. Am Einweihungstag hängen Tausende von Flugschiffen in der Luft. Die Passagiere beobachten, wie die letzten Barrieren gesprengt werden. Von beiden Seiten rauschen nun die Wasser zweier Ozeane in das Kanalbett. Dort, wo sie zusammenstoßen, entsteht ein toller Wirbel, ein unerhörter Zusammenstoß der Wogen.

Genauso geht es zu, wenn die menschlichen Vorstellungen und göttliche Tatsachen aufeinander prallen. Da geht es nicht anders ab, als dass der Mensch bis in den Tod erschrickt.

Ohnmächtig werden die Grabhüter, als Jesus aufersteht. Sie können das Geschehen nicht fassen.

Immer wieder hören wir im Neuen Testament von solchem Zusammenprall mit der göttlichen Wirklichkeit. Die Hirten in der Weihnachtsgeschichte fürchteten sich. Als Gott sich zu seinem sterbenden Sohn bekennt und als die unheimliche Finsternis hereinbricht, schlagen die Leute an ihre Brust und fliehen.

Als Petrus seinen seltsamen Fischzug tat, fiel er Jesus zu den Füßen und sagte erschüttert: „Gehe hinaus von mir, denn ich bin ein sündiger Mensch."

Ich kann mir nicht denken, dass ein Mensch zum Glauben kommt, ehe er durch diesen Schrecken gegangen ist.

Wo aber der Mensch sich beugt unter die Wirklichkeit Gottes und seiner Taten, da bricht Gottes Reich in unseren Herzen an. Da lernt man verstehen, was Gott durch Jesus für uns getan hat. Man nimmt es an, glaubt und betet an.

*Herr! Erleuchte uns, dass wir glauben können! Amen.*

**Am ersten Tage der Woche sehr früh kamen die Frauen zum Grab und trugen die Spezerei, die sie bereitet hatten ... Sie fanden aber den Stein abgewälzt von dem Grabe.**

Lukas 24, 1 und 2

Was ist denn wohl aus den Spezereien geworden, mit denen die Frauen am Ostermorgen den Leichnam Jesu salben wollten? Sie hatten sich diese Salben sicher viel kosten lassen. Was ist daraus geworden?

So kann man nun weiter fragen: Was ist denn aus den Geldhäuflein und Kassenbüchern des Zöllners Levi geworden, als er von Jesus gerufen wurde, aufstand und ihm nachfolgte?

Und was ist aus den Schweinen des „verlorenen Sohnes" geworden, als er sich aufmachte, um zu seinem Vater zu gehen?

Und was ist aus dem Abendessen der beiden Emmaus-Jünger geworden, als ihnen die Augen geöffnet wurden und sie den auferstandenen Jesus erkannten? Da liefen sie eilig nach Jerusalem zurück, um den anderen Jüngern zu sagen: „Jesus lebt!"

Und was ist aus den Netzen und dem Boot des Petrus geworden, als der Auferstandene ihm am See Genezareth erschien und ihn zur Nachfolge und zum Zeugendienst verpflichtete?

Ja, was ist aus all dem geworden? Wir wissen es nicht. Aber das dürfen wir wissen: Wenn der auferstandene Erlöser in ein Leben einbricht, dann bleibt manches einfach zurück, was uns vorher unendlich wichtig war. Dann bleiben alte Freundschaften, dunkle Beziehungen, unsaubere Geldgeschäfte und manche Gewohnheiten auf der Strecke. Denn „wer die Hand an den Pflug legt", sagt Jesus, „und sieht zurück, der ist nicht geschickt zum Reiche Gottes".

Es bleibt vieles zurück, weil die Macht seiner Erlösung und herrlichen Gegenwart mächtiger ist als alte Bindungen und Werte.

*Herr! Überwinde unser Herz ganz! Amen.*

**Aber am ersten Tage der Woche sehr früh kamen die Frauen zum Grab und trugen die Spezerei, die sie bereitet hatten ... Sie fanden aber den Stein abgewälzt von dem Grabe.** Lukas 24, 1 und 2

Was ist denn eigentlich aus den wertvollen Salben geworden? So fragen wir noch einmal.

Die Frauen erfuhren aus dem Munde himmlischer Boten: „Jesus ist nicht hier! Er ist auferstanden!"

Da liefen sie in die Stadt, um diese Freudenbotschaft weiterzusagen. Was aber wurde denn aus ihren Salbentöpfen?

Ich habe diese Frage einmal jungen Leuten vorgelegt. Da meinte einer: „Die wird der Gärtner an sich genommen haben. Da hatte er für sein ganzes Leben Pomade!" Wir mussten lachen. Und dann stellten wir uns den Gärtner vor, der wahrscheinlich von der großen Tat Gottes, von der Auferstehung Jesu, nicht berührt wurde, der sich aber über einen kleinen Profit freute. Und wir sagten uns: So sind wir Menschen! Die Heilstaten Gottes lassen uns so kalt. Aber ein Profit macht uns sehr froh.

Nun, von all dem steht nichts in der Bibel. Und die Frage bleibt: „Was wurde aus den Salbentöpfen?"

Die Bibel gibt darauf keine Antwort. Die Salben sind ihr gleichgültig. Denn sie will uns sagen: Jesus braucht nicht unsere Salben. Vielmehr will er uns salben!

Damit sind wir in der biblischen Bildersprache. Hier ist das köstliche Salböl ein Gleichnis für den Heiligen Geist Gottes, der unsere Herzen erleuchtet, der uns zum Glauben an Jesus führt, der uns der Erlösung gewiss macht und der uns in ein neues, Gott gehorsames Leben führt.

Mit diesem Geist will Jesus uns salben.

*Herr! Lass uns zu denen gehören, von denen Dein Wort sagt: Gott hat uns durch Christus gesalbt und in unsere Herzen den Heiligen Geist gegeben! Amen.*

**Ich weiß, dass ihr Jesus, den Gekreuzigten, sucht. Er ist nicht hier; er ist auferstanden ... Kommt her und seht die Stätte, da der Herr gelegen hat.** Matthäus 28, 5 und 6

Dies dunkle Felsengrab, dem der Deckel fehlt, erscheint uns wie ein aufgesperrter Rachen des Todes. Aber – welch ein lächerlicher Rachen! Er hat zugeschnappt und hat eine wertvolle Beute erhascht – den Sohn des lebendigen Gottes. Doch er hat ihn nicht festhalten können. Die Beute ist ihm entgangen. Aufgesperrt und dümmlich liegt er da im Licht des ersten Ostermorgens.

Das erinnert an eine Geschichte, die man sich in Israel erzählte.

Sie handelt von einem jungen Mann Tobias. Auf einer gefährlichen Reise wird er von einem Engel geleitet. Am Flusse Tigris angekommen, zieht Tobias seine Sandalen aus und kühlt seine Füße in den Fluten. Plötzlich fährt ein riesiger Raubfisch heraus und will ihn verschlingen. Erschrocken schreit der Mann: „O Herr! Er will mich fressen!" Aber der Engel ruft: „Ergreife ihn an den Flossen und ziehe ihn heraus!" So tut Tobias. „Da zappelte er vor seinen Füßen." Wie sperrte der böse Fisch enttäuscht sein gewaltiges Maul auf: Der Raub war ihm entgangen! Und er selber war zur Beute geworden.

So ist es mit dem Rachen des Todes. Jesus ist auferstanden! Die Beute ist dem Tode entgangen. Er selbst ist zur Beute des Lebensfürsten geworden. Welch eine Botschaft! Wohl schreckt uns je und dann der Tod. Und wir schreien entsetzt: „Er will mich fressen!" Doch dann dürfen wir auf den auferstandenen Jesus schauen und glauben: „Ein Spott der Tod ist worden."

*Herr! Wir danken Dir, dass Du sagst: „Ich lebe, und ihr sollt auch leben!" Amen.*

**Kommt her und seht die Stätte, da der Herr gelegen hat.**
Matthäus 28, 6

Ja, kommt her in den Garten des reichen Joseph von Arimathia! Der war sicher wundervoll gepflegt. Und doch – es war ein öder Platz. Denn hier fand sich nur noch das leere Grab Jesu. Er selbst war nicht mehr da. Alle Schönheit der Welt lässt unsere Seelen leer, solange Jesus nicht da ist.

Da war also das leere Felsengrab! Und in ihm lagen die Grabtücher Jesu. Welch wertvolle, wunderbare Reliquien! Warum haben die Jünger diese Schätze nicht an sich genommen? Weil den Seelen nicht geholfen ist mit Reliquien und Erinnerungen an Jesus. Ihn selbst braucht das Herz.

Es gab viel zu sehen bei dem leeren Grab Jesu. Wir würden sagen: „Da war was los!" Verwirrte Soldaten rennen umher. Jesus-Jünger kommen in einem Wettlauf herbei. Frauen lassen ihre Salbentöpfe stehen und laufen erschrocken weg. Engel treten auf und sprechen mit Menschen. Ja, da war „etwas los"! Aber – es war ein öder Platz. Denn er selbst, Jesus, war nicht da. So ist es: Alle Sensationen lassen uns leer, weil Jesus nicht dabei ist.

Es war sogar viel die Rede von Jesus vor dem Felsengrab: Die Frauen, die Jünger, die Engel sprachen von ihm. Und doch – er selbst war nicht da. Man kann erschrecken bei dem Gedanken, dass in unseren Gottesdiensten von Jesus geredet wird – und doch kann es geschehen, dass er selbst nicht dabei ist. Dann bleiben alle Worte leer! Und die hungrigen Seelen bleiben hungrig.

Schließlich kam vielleicht auch eine gelehrte Kommission, um das Grab zu untersuchen. Aber Jesus war nicht da. Alle Vernunft greift ins Leere, solange er selbst sich uns nicht offenbart.

*Herr! Dich selbst suchen wir! Dich selbst brauchen wir! Komm zu uns! Amen.*

**Der Engel sprach zu den Frauen: ... er (der Auferstandene) wird vor euch hingehen nach Galiläa; da werdet ihr ihn sehen ... Und sie gingen eilend ... Siehe, da begegnete ihnen Jesus ...** Matthäus 28, 7–9

Der arme Engel!

Er hat sich sicher gewaltig gefreut, den armen bedrückten Frauen am Ostermorgen die herrliche Botschaft zu sagen: „Jesus lebt!" Dabei richtet er gleich den göttlichen Auftrag aus: „Geht nach Galiläa, dort werdet ihr den Auferstandenen sehen!"

Das war doch eine klare Botschaft.

Aber dann fällt der Herr Jesus diesem Gottesboten gewissermaßen in den Rücken und begegnet den Frauen schon nach ein paar Schritten.

Ist da nicht etwas schief gelaufen, wenn der Herr nun die Engelbotschaft einfach nicht beachtet und sie beiseite schiebt? Ja, was ist denn da passiert?

Ich glaube, es gibt nur eine einzige Erklärung dafür: die Ungeduld des Herrn Jesus. Die Ungeduld, mit der es ihn treibt, seinen verwirrten, notvollen Jüngerinnen Freude und Trost und Leben zu bringen. Es zieht den Heiland so gewaltig zu den Seinigen, dass er – man verzeihe den Ausdruck – die ganze Regie über den Haufen wirft und zu seinen armen Jüngern läuft.

Dass der auferstandene Herr so den Engel ins Unrecht setzt, ist eine Auslegung des Liedverses: „Es ist das ewige Erbarmen, / Das alles Denken übersteigt, / Es sind die offnen Liebesarme / Des, der sich zu dem Sünder neigt ..."

Ein menschlicher Bote würde sich ärgern, wenn er einen Auftrag bekäme und der Chef ihn gleich darauf ins Unrecht setzte. Aber der Engel hat sich bestimmt über Jesu Ungeduld und Liebe gefreut. Und wir dürfen uns auch darüber freuen und anbeten:

*Herr! Wir danken dir für Deine Liebe, die Dich zu uns mit solcher Gewalt treibt. Amen.*

**Er ist auferstanden!** Lukas 24, 6

Drei Worte nur!

Drei fast trockene Worte! Aber – welch eine umstürzende Gewalt ist in diesen drei Worten! Sie sind Fanfarenklänge, die den Sieg Gottes verkündigen. Sie sind die weltbewegende Botschaft, dass nicht der Tod das letzte Wort hat, sondern das Leben. Sie enthalten die trostvolle Nachricht, dass es in dieser armen Welt einen von Gott gesandten Heiland gibt. Sie werfen unsere Vernunft über den Haufen und lassen uns erkennen, dass unser Gott Wunderbares tut.

Am Auferstehungsmorgen wurden diese drei Worte von den himmlischen Boten Gottes zu einigen Frauen gesagt, die voll Trauer zum Grab Jesu gepilgert waren. Seitem sind diese drei Worte über den Erdball gegangen. Sie sind auch zu uns gekommen. Was richten sie in unsern Herzen aus?

Wenn man die Auferstehungslieder in unserem Gesangbuch liest, wird man überwältigt von dem ungeheuren Jubel, der aus diesen Gesängen klingt: „Erschienen ist der herrlich Tag, / Dran sich niemand gnug freuen mag: / Christ, unser Herr, heut triumphiert, / All sein Feind er gefangen führt. Halleluja."

Diese strahlende Freude an der Auferstehung Jesu erschüttert mich einfach darum, weil man bei uns Christen von heute so wenig davon merkt. Wir sind so tot, so ausgebrannt, so blasiert. Die Auferstehung Jesu aus dem Grabe ist uns höchstens ein Problem – wenn wir uns überhaupt ernsthaft mit ihr beschäftigen.

Da stimmt doch etwas nicht! Dass wir doch wenigstens unruhig würden über unseren geistlichen Tod! Dass wir doch das Verlangen bekämen und beten lernten:

*Herr! Wie sind doch die Deinen von Herzen fröhlich über Deine Auferstehung! Lass uns doch nicht draußen stehen! Nimm uns hinein in Deine Freude! Amen.*

**Und es deuchten sie ihre Worte eben, als wären's Märlein, und sie glaubten ihnen nicht.** Lukas 24, 11

Eine köstliche Szene wird uns hier geschildert: In der Morgenfrühe des ersten Ostertages sitzen die Jünger furchtsam hinter verschlossenen Türen.

Da klopft es stürmisch. Alle halten den Atem an: Sind das die Schergen der Hohen Priester? Wird es jetzt an die Jünger gehen, nachdem der Meister gekreuzigt ist?

Es klopft stärker. Und dann rufen Frauenstimmen. Vorsichtig macht ein Jünger die Tür auf. Ein paar bekannte Frauen drängen herein. Aufgeregt berichten sie: „Das Grab Jesu ist offen, leer! Und ein Engel sagte, er lebe!"

„Und es deuchten sie ihre Worte, als wären's Märlein." Im griechischen Text steht hier das Wort „läros". Das heißt wörtlich „Windbeuteleien" oder „Narrenpossen".

Nun kann ich mir die Szene richtig vorstellen: Wie Johannes spöttisch lächelt: „Weibergerede!" Wie Matthäus sich die Ohren zuhält: „Müssen die unser Leid noch zur Komödie machen durch solches Gerede!" Wie Petrus aufsteht und die Frauen aus der Tür schiebt.

Ja, so reagiert die Vernunft auf die Botschaft: Es ist einer von den Toten auferstanden! „Windbeuteleien!"

Da standen nun die armen Frauen vor der Tür. Ob sie wohl betrübt und geschlagen abzogen? Ich muss gestehen, dass die Christen oft verschüchtert und verlegen sind, wenn man mit Vernunftgründen ihnen ihre Botschaft nicht abnimmt.

Aber – davon bin ich überzeugt – die Frauen haben gelacht: „O, wie werden diese Jünger staunen, wenn sie entdecken, dass Jesus wirklich lebt!" Es ist ein Triumph in ihrem Lachen. Und so dürfen alle Jesus-Jünger es halten: „In der Gerechten Hütten / Schallt schon das Siegeslied . . .", singt Benjamin Schmolck.

*Herr! Gib uns allezeit Gewissheit mitten in der Blindheit der Welt! Amen.*

**Maria aber stand vor dem Grab und weinte draußen.**
Johannes 20, 11

Ich wüsste gerne, welche Gedanken der Maria Magdalena durch den Kopf gingen, als sie vor dem leeren Grab Jesu weinte. Sicher ängstliche und verzweifelte Gedanken!

Aber ein Gedanke war sicher nicht dabei: Dass dieser tote Jesus lebendig aus dem Grab herausgekommen sein könnte. Dieser Gedanke kam nicht in ihr Herz. Und auch nicht in das Herz irgendeines anderen.

Auch nicht in das Herz der Jünger Jesu. Es ist eine seltsame Sache und typisch für unser Herz: Vor seinem Leiden hat Jesus seinen Jüngern oft gesagt: „Ich werde gefangen werden, verspottet und gekreuzigt werden. Und am dritten Tag werde ich auferstehen.“ Aber das drang einfach nicht in das Herz der Jünger, obwohl sie sonst die Reden ihres Herrn mit großer Genauigkeit sich gemerkt und weitergegeben haben.

Nein! Dass er auferstehen könne, das ist in kein Herz gekommen. Paulus sagt vom Evangelium, es sei eine Botschaft, „die in keines Menschen Herz gekommen ist“. Damit will er sagen: Kein Mensch konnte sie sich ausdenken.

Auch heute noch geht die Auferstehung Jesu nicht in der Menschen Herzen.

Die Maria aber wurde von der Wirklichkeit überführt. Plötzlich stand der auferstandene Herr vor ihr. Nun musste sie das Unerhörte fassen: Jesus lebt!

Das ist eine wunderbare Tatsache. Denn keine Philosophie und keine Religion können uns Halt und Trost sein, wenn es ernst wird, wenn unser Leben in Krisen kommt. Aber ein lebendiger Heiland! Ein Helfer, ein Erretter! Ein Freund, der eine Handbreit neben uns ist!

*Herr! Lass es uns fassen, was zu denken unmöglich ist: Dass Du lebst! Amen.*

**Spricht Jesus zu ihr: Maria! Da wandte sie sich um und spricht zu ihm: Mein Meister!** Johannes 20, 16

Es ist beinahe lächerlich!

Da weint die Maria Magdalena vor dem leeren Grab um Jesus. Dabei führt sie ein Gespräch mit ihm. Aber sie hält ihn für den Gärtner. Jesu Auferstehungsgestalt war wohl gegen sein früheres Aussehen verändert. Und außerdem war sie von Tränen blind.

Auf einmal sagt der Mann: „Maria!" Da fährt sie herum und erkennt ihren Herrn. An der Stimme hat sie ihn erkannt. Die Stimme Jesu ist die Stimme des guten Hirten. Maria gehört zu den Leuten Jesu, die diese Stimme kennen.

In der Bibel steht: „Der Herr redet und ruft der Welt vom Aufgang der Sonne bis zu ihrem Niedergang." Die Hirtenstimme hallt durch die Welt.

Aber die Welt hört nicht. Doch Maria hörte die Stimme. Der Herr hat das selber erklärt: „Meine Schafe hören meine Stimme. Und ich kenne sie, und sie folgen mir, und ich gebe ihnen das ewige Leben."

Die Welt hört die Stimme nicht. Maria hörte sie. Und die Jünger hörten sie. Und der Verfolger Saulus auch.

Die Bibel sagt von dieser Hirtenstimme: „Er wird nicht schreien und rufen auf den Gassen." Die Stimme ist so eigenartig, dass man sie nicht mit den Ohren, sondern mit dem Herzen und dem Gewissen hört.

Jesus sagt noch etwas Bedeutsames von der Hirtenstimme und seinen Schafen: „Einem Fremden folgen sie nicht nach, sondern fliehen vor ihm, denn sie kennen der Fremden Stimme nicht."

Tausend verführerische Stimmen umgeben uns. Und manche verstellen sich, als seien es Hirtenstimmen. Aber wer Jesus angehört, lernt die vielen Stimmen wohl unterscheiden.

*Herr! Lass uns nur auf Deine Hirtenstimme hören! Amen.*

**Spricht Jesus zu ihr: Maria! Da wandte sie sich um und spricht zu ihm: Mein Meister!** Johannes 20, 16

In einem jubelnden Osterlied heißt es: „Triumph! Triumph! Es kommt mit Pracht / Der Siegesfürst heut aus der Schlacht . . .!“ Wer sollte bei solch einem Siegeslied nicht gern mit einstimmen!

Aber um der Wahrheit willen müssen wir nun doch feststellen: Beim ersten Osterfest der Weltgeschichte fiel das Triumphfest aus. Da ging es still und leise zu. Jesus suchte die arme, weinende Maria Magdalena auf. Das sieht nicht gerade nach Siegesfest aus.

Wer war diese Maria? Die Bibel sagt, dass Jesus von ihr „sieben Teufel ausgetrieben“ habe. Ein geheimnisvolles Wort, hinter dem wir unendlich viel Sünde, Triebhaftigkeit, Schwermut, Verzweiflung und Einsamkeit ahnen. Dann war Jesus gekommen und hatte die Maria aus all dem herausgeholt. Welch eine Hilfe!

Wir können uns die Verzweiflung der Maria vorstellen, als sie Jesus am Kreuz sterben sah. Nun tat sich der dunkle Abgrund wieder auf vor ihr. Die Frau, die dort am leeren Grab Jesu weint, ist ein Mensch am Abgrund.

Und gerade diese Frau sucht Jesus auf. Das ist sein Auferstehungsfest.

Das bedeutet: Er ist als Auferstandener kein anderer als der er am Kreuz war: Der Heiland für verlorene Sünder, deren Schuld er bezahlt; der Heiland für vom Teufel Gebundene, die er mit teurem Lösegeld für Gott loskauft; der Heiland, der Menschen am Abgrund so rettet, dass er selbst in den Abgrund springt und ihn ausfüllt, dass seine Leute nun über Abgründe wandeln können.

Der Auferstandene ist kein Triumphator. Er bleibt immer das „Lamm Gottes, das der Welt Sünde trägt“.

*Herr Jesus! Du bist genau so, wie wir Dich nötig haben. Amen.*

**Zuletzt, als die Elf zu Tisch saßen, offenbarte er sich und schalt ihren Unglauben und ihres Herzens Härtigkeit, dass sie nicht geglaubt hatten . . .** Markus 16, 14

Ein unbeschreiblicher Glanz, eine nicht auszusagende Freude liegt über den Auferstehungsberichten des Neuen Testaments.

Mittendrin aber steht auf einmal diese dunkle Szene, diese erschreckende Schilderung.

Fröhlich sitzen die Jünger beim Mahl. Ich vermute: Sie haben fest zugegriffen. In den Tagen der Angst hatten sie kaum etwas gegessen. Aber nun war Jesus ja auferstanden. Ihr Held und Heiland war frei. „Des woll'n wir alle froh sein", hieß es nun.

Und da erscheint auf einmal der Auferstandene! Freudig wollen sie ihn umringen. Doch – sie erstarren vor Schreck – er fängt an zu schelten. Im Griechischen steht hier das Wort „oneidizein". Das heißt: schmähen, beschimpfen. Dasselbe Wort kommt vor in dem Kreuzigungsbericht, wo einer der mitgekreuzigten Schächer den Herrn Jesus beschimpft.

Es ist viel gepredigt worden über die Osterfreude, über Ostertrost und Osterlicht. Aber hier hören wir vom Osterzorn. Ja, Jesus ist zornig. Er geht hart um mit seinen lieben Jüngern.

Nun ist dieser Zorn auch wieder merkwürdig. Wir könnten uns gut vorstellen, dass Jesus zornig gewesen wäre über das Versagen der Jünger am Karfreitag, über ihr Verleugnen und ihre Sünde. Doch davon sagt er kein Wort. Für die Schuld ist er ja gestorben. Die hat er weggetragen am Kreuz.

Aber – den Unglauben schilt er, dass sie seinen Worten nicht geglaubt hatten. Hat er doch deutlich oft gesagt, dass er auferstehen werde.

Da ringt Gott um unsere Herzen durch die großen Taten Jesu. Aber unseres Herzens Härtigkeit will es nicht fassen. Unseres Herzens Härtigkeit!

*Herr! Erlöse uns von uns selbst, dass wir glauben. Amen.*

**Seht meine Hände und meine Füße: Ich bin's . . .**
Lukas 24, 39

Es ging tumultarisch zu am Abend des ersten Ostertages in dem Raum, in dem die Jünger versammelt waren. Eben waren zwei von Emmaus angekommen und berichteten: „Wir haben den Herrn gesehen!" Wie sollte der Verstand solch eine Botschaft fassen, dass einer von den Toten aufersteht?!

Plötzlich steht Jesus selbst da. Grauen packt die Jünger: Das kann doch nicht sein! Sie meinten, sie sähen einen Geist . . .

Mitten hinein aber in Furcht, Unglauben und Aberglauben tönt tröstlich Jesu Wort: „Ich bin's!" Und dabei zeigt er ihnen die Nägelmale vom Kreuz.

Dies „Ich bin's" schlägt alle Dunkelheit und jeden Zweifel nieder.

Wie manches Mal hat Jesus dies gewaltige „Ich bin's" gesagt. An einem Brunnen unterhält er sich mit einer halbheidnischen Frau über schwere Dinge, über ihre trüben Männergeschichten und über das richtige Beten. Endlich macht die Frau kurz ein Ende: „Wenn der Messias kommt, wird der alle Fragen klären." Wie fährt sie aber auf, als Jesus sagt: „Ich bin's! Ich bin der, auf den alle warten."

Im Garten Gethsemane tritt er der Rotte entgegen: „Wen sucht ihr?" Verblüfft stammeln sie: „Jesus von Nazareth." Da schlägt ihnen ein so majestätisches „Ich bin's" entgegen, dass sie zurückweichen und hinfallen.

„Ich bin's!" sagt er als Gefangener vor dem Gericht, als der Hohe Priester ihn feierlich fragt: „Bist du der Sohn des Hochgelobten?"

Sein „Ich bin's!" ist ein gewaltiges Wort. Wie wird es erst Schrecken und Freude bringen, wenn er in Herrlichkeit wiederkommen wird und der Welt sein „Ich bin's!" so sagt, dass mit einem Schlage alles, alles klar ist.

*Herr! Dich beten wir an. Amen.*

**Da die Jünger noch nicht glaubten vor Freuden und sich verwunderten, sprach Jesus ...** Lukas 24, 41

Was ist das doch für ein wundervoller Unglaube!

Nicht wahr, das klingt etwas seltsam in einem Andachtsbuch, das doch den Glauben stärken will.

Um zu erklären, warum der Unglaube der Jünger so schön ist, müssen wir etwas weiter ausholen:

Es ist viel Unglaube unter uns. Und jeder hat seine Gründe für seinen Unglauben. Der eine kann nicht glauben, weil die Christen ihn enttäuscht haben. Der andere, weil er „zu viel erlebt hat, was er mit Gottes Liebe nicht vereinbaren kann". Der dritte kann nicht glauben, weil ihm seine ungeheure naturwissenschaftliche Bildung im Wege steht. Und die meisten können nicht glauben, weil sie es gar nicht wollen. Sie versprechen sich davon keinen Vorteil, sondern im Gegenteil eine Störung ihrer Lebensweise.

Hier sehen wir die Jünger Jesu, zu denen der auferstandene Herr Jesus gekommen ist. Auch sie konnten nicht glauben. Aber welch schöne Begründung: „Da sie noch nicht glaubten vor Freuden ..." Sie denken: Ach, das ist ja zu schön, um wahr zu sein – dass ein Heiland in dieser verfluchten Welt ist – ein Heiland, der so mächtig ist, dass er den starken Tod unter die Füße bekommen hat – ein Heiland, dessen Nägelmale von einer ungeheuren Erlösung zeugen – ein Heiland, der so liebreich ist, dass er uns Versagern nachläuft – ein Heiland, zu dem man jedes Vertrauen haben kann – ein Heiland, von dem Ströme des Friedens ausgehen! Das ist zu schön, als dass es wahr sein könnte!

„Da sie noch nicht glaubten vor Freuden ...!" Das heißt ja, diese Jünger haben verstanden, wie groß das Evangelium von Jesus ist. Solch ein Unglaube steht schon in den Toren des Glaubens.

*Sonne der Gerechtigkeit! Brich auch bei uns durch die letzten Nebel des Zweifels. Amen.*

**Da zeigte der Auferstandene den Jüngern die Hände und seine Seite. Da wurden die Jünger froh, dass sie den Herrn sahen.** Johannes 20, 20

Man versteht dies Wort in seiner Schönheit nur, wenn man den Hintergrund kennt. Der „Hintergrund" sind einige biblische Geschichten, die von Begegnungen mit dem Herrn berichten.

Da sind Adam und Eva! Frech haben sie sich über Gottes Gebot weggesetzt. Nun hören sie des Herrn Schritte im Garten. Da – laufen sie weg und verstecken sich vor ihm.

So hält es seitdem der natürliche Mensch. Man flüchtet vor Gott – in Arbeit und Unruhe, in Weltanschauung und Phrasen.

Dann die gewaltige Geschichte vom Sinai. Die Kinder Israel sind um den Berg versammelt. Aber als der Herr in der dunklen Wolke erscheint und der durchdringende Posaunenton erklingt – da laufen sie weg: „Wir können nicht stehen vor dem Herrn!"

Ja, nun müssen wir noch eine Szene aus der Offenbarung des Johannes sehen, wo das Kommen des Herrn in Herrlichkeit geschildert wird. Da wollen die Menschen fliehen. Und sie rufen: „Ihr Berge, fallt über uns und versteckt uns!"

Immer dasselbe: Der Mensch hat Furcht vor der Wirklichkeit der Offenbarung Gottes. Und das mit Recht. Wo wollen wir bleiben mit unseren Sünden, wenn er uns begegnet! In unserem Wort aber ist es so ganz anders: „Da wurden die Jünger froh, dass sie den Herrn sahen." Hier ist alle Furcht verschwunden.

Warum? „Da zeigte er ihnen die Hände" mit den Nägelmalen. Nun verstehen die Jünger das Kreuz: Es bedeutet Vergebung, Versöhnung mit Gott und Liebe Gottes. Im Kreuz ist Friede für Menschen, die vor Gott fliehen mussten.

*Herr! Zeige auch uns Deine durchgegrabenen Hände, auf dass wir Frieden haben! Amen.*

**Und als Jesus das gesagt hatte, zeigte er ihnen die Hände und seine Seite. Da wurden die Jünger froh . . .**
Johannes 20, 20

Gewaltige Hände hatte der junge Schlosser. Seine Freunde sagten, er könne einen Nagel ohne Hammer ins Holz treiben.

Im Laufe der Jahre stieg er auf. Am Ende besaß er eine Fabrik. Nun fing er an, sich seiner groben Hände zu schämen.

Man könnte sich denken, dass es mit Jesus nach seiner Auferstehung auch so gewesen wäre. Da waren die Nägelmale die Zeichen seiner Schmach.

Aber bei Jesus ist es ganz anders. Geradezu auffällig wird in der Bibel immer wieder gesagt, dass Jesus auch in seiner Glorie die Zeichen seiner Kreuzigung zeigt.

In der Offenbarung sieht Johannes in die himmlische Herrlichkeit. Er sieht im Geist den Thron des Allmächtigen. Er sieht die himmlischen Heerscharen. Und wen erblickt er im Mittelpunkt der himmlischen Welt? Ein Lamm mit der Todeswunde! Den Sohn Gottes mit den Zeichen seiner Kreuzigung!

Und als Johannes im Geist schaut, wie Jesus in Glanz und Macht wiederkommt, da entdeckt er, dass Jesu Gewand „mit Blut besprengt ist".

Der Apostel Paulus kannte den Herrn Jesus in seiner Glorie. So sah er ihn bei Damaskus. Und doch – was verkündigt er nun in zwei Erdteilen? „Dass ich nichts unter euch wüsste als Christum, den Gekreuzigten."

Das macht so froh, dass der Auferstandene nicht ein glanzvoller Triumphator ist, sondern immer und immer der Erlöser und Versöhner der Sünder. Einen solchen Heiland haben wir nötig – heute, morgen und im Sterben.

*Herr Jesus! Dein Blut soll uns teurer sein als alle Schätze der Welt. Amen.*

**Es waren beieinander Simon Petrus und Thomas ... und Nathanael ... und die Söhne des Zebedäus und andere zwei seiner Jünger. Spricht Simon Petrus zu ihnen: Ich will hin fischen gehen. Sie sprechen zu ihm: So wollen wir mit dir gehen.** Johannes 21, 2 und 3

„O Petrus!“ möchte man rufen. „Nun ist der Herr Jesus von den Toten auferstanden. Und da willst du weggehen in dein altes Leben! Erinnerst du dich nicht, wie er dich von deinen Netzen wegrief und dich zum Menschenfischer berief?“

Es ist mir, als sähe ich den Petrus müde abwinken: „Ja, es war eine herrliche Zeit mit Jesus. Aber es hat sich doch herausgestellt, dass ich nicht der richtige Mann für ihn bin. Wir Jünger haben ja nichts begriffen. Wir meinten, sein Kreuz sei das Ende. Und nun ist es seine Erlösungstat. Das hat der Auferstandene uns erklärt. Aber – wie dumm sind wir doch! Und dann – wie haben wir versagt, als es galt!“

Vielleicht mischt sich darauf Johannes ein und sagt: „Es ist herrlich zu denken, wie jetzt das Reich Gottes hereinbricht. Aber wir haben den Mut verloren. Wir passen nicht zu diesem Herrn.“

Die anderen nicken und Petrus sagt: „Für die Sache Jesu braucht es feinere Köpfe als wir es sind. Und stärkere Charaktere. Wir geben's auf!“

Es ist etwas Erschütterndes um solchen Zustand: Man kennt Jesu Heilstat und glaubt daran. Aber man hat den Glauben an sich selbst verloren. „Das ist alles zu schwer für mich! Ich gebe auf!“, heißt es da.

Petrus gibt auf. Aber Jesus nicht, wie wir auf den folgenden Seiten sehen werden. Ja, es ist sogar so: Wir müssen durch die völlige Verzweiflung an uns selbst durchgehen. Erst dann lernen wir, was „Gnade Jesu“ ist, die nichts verlangt und nur gibt. Da lernen wir, was „glauben“ heißt, wo man nichts von sich, aber alles von seinem Heiland erwartet.

*„Nichts hab' ich zu bringen, / Alles, Herr, bist Du.“ Amen.*

**... und in derselben Nacht fingen sie nichts. Da es aber jetzt Morgen war, stand Jesus am Ufer.** Johannes 21, 3 und 4

Kennen wir die Tiefpunkte im Leben?

Petrus und seine Freunde waren an einem Tiefpunkt angekommen.

Ja, zuerst, als sie hörten und sahen, dass Jesus von den Toten auferstanden war, füllte Freude ihr Herz. Aber dann folgten stille Tage. Und da wird Petrus nachgedacht haben: „Die Nachfolge hinter Jesus her ist nichts für mich rauen Fischer. Also – zurück in den alten Fischerberuf!"

Dabei war es sicher sehr dunkel in seinem Herzen. Und dann kam eine Nacht, in der es noch viel dunkler wurde. „In derselben Nacht fingen sie nichts." Wir sehen den starken Mann, wie er verbissen immer und immer wieder das Netz auslässt. Immer vergeblich!

„Ja!" lacht Petrus verzweifelt – und es ist Hohn gegen sich selbst in dem Lachen. „Zurück in den alten Fischerberuf! Aber nun ist es damit auch nichts. Ich bin und bleibe ungesegnet!" Nacht ohne Sterne!

Vielleicht stand die Erinnerung an große Zeiten vor seiner Seele auf. Wie er bekannt hatte: „Du bist Christus, der Sohn des lebendigen Gottes." Und Jesus hatte ihn „Felsen" genannt. „Ach, was bin ich für ein Fels!"

Das ist Tiefpunkt, wo man sich ausgeschlossen sieht vom Reich Gottes und obendrein alles im Irdischen misslingt.

Das erlebte nicht nur Petrus! Wir alle kennen wohl solche Tiefpunkte.

Aber gerade jetzt heißt es: „Da stand Jesus am Ufer." Die Jünger sahen ihn noch nicht, und hinterher erkannten sie ihn nicht. Aber – er ist da! Und von dieser Treue unseres Erlösers leben wir Christen, dass er uns nicht lässt.

*Herr! Mache an uns Dein Wort wahr: „Niemand soll meine Schafe aus meiner Hand reißen!" Amen.*

**Da es aber jetzt Morgen war, stand Jesus am Ufer; aber die Jünger wussten nicht, dass es Jesus war.** Johannes 21, 4

Leuchtend geht die Sonne auf über dem See Genezareth.

Ein herrlicher Anblick für jeden, der die stille Natur liebt. Hanns Lilje schreibt in einer Auslegung unserer Geschichte, dieser See sei „ein schimmernder Edelstein“. Er spricht von „dem stillen Glanz, der von diesem See ausgeht“. Und er beschreibt den Augenblick unseres Textes: „Über dem See Tiberias bricht der Morgen herein und gießt seine rotgoldenen Schalen über die Hügel am Ufer und über das silberne Wasser.“

Aber alle Schönheit der Natur kann ein trauriges Herz und ein unruhiges Gewissen nicht trösten. Wenn wir im Herzen verwundet sind, lohnt es sich nicht mehr, „seinen Gott in der Natur“ zu suchen.

Das erlebten Petrus und seine Freunde. Sie waren an allem irre geworden. Und zudem lag eine Nacht voller Mühe und Arbeit hinter ihnen, die diesen Fischern nichts eingebracht hatte.

Nein! Hier kann die Schönheit der Welt nicht trösten. Und die Herrlichkeit der Natur bleibt stumm für ein trauriges Herz.

Aber in jener Morgenstunde am See stand einer am Ufer, der der rechte Mann und der rechte Tröster ist für zerschlagene Leute: Jesus, der Auferstandene.

Die Jünger „wussten nicht, dass es Jesus war“. Sie ahnten noch nicht, dass nun an ihnen ein altes Wort aus den Psalmen, das sie gewiss kannten, in Erfüllung gehen sollte: „Der Herr ist nahe denen, die zerbrochenen Herzens sind.“ Und bald werden sie auch die zweite Hälfte dieses Wortes erfahren: „. . . und hilft denen, die ein zerschlagenes Gemüt haben.“

Wie hat sich seit jenem Morgen die Welt gewandelt! Doch solche Erfahrung dürfen auch wir heute machen.

*Herr! Wir danken Dir, dass Du das Verlorene suchst. Amen.*

**Die Jünger aber wussten nicht, dass es Jesus war. Spricht Jesus zu ihnen: Kinder, habt ihr nichts zu essen?**

Johannes 21, 4 und 5

Eine seltsame Geschichte!

Die Fischerboote der Jünger nähern sich dem Ufer. Da ruft ihnen ein Fremder, der auf einmal am Gestade auftaucht, zu: „Kinder, habt ihr nichts zu essen?"

„Kinder", sagt er. Ja, das griechische Wort, das im Grundtext steht, kann man geradezu mit „Baby" oder wenigstens „Kindlein" übersetzen.

„Kindlein!", ruft der fremde Mann. Er ruft es nicht in einen Kindergarten, sondern harten, rauen und sehr verdrießlichen Männern zu, die eben von einer erfolglosen Nachtschicht kommen.

„Kindlein!" Ist das nicht zum Lachen?

Aber seltsam! Die Jünger lachen nicht. Es ist, als ahnten sie schon, dass der Mann dort am Ufer ihr Herr und Meister Jesus ist. Und wenn er uns „Kindlein" tituliert, dann heißt das: Wir sind auf dem richtigen Weg.

Kinder sind hilflos. Und wir sind es auch. Wie sollen wir fertig werden mit den Problemen der Welt? Wie sollen wir fertig werden mit unseren Trieben, unseren Wünschen und Sehnsüchten? Wie sollen wir fertig werden mit unserem Leben und unserem Sterben! Und wie mit der Schuld unseres Lebens?

Hilflos sind wir! Und nur wer das erkennt, begreift, warum uns Gott seinen Sohn gesandt hat zum Heiland.

Jesus sagt, Gott habe es „den Weisen und Klugen verborgen" und „den Unmündigen offenbart".

„So ihr nicht werdet wie die Kinder . . .", mahnt er.

Dass er doch auch uns als „Kindlein" anreden möchte, weil wir vor ihm die Wirklichkeit unserer Hilflosigkeit erkannt haben und darum auf ihn zueilen!

*Herr! Öffne uns die Augen für die Wirklichkeit unseres Lebens! Amen.*

**Spricht Jesus zu ihnen: Kinder, habt ihr nichts zu essen? Sie antworteten ihm: Nein!** Johannes 21,5

Am Seeufer steht Jesus. Über die Wellen hin ruft er seine Frage den Jüngern entgegen, die in ihren Booten auf das Ufer zuhalten.

Die Boote sind leer an Ertrag. Nicht ein einziges Fischlein haben sie gefangen.

Arme Leute! Sie mussten doch von ihrer Hände Arbeit leben. Nun war die nächtliche Quälerei umsonst. Sorgen bedrücken die Herzen der Männer.

Da hinein ertönt die Frage des Herrn. Sie macht deutlich: Jesus kümmert sich um unsere Alltagssorgen.

Wie oft haben die Jünger dem Herrn Jesus zugehört, wenn er von den großen Dingen des Reiches Gottes sprach. Hoffentlich kennen auch wir so den Herrn – als den, mit dem das Reich Gottes auf Erden angebrochen ist; als den, der der Welt Gnade und Wahrheit des verborgenen, großen Gottes bringt; ja, als den, dem die Zukunft gehört.

Das sind große Wahrheiten!

Aber daneben dürfen wir es auch wissen: Er ist der Heiland für unsere kleinen Sorgen. „Habt ihr nichts zu essen?" Er kümmert sich um unsere Geldnöte und um unsere Zahnschmerzen, um unsere Schwierigkeiten mit Kollegen und Nachbarn.

Es kann geschehen, dass uns diese Wahrheit auf einmal hell wie ein Blitz aufgeht. Von diesem Augenblick an erst verstehen wir ganz, was „beten" heißt. „Schüttet euer Herz vor ihm aus, liebe Leute!", ruft uns der Psalmist zu.

Einst war ich mit ein paar Freunden in einem stillen Kurort zusammen. Wir lasen morgens den Epheserbrief und vertieften uns in die großen Wahrheiten Gottes. Auf einmal seufzte einer: „Am Montag bin ich wieder im Geschäft! Was wird da an Ärger auf mich warten." Darauf sagte ein anderer nur: „Am Montag ist Jesus auch noch da."

*Herr! Lass mich auch mein Alltagsleben mit Dir leben. Amen.*

**Spricht Jesus zu ihnen: Kinder, habt ihr nichts zu essen? Sie antworteten ihm: Nein!** Johannes 21, 5

O diese Jünger!

Da hat der Herr Jesus sie eines Tages von ihren Fischerbooten weggerufen: „Ich will euch zu Menschenfischern machen!" Aber nun – wenige Tage nach der Auferstehung des Herrn – sehen wir sie wieder beim Fischfang. Diesen Weg hatte sie nicht ihr Herr geführt. Den hatten sie sich selbst gewählt.

Und da steht nun Jesus am Ufer und fragt: „Habt ihr nichts zu essen?" Schlatter übersetzt: „Habt ihr nicht einige Fische?" Beschämt müssen sie antworten: „Nein!"

Wie rührt ihr Herr da an einen wunden Punkt! Es war nur ein paar Wochen her – kurz vor dem Leiden des Herrn Jesus – da hatte er sie gefragt: „Habt ihr je Mangel gelitten an irgendetwas?" Und fröhlich hatten sie bekannt: „An nichts!"

Aber jetzt hatten sie Mangel. Vergeblich hatten sie die ganze Nacht gefischt. Boote und Herzen waren so entsetzlich leer.

Mit seiner Frage macht der Herr ihnen deutlich: Man wird sehr elend, wenn man meine Führung verachtet und eigene Wege geht.

Die Bibel spricht viel von dieser Führung durch den Herrn. Wie elend wurde zum Beispiel Abraham, als er gegen den Willen seines Herrn nach Ägypten zog (1. Mose 12, 110 ff.). Und wie gesegnet war der Apostel Paulus, der so genau auf die Führung achtete (Apostelgeschichte 16, 6 ff.). Ja, reich und gesegnet trotz vieler Nöte!

Die Führung ist ein großes Geheimnis der Kinder Gottes. Man lernt sie nur in der Stille und unter dem Wort Gottes. Es ist ein Wissen um dies Geheimnis in den Versen: „So nimm denn meine Hände und führe mich . . ."

*Ja, Herr! Bewahre uns vor den eigenen Wegen! Lass uns Deinen Weg erkennen! Amen.*

**Spricht Jesus zu ihnen: Kinder, habt ihr nichts zu essen? Sie antworteten ihm: Nein!** Johannes 21, 5

Vergessen wir einen Augenblick, an welchem Ort dies Gespräch stattfand! Es hat eine Bedeutung, die weit über die damalige Situation hinausgeht.

Mir ist, als stehe hier unser Herr vor der modernen Welt und frage sie: „Habt ihr etwas, um euren Hunger zu stillen? Habt ihr zu essen?“

Und soweit diese Welt aufrichtig ist, wird sie antworten müssen: „Herr! Unser Magen ist satt geworden. Aber – unsere Herzen hungern!“

Ein riesiges „Kulturprogramm“ steht dem Menschen heute zur Verfügung. Und Zerstreuungen und Vergnügungen werden an allen Ecken angeboten. Sollten da die Herzen nicht satt werden?

Aber dann sehe ich die verdrossenen Gesichter junger Menschen. Ich sehe, wie sie leiden unter der Leere ihres Lebens. Ich denke an einen jungen Studenten, dem von seinem reichen Vater alles zur Verfügung gestellt wurde, was er wollte. Er erschoss sich und hinterließ nur einen Zettel mit den Worten: „Es lohnt nicht zu leben.“

Und nun steht der auferstandene Herr Jesus, der Sohn Gottes, der für uns gelitten hat, an den Ufern dieser armen Welt. Er sieht die hungrigen Seelen, von denen der Dichter singt: „Sie essen und sind doch nicht satt, / Sie trinken, und das Herz bleibt matt . . .“

Diese Welt fragt der Herr: „Habt ihr nichts zu essen?“ Ich meine, die Welt müsste aufschreien und rufen: „Nein! Herr! In aller Arbeit und in all unseren Vergnügungen und Zerstreuungen verhungern unsere Seelen!“

Und ihr ruft der Sohn Gottes zu: „Ich bin das Brot des Lebens. Wer von diesem Brot isst, wird nicht mehr hungern.“

*Herr! Wir danken Dir, dass Du gekommen bist, uns satt zu machen. Amen.*

**Spricht Jesus zu ihnen: Kinder, habt ihr nichts zu essen? Sie antworteten ihm: Nein!** Johannes 21, 5

„Habt ihr nichts zu essen?“ Stellen wir uns nur mal vor, uns würde diese Frage jetzt, heute gestellt!

„Doch!“, würden wir antworten. Und dann dächten wir an die Vorräte im Kühlschrank, an die gefüllten Läden.

Ja, und es fiele uns ein, dass wir ja weniger Schlagsahne essen wollten, weil das Gewicht mal wieder erschreckend zunimmt.

Welch andere Lage als in unserem Textwort! Der Herr Jesus fragt einige Fischer, die am Morgen von der Arbeit zurückkommen. Ihre Netze waren leer geblieben. Nun können sie sich nicht einmal ein paar Fische zum Frühstück braten.

„Nein!“, antworten sie, als gefragt wird: „Habt ihr nichts zu essen?“ – „Nein! Wir hungern!“

Und nun ist es mir, als sähe ich im Geist die Massen der Hungernden in der Welt. Für sie alle sprechen diese Jünger ihr hartes „Nein! Nein, wir haben nichts zu essen!“.

Der Herr Jesus sah die bittere Not dieser Männer. Und er möchte gern, dass seine Jünger sich von ihm die Augen leihen, um die Dinge so wirklich zu sehen wie er. Sehen wir die Hungernden?

„Nein, wir haben nichts zu essen!“ Das ging dem Herrn Jesus ans Herz. Ob es auch denen ans Herz geht, die nach ihm genannt sind, uns Christen?

Wie schnell zucken wir die Achseln und sagen: „Was kann ich da schon tun?!“ Das ist es ja gerade! S e h e n sollten wir die Not! H ö r e n sollten wir den Schrei: „Nein! Wir haben nichts zu essen!“ A n d a s H e r z sollte es uns gehen!

Geweint haben wir vor Freude, als wir nach dem letzten Krieg im Ruhrgebiet hungerten und dann das erste Paket aus dem Ausland kam. Aber haben wir schon geweint vor Jammer über den Hunger der Welt?

*Herr! Gib uns ein Herz, das teilhat an der Not der Welt! Amen.*

**Jesus sprach: Werft das Netz zur Rechten des Schiffs . . . Da warfen sie und konnten's nicht mehr ziehen vor der Menge der Fische. Da spricht der Jünger, welchen Jesus lieb hatte, zu Petrus: Es ist der Herr!** Johannes 21, 6 und 7

Vor vielen Jahren kam ein 17-Jähriger Schüler in Wuppertal zu einem Pfarrer und bat: „Meine Freunde und ich möchten gern Jesus besser kennen lernen. Helfen Sie uns!" Das war der Anfang eines großen Schülerbibelkreises.

Die Jahre gingen dahin. Der junge Mann war hoher Beamter geworden. Die Bibel und Jesus spielten keine Rolle mehr in seinem Leben.

Eines Tages, als er in einem Berliner Krankenhaus lag, bat er die Schwester: „Verschaffen Sie mir doch bitte etwas zum Lesen!" Die Schwester brachte eine Lebensbeschreibung. Und als der Patient näher zusah, war es die Geschichte von jenem Pfarrer, zu dem er einst gekommen war. Interessiert schlug er das Buch auf. Und dann las er auf einmal von dem 17-jährigen, der mehr von Jesus hören wollte. Er las seine eigene Geschichte.

„Damals . . .! Ja, damals! Als Jesus mein Leben regierte und mein Herz an dem Mann mit der Dornenkrone hing!" Der Mann begriff: Nun ist dieser Jesus da und ruft mich neu!

So geht's hier den Jüngern: Weggelaufen waren sie, in ihr altes Leben zurück. Aber als sie den wunderbaren Fischzug tun, da steht auf einmal die Vergangenheit auf: Solch einen Zug hatten sie getan, als Jesus sie berief: Ja, damals! Wie schön war es, als ihr Herz für Jesus brannte! Und nun ist er wieder da und ruft sie neu.

Welch eine wunderbare Art hat Jesus, seine weggelaufenen Leute zu suchen! Er stellt ihnen das „Einst" vor die Augen. Und schon sehen sie ihre Armut, in die sie ohne ihn geraten sind. Und wie herrlich, dass er nicht nur das Alte aufweckt, sondern dass er sie neu beruft!

*Herr! Halte uns fest und lasse uns nicht! Amen.*

**Das spricht der Jünger, welchen Jesus lieb hatte, zu Petrus: Es ist der Herr! Da Simon Petrus hörte, dass es der Herr war, gürtete er das Hemd um sich (denn er war nackt) und warf sich ins Meer.** Johannes 21, 7

Wer baden will, zieht sich doch aus.

Petrus macht es umgekehrt. Als das Boot der Jünger nah dem Ufer ist, erkennen sie: Der Fremde dort ist der Herr Jesus, der von den Toten Auferstandene.

Da kann es der Petrus gar nicht mehr erwarten, bis das Boot ans Ufer gekommen ist. Er schwimmt hinüber.

Wie hat die Botschaft: „Es ist der Herr!" ihn elektrisiert! Welche Eile und Aufregung! Schnell legt er sein Übergewand an, das er beim Fischfang abgelegt hat. Ist das Verwirrung? Ist es Ehrfurcht vor dem Herrn, dem er würdig begegnen will? Wir wissen es nicht.

Aber das merken wir klar: Es zieht den Petrus mit aller Gewalt zu seinem Herrn.

Wie wunderlich ist doch das Menschenherz! Gerade kurze Zeit vorher war er doch dem Herrn und allem, was mit ihm zusammenhing, weggelaufen. Ein Mensch, der mit dem ganzen Christentum Schluss gemacht hatte!

Nun taucht der lebendige Herr auf. Und schon schwimmt Petrus ihm entgegen und zeigt, dass alles in ihm nach Jesus schrie.

So ist unser Herz: Es flieht vor Jesus und sehnt sich doch nach ihm. In einem Liedvers von Angelus Silesius heißt es: „. . . ich suchte dich und fand dich nicht. / Ich hatte mich von dir gewendet / Und liebte das geschaffne Licht." Das ist es! So seltsam ist unser Herz. „Ich suchte dich – ich hatte mich von dir gewendet." Flucht vor ihm und Sehnsucht nach ihm zugleich!

Der Vers schließt: „Nun aber ist's durch dich gescheh'n, / Dass ich dich hab' erseh'n."

So endete die Sache bei Petrus. Möge es bei uns auch so gehen!

*Herr! Gib keine Ruhe, bis wir endgültig bei Dir sind! Amen.*

**Als sie nun aus dem Schiff traten auf das Land, sahen sie Kohlen gelegt und Fische darauf und Brot. Spricht Jesus: Bringet her von den Fischen, die ihr jetzt gefangen habt . . . Kommt und haltet das Mahl!** Johannes 21, 9–12

Als Kind hörte ich das Märchen von einem Zwerg, der einem armen Köhler ein unscheinbares Kästlein überricht. Als der Köhler es öffnet, funkeln ihm die herrlichsten Edelsteine entgegen.

Ich erinnere mich, wie mich kleinen Kerl dies Kästchen interessierte! So eins wollte ich auch haben.

Nun, in unserem Textwort habe ich es gefunden. Hier sind die herrlichsten Edelsteine des Evangeliums auf kleinstem Raum beieinander:

Seht die Liebe und Geduld des Heilandes! Hat der Auferstandene nach seinem Sieg nichts Wichtigeres zu tun, als seinen weggelaufenen Jüngern nachzugehen? Nein! Er kennt nichts Wichtigeres.

Und seht nur: Er dient ihnen. Er hat den hungrigen Fischern schon das Mahl bereitet. So ist es seine Art: „Des Menschen Sohn ist nicht gekommen“, sagt er, „dass er sich dienen lasse, sondern dass er diene – und gebe sein Leben zur Erlösung für viele.“

„Kommt und haltet das Mahl!“, fordert er sie auf. Er spricht wie ein Hausvater zu den Seinen. Die verlorenen Söhne werden in die Hausgemeinschaft aufgenommen. „Wir sind Gottes Hausgenossen“, rühmt Paulus.

Da sitzen die Jünger, die schuldbeladenen Versager! Und die Gnade tröstet ihr Herz und richtet sie auf und tut ihnen so wohl!

Und das Erstaunen ist noch in ihnen über den wunderbaren Fischzug. Wunder dürfen wir erleben bei Jesus!

Ein lieblicher Morgen am See. Die Sonne ist aufgegangen. Ein Bild der „Gnadensonne“, die Gewissen und Herzen erleuchtet!

*„O komm, Du teure Gnadensonne, erleuchte meine Seele ganz!“ Amen.*

**Und sie gaben den Kriegsknechten Geld genug und sprachen: Sagt: Seine Jünger kamen des Nachts und stahlen ihn (den Leichnam Jesu), dieweil wir schliefen ... Und sie nahmen das Geld ...** Matthäus 28, 12–15

Es muss schon eine ganz gehörige Geldsumme gewesen sein, die den Soldaten in die Hand gedrückt wurde.

„Das ist schnell verdient", lachten sie wohl. „Nur ein bisschen schwindeln in einer Sache, die uns sowieso nicht interessiert!"

Sie wussten nicht, dass sie sich ein Höllenleben erkauft hatten.

Die Jünger verkündeten überall: „Jesus ist auferstanden!" Es wurde ihnen verboten von der Behörde. Aber die Botschaft war nicht aufzuhalten. Da begannen in Jerusalem Verfolgungen. Doch viele, die flohen, trugen die Botschaft ins Land. Und dann erweckte der Auferstandene den Paulus. Der trug die Botschaft bis nach Rom: „Jesus ist auferstanden." Jesus wurde Tagesgespräch.

Wie oft mögen die Soldaten angehalten worden sein: „Ihr wart doch an dem Grab! Wie war es denn nun wirklich?" Dann werden sie wohl gelacht haben: „Ach dieser Jesus? Der ist natürlich tot!" Aber dabei zuckten ihre Lippen. Denn sie wussten es besser.

Das ist ein Höllenleben, wenn man gegen seine Erkenntnis und sein Gewissen leben muss. Ich denke an einen Mann, der mir sagte: „Ich glaube alles, was in der Bibel steht. Aber meine gesellschaftliche Stellung erlaubt mir nicht, das offen zu bekennen."

So leben? Nein! Wenn wir wissen, dass Jesus lebt, dann lasst uns ihm auch angehören und lasst uns „unerschrocken sagen, was unser Herz in Jesus fand".

Wie hell heben sich gegen diese Soldaten die Jünger Jesu ab! Trotz Verfolgung bekannten sie die Wahrheit.

*Herr! „Lass die Wahrheit uns bekennen, / Die uns froh und frei gemacht!" Amen.*

**Wie das Feuer Silber und der Ofen Gold, also prüft der Herr die Herzen.** Sprüche 17, 3

Ein Wort, das uns schlaflose Nächte bereiten kann! Das heißt ja, dass es kein Privatleben gibt. Ja, dass wir uns nicht einmal hinter unseren guten Taten verstecken können. Denn der Herr prüft die H e r z e n .

„Wie das Feuer das Silber ..." Vieles in unserem Leben wird wohl nur Schlacke sein. Aber was ist das denn für „Silber", das er sucht?

Es gibt eine schöne Geschichte im Neuen Testament von solch einer Prüfung: An einem schönen Morgen saßen sieben Jünger um den auferstandenen Herrn am Ufer des Genezareth-Sees. Unter ihnen war auch Petrus. Der hatte sich immer für einen „echten Kerl" angesehen. Aber dann kam eine Nacht, von der es in der Bibel heißt: „Petrus weinte bitterlich."

Ja, es kann ein Mann ans Weinen kommen, wenn ihm aufgeht: Mein ganzes fleißiges, christliches Leben war nur Schlacke! In jener Nacht hatte Petrus im Feuer Gottes gestanden – und alles war verbrannt. Alles?

An jenem Morgen ist es, als wühle der Auferstandene in den Schlacken und suche das Silber. Und – er findet es! Er fragt: „Simon Petrus, hast du mich lieb?"

Wie fährt darauf der Petrus auf: „Herr, du weißt alle Dinge! Du weißt, dass ich dich lieb habe."

Da leuchtet das Silber auf, das Silber, das Gott bei uns sucht: Liebe zum Sohne Gottes, den er uns gesandt hat. Solche Liebe schließt alles ein: Vertrauen zu seinem Blut, das von Sünden rein macht; Hingabe an seine Führung; völlige Übergabe des eigenen Willens und vieles andere. Alles das, was die Bibel mit dem großen Wort „Glauben" bezeichnet.

*Herr! Wir wollen nicht warten, bis wir Dir an jenem Tag begegnen. Wir stellen uns dem Gericht Deiner Augen. Amen.*

**Und Jesus trat hinzu und rührte den Sarg an . . . und sprach: Jüngling, ich sage dir, stehe auf!** Lukas 7, 14

Ein erschütternder Anblick! Aus dem Stadttor von Nain trug man die Leiche eines jungen Mannes. Nicht im Sarg wie bei uns, sondern in Tücher eingehüllt auf einer Bahre.

Die Bibel sagt: Genauso wie dieser junge Mann sind wir tot für Gott. Dass die meisten es gar nicht merken und wissen, beweist eben, w i e tot wir sind.

Und nun verkündigt diese Geschichte die wunderbare Wahrheit: Jesus kann lebendig machen!

Dazu hat der Amerikaner O. Smith eine gute Geschichte geschrieben, die hier frei nacherzählt wird:

Man trägt den Toten hinaus. Da stürzt ein Mann herbei: „Halt! Ich werde den Toten aufwecken! Dem fehlt nur die Bildung!"

Und nun liest er ihm aus den Klassikern und aus philosophischen Werken vor. Aber der Tote bleibt tot.

„Ach was!", ruft einer. „Dem jungen Mann fehlt nur eine bessere Umgebung. Wie kann jemand leben in solch einem miserablen Milieu!" Und nun geht er ans Werk, schafft den Unrat von der Straße, gibt einem Bettler ein wenig Geld, damit der verschwinde. Aber – der Tote bleibt tot.

Schon tritt ein anderer auf und ruft dem Toten zu: „Dir fehlt nur der starke Wille. Du kannst leben, wenn du nur willst! Wolle!" Aber der Appell an den Willen macht nicht lebendig.

Ein alter Rabbi tritt an die Bahre: „Dem jungen Mann fehlt nur Religion." Und nun liest er ihm aus religiösen Büchern vor. Allerdings ebenfalls ohne jeden Erfolg.

Das ist der Augenblick, in dem Jesus erscheint. „Ich sage dir, stehe auf!" Da steht der Tote auf. Jesus sagt: „Ich bin gekommen, dass sie das Leben haben sollen!"

*Herr! Wecke auch uns recht auf zum Leben! Amen.*

**Wirst du denn unter den Toten Wunder tun?** Psalm 88, 11

Hier spricht ein Mann, der entdeckt hat, dass Gott wirklich da ist.

Und nun tastet er sich geradezu an Gott heran, um zu erfahren, wie denn Gott sei. Dabei macht er ungeheure Entdeckungen. Es sind Entdeckungen, bei denen seine Vernunft dauernd protestiert: „Das kann doch gar nicht sein!“

„Wirst du denn unter den Toten Wunder tun?“ Man spürt dieser Frage an, dass die Vernunft erklärt: „Das ist ausgeschlossen! Wo der Tod gesprochen hat, da kann Gott auch nichts mehr machen!“ Aber man spürt der Frage auch das an, dass der Mann seiner Vernunft nicht mehr traut und denkt: „Vielleicht kann Gott doch sogar unter Toten Wunder tun!“

Und in der Tat ist es so: Gott tut auch unter den Toten Wunder. Das werden wir alle einmal merken, wenn die „letzte Posaune“ ertönt und der Herr die Toten aus den Gräbern ruft. So oft ich über einen Friedhof gehe, muss ich denken: „Wie wird das sein, wenn es hier heißen wird: Heraus aus den Gräbern!“ Oder – wie es der Dichter und Bildhauer Barlach in einem Schauspiel rufen lässt: „Heraus, ihr Toten! Keine Verwesung vorgeschützt!“

Er tut Wunder unter den Toten! Er tat es, als er am Ostermorgen seinen Sohn, unsern Herrn Jesus, aus dem Grabe rief, dass die Kriegsknechte ohnmächtig wurden.

Ja, er tut Wunder unter den Toten! Es gibt auch Geistlich-Tote: Menschen, denen Gott unsagbar gleichgültig ist, die vom Beten nichts erwarten und alles andere interessanter finden als die Bibel.

Es ist herrlich, wenn Gott durch seinen Geist solche Toten erweckt, dass sie hungern und dürsten nach der Gerechtigkeit, die vor Gott gilt.

*Herr! Du Lebensfürst und Todesüberwinder! Überwinde allen Tod in mir! Amen.*

**Jesus ward gehorsam bis zum Tode am Kreuz. Darum hat ihn Gott erhöht . . .** Philipper 2, 8 und 9

Auch die aufregendsten Prozesse werden eines Tages vergessen. Ihre Akten verstauben. Nur der Prozess gegen Jesus geht immerzu weiter.

„Er ist des Todes schuldig!", entschied vor fast 2000 Jahren der Hohe Rat in Jerusalem. Zögernd stimmte die römische Staatsmacht diesem Urteil zu: „Da überantwortete Pilatus Jesus, dass er gekreuzigt würde."

„Er ist des Todes schuldig! Schafft ihn weg!", urteilten seitdem Gelehrte und Pöbel. Denker wie Nietzsche und Sartre wollten ihn still beseitigen. Und die Massen, denen er im Wege steht, sind völlig einig mit dem Massengebrüll in Jerusalem: „Er muss weg!" Alte Religionen erwachen zu neuem Leben. Und sie sind sich einig: „Jesus muss weg! Er ist des Todes schuldig." Der sanfte, christliche abendländische Bürger schreit so etwas nicht. Aber leise wischt er Jesus aus seinem Leben weg und bestätigt das Urteil: „Er ist des Todes schuldig!"

Viele einstimmige Urteile! Nur einer ist jetzt noch nicht gefragt: der Vater Jesu Christi, der lebendige Gott. Nun, der muss gar nicht gefragt werden. Ungefragt gibt er sein Urteil ab. Die Auferstehung Jesu ist seine Antwort.

„Er ist des Todes schuldig!", schreit die Welt. „Er hat den Tod verdient!" – „Nein!", ruft Gott. „Er hat das Leben verdient. Ich bin ihm das Leben schuldig. Weil er gehorsam war bis zum Tode am Kreuz – d a r u m hat er das Leben verdient. Und darum erwecke ich ihn, ich, der lebendige Gott."

Die Auferstehung ist das letzte, entscheidende Wort über Jesus. Damit fallen alle anderen Urteile der Menschen über ihn hin.

*Himmlischer Vater! Wir danken Dir, dass Du uns Klarheit über den Sohn gegeben hast. Amen.*

**Diesen Jesus hat Gott auferweckt; des sind wir alle Zeugen.**
Apostelgeschichte 2, 32

Wie gern wären wir dabei gewesen, als der Petrus am Pfingsttag dieses Wort vor einer großen Menge sagte! Ich bin überzeugt, dass eine gewaltige Erschütterung durch den starken Fischersmann ging, als er dieses Wort in die Menge rief.

Denn ihm stand dabei sicher jene Stunde vor den Augen, als er in der Karfreitagsnacht in die Dunkelheit lief und „bitterlich weinte“ über sich selbst.

Und nun wusste er und erklärte: „Gottes Antwort auf unsere Tränen ist die Auferstehung Jesu von den Toten. Er schenkt uns den Heiland, der unsere Tränen stillt und unser Herz getrost macht.“

Das wollen wir festhalten: Die Auferstehung Jesu ist Gottes Antwort auf unsere Tränen, auf unsere Traurigkeiten und auf unseren Jammer.

Ich habe in meinem Leben oft mit Menschen zu tun gehabt, die in tiefe Traurigkeit gestürzt waren. Und ich habe immer stark empfunden: Wir können nicht trösten, wenn ein Herz wirklich im Jammer ist. Hilflos stehen wir davor.

Wenn aber ein betrübtes Herz auf die Auferstehung Jesu schauen kann, dann wird es mit dem großen dänischen Philosophen Kierkegaard sprechen: „Es muss ja alles gut werden, weil Jesus auferstanden ist.“

Es gibt ein wundervolles Gebet Davids in der Bibel: „Fasse meine Tränen in deinen Krug. Ohne Zweifel, du zählst sie.“ Ja, das tut Gott. Und seine Antwort ist der lebendige, auferstandene Erlöser und Heiland.

Wir haben wirklich keinen anderen Trost als den auferstandenen Sohn Gottes. Dieser Trost ist ein Angeld und eine Verheißung auf die zukünftige Welt, von der es heißt: „Gott wird abwischen alle Tränen von ihren Augen.“

*„In Dir ist Freude / In allem Leide, / O, du süßer Jesus Christ!“ Amen.*

**Diesen Jesus hat Gott auferweckt, des sind wir alle Zeugen.**
Apostelgeschichte 2, 32

Als ich einst über diesen Text gepredigt hatte, sagte mir jemand fast ärgerlich: „Sie reden immer über die großen Taten Gottes. Das sind gewissermaßen Tausendmarkscheine. Ich aber brauche für mein Alltagsleben Kleingeld. Ich brauche Rat und Hilfe in meinen Ängsten und kleinen Nöten, in meinen persönlichen Fragen und Problemen. Ich brauche, um es ganz deutlich zu sagen, nicht große Taten Gottes, sondern kleine Hilfen und Ratschläge."

Ich erwiderte: „Sie gleichen einem Manne, der zum Reiten nur einen Sattel braucht, aber kein Pferd. Sehen Sie: Unsere kleinen Nöte, Kämpfe und Alltagsfragen können doch nur gelöst werden, wenn unser Leben im Ganzen in Ordnung gekommen ist. Sie sagen: Was sollen mir die großen Taten Gottes! Nun, durch das Sterben Jesu am Kreuz und durch sein Versöhnungsopfer kann ich ein Kind Gottes werden.

Erst als das Kind Gottes aber kann ich mein Alltagsleben mit Gott richtig besprechen. Als Kind erst kann ich meine kleinen Dinge im Vertrauen vor ihn bringen. – Und nun hat Gott Jesus von den Toten erweckt. Das ist gewiss eine große Sache, ein Tausendmarkschein. Aber das heißt auch: Ich darf einen wirklichen, lebendigen Heiland und Erlöser für mein kleines Alltagsleben haben. Verstehen Sie: Es gibt ein erlöstes Alltagsleben und ein unerlöstes Alltagsleben. In Jesus und in der Gemeinschaft mit ihm kommt das Kleinste unter die Kraft der Erlösung.

Man kann – um in Ihrem Bild zu reden – Kleingeld nur haben, wenn man zuerst das große Geld empfangen hat. Das dürfen wir dann als Kleingeld täglich ausgeben."

*Herr! Mache uns Dein Heil wichtig! Gib uns einen Sinn, der Dein Heil im Großen und Kleinen ergreift! Amen.*

**Diesen Jesus hat Gott auferweckt; des sind wir alle Zeugen.**
Apostelgeschichte 2, 32

Wenn wir mit Menschen in ein Gespräch über das Christentum kommen, hören wir zuerst lauter Klagen über Pfarrer oder über Christen. „Die immer in die Kirche rennen, sind die Allerschlimmsten."

Dabei wird es manchem wohl so gehen wie dem Kaufmann Johann Diedrichs, der im vorigen Jahrhundert in Wuppertal lebte und Großes im Reiche Gottes ausgerichtet hat. Wenn er in einer Gesellschaft war, zeigte er sich als munterer Unterhalter. Wenn aber das Gespräch auf die Fehler anderer Leute kam, wurde er still. Als er einst gefragt wurde, warum er nichts sage, antwortete er: „Mir geht es wie einem Kaufmann, der Bankrott gemacht hat. So ein armer Mann kann an jeder Unterhaltung teilnehmen. Kommt aber das Gespräch auf Bankrott, so sagt er kein Wort mehr. Die Fehler, die ihr an jenen Leuten findet, habe ich alle bei mir gefunden. Und das macht mich kleinlaut."

Das Wissen um die Sünde der Christen ist sehr niederdrückend. Und darum ist es beachtenswert, dass die Bibel in ihrer erstaunlichen Wahrhaftigkeit von dem Versagen sogar der Jünger Jesu berichtet. Ihr Verhalten während des Leidens Jesu war schmählich.

Daran dachte Petrus sicher, als er vor einer großen Menge die Auferstehung Jesu rühmte. Da machte er klar: Die Kirche lebt nicht von der Herrlichkeit der Apostel, Prediger, Bischöfe und Zeugen. Sie lebt von der Herrlichkeit Jesu Christi, des Sohnes Gottes. Und sie geht auch nicht kaputt an der Jämmerlichkeit der Christen. Sie hat einen herrlichen, wunderbaren Herrn. Und weil er lebt, lebt die Gemeinde Jesu Christi.

*Herr! Wir wollen nicht auf Menschen sehen und hoffen, sondern auf Dich! Amen.*

**Jesus führte seine Jünger hinaus gen Bethanien. Und es geschah, da er sie segnete, schied er von ihnen und fuhr auf gen Himmel.** Lukas 24, 50 und 51

„Bethanien" heißt auf Deutsch „Haus der Armen" oder „Haus des Elends".

Der Talmud sagt von diesem Ort, hier seien „die Datteln nie zur vollen Reife gelangt". Es war also offenbar ein Dorf, in dem es die Leute schwer hatten.

Und dann hören wir weiter in den jüdischen Schriften, dass in Bethanien ein großer Wasserbehälter war. Dort mussten die Leute sich reinigen, die durch Krankheit unrein geworden waren und nun zum Tempel in Jerusalem zogen. So war also dort immer eine Ansammlung von Elenden und Unreinen.

Und ausgerechnet vom „Haus der Elenden und Unreinen" tritt der Herr Jesus seine Rückkehr in die himmlische Welt an. Ausgerechnet hier geschieht seine Thronbesteigung.

Die Herrlichkeit des Herrn Jesus beginnt im Haus der Elenden und Unreinen. Was ist das doch für eine wundervolle Botschaft! Die Himmelfahrt unseres Herrn ist die Verbindungslinie von den Elenden und Unreinen zum Throne Gottes.

Vielleicht sind wir Leute, die um ihre Unreinigkeit vor Gott wissen. Vielleicht gehören wir zu denen, die es schwer haben, deren „Datteln nie zur vollen Reife gelangen". Vielleicht wissen wir etwas von dem, was die Bibel sagt von einem „zerbrochenen Herzen" und von einem „elenden Geist".

Wer im „Hause des Elends und der Unreinigkeit" wohnt, darf sich jetzt unter die Hände des Herrn Jesus stellen, die zum Segnen aufgehoben sind. Der darf aufschauen in den offenen Himmel zu dem Heiland, der Unreine rein macht, der Elende froh macht, der Draußenstehende zu Kindern des lebendigen Gottes macht.

*Herr! Freund der Sünder und zerbrochenen Herzen! Wie könnten wir ohne Dich leben! Amen.*

**Jesus führte seine Jünger hinaus gen Bethanien. Und es geschah, da er sie segnete, schied er von ihnen und fuhr auf gen Himmel. Sie aber kehrten wieder gen Jerusalem mit großer Freude.** Lukas 24, 50–52

Es ist erstaunlich, welche Gegensätze in dieser beachtenswerten Geschichte vereinigt sind. Da ist von Abschied und zugleich von Freude die Rede.

Abschied – das ist eine bittere Sache. „Scheiden tut weh", heißt es in einem Volkslied.

Ich habe Männer weinen sehen, als ein Urlauberzug im Krieg wieder hinausfuhr an die Front. Und wie hart kommt es uns an, am Sterbebett eines lieben Menschen zu stehen. Hier nehmen die Jünger Abschied vom Herrn Jesus. Er geht zurück in die himmlische Welt zu dem Vater.

Wie viel Erinnerungen mögen sie in dieser Stunde bedrängt haben: Wie sie mit dem Herrn durch die Städte, Dörfer und Felder wanderten; wie er in stillen Stunden ihnen die Geheimnisse des Reiches Gottes öffnete; wie er vor ihren Augen große Wunder tat.

Das alles ist jetzt zu Ende. „Er schied von ihnen." Da erwarten wir Traurigkeit.

Aber zu unserem Erstaunen ist die Rede von „großer Freude". Wie kam denn das?

Sie hatten begriffen, dass ihr Meister nun König ist über alles. Während der Hitlerzeit wurde ein schwäbischer Bauer vor die Geheime Staatspolizei zitiert. Man fragte ihn nach seiner politischen Überzeugung. Da erklärte er: „Ich bin Monarchist! Ich glaub an die Alleinherrschaft des Herrn Jesus. Er ist König über alles!" Was der auf Schwäbisch sagte, haben die Jünger auf Aramäisch bekannt.

Der Liederdichter G. Tersteegen sagt das in seinem schönen Himmelfahrtslied: „Sollt ich nicht zu Fuß dir fallen / Und mein Herz vor Freude wallen ..."

*Herr! Lass Deine Herrlichkeit unser Leben überstrahlen! Amen.*

**Und es geschah, da er sie segnete, schied er von ihnen und fuhr auf gen Himmel. Sie aber beteten ihn an . . .**

Lukas 24, 51 und 52

So sind wir nun: Wir möchten so gern wissen, wie es bei der Himmelfahrt des Herrn Jesus zuging. Aber es ist, als wenn die Bibel uns das absichtlich nicht genau sagen wollte. Denn derselbe Lukas, der unser Textwort schrieb, drückte es in der von ihm verfassten Fortsetzungsschrift, der Apostelgeschichte, so aus: „Eine Wolke nahm ihn vor ihren Augen weg."

Warum wohl beschreibt uns die Bibel dies aufregende Ereignis so wenig genau?

Ich glaube, es geschieht darum, dass wir nicht fragen: „W i e fuhr er auf gen Himmel?"

Sondern: „W e r ist er, den Gott so erhöht hat?"

Darum haben die Jünger, gleich nachdem Jesus von ihnen geschieden war, nicht gefragt: „Wie ging denn das zu?" Vielmehr heißt es: „Sie beteten ihn an." Nun begriffen sie ganz, dass der Sohn des Vaters unter ihnen gewandelt hatte. Sie waren nur voll Staunen und Freude über die Gottessohnschaft des Herrn Jesus.

Ich erlebte einmal eine große Jugendversammlung. Da wurden viele gute Reden gehalten. Aber am eindrücklichsten war es doch, als die große Menge brausend sang: „Welch ein Herr! Welch ein Herr! / Ihm zu dienen, welch ein Stand!"

So etwa mag die Anbetung der Jünger am Himmelfahrtstag geklungen haben. Und seitdem hört die Gemeinde Jesu nicht auf, so zu singen: „Welch ein Herr!"

Ja, die glaubende Gemeinde kommt aus diesem staunenden Anbeten nicht heraus. Wenn sie ihren Herrn am Kreuz erblickt, wie er glorreich aufersteht, wie er zum Vater zurückgeht – immer klingt es: „Welch ein Herr!"

Die Anbetung ist wohl die rechte Haltung ihm gegenüber.

*Herr! Auch wir wollen zu denen gehören, die Dir lobsingen. Amen.*

**Und der Herr, nachdem er mit ihnen geredet hatte, ward er aufgehoben gen Himmel und sitzt zur rechten Hand Gottes.** Markus 16, 19

In dem Bericht über eine Himalaja-Expedition packte mich besonders eine Szene:

Die Expeditionsteilnehmer stehen in der Steinwüste, in der sie ihr Lager aufgeschlagen haben. Dichte Nebel verhüllen die Berge.

Aber auf einmal zerreißt für einen Augenblick die Wolkenmasse. Vor ihren Augen erhebt sich erschütternd und gewaltig die Kette der Achttausender: schweigende Schneegipfel, riesige Gletscher, himmelragende Bergspitzen. Und dann hüllen die Nebel alles wieder ein.

So kommt mir unser Textwort vor: „Und der Herr, nachdem er mit ihnen geredet hatte, ward er aufgehoben gen Himmel und sitzt zur rechten Hand Gottes."

Wer spürt nicht die Gewalt und Majestät dieser Worte! Für einen Augenblick zerreißen vor unseren Augen die Schleier vor der ewigen, unsichtbaren und doch so wirklichen Welt. Für einen Augenblick sehen wir hinein in die herrliche himmlische Welt.

Und unser Blick wird gleich zum höchsten Gipfel geführt: zum Thron des lebendigen Gottes.

Sollte da unser Herz nicht aufschreien vor Freude?! Der Herr, der uns am blutigen Kreuz für Gott erkauft hat, ist so gewaltig erhöht.

Aber noch viel schöner ist, dass die Bibel nicht nur von Jesu Erhöhung weiß, sondern zugleich sagt, dass er die Seinen darüber nicht vergisst. Im Römerbrief heißt es – und es ist wie eine Fortsetzung unseres Textes: „Er ist zur Rechten Gottes und vertritt uns." Tröstliche Herrlichkeit unseres Heilandes!

*Herr! Wir schauen im Geist auf zu Dir und freuen uns in Dir. Amen.*

**Ich will eine Hilfe schaffen dem, der sich danach sehnt, spricht der Herr.** Psalm 12, 6

„Ein Meister zu helfen“, wird unser Herr in der Bibel genannt. Ein feiner Titel!

Aber nun melden sich sofort eine Menge Menschen, protestieren und schreien: „Mir hat er noch nie geholfen!“

Wem hilft er denn? Unser Textwort sagt es: „Dem, der sich danach sehnt.“

Es ist sehr wichtig, dass wir dies wissen: Der Herr drängt sich niemand auf. Wer ohne ihn leben will, darf es. Er soll sich nur klarmachen, was er ausschlägt.

Da war der verlorene Sohn. Der durfte bei den Schweinen bleiben. Aber er wollte nicht mehr. Er eilte zum Vater und sagte: „Ich habe gesündigt.“ Da wurde ihm herrlich geholfen.

Die Bibel berichtet von dem Oberzöllner Zachäus. Der durfte bei seinen unredlichen Geldsäcken bleiben. Aber – er konnte nicht mehr. Sein Gewissen zermalmte ihn. So lief er zu Jesus. Und so ist ihm „Heil widerfahren“.

Von der Maria Magdalena lesen wir in der Bibel, der Herr Jesus habe sieben Teufel von ihr ausgetrieben. Sie hätte sich damals weiter von den Dämonen treiben lassen können. Aber sie wollte nicht mehr. Sie legte ihr Elend vor Jesus hin. Und der machte sie frei.

Es kann sein, dass auch wir zu den Leuten gehören, die – vielleicht heimlich – denken: „Mir hat er noch nie geholfen!“ Wenn wir das denken, dann dreht der Herr den Spieß um und fragt eindringlich: „Hast du denn mich schon einmal von Herzen begehrt? Hast denn du dich nach meiner Hilfe gesehnt?“

*Herr! Vergib, dass ich allein fertig werden wollte! Amen.*

**Der Herr ist nahe bei denen, die zerbrochenen Herzens sind, und hilft denen, die ein zerschlagenes Gemüt haben.**
Psalm 34, 19

Wie oft ist doch gefragt worden: „Wo ist Gott?“ Unser Text antwortet: „Bei denen, die zerbrochenen Herzens sind.“

Der Kenner der Bibel stutzt: „Die Bibel sagt doch sonst etwas anderes: ‚Fürwahr, er ist nicht ferne von einem jeglichen unter uns.‘ Also nicht nur bei einer bestimmten Art von Menschen, sondern bei allen!“

Ja, es ist wahr, das verkündet die Bibel an vielen Stellen. Als Kain seinen Bruder Abel erschlagen hat, ruft ihn Gott an: „Kain! Wo ist dein Bruder Abel?“ Sogar dem trotzigen Mörder ist Gott unheimlich nah. Im Psalmbuch heißt es: „Von allen Seiten umgibst du mich und hältst deine Hand über mir.“

Allen ist er nahe! Und darum ist es seltsam, dass unser Text sagt, er sei den zerbrochenen Herzen nahe, also nur einer bestimmten Art von Menschen. Wo ist er denn nun?

Nahe und nahe ist nicht dasselbe. Ein Bild soll es klarmachen: Ein Unfall auf einer Großstadtstraße! Ein Mann liegt blutend und hilflos da. Dicht drängen Neugierige sich heran. Nur einer hat sich zu dem Verletzten gebeugt. Er wischt ihm das Blut ab, legt ihm seinen Rock unter den Kopf und redet ihm tröstlich zu.

Alle sind dem Verletzten nahe. Aber der Eine ist ihm ganz anders nah. So ist Gott allen Menschen nahe. Keiner kann ihm entgehen. Aber den „zerbrochenen Herzen“ ist er anders nah. In Jesus beugt er sich über sie. Der Heiland mit den Nägelmalen nimmt sich ihrer an und heilt und tröstet sie.

Dass wir doch nicht zu den selbstsicheren Herzen gehören möchten, die eines Tages über Gottes unheimliche Nähe erschrecken müssen!

*Herr! Zerbrich uns, damit wir Dich in Deiner Gnade kennen lernen! Amen.*

**Der Gerechte muss viel leiden; aber der Herr hilft ihm aus dem allem.** Psalm 34, 20

„Heute machen wir den Versuch mit den kommunizierenden Röhren!“, sagte unser Lehrer. Wir kleinen Kerle waren nun sehr gespannt.

Aber dann handelte es sich um eine ganz einfache Sache. Da waren zwei senkrechte Röhren miteinander verbunden durch eine waagerechte Röhre.

„Seht!“, sagte der Lehrer. „Wenn ich in die eine Röhre Wasser gieße, steigt das Wasser in der anderen genauso hoch.“

Auch im geistlichen Leben gibt es solch ein Gesetz der kommunizierenden Röhren. Davon ist in unserm Psalmwort die Rede:

„Der Gerechte muss viel leiden.“ Das „ m u s s “ ist so erschreckend. In den Tropen m u s s man die Sonnenglut in Kauf nehmen, in der Arktis die Kälte. Und im Reich Gottes die Kämpfe und Leiden. Das hat Gott seinen Kindern so verordnet, weil unsere Natur böse ist und dem Geist Gottes widerstrebt. Nun zerbricht Gott seine Kinder durch die Nöte und wandelt sie um nach dem Ebenbild Jesu.

Will uns das abschrecken, in das Reich Gottes einzutreten?

O nein! Lasst uns an die kommunizierenden Röhren denken! Nöte und Hilfe sind kommunizierende Röhren. Lässt der Herr die Nöte in unserem Leben ansteigen, steigen sofort auch seine Hilfe, seine Gnade, sein Trost, sein Zuspruch.

„Der Gerechte muss viel leiden.“ – „Aber der Herr hilft ihm.“ – Das ist nicht zeitlich nacheinander gemeint. Das steht gleichzeitig nebeneinander im Leben der Christen. Und so werden Gotteskinder immer stärker im Leiden.

*Herr! Wir danken Dir, dass bei Dir harte Erziehung und herrliche Tröstung im Einklang sind. Amen.*

**Herr, tue meine Lippen auf, dass mein Mund deinen Ruhm verkündige.** Psalm 51, 17

Im 13. Jahrhundert lebte in Florenz der bedeutende Dichter Dante. Hinreißend schön und eindrücklich ist seine „Göttliche Komödie", in der er uns durch die Schrecken der Hölle in die Seligkeit des Paradieses führt.

In diesem gewaltigen Gedicht kommt unser Textwort vor.

Dante sieht im Geist die Büßer, die im Leben ihre Lippen missbraucht haben. Diese dienten ihnen nur zum Genuss von edlen Weinen und köstlichen Speisen. Über ihre Lippen kamen die leichtfertigen Worte, die ihre Gastmähler würzten und die Seelen vergifteten.

Erschütternd ist der Zug der Büßer: Langsam kommen sie durch die unheimliche Finsternis geschritten. Weinend singen sie immer und immer wieder den einen Psalmvers: „Herr, tue meine Lippen auf!" ... „Und siehe: Weinen hört ich und Gesang: / Herr, tue meine Lippen auf ...! Ein Singen, / Das Wehmut weckend klang ..."

„Herr, tue meine Lippen auf!" Das also beten die Leute, deren Lippen hier in der Erdenzeit immer geöffnet waren, um Genuss einzunehmen und schlüpfrige Worte herauszulassen. Ja, dazu waren ihre Lippen geöffnet.

Ist es nicht seltsam, dass sie nun beten: „Tue meine Lippen auf!"? Nun haben sie es begriffen: Vor Gott ist der Mund stumm, der sich nicht auftut zum Lobe Gottes und zur Verkündigung seines Heils in Jesus Christus.

Was ihnen früher lächerlich schien, das ist ihnen nun klar geworden: Es ist die größte Gnade, wenn Gott uns die Lippen auftut zu seinem Lob.

*„Herr, tue meine Lippen auf, dass mein Mund Deinen Ruhm verkündige!" Amen.*

**Ich hatte viele Bekümmernisse in meinem Herzen; aber deine Tröstungen ergötzten meine Seele.** Psalm 94, 19

Dieses „aber“ ist wundervoll!

Dieses „aber“ unterscheidet den Glauben vom Unglauben. Denn das haben die Kinder Gottes mit der ganzen Welt gemeinsam, dass sie „viele Bekümmernisse in ihrem Herzen“ haben. Die Bibel spricht nirgendwo davon, dass der Herr seine Leute vor den Bekümmernissen verschont. Im Gegenteil! Als das Volk Gottes des Alten Bundes aus Ägypten zog, da führte es der Weg durch eine schreckliche Wüste. Bald fehlte es am Brot und bald am Fleisch. Es gab kein Wasser. Und als es endlich eine Quelle fand, da war das Wasser bitter.

Und genauso erging es den Aposteln: Auf dem Meer gerieten sie in den Sturm. Ein andermal war ihr Fischfang ohne Erfolg. Sie mussten den Hass der Welt ertragen und den Verrat in den eigenen Reihen. Ja, der Herr sagt ihnen einmal mitleidig: „Ihr habt nun Traurigkeit.“

Da werden wir es ja wohl kaum besser haben. Das ist die Lebensgeschichte eines jeden: „Ich hatte viele Bekümmernisse in meinem Herzen.“

Doch wohl uns, wenn über unserer Lebensgeschichte dann auch das schöne „aber“ steht: „. . . a b e r deine Tröstungen ergötzten meine Seele!“

Diese Tröstungen sind nicht eine unklare, unbestimmbare Sache. Sie gehen im Grunde alle aus vom Kreuze Jesu. Da dürfen wir es ablesen, dass wir mit Gott versöhnt und nun in jedem Fall geborgene Kinder Gottes sind. Da dürfen wir es erfahren, dass unsere Sünden vergeben werden. Und die Vergebung der Sünden ist die größte Tröstung, die es geben kann. Da finden wir Gottes Liebe, der seinen eigenen Sohn für uns dahingab. Wie hat er uns doch lieb!

*Herr! Wir wollen nicht über die Bekümmernisse murren, sondern Deine Tröstungen preisen. Amen.*

**Der deinen Mund fröhlich macht und du wieder jung wirst wie ein Adler.** Psalm 103, 5

Es ist wirklich seltsam, welch eine Furcht unser Herz hat, sich ganz Gott zu eigen zu geben. Fragt nur einmal die Menschen, was sie davon halten. Sie werden antworten: „Wenn ich mich ganz und gar Gott übergebe, dann käme ich mir ja vor, als wenn ich aus dem hellen, bunten Leben in einen dunklen Keller gehen müsste. Ganz Gott gehören – das muss doch ein trübseliges Leben sein!"

Ja, so denkt unser Herz!

Aber nun fragt einmal jemand, der den Schritt gewagt und sein Leben ganz Gott übergeben hat. Der wird euch antworten: „Umgekehrt ist es! Ehe ich Gott gehörte, lebte ich wie in einem dunklen Keller. Aber eines Tages traf an mein Ohr die Stimme des Heilandes, den Gott gesandt hat, des Herrn Jesus. Ich folgte dieser Stimme. Und da war es, als komme ich aus dem dunklen Keller in den hellen Sonnenschein der Liebe und Gnade Gottes. Mir war, als dürfte ich aus einem kalten Keller in einen strahlenden Frühlingstag springen."

So hat es der Dichter unseres Psalms auch erlebt: „Der deinen Mund fröhlich macht und du wieder jung wirst wie ein Adler." Man kann dies schöne Wort nicht im Einzelnen ausdeuten. Es wäre, als wenn man eine Blume zerpflückte. Hier ist eine Welle, die genau die Antenne unseres armen Herzens trifft. So möchten wir auch erfüllt werden mit der Freude Gottes.

Nun, es ist alles für uns bereit, seitdem der Sohn Gottes am Kreuz für uns starb und als der von den Toten Auferstandene uns ruft.

*Herr Jesus! Wir sind im Dunklen und im Schatten des Todes. Freudenmeister! Lass uns an der Freude teilhaben! Amen.*

**Herr, ich warte auf dein Heil.** Psalm 119, 166

Debatte im Parlament!

Ein Redner sagt scharfe Sachen. Da ertönt ein Zwischenruf! Der Redner stutzt und wird verwirrt.

So etwas kommt in allen Demokratien vor. Aber was hier in unserem Psalm geschieht, das ist einzigartig. Da macht nämlich der Psalmdichter selbst einen Zwischenruf in seine eigene Rede hinein.

Das muss man sich näher ansehen:

Der Dichter des Psalms lobt das Gesetz Gottes. Er war offenbar ein Mann, der „das Gute" tun wollte. Wer möchte das wohl nicht?! Aber wer weiß denn, was „das Gute" ist. Hier herrscht eine große Verwirrung. Zum Beispiel: Töten gilt allgemein als böse. Aber wir haben eine Zeit in Deutschland erlebt, wo man tötete und erklärte: „Es ist meine Pflicht!" Oder: Ehebruch ist doch wohl böse. Aber mir sagte ein Mädchen: „Liebe ist eine Himmelsmacht. Und was vom Himmel kommt, ist gut." Ist Lügen gut? Nein! Aber man belügt Sterbende und Kinder und meint es gut. Welche Verwirrung!

Da hat der Psalmsänger das Gesetz Gottes entdeckt. Ganz glücklich ist er nun, dass einer da ist, der deutlich sagt, was gut und böse ist. Und zwar einer, der ein Recht hat, gut und böse zu bestimmen: Gott! So rühmt er: „Ich liebe dein Gebot über Gold!"

Aber auf einmal entdeckt er: „Ich bin ja ein Übertreter des Gottesgesetzes!" Und da macht er den Zwischenruf: „Herr! Ich warte auf dein Heil!" Er sieht im Geist den gekreuzigten Gottessohn, der Sünder zu Gotteskindern macht.

*Herr! Wir danken Dir für Dein klares Gesetz, aber mehr noch für Deine herrliche Gnade. Amen.*

**Als der Tag der Pfingsten erfüllt war . . .**

Apostelgeschichte 2, 1

Das ist ein seltsamer Ausdruck!

Wir würden schreiben: „Als der Tag der Pfingsten gekommen war . . .“ Aber: „erfüllt war . . .“! Was soll denn damit gesagt werden?

Gott hat diesen Tag schon vor der Grundlegung der Welt vorgesehen und bestimmt. Und als die von Gott angesetzte Wartezeit vorüber war, kam der Heilige Geist in die Welt.

Das beweist uns wieder, wie fest Gott zu seinen Plänen steht.

Lasst uns einmal töricht und sehr menschlich reden: Wenn wir Gott gewesen wären, so hätten wir diesen Tag verschoben. Denn die Lage war denkbar ungünstig:

Rom war mächtig geworden. Politische Probleme erfüllten die Herzen und Gemüter der Menschen. Wer hatte denn da Interesse für den Heiligen Geist!

Und dann! Hatte Gott denn die rechten Leute, mit denen er die Sache anfing? Leute mit einem berühmten Namen? Geistig bedeutende Leute?

Nein! Nur ein paar arme, ungelehrte und furchtsame Fischer und Zöllner standen ihm zur Verfügung.

„Als der Tag der Pfingsten erfüllt war . . .“, da sandte Gott seinen starken guten Geist. Er steht fest zu seinen Plänen und fragt uns nicht um Rat. Er geht seinen Weg. Und wenn die große Masse etwas anderes im Kopf hat als den Heiligen Geist, dann gibt er ihn denen, die hungern nach Gerechtigkeit. Und wenn die Mächtigen die Welt mit Lärm erfüllen, gibt er seinen Geist den Stillen und Verlangenden.

Aber er bleibt bei seinem Plan. „Als der Tag der Pfingsten erfüllt war . . .“ – „Alles muss pünktlich erfüllet werden, / Was er uns einmal zugedacht.“

*Herr! Mache uns Deine Pläne und Taten wichtiger als alles andere! Amen.*

**Und es geschah schnell ein Brausen vom Himmel wie eines gewaltigen Windes ...** Apostelgeschichte 2, 2

Was für ein schrecklicher Sturm war es, der im Herbst durchs Land brauste! Die mächtige Platane in den Anlagen wurde entwurzelt.

Und doch – gegen den Sturmwind des Heiligen Geistes ist das ein harmloses Stürmlein!

Durch die Welt gehen seit einigen Jahrzehnten große Stürme. Alte Ordnungen stürzen! Machtpositionen brechen zusammen.

Und doch! Was wollen diese Stürme bedeuten gegen den Sturmwind, der am ersten Pfingsttag das Kommen des Heiligen Geistes ankündigte. Dieser Geist Gottes ist mächtiger als alle Stürme. Denn er greift in das Innerste der Menschen. Er entwurzelt den Menschen aus seinen alten Gewohnheiten; aus dem Leben der Sünde; aus dem trügerischen Boden seiner Selbstzufriedenheit.

Der mächtige Sturm des Heiligen Geistes reißt uns heraus aus dem alten Boden und pflanzt uns ein in den Boden der Erlösung Jesu Christi. Da wird dann Jesus das Lebenselement. Da wandelt man im Geist. Da bekennt man jeden Tag: „Der Grund, da ich mich gründe, / Ist Christus und sein Blut . . .“

Es gibt so viele, die von solchen gewalttätigen Veränderungen nichts wissen wollen. Sie wollen bleiben, wie sie sind, ohne das Christentum aufzugeben. Sie wollen den alten Menschen überzuckern mit Christentum.

Daraus wird nichts. Die Bibel sagt: „Fleisch und Blut können das Reich Gottes nicht ererben.“ Und Jesus selbst erklärt: „Es sei denn, dass jemand von neuem geboren werde, sonst kann er das Reich Gottes nicht sehen.“ Lassen wir also den Sturm des Heiligen Geistes durch unser Leben brausen!

*Herr! Wir wollen unsere Herzen Deinem Geisteswirken öffnen. Amen.*

**Und es erschienen ihnen Zungen, zerteilt, wie von Feuer; und er setzte sich auf einen jeglichen unter ihnen.**
Apostelgeschichte 2, 3

Wie Feuer ist der herrliche Gottesgeist!

Doch davon wollen wir jetzt nicht weiter reden. Denn wer den Heiligen Geist kennt, der weiß das.

Wir wollen jetzt einmal achten auf das Wörtlein „zerteilt". Es ist ein einziges Feuer. Aber jeder der Jünger hat seine besondere Feuerzunge. Es ist zwar nur e i n Geist, die dritte Person der Dreieinigkeit. Aber dieser eine Geist hat in jedem sein besonderes Werk.

Als junger Mann saß ich einst in einem Kreise alter, erfahrener Jesus-Jünger. Sie erzählten, wie Gottes Geist sie erweckt hatte. Da war es wunderbar zu hören, wie jeder seine eigene, besondere geistliche Geschichte hatte. In jedem hatte der Geist in anderer Weise gewirkt. Und doch! Es ist der eine Heilige Geist.

Der Apostel Paulus hat in seinem Brief an die Gemeinde in Korinth von den „Geistesgaben" gesprochen. Da führt er aus, wie der Geist jedem gläubigen Knecht Gottes besondere Gaben gibt: Der eine kann dann Zeugnis ablegen, der andere Geister unterscheiden, der dritte Seelsorge treiben. Jeder hat seine Feuerzunge.

Wir leben in einer Zeit, in der man überall die Einheit erstrebt. Millionen denken das gleiche, wollen dasselbe, fühlen wie alle. Der Heilige Geist aber richtet sich nicht nach der Zeitströmung. Er will jeden von uns allein haben. Er will jeden von uns besonders zubereiten. Er hat für jeden einen eigenen Plan zur Errettung. Jeder Gläubige soll besonders zubereitet werden zur Ehre Gottes. Die Zeit stampft uns ein. Aber Gottes Geist holt uns aus der Masse und bildet Menschen zum Ebenbild Gottes.

*Herr! Vollbringe auch in uns Dein Gnadenwerk! Amen.*

**. . . und sie wurden alle voll des Heiligen Geistes und fingen an, zu reden mit andern Zungen, wie der Geist es ihnen gab auszusprechen.** Apostelgeschichte 2, 4

Da stand ich nun auf dem Podium. Vor mir hatte ich eine große Schar junger Männer aller möglichen Richtungen und Schattierungen. Mir klopfte das Herz. Denn sie diskutierten über das Christentum. Und es wurde immer schwieriger, die Leitung in der Hand zu behalten, weil sich die Gemüter zusehends erhitzten.

Die meisten lehnten das Christentum ab, spottend, leidenschaftlich, überlegen.

Schon seit einiger Zeit hatte sich einer zu Wort gemeldet, den ich als Jünger Jesu kannte. Er war ein treuer Christ. Aber nicht gerade sehr begabt und sicher kein guter Redner. Sollte der uns blamieren? So übersah ich – ich gebe es zu – absichtlich seine Wortmeldung. Bis es nicht länger ging.

Nun stand er auf dem Podium. Und dann sagte er nur ein paar Worte des Inhalts: „Ich rühm' die Gnade, die mir Heil gebracht."

Nur ein paar Worte! Aber nach denen war es totenstill. Keiner wollte mehr etwas sagen. Die Diskussion war zu Ende.

Auf dem Nachhauseweg überlegte ich: „Wie war denn das zu erklären?" Und dann fiel mir unser Textwort ein. Erfüllt mit dem Geiste Gottes spricht man mit Vollmacht von dem Heil Gottes in Jesus.

Es gibt viel christliches und religiöses Geschwätz. Sogar auf Kanzeln! Und auch, wo treue Christen vom Evangelium zeugen wollen. Aber es bleibt oft so leer, so armselig.

Diese Handwerker und Fischer, diese Jesus-Jünger vom ersten Pfingsttag warfen die Mauern um, welche von den Menschen um ihre Herzen gebaut werden. Denn sie waren erfüllt mit dem Heiligen Geist Gottes.

*Herr! Gib uns und bei uns so kräftiges Zeugen von Dir! Amen.*

**Sie entsetzten sich aber alle . . . und sprachen einer zu dem andern: Was will das werden?** Apostelgeschichte 2, 12

Ohne sich um kirchliche Planungen oder staatliche Behörden zu kümmern, also einfach mitten hinein in das menschliche Treiben gab Gott seinen Heiligen Geist am ersten Pfingsttag. Und genauso unbekümmert um alles, was sonst geschieht, lässt er seinen Heiligen Geist heute wirken.

Da gibt's dann jedes Mal eine Unruhe. Und es taucht die alte Frage auf: „Was soll denn daraus werden?"

Nun, darauf gibt uns die Bibel eine dreifache Antwort:

Der Herr Jesus wird wichtig gemacht. Der natürliche Mensch hat keine Ahnung, wer dieser Jesus ist. Und es beunruhigt ihn auch nicht. Denn er kommt ganz gut ohne ihn zurecht.

Wenn aber der Heilige Geist durch die Lande geht, dann wachen die Gewissen auf, Menschen werden unglücklich über sich und ihre Sünde. Und dann lässt der Heilige Geist alles Licht auf den gekreuzigten Erlöser fallen. Nun eilen die Menschen auf ihn zu und glauben an ihn und preisen ihn.

Menschen werden neu geboren. Das klingt unglaublich. Aber es ist so. Was alle Kräfte der Welt nicht zustande bringen, das kann der starke Gottesgeist. Er macht neue Menschen. Ob wir solche Verwandlungen nicht nötig haben?

Die Gemeinde des Herrn wird gesammelt.

„Was will das werden?", fragten die Leute am ersten Pfingsttag. Am Abend sahen sie es vor Augen: 3000 Menschen glaubten an Jesus. Und die waren nun – wie die Bibel sagt – „ein Herz und eine Seele". Die Gemeinde des lebendigen Gottes hatte begonnen, sich zu sammeln.

*„Geist! Du Geist der heil'gen Männer, / Kön'ge und Prophetenschar, / Der Apostel und Bekenner, / Auch bei uns werd' offenbar!" Amen.*

**Die andern aber hatten's ihren Spott und sprachen: Sie sind voll süßen Weins.** Apostelgeschichte 2, 13

Schlimmer konnte man nun wirklich nicht missverstehen, was da am ersten Pfingsttag geschah:

Die Jünger des Herrn Jesus sind erfüllt mit dem Heiligen Geist. Und nun drängt es sie, andere an ihrer Freude teilhaben zu lassen.

Da aber geht der Spott los: „Die haben wohl zu tief ins Glas geschaut!" Ich vergesse nicht, wie mich einmal ein Mann anschrie, als ich ihm das Evangelium bezeugte: „Sie haben ja Tinte gesoffen!"

Mir ist, als sähe ich den Petrus lächeln, als er diesen dummen Spott hört! Nun springt er auf und hält eine Rede, deren Inhalt etwa so ist:

Betrunken? Ja, betrunken waren wir – wie ihr jetzt – vom Geist dieser Welt und von uns selbst. Aber nun ist der Geist Gottes in unser Herz gekommen. Und da sind wir endlich richtig nüchtern geworden. Denn der Heilige Geist macht nüchterne Leute.

Jetzt erkennen wir endlich den lebendigen Gott, der „Leib und Seele verderben kann in die Hölle". Jetzt erkennen wir endlich die Gefahr, in der wir gestanden haben und in der ihr steht. Jetzt erkennen wir auch uns selbst; unser durch und durch böses Herz, das so böse ist, dass wir den Herrn der Herrlichkeit gekreuzigt haben. Ja, jetzt sind wir endlich nüchtern geworden, dass wir begreifen und erkennen, wo unser einziges Heil liegt: gerade in dem gekreuzigten Gottessohn, der uns Vergebung unserer Schuld und Frieden mit Gott und wirkliches Leben und ewige Seligkeit schenkt.

So etwa hat Petrus geredet. Und das sollten wir hören. Denn wir meinen auch noch so oft, der Heilige Geist mache unnüchtern und führe uns aus der Wirklichkeit. Umgekehrt ist's! Er macht uns unsagbar nüchtern.

*Herr! Wecke uns auf aus unseren Träumen und zeige uns die Wirklichkeit! Amen.*

**Da sie das hörten, ging's ihnen durchs Herz.**
Apostelgeschichte 2, 37

Unsere Gewissen sind gut gepolstert.

Da nennt die Bibel uns „Sünder". Aber unser gut gepolsteres Gewissen wird davon nicht getroffen. Nun wird die Bibel genauer und erklärt: „Aus dem Herzen kommen arge Gedanken: Mord, Ehebruch, Hurerei, Dieberei, falsches Zeugnis, Lästerung." Aber unser gut gepolstertes Gewissen erklärt: „Das betrifft mich nicht."

Es ist eine große Sache, wenn endlich unser Gewissen bewegt wird. Wie das zugeht, sehen wir an einigen Leuten in Jerusalem.

Als der Herr Jesus gebunden vor dem Römer Pilatus stand, da schrien sie mit: „Kreuzige ihn!" Denn wer kann sich schon einer solchen Massensuggestion entziehen?! Das war Sünde!

Als nun Jesus am Kreuz hing und die Ältesten des Volks ihn beschimpften, da heißt es von vielen Leuten: „Das Volk stand und sah zu." Sie hielten sich jetzt heraus. Sie wurden neutral, denn die ganze Sache begann, ihnen unangenehm zu werden.

Als Jesus das Haupt neigte und verschied, da – so berichtet die Bibel – „schlugen sie an ihre Brust und wandten sich wieder um". Was war das für eine seltsame Sache, dies „An-die-Brust-Schlagen"? Es war eine leise Zustimmung zu der Stimme des Gewissens: „Du bist schuldig." Aber man ging schnell nach Hause, um zu vergessen.

Doch nun kam der Pfingsttag. Gewaltig stellte Petrus den Menschen das Kreuz Jesu vor die Augen: „Den Fürsten des Lebens habt ihr getötet." Auf einmal sehen sie klar: „Wir haben gesündigt!"

Das aber war die Stunde, wo sie Jesu Kreuz erkennen durften als die Quelle der Vergebung Gottes.

*Herr! Lass uns nicht stecken bleiben auf halbem Wege der Sündenerkenntnis! Amen.*

**Da ging's ihnen durchs Herz.** Apostelgeschichte 2, 37

„Da wurde ihr Herz durchbohrt", so heißt es wörtlich im griechischen Grundtext.

Durchbohrte Herzen! Das ist ja Mord! Steht denn solch eine Mordgeschichte in dem Neuen Testament?

Nun ja, da stehen eine ganze Anzahl Mordgeschichten. Denken wir nur an den Kindermord von Bethlehem! Aber bei diesen Berichten handelt es sich um Mord, den böse Menschen ausführten.

In unserem Textwort von den „durchbohrten Herzen" aber ist der lebendige Gott der „Mörder".

Das klingt ja unerhört! Wo steht denn diese Sache? Wir lesen sie in dem Bericht über den ersten Pfingsttag, als Gott seinen Geist in die Welt gab. Da hat der einfache Fischer Petrus eine Rede an das Volk gehalten. Diese Rede kam aus geisterfülltem Herzen. Und so wurde jedes Wort wie ein scharfes Messer Gottes, das in die Herzen drang. Mit ein paar Worten hatte Petrus den Leuten aufgedeckt, wie sie in den Augen des Heiligen elende Sünder und armselige Angeklagte seien.

„Da wurden ihre Herzen durchbohrt." Ja, da wurde umgebracht! Da wurde getötet! Da wurde gestorben! Es starb – was endlich auch bei uns sterben sollte – der Hochmut, der mit Gott umgeht, als sei der im besten Fall eine Notbremse für schwere Zeiten. Da starb die armselige Selbstgerechtigkeit, die sich einbildet, man könne vor Gott geradestehen. Da starb die verlogene Einbildung, man sei schon recht und andere seien schlimmer. Da starb die Sicherheit, die sich weder vor Gott noch vor der Hölle fürchtet.

Ja, hier fiel Gottes Schrecken auf die Menschen. Und wie horchten sie nun auf die Botschaft: Ein anderer, Jesus, der Sohn Gottes, ist schon vorher für uns gestorben. Und in ihm finden Leute, die am Ende sind, das neue Leben.

*Herr! Töte auch unser altes Ich, damit wir zum Leben kommen! Amen.*

**Ich will euch ein neues Herz und einen neuen Geist in euch geben . . .; Ich will meinen Geist in euch geben.**

Hesekiel 36, 26 und 27

Einer meiner Freunde hat seine Lebensgeschichte aufgeschrieben. Darin packte mich die Schilderung, wie er vom Geist Gottes ergriffen und bekehrt wurde.

Als Oberschüler war er ein leichtsinniger und fauler Bursche. In jener Zeit kam der gesegnete Pfarrer Weigle nach Essen. Er gründete einen „Bibelkreis für höhere Schüler".

Als mein Freund dazu eingeladen wurde, wehrte er patzig ab.

Eines Tages veranstaltete Pastor Weigle mit seinen Jungen eine Schnitzeljagd. Am Schluss versammelte man sich um Gottes Wort. In diesem Augenblick kam mein Freund auf dem Fahrrad vorbei. Neugierig stellte er sich hinter einen Baum und hörte zu:

„Ihr denkt, in der Bibel stände: Ihr müsst immer fromm und artig sein. Dann kommt ihr in den Himmel!"

Der Junge dachte: „Genauso habe ich es immer gehört."

Aber Weigle fuhr fort: „Nein! In der Bibel steht: Ihr Menschen seid böse. Aber ich, Gott, will euch neu machen."

Da schrie der Junge in seinem Herzen: „Herr! Wenn du das kannst, dann lass mich dabei sein!"

Jetzt sagte Weigle: „Euch packt ein Schrecken bei dem Gedanken, fromm zu werden." – „So ist es!", dachte der Junge hinter dem Baum. Aber dann hörte er: „Wenn der allmächtige Gott in euch hineinkommt, macht er euch nicht zu komischen Heiligen. Im Gegenteil! Er befreit euch von den Verbildungen, die durch die Sünde entstanden sind. Er macht euch zu Menschen nach seinem Herzen."

Das schlug ein bei dem Jungen. Er lieferte sich diesem Gottesgeist aus. Das war der Anfang eines gesegneten Lebens.

*Herr! Beweise die Kraft Deines Geistes an uns! Amen.*

**Der Geist des Herrn wird über dich geraten . . .; da wirst du ein anderer Mann werden.** 1. Samuel 10, 6

Es war ein großartiger junger Mann, dem dies Wort gesagt wurde. Wer einen Sohn hat, der kann nur wünschen, dass der sei wie dieser Saul: so stattlich, so treu und fleißig, so bescheiden und aufrichtig.

Und doch – das alles genügt nicht vor Gott. Mit all unseren Vorzügen bleiben wir vor ihm verlorene Sünder. Ja! Wirklich: Verlorene Sünder!

Nun also will Gott das Größte an diesem jungen Mann tun. Wörtlich übersetzt aus dem hebräischen Grundtext heißt unsere Stelle: „Der Heilige Geist wird auf dich einspringen, auf dich eindringen, da wirst du in einen anderen Mann verwandelt werden."

Wir spüren diesen Worten an, dass es sich um unerhörte Wirklichkeiten, ja, fast um etwas Gewalttätiges handelt.

Um was handelt es sich, wenn der Geist Gottes in uns eindringt?

Ich besuchte in einem Krankenhaus Gesichtsverletzte. Es war unheimlich, wie den Männern ein neues Gesicht modelliert wurde. Und ich habe mir sagen lassen, dass schlaue Verbrecher sich ihre Fingerspitzen mit einer anderen Haut überziehen lassen, um andere Fingerabdrücke zu bekommen. Da ging mir auf: Man kann große Veränderungen an einem Menschen vornehmen. Aber – sein „Ich" bleibt doch immer dasselbe.

Ja, unser „Ich" bleibt unwandelbar dasselbe – auch im Sterben – bis zur Auferstehung der Toten und bis zum Gericht Gottes.

Auf dieses „Ich" hat Gott es abgesehen. Dies unser „Ich" ist ihm ein Gräuel. Darum will er es umwandeln durch seinen Geist.

*Herr! Brich Du allen Widerstand in uns und zeichne das Bild Deines Sohnes, unseres Herrn Jesus Christus, in unsere Herzen! Amen.*

**Sie lobten Gott und sprachen: So hat Gott auch den Heiden Buße gegeben zum Leben!** Apostelgeschichte 11, 18

Wir kommen im Leben vor viele verschlossene Türen. Das macht uns jedes Mal ärgerlich oder betrübt.

Nun müssen wir wissen: Kein Tor in der Welt ist so weit aufgetan wie das Tor in das Reich Gottes.

Die erste Gemeinde Jesu Christi in Jerusalem hatte das nicht gewusst. Und darum brachen diese Christen in Lob Gottes aus, als sie durch Petrus erfuhren: „Auch die Heiden können durch das Tor gehen!“ Auch die Heiden! Auch die Atheisten! Auch die Leute, die sich selbst für unwürdig halten! Sogar die Menschen, die gar nicht damit rechnen, dass sie für Gottes Reich in Frage kämen!

„Auch die Heiden!“ Das Sätzlein zeigt uns, wie ungeheuer breit und offen das Tor in Gottes Reich ist, seitdem der Sohn Gottes für uns am Kreuz gestorben ist.

Aber nun ist es merkwürdig: Zu gleicher Zeit erfahren wir, dass dies weite Tor auch eine „enge Pforte“ ist. Das steht in dem Wort „Buße“.

Der Herr Jesus hat ja gesagt: „Geht ein durch die e n g e Pforte. Denn die Pforte ist weit und der Weg ist breit, der zur Verdammnis führt. Und die Pforte ist eng und der Weg ist schmal, der zum Leben führt.“

Die enge Pforte heißt: „Buße!“ Buße ist Abkehr vom alten Leben; vom Leben ohne Gott; vom Leben ohne Gottes Gebote; vom Leben im Geist dieser Welt und ohne den Geist Gottes; vom Leben in Selbstgerechtigkeit und Sünde. Das ist ein harter Schritt! Ein schwerer Entschluss! Eine enge Pforte!

So ist das große Tor weit geöffnet für jeden! Und es erweist sich doch als enge Pforte für den, der hindurchgeht.

*Herr! Lass uns doch bei denen sein, die hindurchkommen! Amen.*

**So spricht der Herr: Ich will euch ein neues Herz geben . . .; ich will meinen Geist in euch geben und will solche Leute aus euch machen, die in meinen Geboten wandeln.**

Hesekiel 36, 26 und 27

In einem Gedicht sagt Rudolf O. Wiemer: „. . . du kannst zum Mond fliegen, aber die Erde wird so nicht bewohnbar . . ."

Wie hat er doch Recht! Aller technischer Fortschritt kann nicht verhindern, dass wir uns die Erde zur Hölle machen. Der technische Fortschritt ist schon in Ordnung. Aber der Mensch! Der Mensch ist das Problem!

Zu allen Zeiten haben sich Religionsstifter, Philosophen und Moralisten den Kopf zerbrochen, wie man den Menschen wohl ändern könnte. Aber sie alle haben keinen Rat gefunden.

Sollten wir nicht aufmerken, wenn nun der lebendige Gott selbst sich zu Wort meldet zu diesem Thema?!

Er sagt, wie es geschehen kann, dass der Mensch anders und neu wird: „Ich will meinen Geist in euch geben!"

Dieser gute, starke Heilige Geist wurde von Gott in die dunkle Welt gegeben. Er ist da! Nun geht es nur noch darum, ob er in unser Herz kommt. Gott vergewaltigt uns nicht. Er fragt uns, ob wir uns diesem Heiligen Geist öffnen wollen.

Wie macht es der Heilige Geist, dass er Menschen verwandelt?

Zunächst zeigt er uns, dass nicht „die Menschen", sondern wir selbst nicht in Ordnung sind, dass w i r selbstsüchtig, unrein, gottlos und böse sind.

Und dann ist er geschäftig, unser böses, altes „Ich" aus dem Mittelpunkt unseres Lebens zu verdrängen. Und an dessen Stelle macht er Raum für Jesus, der zu unserer Erlösung starb, der nun lebt und in uns wohnen will.

*Heiliger Geist! Dir wollen wir uns öffnen. Wirke in uns! Amen.*

**Dieses ist die Gemeinde des lebendigen Gottes, ein Pfeiler und Grundfeste der Wahrheit.** 1. Timotheus 3, 15

Es ist ein Missverständnis, wenn man meint, die Kirche Jesu Christi müsse die Wahrheit erst produzieren; sie müsse den gerade jeweils gängigen Modewahrheiten Ausdruck verleihen.

Umgekehrt ist es! Nicht die Kirche bringt die Wahrheiten hervor. Sondern: Weil es eine ewige, göttliche Wahrheit gibt, gibt es die Kirche. Dieser Wahrheit hat die Kirche zu dienen.

Der Apostel Paulus sagt das hier in einem Brief an seinen jungen Mitarbeiter Timotheus in einem großartigen Bild: Wer durch Rom geht, kann Säulen sehen, auf denen ein Standbild sehr erhöht steht. Und wer europäische Städte besucht, dem fallen überall Denkmäler auf, bei denen durch einen erhöhten Sockel irgendein großer Mann in Bronze herausgehoben wird.

Nun sagt Paulus: Die Gemeinde des Herrn soll solch eine Säule oder ein Denkmalsockel sein, auf dem groß und erhaben die „Wahrheit" steht.

Nicht die Säule oder der Sockel sind die Hauptsache, sondern das Standbild darauf. So ist nicht die Kirche sehr wichtig, sondern die Wahrheit, die sie emporheben soll.

Sind unsere Gemeinden eigentlich solche Säulen der Wahrheit? Sind wir selbst solche Denkmalsockel der Wahrheit?

Was diese „Wahrheit" ist, sagt der Apostel in demselben Brief: Dass es einen einzigen Gott gibt und nur einen einzigen Mittler zwischen ihm und uns: Jesus Christus. Und dass in Jesu Kreuz alles Heil offenbar wird. Die Erkenntnis dieser Wahrheit errettet. Darum muss diese Wahrheit auf hohe Sockel!

*Herr! Mache uns zu Zeugen und Dienern Deiner Wahrheit! Amen.*

**... auf dass die Heiden ein Opfer werden, Gott angenehm, geheiligt durch den Heiligen Geist.** Römer 15, 16

Der Apostel Paulus hat gewusst, was er wollte: Aus der Heidenwelt sollte eine Gemeinde entstehen, die sich selber dem großen Gott zum Opfer gibt. Und zwar zu einem Gott wohlgefälligen Opfer, weil die Glieder dieser Gemeinde erneuert und geheiligt sind durch den Heiligen Geist.

Das ist ja nun wohl ziemlich verschieden von dem, was man heute „Christentum" nennt. „Geheiligt durch den Heiligen Geist"! Das klingt sogar in Christenohren heute fremd. Und das ist schlimm!

Ein Mann sagte mir: „Ich bin auch ein Christ. Ich halte es mit Goethe: ‚Nur wer stets strebend sich bemüht . . .'" Nun, aus diesem Bemühen wird ja nicht viel, weil unser Wesen böse ist. Und außerdem hat es mit Christentum nichts zu tun.

Und ernste Christen sagen: „Geheiligt sind wir durch das Blut Jesu Christi, durch das wir Vergebung der Sünden haben." Und das ist schön und wahr. Aber warum sagt die Bibel in unserem Textwort: „Geheiligt durch den Heiligen Geist"? Warum?

Ein Bild soll es deutlich machen: Stellen wir uns ein altes Haus vor, das in einem verwilderten Garten verfällt. Eines Tages kauft ein tüchtiger Mann dies Haus. Er schreibt seinen Namen auf ein Schild an der Haustür. Nun gehört es ihm. Und wenn das Haus sich freuen könnte, wäre es nun froh, dass es wieder einen Herrn hat. Aber es würde zugleich denken: „Hoffentlich räumt nun mein Herr allen Schutt aus und erneuert jeden Raum!"

Es ist schön, wenn wir glauben können: Jesus hat mich durch sein Blut für Gott erkauft. Aber das ist nicht genug. Nun will der Heilige Geist sein Erneuerungswerk beginnen. Da müssen alte Sünden hinaus, und Gottes Licht will alle Räume erleuchten und alles neu machen.

*Herr! Heilige unser Leben, dass auch wir ein Opfer werden, das Dir wohlgefällt! Amen.*

**Welche der Geist Gottes treibt, die sind Gottes Kinder.**
Römer 8, 14

Er war nie besonders hervorgetreten in der höheren Schule, die er besuchte. Der junge Mann hatte eine feine, stille Seele. Und über alles liebte er edle Musik. Wenn er am Klavier saß, konnte er die ganze Welt vergessen.

Der schreckliche Krieg riss ihn nach Russland. Von dort kam er nie mehr zurück.

Oft muss ich an ihn denken. Und dann fällt mir ein, dass er ein Lieblingsgebet hatte. Das hieß so:

„Schenke, Herr, auf meine Bitte / Mir ein göttliches Gemüte, / Einen königlichen Geist! / Mich als dir verlobt zu tragen, / Allem andern abzusagen, / Was nur Welt und Sünde heißt!"

Das ist wirklich ein wundervolles Gebet. Und es drückt das aus, was der Apostel meint mit dem Wort: „Welche der Geist Gottes treibt . . ." Wir haben oft so einen armseligen Christenstand. Da gibt es keine „Freude am Herrn". Da handelt man beständig mit Gott: „Darf ein Christ dies tun? Oder muss er jenes lassen?" Da passt man sich beständig ängstlich der Welt und ihrem Geist an. Oder man sitzt im Winkel und jammert nur über die Schlechtigkeit der Welt.

Unser Textwort zeigt uns einen Christenstand völlig anderer Art. Da lebt man wohl im Hause dieser Welt, hat teil an ihren Nöten und Aufgaben. Aber man lebt gewissermaßen in einem anderen Stockwerk als die meisten Menschen. Man weiß sich Gott blutsverwandt, weil man duch Jesu Blut für Gott erkauft ist. Und nun lässt man dem Heiligen Geist Raum. Er „treibt". Er gibt Freude am Vater. Und am „Bruder" Jesus. Dem will man sich angleichen. Der gibt die Maßstäbe! Man bekommt einen „königlichen Geist".

*Herr! Führe uns in die Freiheit der Kinder Gottes! Lass uns näher bei Dir als bei der Welt leben! Amen.*

**Die Frucht des Geistes ist Liebe.** Galater 5, 22

In der Zeitung stand, dass zwei Männer in einer Wirtschaft vergiftet wurden. Der Wirt hatte ihnen Wermut serviert. Erst zu spät merkte man, dass die Flasche giftiges Zeug enthielt. Man hatte es aus einer Korbflasche in die Wermutflasche gefüllt und vergessen, ein Giftetikett darauf zu kleben.

Das falsche Etikett wurde der Tod der beiden Männer.

Der Teufel arbeitet gern mit falschem Etikett. An einem Kino lockte ein riesiges Plakat: „Liebe harter Männer".

Man brauchte den Film gar nicht anzusehen, um zu wissen: Hier geht es um das Gegenteil von Liebe – um brutale Selbstsucht. Die „harten Männer" suchen *ihr* Vergnügen. Und die Mädchen, die sie zu lieben meinen, suchen Geld oder Pläsier. Ein falsches Etikett!

Man rühmt die Mutterliebe mit Recht. Aber ich habe eine Mutter kennen gelernt, die ihre Schwiegertochter hasst, weil sie ihr den heiß geliebten Sohn nicht gönnt. Schrankenlose Selbstsucht! Das Etikett „Mutterliebe" war falsch.

Es ist unerhört, wie die schlimmste Selbstsucht heute mit dem Etikett „Liebe" bezeichnet wird.

Was richtige Liebe ist, die nur den andern sucht und nicht sich selbst, können wir erst bei Jesus lernen. Er gab sich in den Tod für seine Feinde. Er sucht nur uns! Das ist Liebe!

Und wenn wir nun uns diesem Jesus anvertrauen, dann nimmt er uns in seine Liebe hinein. Er schenkt uns seinen Heiligen Geist. Der wirkt als schöne Frucht in uns „Liebe", die nicht „das Ihre sucht, sondern das, was des andern ist".

„Liebe" – die wächst nicht auf dem Beet eines unbekehrten Herzens. „Liebe" – die ist die Frucht des Heiligen Geistes.

*Herr! Wir wollen Deinem Geist Raum geben, dass Er uns umwandle. Amen.*

**Wenn ich weissagen könnte und wüsste alle Geheimnisse und alle Erkenntnis und hätte allen Glauben, also dass ich Berge versetzte, und hätte der Liebe nicht, so wäre ich nichts.** 1. Korinther 13, 2

Manchmal haben wir uns sicher schon gefragt: „Woher kommt es eigentlich, dass das Zeugnis der Christen bei uns so wenig Wirkung hat?" Dabei wollen wir nicht nur an die beamteten Prediger denken, sondern vor allem an uns selber. Warum geht so wenig Wirkung von unserm Zeugnis aus?

Mit meinem Auto hatte ich eine Zeit lang viel Kummer. Immer wieder versagte der Wagen, wenn er heiß geworden war. In der Werkstatt suchten sie und fanden nichts. Bis eines Tages der Meister den Wagen selber fuhr. Da entdeckte er den versteckten Fehler.

So ist wohl auch ein heimlicher Fehler in dem reichhaltigen christlichen Betrieb unserer Tage. Wo mag der Fehler stecken?

In unserem Textwort deckt der Apostel Paulus ihn auf: „. . . und hätte der Liebe nicht, so wäre ich nichts"! Man kann ein Zeugnis von Jesus ablegen, aber im Grunde ist es bestimmt von Rechthaberei und nicht von der Liebe zu Menschen; zu den Menschen, die Jesus ja so unendlich geliebt hat, als er am Kreuz für sie starb. Man kann große Gottesgeheimnisse aussprechen, aber es fehlt die Liebe zu den Verlorenen, die Jesus doch erretten will vom ewigen Verderben. Man kann mit seinem Glauben turmhoch über den anderen stehen, aber es fehlt die suchende Liebe, mit der der gute Hirte verlorene Schafe sucht.

Politische Parteien können bessere Redner haben als die Christenheit. Kühlschrankfabriken haben sicher erfolgreichere Propagandisten, als Jesus sie hat. Brauchen wir bessere Redner? Erfolgreichere Propagandisten des Evangeliums? Nein! Mehr Liebe brauchen wir!

*Herr! Schenke uns doch rechte Liebe als Frucht Deines Heiligen Geistes! Amen.*

**Und wenn ich alle meine Habe den Armen gäbe und ließe meinen Leib brennen, und hätte der Liebe nicht, so wäre mir's nichts nütze.** 1. Korinther 13, 3

Wörtlich steht da im griechischen Text: „Wenn ich alle meine Habe verfütterte ..." Das heißt: „Wenn ich wahllos hungrige Mäuler stopfte ..." Solch einen Satz braucht man ja nur auszusprechen, dann hört man von allen Seiten: „Das kommt ja gar nicht in Frage! So etwas ist ja gar nicht diskutabel!"

Nun, in Korinth, wohin Paulus diesen Satz schrieb, kam es offenbar in Frage, dass man um Jesu willen alles verschenkte.

Und erst der nächste Teil des Satzes: „Wenn ich meinen Leib willig darbieten würde zum Martyrium um Jesu willen ..."! „Wenn ich mich um Jesu willen auf einem Scheiterhaufen gern verbrennen lasse ..." Paulus spricht so selbstverständlich davon, dass man merkt: Auch dazu waren die Christen in Korinth bereit. Das lag für sie durchaus im Bereich der Möglichkeit.

Was hatten diese Leute für einen starken und herrlichen Christenstand! Wie groß und wichtig muss Jesus, der Mann von Golgatha, ihnen geworden sein, dass sie zu einer solch inneren Freiheit gegenüber Gut und Leben kamen!

Und doch – von diesen Leuten sagt Paulus: „Wenn ihr keine Liebe habt, dann ist das alles wertlos!" Ist das nicht unerhört?!

Ja, so sagt die Bibel: Ein unbeseelter Körper ist ein toter Körper. Und ein unbeseelter Christenstand ist ein toter Christenstand. Ein Körper kann schön sein, und ein Christenstand kann herrlich sein. Aber wenn sie tot sind, dann sind sie wertlos. Und die Seele des Christenstandes ist die Liebe. Sie macht alles lebendig!

*Herr! Wirke durch Deinen Geist in mir Liebe zu Dir und zu denen, die Du mir in den Weg schickst! Amen.*

**Wenn ich alle meine Habe den Armen gäbe . . ., und hätte der Liebe nicht, so wäre mir's nichts nütze.** 1. Korinther 13, 3

Dies Wort kann einen Christen, der sich in der Bibel auskennt, verblüffen:

Denn überall in der Bibel wird der Glaube an den Herrn Jesus Christus als das Wichtigste und Größte hingestellt.

Der Herr Jesus hat auch nach seiner Auferstehung von den Toten seine Jünger gescholten: „Träge Herzen" hat er sie genannt, weil sie nicht geglaubt hatten. Im Brief an die Hebräer heißt es: „Ohne Glauben ist's unmöglich, Gott zu gefallen." Das Evangelium wird im Römerbrief genannt eine „Kraft Gottes, die selig macht alle, die daran glauben". Und Abraham wird gerühmt, weil er geglaubt hat.

Überall wird der Glaube als das Wichtigste gezeigt.

Darum müsste nun doch der Apostel Paulus in unserem Text schreiben: „Wenn ich meine Habe den Armen gäbe und hätte keinen Glauben an Jesus, so wäre mir's nichts nütze." So passt es in den Zusammenhang der ganzen Bibel.

Aber – seltsam! – hier steht: „. . . und hätte der Liebe nicht"! Ist das ein Widerspruch? O nein! Hier wird deutlich: Glaube und Liebe gehören zusammen wie zwei Seiten einer Münze. Denn beide sind eine Frucht des Heiligen Geistes. Ein Herz, das erfüllt ist mit Glauben an Jesus, das ist auch erfüllt mit Liebe zu den Menschen, die Gott uns in den Weg führt.

Von Natur ist unser Herz kalt und tot. Aber dann geschieht das Wunder: Der gute Heilige Geist fängt sein Werk an. Er erweckt uns zum Glauben und zur Liebe. Er zeigt uns den Mann von Golgatha so, dass wir ihm zufallen. Und er zeigt uns den Nächsten so, dass wir ihn lieb haben müssen.

*Herr! Heiliger Geist! Mache unsere kalten Herzen lebendig! Amen.*

**Und wenn ich alle meine Habe den Armen gäbe ..., und hätte der Liebe nicht, so wäre mir's nichts nütze.**
1. Korinther 13, 3

Und wenn wir noch zehnmal bessere Christen wären, als wir es sind, so ist doch unser ganzer Christenstand wertlos wie rostiges Blech – wenn unser Herz nicht erfüllt ist mit Liebe.

„Und hätte der Liebe nicht ..." Wir haben ja tatsächlich keine Liebe! Wir sind ja kalt und tot wie Steine. Der Herr Jesus sagt: „Liebet eure Feinde!" Ach, wir lieben ja nicht einmal unsere Bekannten und Arbeitskollegen, ja vielleicht nicht einmal unsere nächsten Verwandten!

„... und hätte der Liebe nicht, so wäre mir's nichts nütze"! Merken wir, wie Gott uns hier unser ganzes Christentum vor die Füße wirft und erklärt: „Wertlos!"

Wer's begreift, der meint, er müsse jetzt verzweifeln und alles über Bord werfen, weil es doch nichts wird.

Es gibt aber noch eine andere Möglichkeit: Der Herr Jesus, der von den Toten auferstanden und alle Tage bei uns ist, der sagt: „Selig sind, die da geistlich arm sind, denn das Himmelreich gehört ihnen."

Man darf also rufen: „Herr! Ich bin geistlich arm. Ich bin arm an der schönsten Frucht Deines Geistes, an Liebe. Hilf mir!"

Und er, der aus Wasser Wein machte, aus Toten Lebendige, aus Sturm Stille und aus Aussätzigen Gereinigte, er antwortet: „Gib dich nur ganz mir, und lass mich in dir wirken! Deine Buße und die Erkenntnis deiner Armut sind der Anfang des Lebens."

Unser Textwort deckt unsere Armut auf. Und das treibt uns, wenn es recht geht, zu Jesus.

*Herr! Erfülle unser kaltes Herz mit der Glut Deines Geistes! Amen.*

**Die Liebe ist langmütig und freundlich . . ., sie sucht nicht das Ihre, sie lässt sich nicht erbittern, sie rechnet das Böse nicht zu . . ., sie verträgt alles . . .** 1. Korinther 13, 4–7

Jetzt schreit die Vernunft auf und erklärt: „Das sind ja unmögliche Forderungen!"

Wenn wir nun aber stille sein könnten, dann würden wir hören, wie Gottes Stimme uns antwortet: „Das sind nicht unmögliche Forderungen! Ihr vielmehr seid unmögliche Leute! Ihr passt so, wie ihr seid, nicht in mein Reich!"

Und nun kommt das Allerwichtigste: Das sind überhaupt keine Forderungen! Hören wir doch das Textwort genau! Da wird ja gar nichts befohlen und gefordert. Da wird nur der Mensch geschildert, wie Gott ihn gern haben möchte. Hier wird gesagt: So, wie es hier geschildert wird, sieht ein Mensch aus, den Jesus erkauft und gewaschen hat und der nun vom Heiligen Geist regiert wird. Das wird uns einfach hingestellt. Und nun können wir unseren eigenen Christenstand hieran messen und kontrollieren.

Ich las ein Buch eines chinesischen Christen, Watchman Nee. Er hat den Brief des Paulus an die Gemeinde in Rom studiert und fasst seine Erkenntis so zusammen: Paulus spricht vom Blut und vom Kreuz Jesu. Das Blut wird uns gezeigt als das Mittel, rein zu werden von unseren Sünden. Vom Kreuz Jesu aber spricht Paulus so, dass wir hier mit Jesus Christus unserem alten Wesen sterben dürfen. Viele Christen wollen nur das Blut, die Vergebung der Sünden. Aber Gott will, dass wir mit Jesus sterben und mit ihm auferstehen zu einem neuen Leben.

Dies neue Leben schildert unser Textwort: „Die Liebe sucht nicht das Ihre . . ., sie rechnet das Böse nicht zu."

*„Liebe, zieh uns in Dein Sterben, / Lass mit Dir gekreuzigt sein, / Was Dein Reich nicht kann ererben . . ." Amen.*

**Die Liebe ist langmütig und freundlich.** 1. Korinther 13, 4

In der zweiten Hälfte des 18. Jahrhunderts, jener fruchtbaren Zeit, die so viele bedeutende Köpfe hervorgebracht hat, lebte ein Freiherr von Knigge. Der hat ein Buch veröffentlicht mit dem Titel „Über den Umgang mit Menschen".

Man spricht heute noch von diesem Buch. Die meisten meinen, es sei ein Handbuch für gutes Benehmen. Das ist ein Irrtum!

Dieser kluge Herr von Knigge hat begriffen, dass es eine große Kunst ist, mit Menschen richtig umzugehen; eine Kunst, die überlegt und geübt werden will.

So hat er Abschnitte mit dem Titel „Vom Umgang mit Leuten von verschiedenen Gemütsarten, Temperamenten und Stimmungen des Geistes und des Herzens". Er spricht vom „Umgang mit reichen Leuten". Besonders schwierig erscheint ihm der „Umgang mit Geistlichen".

Die Bibel ist mit Herrn von Knigge durchaus darin einig, dass der Umgang mit Menschen schwer ist. Knigge sagt nun: „Vernunft und Erfahrung muss uns lehren."

Und da allerdings widerspricht die Bibel. Sie ist überzeugt, dass unser böses Herz immer stärker ist als „Vernunft und Erfahrung". Ja, die Bibel ist überzeugt, dass wir den Umgang mit Menschen nie lernen, wenn nicht eine ganz neue Kraft, eine Kraft von Gott, uns erfüllt. Sie preist den Heiligen Geist, dessen lieblichste Frucht die Liebe ist.

Man kann den Heiligen Geist zwar nicht sehen. Aber seine Wirkungen bei Menschen kann man beobachten. Wo der Heilige Geist ist, da liebt man richtig. „Die Liebe ist langmütig und freundlich." Mehr ist nicht erforderlich, um richtig und gut mit Menschen umzugehen.

*Herr! Schenke auch mir solche Weisheit, mit Menschen umzugehen! Amen.*

**Die Liebe ist langmütig.** 1. Korinther 13, 4

In einer Gesellschaft erzählte jemand von einem kleinen Jungen: „Er hat alles, was das Herz sich nur wünschen kann. Alles kann er bekommen von seinem reichen Vater. Nur – keine Liebe. Die Eltern sind geschieden. Dieser arme reiche Junge wächst in einer liebeleeren Welt auf."

Wie viele Menschen mag es wohl geben, denen es wie diesem kleinen Jungen geht: Kein Mensch hat ihnen Liebe erzeigt.

Das ist ein Ruf an uns Christen. Die Welt hungert nach der Liebe, die der Heilige Geist in unseren Herzen wirken will.

„Die Liebe ist langmütig." Man könnte das Wort, das hier im griechischen Text steht, auch so übersetzen: „Die Liebe hat ein weites, großes Herz." Wir sind so engherzig. Wir lieben höchstens Leute, die uns sympathisch sind. Die richtige Liebe umfasst auch die Unsympathischen. Ja, der Herr Jesus sagt sogar: „Liebet eure Feinde." Damit das geschehen kann, muss der Heilige Geist schon eine rechte Herzausweitung bei uns vornehmen.

Die lateinische Bibelübersetzung überträgt so: „Die Liebe kann leiden." Sie kann sich viel gefallen lassen, ohne zu ermüden. Wie weit sind wir davon entfernt!

Solche Liebe können wir bei unserem Erlöser, bei Jesus, lernen. Wie hat er gelitten, als er für uns am Kreuze hing! Aber er hat nicht aufgehört zu lieben. Was haben wir ihm schon angetan! Und er liebt uns immer noch.

„Das ist eine Liebe!", sagte erschüttert ein junger Gottloser, als er zum ersten Mal davon hörte. „Das ist eine Liebe!"

*Herr Jesus! Befreie uns von unserer Engherzigkeit und lehre uns recht lieben! Amen.*

**Die Liebe ist freundlich.** 1. Korinther 13, 4

Dazu muss ich eine kleine Geschichte erzählen:

Ich saß an meinem Schreibtisch, um diese Andacht zu Papier zu bringen. Ich las noch einmal das gewaltige Kapitel durch, in dem Paulus von der Liebe spricht. „Die Liebe ist freundlich!" Wie ein heller Sonnenstrahl kam mir dies Wort vor. Und ich überlegte gerade, wie ich wohl den Lesern dieses Buches Mut machen könnte, es mit der Liebe zu versuchen – da schellte es an der Wohnungstür.

Das schrille Tönen riss mich aus meinen Gedanken. Ich war allein zu Hause. Also musste ich öffnen. Etwas verdrießlich, weil ich mitten aus meinen Gedanken gerissen war, ging ich an die Tür. Eine regennasse Frau klappte ihren Schirm zu und sagte: „Ich wollte eigentlich zu den Leuten, die oben wohnen." „Ja, dann gehen Sie doch", erwiderte ich gereizt, „ich hindere Sie doch nicht!" Sie lächelte töricht: „Da scheint aber niemand da zu sein. Es macht keiner auf." Ich zuckte die Achseln. „Na, dann will ich mal wieder gehen", meinte sie, machte ihren Schirm wieder auf und ging.

Ärgerlich über die Störung begab ich mich an den Schreibtisch zurück. Wo war ich doch stehen geblieben? Und dann traf es mich wie ein Blitzschlag: „Die Liebe ist freundlich." Da hatte ich es! Wie schön kann man über die Liebe schreiben, reden und theoretisieren. Aber – die nasse Frau an der Tür! Und die bösen Nachbarsbuben! Und die Kollegen! Und . . . und . . .!

Dies Wort ist nicht etwa eine hübsche Moral, sondern ein Gericht über unser Leben, eine Anklage gegen unsere ungöttliche Art. Es macht uns zu Sündern, die Vergebung und den Heiligen Geist zur Erneuerung brauchen.

*Herr! Vergib uns unsere Härte und verwandle uns durch Deinen Geist! Amen.*

**Die Liebe ist langmütig und freundlich.** 1. Korinther 13, 4

In irgendeiner Großstadt kam ich in eine wundervolle Villa. Hinter einem Wäldchen lag sie, am Rande der Stadt. Wenn man in die Halle trat, wo wertvolle Teppiche den Schritt dämpften, sah man durch große Glastüren in das liebliche Bergland. Mir fuhr es durch den Sinn: „Diese Leute haben den Himmel auf Erden."

Nach einer Stunde wusste ich: „Die Bewohner dieses Hauses haben die Hölle auf Erden!" Die heranwachsenden Kinder standen gegen die Eltern. Mann und Frau machten sich das Leben zur Qual. Erschüttert verließ ich das Haus.

Da muss man sich unwillkürlich fragen: „Gibt es denn das überhaupt, dass Menschen ‚den Himmel auf Erden' haben?" Gewiss gibt es das! Aber weder Reichtum noch Gesundheit schaffen solchen lieblichen Zustand.

Das Entscheidende am Himmel ist die Gegenwart Gottes. Und nun hat es Gott gefallen, in Jesus, seinem Sohn, zu uns zu kommen. Durch den Propheten Sacharja lässt er uns sagen: „Freue dich und sei fröhlich! Denn siehe, ich komme und will bei dir wohnen, spricht der Herr."

Wo der Herr selber „wohnt", da ist „der Himmel auf Erden", mag es äußerlich sein, wie es will. Dieser Herr bringt seinen Geist mit. Der sorgt für die rechte Atmosphäre: „Die Liebe ist langmütig und freundlich."

Wo der Heiland einkehrt und durch seinen Geist Liebe und Langmut in den Herzen wirkt, da muss es ja schön und fein zugehen.

So können wir es haben, wenn wir nur Herzen und Türen auftun – für ihn.

*Herr! Wie Du sogar bei dem Zöllner Zachäus eingekehrt bist, so komme auch zu uns! Amen.*

**Die Liebe ist nicht eifersüchtig.** 1. Korinther 13, 4

Wie merkwürdig!

Wir sind doch der Ansicht, dass eine rechte, große Liebe ohne Eifersucht gar nicht auskommt. Kleine Kinder schon können jüngere Geschwister hassen, weil sie eifersüchtig sind auf die Liebe der Eltern. „Die Liebe ist nicht eifersüchtig"! Da kann uns aufgehen, dass hier von einer ganz anderen Liebe die Rede ist, als wir sie kennen.

Wie schwer ist es doch, in dieser verwirrten Welt unmissverständlich zu reden! Dies Wort will selbstverständlich auch keine Waffe sein in der Hand ungetreuer Eheleute, die dem Ehepartner nun sagen: „Sieh, sogar in der Bibel steht: Sei nicht eifersüchtig!" Welch ein Missverständnis wäre das!

Das ist offenbar ein schweres Wort. Und doch kommt alles darauf an, dass wir es verstehen. Die Sache wird dadurch kompliziert, dass die Bibel oft sagt: Gott ist ein eifersüchtiger Gott!

Aber gerade dies, dass Gott eifersüchtig ist, kann uns alles klarmachen. Eifersüchtig ist der, der den anderen „besitzen" will. Der einzige aber, der uns besitzen darf, ist Gott. Sein Eigentum sind wir. Denn er hat uns geschaffen. Und er hat uns durch das Blut seines Sohnes Jesus erkauft zu seinem Eigentum. Darum kann Gott mit Recht eifersüchtig sein.

Bei uns aber ist es Sünde, wenn wir den anderen „besitzen" wollen, als gehöre er uns wie unser Eigentum. Unsere Kinder, unsere Ehepartner, unsere Untergebenen sind nicht u n s e r Eigentum. Sie sind G o t t e s Eigentum. Darum dürfen wir sie lieb haben. Aber nicht wie Besitzer eifersüchtig sein.

Die rechte Liebe will den anderen nicht besitzen, sondern für ihn da sein. Und wo man für den anderen da ist, hat Eifersucht keinen Platz mehr.

*Herr! Lehre uns recht lieben! Amen.*

**Die Liebe treibt nicht Mutwillen.** 1. Korinther 13, 4

Ein Vater kam zu mir und berichtete von seinem Sohn: „Sie müssen wissen“, sagte er, „dass der Junge im Bombenkrieg Schreckliches erlebt hat. Das führte dazu, dass er kaum einen Satz richtig sprechen konnte. Wenn er den Mund aufmachte, war er verwirrt und stotterte. Als er in die Schule kam, wurde es noch schlimmer. Denn die Jungen trieben ihren Mutwillen mit ihm und lachten ihn aus.

Eines Tages lud ihn ein anderer Junge in einen christlichen Jugendkreis ein. Er war den ganzen Sonntagnachmittag dort. Strahlend kam er am Abend nach Hause und erzählte als Einziges: ‚Keiner hat mich ausgelacht.‘

Jetzt sind zwei Jahre vergangen. Der Sprachfehler ist fast völlig beseitigt. Und zwar – dabei standen dem Manne Tränen in den Augen – durch die freundliche Art dieser Jungen, die durch Gottes Wort geprägt sind.”

„Die Liebe treibt nicht Mutwillen.“ Ob da uns nicht manche Sünde einfällt?!

Die lateinische Bibel übersetzt unser Textwort so: „Die Liebe handelt nicht verkehrt“.

Man kann schrecklich lieblos und verkehrt handeln: Man erzählt einem Menschen einen Scherz und sieht nicht, dass er in innerer Not ist. – Man macht mit einem anderen Krach und hat kein Auge dafür, dass der mit seinen Nerven fertig ist. – Man schilt einen Menschen, dem man Mut machen sollte.

Wir sind von Natur ungeistlich und ungöttlich. Darum handeln wir eigentlich immer „verkehrt“.

Die Bibel spricht hier von der Liebe, die der Heilige Geist wirkt. Da wird man Jesus ähnlich, der nie sich selbst sieht, sondern immer den anderen.

*Herr! Vergib unsere Verkehrtheit und gib uns die göttliche Liebe! Amen.*

**Die Liebe blähet sich nicht.** 1. Korinther 13, 4

Wie drastisch trifft hier das Bibelwort unser natürliches Wesen!

Wir haben eine abscheuliche Art, uns aufzublasen wie – nun ja – wie ein Ochsenfrosch.

Ich war dabei, wie zwei Ehepaare sich von ihren Ferienreisen erzählten: „Wir waren in Norwegen!" Sofort kam die Antwort: „Und wir in Ägypten! In Norwegen ist doch das Wetter sehr unbeständig."

Als Kinder kannten wir ein Gedichtchen, in dem ein kleines Mädchen prahlt: „‚Ätsch! Wir haben Besuch gekriegt!" – „Von wem denn?" – „Das sag ich nicht! – Von meiner Tante Haberstroh. / Die wohnt ganz weit, ich weiß nicht wo, / Die hat ein Kleid von Seide an, / Mit Fransen dran, / ein Halsband von Chenille / Und eine Samtmantille . . ."

So sind wir! Wir machen in unserem Leben gern Schaufenster, durch die die anderen unsere Großartigkeit bewundern können.

Wir wollen immer über den andern hinaufkommen. Der junge Mensch rühmt sich seiner Kraft. Und die Alten prahlen mit ihren vielen Leiden.

„Die Liebe blähet sich nicht". Ehe wir eine solche göttliche Liebe lernen, muss eine große innere Verwandlung in uns vorgehen. Es muss uns aufgedeckt werden, dass unser Großsein-Wollen vor Gott Sünde ist. Wenn dann der Heilige Geist in uns Wohnung nimmt, dann verstehen wir das Paulus-Wort: „Einer achte den anderen höher als sich selbst."

Als ein gesegneter Christ begraben wurde, sagte jemand an seinem Grabe: „Es war lieblich in seiner Gegenwart. Denn er wollte nie über die anderen hinauf, sondern immer unter die andern hinunter."

*Herr! Vernichte unsere verkehrte, aufgeblasene Art! Amen.*

**Die Liebe stellt sich nicht ungebärdig.** 1. Korinther 13, 5

Was „ungebärdig" ist, konnte ich an einem kleinen Jungen studieren, den seine Eltern zu einem Spaziergang mitgenommen hatten. Der Kleine schrie, er wolle trinken. Darauf ging der Vater mit ihm zu einem Kiosk. Aber nun hatte der Junge auf einmal keinen Durst mehr. Er wollte etwas zu essen haben. Er bekam ein Butterbrot. Doch jetzt brüllte er, weil er nicht mehr laufen wollte. Der Vater setzte ihn auf seine Schultern. Aber nun wollte er auf den Boden. Als er unten war, legte er sich in den Schmutz. Schließlich bekam er Prügel. Nun wusste er doch wenigstens, warum er schrie.

Leider fällt uns solch launisches Wesen nur bei einem kleinen Jungen auf, aber nicht bei uns selber. Doch wir dürfen getrost überzeugt sein, dass die natürliche und ungebrochene Art aller Menschen das „Ungebärdigsein" ist. Wie quälen wir einander mit unseren Launen, Forderungen, Wünschen und Vorwürfen!

Von dem König David erzählt die Bibel: Als er noch ein verfolgter Mann war, bekam er eines Tages ein wildes Gelüste nach dem herrlich klaren Wasser aus dem Brunnen seiner Heimat Betlehem. Drei seiner Helden brachen unter Lebensgefahr in die feindlichen Scharen dort, schöpften von dem Wasser und brachten es dem David. Der war davon so bewegt, dass er das wertvolle Wasser nicht mehr trinken wollte. Er goss es aus. Und das war der Gottesmann David! Wie steht es erst bei uns?!

Es gibt gegen diese Art nur ein Radikalmittel. Wir dürfen unsere natürliche Art mit Jesus Christus kreuzigen. Wo das geschieht, da wird die Liebe Gottes durch den Heiligen Geist in unser Herz ausgegossen. Diese starke Geistesliebe stellt sich nicht mehr „ungebärdig".

*Herr! Rette uns durch Deinen Geist vor uns selber! Amen.*

**Die Liebe sucht nicht das Ihre.** 1. Korinther 13, 5

Ein Redner hatte seinen Vortrag beendet. Er schloss mit den Worten: „Ich habe Ihnen einige Vorschläge unterbreitet. Wir können jetzt darüber diskutieren."

Es meine doch ja niemand, so etwa sei unser Textwort gemeint. Hier macht uns Gott nicht einige unverbindliche Vorschläge, wie die Welt verbessert werden könnte. Hier sagt er uns vielmehr, wie er uns haben will.

Ein Kinderspiel ist es nicht, was uns da gesagt wird: „Die Liebe sucht nicht das Ihre." Dasselbe wird uns noch einmal gepredigt im Brief des Paulus an die Gemeinde in Philippi: „Ein jeder sehe nicht auf das Seine, sondern auf das, was des anderen ist."

Diese Worte kann man nicht mehr auslegen. Wir alle werden wohl ziemlich fassungslos davor stehen und sagen: „Herr! Ist das wirklich ernst gemeint? Wo kommen wir denn hin mit solchen Lebensregeln?! Bei uns heißt es doch: Zuerst komme i c h , dann kommt lange nichts mehr, dann komme noch einmal i c h . Und dann – ja dann kommt natürlich auch der andere. Aber eben erst dann."

Der Herr aber schweigt und legt uns sein Wort hin: „Die Liebe sucht nicht das Ihre." Damit sollen wir nun fertig werden!

Ach nein! Der Herr schweigt nicht. Er tut etwas. Er wird unser Bruder und lebt uns diese Regel vor: Sehen wir doch auf ihn, wie er für uns am Kreuz stirbt! Da sucht er nicht seine Ehre, seine Größe, seine Ruhe, seinen Profit. Da sucht er nur – uns! Da sieht er nicht auf das Seine, sondern nur auf das, was des anderen ist.

Dieser Herr und Heiland will nun durch den Heiligen Geist in uns Gestalt gewinnen und uns seinem Bild ähnlich machen.

*„Erneure mich, Du ew'ges Licht, / Und lass von Deinem Angesicht / Mein Herz und Seel' mit Deinem Schein / durchleuchtet und erfüllet sein!" Amen.*

**Die Liebe lässt sich nicht erbittern.** 1. Korinther 13, 5

Wie können die Menschen einander quälen!

Ich denke an einen zart besaiteten Künstler. Der hat sein Zimmer neben Mietern, die Nerven wie Drahtseile haben. Morgens in der Frühe drehen sie ihr Radio auf Sturmstärke und lassen es bis in die späte Nacht toben. Mein Bekannter bittet: „Drehen Sie doch leiser!" Patzig antworten sie: „Sie haben uns nichts zu sagen!" Der nervenschwache Mann geht daran zugrunde. Tragödie des Alltags!

Jeder wohl hat mit solchen Leuten zu tun, bei denen man nur sagen kann: „Christliche Liebe in Ehren! Aber jetzt ist Schluss!"

„Die Liebe lässt sich nicht erbittern." Das heißt: Für die rechte Liebe gibt es keinen Schluss. Der Mensch, den Gott durch Jesus erkauft hat, liebt ins Endlose, auch wo es nichts austrägt.

Die alten Griechen sagten: Die schlimmste Qual im Totenreich hat jener Mann, der unablässig Wasser in ein Fass gießen muss, das keinen Boden hat. Die Bibel aber sagt: Für einen Gottesmenschen ist genau das Freude: Wasser in ein Fass ohne Boden zu gießen oder – ohne Bild – zu lieben, wo es sinnlos und erfolglos erscheint.

Wenn man es recht betrachtet, ist das eine große Befreiung: Seitdem Jesus für mich gestorben ist, brauche ich nicht mehr zu hassen, bin ich nicht mehr verpflichtet, mein Recht qualvoll zu suchen, habe ich es nicht mehr nötig, mich zu rächen.

Als ich das einst einem Mann sagte, fragte er erzürnt: „Wo kommen wir denn hin bei solchen Methoden?" Ich konnte nur antworten: „Da kommen wir in die Gemeinschaft des Herrn Jesus Christus, der sterbend noch am Kreuze seine Feinde liebte."

*Herr! Lass doch Deinen Geist in mir solche Liebe wirken! Amen.*

**Die Liebe rechnet das Böse nicht zu.** 1. Korinther 13, 5

Zwei Eheleute hatten einst viel Zank und Streit miteinander. Schließlich holten sie mich herbei. Ich sollte ihnen raten.

Während des Gesprächs zog zu meinem Entsetzen der Ehemann ein Notizbuch heaus und fing an vorzulesen: „Am 18. Juli hat meine Frau . . .; am 19. Juli hat meine Frau mir gesagt . . .; am 20. Juli hat sie das und das getan . . .“ So ging es lange weiter.

Ich fürchte, wir alle haben solch ein Notizbuch im Kopf, in dem wir alles säuberlich vermerkt haben, was andere uns angetan haben. Ich finde es jedenfalls geradezu erstaunlich, wie selbst Leute mit einem schlechten Gedächtnis die Bosheiten der anderen genau und jahrelang behalten können.

Wie weit sind wir damit entfernt von dem göttlichen Leben! Wer in die Gewalt des Herrn Jesus kommt und damit unter die Wirkung des Heiligen Geistes, der zerreißt alle die Notizbücher in der Tasche und im Kopf. Denn „die Liebe rechnet das Böse nicht zu“.

Unser Herr Jesus hat als Frucht seines Kreuzestodes die Vollmacht, uns die Sünden zu vergeben. Vergebung der Sünden ist sein herrlichstes Geschenk. Der Prophet Micha hat diese Vergebung so vorausverkündigt: „Er wird unsere Sünden in des Meeres Tiefe werfen.“ Das heißt doch: „Die Liebe rechnet das Böse nicht zu.“

Wer nun zum Reich Gottes gehören will, der sollte doch diesem Heiland nacheifern, der sollte sich von seinem Geist regieren lassen. Also lasst uns alle Erinnerungen an Böses, das uns angetan wurde, „in des Meeres Tiefe werfen“. Wie frei werden wir, wenn wir all diese Notizbücher, die wir im Kopf und in der Tasche haben, versenken!

*Herr Jesus! Hilf uns dazu! Amen.*

**Die Liebe freut sich nicht der Ungerechtigkeit.**
1. Korinther 13, 6

Im Gegenteil! Sie trauert darüber.

Wir müssen das Wort „Ungerechtigkeit“ hier sehr weit verstehen. Die lateinische Bibel übersetzt „iniquitas“ = „Unebenheit“ oder „Härte“.

Goethe hat in seinem „Faust“ einen Bürger geschildert, der beim Osterspaziergang gemütlich sagt: „Nichts Bess'res weiß ich mir an Sonn- und Feiertagen / Als ein Gespräch von Krieg und Kriegsgeschrei, / Wenn hinten, weit, in der Türkei / Die Völker aufeinanderschlagen . . .“

Ja, wie leicht wird die Ungerechtigkeit, Unebenheit und Härte der Welt zur prickelnden Sensation, wenn sie uns nicht selber betrifft!

Und wenn sie uns naherückt, verschließen wir uns gern davor. Als 1945 all die schrecklichen Verbrechen an Juden und Gefangenen in den deutschen Konzentrationslagern der Welt bekannt wurden, entschuldigte sich mancher: „Ich habe nichts davon gewusst.“

Kindern Gottes aber blutet das Herz über der Härte der Welt. Als der Sohn Gottes in die Welt kam, da „jammerte ihn“ des Elends der gefallenen Menschheit. Es brach ihm am Kreuz das Herz darüber. Kinder Gottes, die dem Herrn Jesus angehören, sind – so sagt die Bibel – Glieder an seinem Leib. Darum kann es ja gar nicht anders sein, als dass sie mit Jesus mitleiden an dem Jammer der Welt.

Ich werde nie vergessen, wie meine alte, blinde Großmutter erschüttert war, als uns Nachrichten von einer Hungersnot in China erreichten. Als wäre es ihre eigene Not, so brachte sie das ferne Elend vor Gott.

Sind wir Glieder am Leibe Jesu Christi, so tragen wir mit ihm die Lasten der Welt.

*Herr! Gib mir ein barmherziges Herz! Amen.*

**Die Liebe freut sich der Wahrheit.** 1. Korinther 13, 6

Was ist denn das: die Wahrheit? Der Herr Jesus hat gesagt: „Ich bin die Wahrheit.“

Ich kannte ein junges Ehepaar, das in einem wüsten Streit auseinander gelaufen war. Jedes der beiden war voll mit bitteren Anklagen gegen das andere.

Dann geschah das große Wunder, dass der Mann und die Frau – jedes für sich – zu Jesus fanden und sich von Herzen zu ihm bekehrten. Sofort war den beiden klar: „Nun muss unsere Ehe wieder in Ordnung kommen!“

Ich war dabei, als sie zusammenkamen. Das ist mir unvergesslich. Eins bat das andere um Vergebung. Jedes sah nun nur noch seine eigene Schuld. Da brach das Licht der Wahrheit durch. Jesus war mächtig geworden in dieser Ehe. Wo Jesus die Herrschaft antritt, da kommt man in das Licht der Wahrheit.

Diese ganze Geschichte war nun für die Augen der Welt keine große Sache. Die Zeitungen nahmen keine Notiz davon. Ja, sogar die Hausgenossen machten nur ein paar zweifelnde Bemerkungen.

Aber die Kinder Gottes, in deren Herzen Gott das Feuer der Liebe durch den Heiligen Geist angezündet hat, freuten sich mit den beiden.

Es gibt für ein rechtes Christenherz keine größere Freude, als wenn das Wahrheitslicht Jesus irgendwo in die Dunkelheit der Welt hereinleuchtet.

Worüber freuen w i r uns? Sind wir gefangen in unseren eigenen kleinen Dingen? Oder ist es uns eine Freude, wenn Jesus irgendwo siegt?

Noch wichtiger aber ist die Frage: Freuen wir uns, wenn das helle Licht Jesus in unser eigenes Leben hineinleuchtet und uns die Wahrheit über uns selbst zeigt, die sicher weh tut?

*Herr! Gib uns Freude an j e d e m Wirken Deines Geistes! Amen.*

**Die Liebe verträgt alles.** 1. Korinther 13, 7

Hier ist die Rede von einer „kugelfesten“ Liebe.

Der Ausdruck „kugelfest“ stammt aus dem 30-jährigen Krieg. Damals rühmten die Soldaten von ihrem Feldherrn Wallenstein: „Der ist kugelfest! Keine Kugel kann ihm etwas anhaben. Kürzlich traf ihn ein Musketengeschoss. Da schüttelte er nur sein Wams aus. Die Kugel hatte ihn nicht verletzt.“

Nun, das war Aberglaube! Aber die Geschichte macht uns klar, was unser Textwort sagen will: Die Liebe der Jesus-Jünger ist kugelfest. Sie ist durch nichts umzubringen und zu erschüttern.

Hier wird deutlich, dass der Apostel etwas ganz anderes meint, als was die Welt gemeinhin mit dem Wort „Liebe“ bezeichnet. Unsere natürliche Liebe und alle menschliche Sympathie sind sehr empfindlich. E i n e kleine Enttäuschung, e i n unfreundliches Wort – und schon hat die Liebe Schaden genommen. Unsere natürliche Liebe ist nicht kugelfest. Sie stirbt über kurz oder lang auf dem Schlachtfeld des Lebens.

Aber hier spricht der Apostel von den Wirkungen, die der Heilige Geist in einem gläubigen Menschen hervorruft. Und in diesem Zusammenhang sagt er: Die schönste Frucht des Heiligen Geistes ist die Liebe. Solche Liebe wirkt Gott in Herzen, die zuvor durch das Blut Jesu gereinigt sind. Und solche Liebe ist kugelfest.

Hier müssen wir an den ersten Märtyrer der jungen Christengemeinde in Jerusalem denken, Stephanus. Was für eine grauenvolle Stunde war das, als man ihn vor die Tore der Stadt führte und mit Steinen totwarf! Hass umgab den Zeugen Jesu Christi. Aber seine Liebe zu seinen Mördern war kugelfest. Sein letztes Wort war – ein Gebet für sie.

*Herr! Lehre uns durch Deinen Geist richtig lieben! Amen.*

**Die Liebe glaubt alles.** 1. Korinther 13, 7

Das ist ein schwieriges Wort, bei dem es leicht Missverständnisse gibt. Hier ist selbstverständlich nicht gesagt, dass wir alles, was die modernen falschen Propheten auf den Markt bringen, glauben sollen. Hier ist auch nicht gesagt, dass wir an „das Gute in den Menschen" glauben sollen. Das widerspräche der ganzen Bibel, die erklärt: „Das Menschenherz ist böse von Jugend auf."

Was soll das bedeuten: „Die Liebe glaubt alles?" Ich habe das Wort begreifen gelernt durch ein kleines Erlebnis:

Als ich einst in einem riesigen Bergmannslager Besuche machte, knurrte mich ein junger Mann an: „Was wollen Sie denn?!" – „Ich bin der evangelische Pfarrer!" – „Na – und? Was wollen Sie denn von mir?!"

In diesem Augenblick sah ich seine Augen, die waren misstrauisch und abweisend wie die eines Raubtieres, das im Dschungel auf seinen Jäger trifft. Erschrocken dachte ich: „So weit haben wir Menschen es in dieser gefallenen Welt gebracht, dass wir uns wie Raubtiere begegnen."

Aber handelte denn der junge Mann nicht klug? Wer meint es denn gut mit uns?! Kann man denn anders handeln?

Ja, man kann! Man kann es, wenn man den gekreuzigten und auferstandenen Sohn Gottes kennen gelernt hat. Dann weiß man: Mit ihm ist ein Neues in die Welt gekommen. Im Vertrauen auf Jesus darf ich es wagen, in Liebe mein Herz gegen die Menschen aufzuschließen. Nicht im Vertrauen auf die Menschen! Sondern im Vertrauen auf Jesus dürfen wir alle Furcht, alles Misstrauen, alle Lieblosigkeit über Bord werfen.

*Herr! Wir danken Dir, dass man mit Dir besser und anders leben darf! Amen.*

**Die Liebe hofft alles.** 1. Korinther 13, 7

Was Liebe ist, können wir nur bei Jesus lernen.

Seht ihn dort am Kreuz hängen! Um ihn herum nur Verachtung, Spott, Ablehnung!

Es gibt eine Novelle von dem dänischen Dichter Jens Jakobsen, in der er diese Kreuzigungsszene schildert. Und dann fährt er fort: „Da sah Gottes Sohn, dass sie der Erlösung nicht wert waren. Und er riss seine Füße über den Kopf des Nagels heraus, und er ballte seine Hände und riss sie los, und er sprang herab und riss sein Gewand an sich mit dem Zorn eines Königs und fuhr zum Himmel auf. Und das Kreuz blieb leer stehen, und das Werk der Versöhnung ward niemals vollbracht . . ."

Bestimmt wäre es so gewesen, wenn Jesus so wäre wie wir. Aber er blieb am Kreuze bis zum Ende. Denn in seinem Herzen brannte die Liebe Gottes. Und die sieht nicht nur auf die Gegenwart. „Sie hofft alles." So schaute Jesus in die Zukunft. Da sah er im Geist, wie Millionen von Sündern an ihn glauben und durch ihn Kinder Gottes werden. Er sah, wie unzählbare Scharen durch sein Blut gereinigt werden und in seinem Kreuz die Kraftquelle eines neuen Lebens finden.

Diese hoffende Jesus-Liebe wird durch den Heiligen Geist in das Herz der Kinder Gottes gegeben. Nun lieben sie – auf Hoffnung.

In Wuppertal lebte am Anfang des 20. Jahrhunderts eine einfache Frau, die als „Tante Hanna" in der ganzen Stadt bekannt war. Wie vielen Menschen hat sie Liebe erzeigt und sie auf den Weg zum Leben geführt! Nur ihr eigener Mann war ein übler, gottloser Trinker. Tante Hanna gab ihn nicht auf. Sie betete für ihn und liebte ihn geduldig, bis sie es erlebte, dass er die Verwandlung durch Jesu Gnade erfuhr. Aber – das dauerte fast ein Leben lang.

*Herr! Gib uns Geduld und Hoffnung im Lieben! Amen.*

**Die Liebe duldet alles.** 1. Korinther 13, 7

„Der Herr hat ein Reich angefangen“, heißt es in einem Psalmwort. Ja, als Jesus in dieser Welt erschien, richtete er unter den Menschen sein Reich auf. Und das Hauptkennzeichen dieses Reiches ist Liebe.

Es ist eine starke, göttliche Liebe, die in diesem Gottesreich regiert. Paulus sagt von dieser Liebe: „Sie duldet alles.“ Die griechische Sprache, in der uns ja das Neue Testament überliefert ist, hat hier ein Wort, das eigentlich „fest bleiben“, „stehen bleiben“ bedeutet. „Stehen bleiben, wenn alle anderen weglaufen!“

Solche Liebe hatte der Herr Jesus zu seinen Jüngern. Wie abscheulich haben sie ihn verraten, preisgegeben und verleugnet, als er zum Kreuz geführt wurde! Wir könnten uns nicht wundern, wenn er nach seiner Auferstehung solche Gesellen abgeschrieben hätte. Wir hätten es sicher so gemacht. Aber Jesus suchte sie auf, ging ihnen nach und hielt die Liebe zu ihnen fest.

Das gilt ja nicht nur für die Jünger damals. So hat er ja auch an uns gehandelt. Seine Liebe duldet alles.

Und nun sollten wir auch solch eine Liebe zu ihm haben! Eine Liebe, die zum Heiland hält, auch wenn alle anderen weglaufen.

Diese starke Liebe, die Jesus und seine Jünger verbindet, soll aber hinausstrahlen in die Welt. Mit solcher Liebe dürfen wir zu denen halten, die von allen anderen aufgegeben und abgeschrieben werden. „Mit diesem Menschen kann's niemand aushalten“, sagt man wohl von einem schwierigen Menschen. Jesus-Jünger können so nie sagen. Sie haben eine Liebe, die standhält, auch wenn alle anderen weglaufen.

*Herr! Vergib uns, dass unsere Liebe immer so schnell zu Ende ist! Mache uns Dir ähnlich! Amen.*

**Die Liebe hört nimmer auf, so doch die Weissagungen aufhören werden und die Sprachen aufhören werden und die Erkenntnis aufhören wird.** 1. Korinther 13, 8

Die Bibel schenkt uns einen weiten Blick.

Da schauen wir zurück in die Anfänge, wo Gott gewaltig rief: „Es werde Licht!“ Aber auch in die Zukunft dürfen wir sehen: „Siehe, ich schaffe einen neuen Himmel und eine neue Erde.“

Von dieser zukünftigen Welt erfahren wir einiges aus unserem Textwort. Wir wollen dies Wort, damit wir es leichter verstehen, noch einmal in der schönen Übersetzung von Pfäfflin hören: „Niemals sinkt die Liebe dahin. / Geistgewaltige Rede verklingt – / verzückte Worte verhallen – / Erkenntnis zerfällt.“

Da hören wir zunächst etwas Negatives über die zukünftige Welt: Das meiste, was hier den kirchlichen Betrieb und die christliche Tätigkeit ausmacht, hört auf. In der Christenheit gibt es immer die zwei Strömungen: kühle, theologische Erkenntnis und die jubelnde Überschwänglichkeit, die sich aufschwingt über den grauen Alltag. Beides gibt es in der neuen Welt nicht mehr: „Verzückte Worte verhallen – Erkenntnis zerfällt.“ Da sind wir am Ziel, stehen vor ihm und „sehen ihn, wie er ist“.

Es wird auch nicht mehr gepredigt und evangelisiert: „Geistgewaltige Rede verklingt.“

Nur ein Einziges aus dem Leben der Christen wird der neuen Welt den Charakter geben: „Niemals sinkt die Liebe dahin!“ Eine Welt ohne Misstrauen, Streit, Krach, Rüstung, Prozesse, Krieg!

Welche eine Hoffnung gibt Jesus den Seinen!

Aber wenn die Liebe als Einziges bleibt, sollte sie uns nicht hier schon über alles wichtig werden!?

*Herr! Nimm unsere Selbstsucht, unsere Launen, unsere Kälte in Deinen Kreuzestod hinein! Entzünde unsere Herzen durch Deinen Geist zur Liebe! Amen.*

**Nun aber bleibt Glaube, Hoffnung, Liebe – diese drei.**
1. Korinther 13, 13

Wenn man sich von Stuttgart der Schwäbischen Alb nähert, sieht man bald die Burg Hohen-Neuffen. Auf einem steilen, weit vorspringenden Berg erhebt sich stolz die weiße Zitadelle aus dem grünen Laub der Buchen. Und fröhlich flattert vom Turm die Fahne.

Wie solch eine Burg, die sich über die Niederungen erhebt, ist die Gemeinde Jesu Christi.

Meint ihr, das sei zu großartig ausgedrückt? Nun, der Herr Jesus hat selbst einmal etwas Ähnliches gesagt: „Es kann die Stadt, die auf einem Berge liegt, nicht verborgen bleiben." Da hat er von der Gemeinde gesprochen, die an ihn glaubt. Ja, unserem Gott schwebt solch ein Bild vor, wenn er durch den Propheten Jesaja sagt: „Deine Mauern sollen ‚Heil' und deine Tore ‚Lob' heißen."

Also lassen wir das Bild gelten: Die Gemeinde Jesu Christi ist wie eine Burg, die weit über die Niederungen hinausragt.

Und nun hören wir in unserem Text: Auf den Mauern dieser Zitadelle flattern drei Fahnen: Glaube! Hoffnung! Liebe!

Man erkennt also – nun einmal ohne Bild gesprochen – die Gemeinde Jesu an diesen drei Lebensbezeugungen des Heiligen Geistes, der in den Herzen wirkt:

Man erkennt die Gemeinde Jesu an dem festen, heilsgewissen G l a u b e n: „Der Grund, da ich mich gründe, / Ist Christus und sein Blut …" Man erkennt die Gemeinde Jesu an der lebendigen H o f f n u n g: „Jesus, er, mein Heiland lebt, / Ich werd auch das Leben schauen …" Und man erkennt die Gemeinde Jesu Christi an der L i e b e, die nicht fragt: „Was geben mir die anderen?" Sondern: „Was darf ich an anderen tun?"

*Herr! Vergib, dass wir unsere Fähnlein oft so trübselig hängen ließen. Lass sie im Winde Deines Geistes flattern! Amen.*

**Nun aber bleibt Glaube, Hoffnung, Liebe – diese drei; aber die Liebe ist die größte unter ihnen.** 1. Korinther 13, 13

Drei Fahnen haben die Jünger des Herrn Jesus herausgesteckt: Glaube, Hoffnung und Liebe. Diese drei Fahnen wehen über der Gemeinde und zeigen der Welt, wie reich ihr Herr sie gemacht hat.

Aber nun sieht der Apostel Paulus in unserem Text ein seltsames Bild: Einmal ist diese Weltzeit zu Ende. Einmal wird das Versprechen Gottes wahr: „Siehe, ich schaffe einen neuen Himmel und eine neue Erde."

Die alte Welt vergeht in den gewaltigen Stürmen der letzten Zeit. Die neue Welt bricht an.

Da sinkt die eine Fahne zu Boden – die Fahne des Glaubens. Denn dann wandeln wir – wie die Bibel einmal sagt – nicht mehr im Glauben. Wir sind zum Schauen gekommen. „Wir werden ihn sehen, wie er ist."

Und nun sinkt auch die zweite Fahne – die Fahne der Hoffnung. Denn dann ist alles Hoffen zu Ende. Nun ist alles Erfüllung. Wir sind am Ziel.

Aber – die dritte Fahne, die Fahne der Liebe, geht ganz hoch. Sie weht als einzige über der neuen Welt Gottes, wo alles, alles Liebe ist.

„Die Liebe ist die größte unter ihnen!" Diese Fahne der Gemeinde dauert in die Ewigkeit hinein.

Wir wollen hier und jetzt recht uns unter die drei Fahnen stellen, damit wir zu der neuen Welt Gottes gelangen.

Aber vor allem: Sollten wir die Fahne der heiligen Liebe nicht ganz anders über unserem Leben wehen lassen, wenn doch die Liebe alles überdauert? Gott liebt uns, durch Jesus. Wir dürfen ihn lieben. Und um seinetwillen jeden, den Gott uns in den Weg führt. Ja, auch die, welche uns unsympathisch sind! Sogar unsere Feinde!

*Herr! Verwandle unser selbstsüchtiges Herz! Amen.*

**Da aber Jakob sah, dass Getreide in Ägypten feil war, sprach er zu seinen Söhnen: Was seht ihr euch lange um?**
1. Mose 42, 1

„Was seht ihr euch lange um?"

Wie Recht hatte der alte Vater Jakob. Der Hunger regierte. Und in Ägypten konnte man Brot kaufen. Da gab's doch nur eins: „Hin! Hin nach Ägypten und Brot holen!"

„Was seht ihr euch lange um?" Muss man das nicht auch uns zurufen? In der ganzen Welt gibt es nichts, wovon unsere Seele satt wird. Wir können die Welt durchreisen; wir können die aufregendsten Vergnügungen suchen; wir können uns in nützliche und aufreibende Arbeit stürzen – alles das stillt nicht den Hunger unserer Seele. Im 107. Psalm heißt es: „. . . hungrig und durstig und ihre Seelen verschmachtet . . ."

Da ist doch der Mensch von heute geschildert. Das sind wir!

Und nun geht eine Botschaft durchs Land. Eine wunderbare Botschaft: „Es gibt Brot, von dem unsere Seele leben kann!" Jesus sagt von sich: „Ich bin das Brot des Lebens! Ich bin das lebendige Brot, vom Himmel gekommen. Wer von diesem Brot essen wird, der wird leben in Ewigkeit."

Das ist die Botschaft! Und wenn wir das Wort Jesu weiterlesen, hören wir, wie er von seinem Tod am Kreuz und von seinem für uns vergossenen Blut spricht. Ein Heiland, der für uns in den Tod ging und unsere dunkle Lebensgeschichte in Ordnung bringt durch die Vergebung der Sünden – ja, der ist Brot für die Seele.

Aber da muss man nun auch auffordern: „Was seht ihr euch lange um?" Nun kann es doch nur eins geben: „Hin zu Jesus, der von den Toten auferstanden ist und der lebt und unsere Seele sättigt mit ewigem Leben!"

*Herr! Vergib unser Zögern! „Du allein kannst geben / Friede, Freud' und Leben"! Amen.*

**Und Gott erhörte ihr Wehklagen und gedachte an seinen Bund . . ., und er sah darein und nahm sich ihrer an.**

2. Mose 2, 24 und 25

Es ist unglaublich, welche Wirkungen unser Beten haben kann!

Israel lebte in schrecklicher Sklaverei. Die Not war aufs höchste gestiegen. Es ging um Leben und Sterben. Da begannen die Leute, sich darauf zu besinnen, dass Gott ja wirklich lebt und ein Heiland ist. „Ihr Schreien kam vor Gott", wird uns erzählt.

Und dann geschah es! Der biblische Bericht überstürzt sich geradezu. Es ist, als könne der Schreiber gar nicht Worte genug finden, um Gottes Barmherzigkeit zu schildern: „Er erhörte, er gedachte an seinen Bund, er sah darein, er nahm sich ihrer an."

Das ist auffällig. Denn die Bibel ist sparsam mit Worten. Wir würden gern oft mehr hören. Zum Beispiel würden wir gern wissen, was im Herzen des Schächers vorging, als er an Jesus glaubte. Wir würden gern erfahren, wie Zachäus dazu kam, um Jesu willen auf einen Baum zu klettern. Aber die Bibel sagt uns das nicht. Sie berichtet nur das Nötigste mit knappen Worten.

Hier aber ist es ganz anders. In Bad Oeynhausen grub man einst nach heilkräftigen Wassern. Eines Tages stieß man auf eine Quelle. Die sprudelte aber gleich so mächtig, dass alles weggefegt wurde und die Menschen erschrocken davonliefen.

So gewaltig bricht die Quelle der Barmherzigkeit Gottes auf, wenn ein bedrängtes Herz ruft, seufzt und schreit. Er hört, gedenkt an seinen Bund, er sieht darein, er nimmt sich des Elends an. Am mächtigsten brach diese Quelle auf im Kreuz des Sohnes Gottes. Paulus sagt: „Er hat seines eigenen Sohnes nicht verschont, sondern hat ihn für uns alle dahingegeben. Wie sollte er uns mit ihm nicht alles schenken!"

*Herr! Vergib uns, dass wir allein unser Leben meistern wollen, da Du doch so barmherzig bist! Amen.*

**Das Feuer auf dem Altar soll brennen und nimmer verlöschen.** 3. Mose 6, 5

Tag und Nacht sah man in Jerusalem den Rauch des Opfers aufsteigen. Am Abend wurde ein Lamm geschlachtet und auf den Altar gelegt. Und am Morgen schürten die Priester das Feuer neu und opferten ein anderes Lamm.

Am Tage sahen die Bürger Jerusalems den Opferrauch. Und in der Nacht den Feuerschein des Altars.

Jerusalem lebte unter der Wirkung des Opfers. Zwischen ihm und dem heiligen Gott war beständig das versöhnende Opfer.

Das ist ein schönes Vorbild auf die glaubende Gemeinde der Christen.

In dieser Gemeinde weiß man, dass wir befleckten Sünder nicht einfach dem heiligen Gott begegnen können. Wir brauchen das versöhnende Opfer, das zwischen ihm und uns steht. Oder besser: das ihn und uns verbindet.

Und in dieser glaubenden Gemeinde weiß man, dass jener Altar in Jerusalem von Gott selbst ersetzt wurde durch den Altar von Golgatha, das Kreuz. Auf diesem Altar wurde Jesus geopfert, „das Lamm Gottes, das der Welt Sünde trägt".

Und wie Jerusalem immer und immer unter dem Opferrauch und Feuerschein des Altars lebte, so lebt die glaubende Gemeinde im Schatten des Kreuzes.

Der Dichter Paul Gerhardt hat so schön von dem Leben unter der Wirkung des Kreuzes gesungen: „Das soll und will ich mir zu Nutz / Zu allen Zeiten machen: / Im Streite soll es sein mein Schutz, / In Traurigkeit mein Lachen, / In Fröhlichkeit mein Saitenspiel, / Und wenn mir nichts mehr schmecken will, / Soll mich dies Manna speisen; / Im Durst soll's sein mein Wasserquell, / In Einsamkeit mein Sprachgesell . . ."

*Herr! Wo anders könnten wir leben als unter dem Schatten Deines erlösenden, versöhnenden Kreuzes! Amen.*

**Und wenn er sieht, dass das Mal weitergefressen hat an des Hauses Wand, so soll der Priester heißen die Steine ausbrechen, darin das Mal ist, und hinaus vor die Stadt an einen unreinen Ort werfen.** 3. Mose 14, 39 und 40

Da gab es also eine Bestimmung in Israel über „Aussatz an Häusern“. Wir sind schnell bei der Hand zu erklären, so etwas gäbe es bei uns nicht mehr.

Ganz recht! So etwas gibt es nicht mehr. Aber sind wir wirklich sicher, dass es keinen „Aussatz in Häusern“ mehr gibt? Vielleicht nicht in den Steinen. Aber sicher bei den Menschen!

Da ist ein kleiner Zwist zwischen Eheleuten. Nur ein ganz kleines Aussatzmal. Aber die Sache frisst weiter. Es wird ein ernster Streit und schließlich eine Ehekrise daraus. Das ist unser „Aussatz in Häusern“!

Oder eine Verstimmung zwischen Eltern und Kindern. Oder ein Streit zwischen verschiedenen Mietparteien. Es fängt alles so ganz klein an. Aber der Aussatz frisst weiter.

Darauf will das Bibelwort den Finger legen. Es sagt: „Reiße die Sache heraus, ehe sie das ganze Leben verdirbt!“ Herausreißen! Unter allen Umständen! Schluss machen mit der Verstimmung und dem Streit!

Wir haben auch einen Priester, der den Finger auf solche Dinge legt und erklärt: „Herausreißen unter allen Umständen, ehe es weiterfrisst!“ Dieser Priester ist der Herr Jesus Christus. Er ist ja zugleich auch der, der uns Weisheit und Liebe schenken will, dass wir „herausreißen“ können. Denn Weisheit und Liebe sind zu solchem Werk bitter nötig.

Darum werden wir in unserm Familien- und Hausalltag nicht fertig werden ohne ihn, den Erlöser und Aussatzheiler.

*Herr! Lass uns nicht träge sein in dem, was wir tun sollen! Amen.*

**Kein Mensch soll in der Hütte des Stifts sein, wenn der Hohe Priester hineingeht, zu versöhnen im Heiligtum . . .**
3. Mose 16, 17

Es geht hier um den großen Tag im Leben des alttestamentlichen Gottesvolks: um den Versöhnungstag.

Einmal im Jahr wurde jedem Glied des Volkes Israel unüberhörbar deutlich gemacht: „Du bist von Natur aus nicht mit Gott in Ordnung. Deine Sünden scheiden dich und deinen Gott voneinander. Und du kannst keinen Frieden haben, ehe nicht eine Versöhnung mit dem heiligen Gott stattgefunden hat!"

Wir Menschen von heute sollten Gott nicht so albern verharmlosen! Wir sind genau in derselben Lage wie die Leute damals. Und wenn die Bibel sagt, dass die Furcht vor dem heiligen Gott der Anfang aller Weisheit ist, dann sind wir Menschen von heute sehr töricht, wenn wir ihn nicht fürchten.

Es muss eine Versöhnung mit Gott stattfinden!

Das war der Höhepunkt des alttestamentlichen Versöhnungsfestes, wenn unter dem gewaltigen Schweigen des Volkes der Hohe Priester mit der Blutschale in das Allerheiligste ging. Geradezu auffällig betont die Bibel: „Kein Mensch soll dann außer dem Hohen Priester im Tempel sein!" In dieser Stunde stand der Hohe Priester ganz einsam, ganz allein vor Gott.

Warum eigentlich wird hier im Alten Testament dies Alleinsein des Hohen Priesters so auffällig betont? Weil das Ganze ein Hinweis sein sollte auf unseren großen Hohen Priester, den Sohn Gottes. Dieser Jesus Christus hat ganz allein, in unendlicher Einsamkeit sein Blut für uns vor Gott gebracht, als er am Kreuz starb. Ganz allein! Darum können wir nichts mehr hinzutun zu seiner Versöhnung. Wir können nur im Glauben annehmen, was er allein für uns getan hat.

*Herr! Wir danken Dir, dass wir in Dir wahrhaft Frieden mit Gott haben dürfen. Amen.*

**Also auch sollst du deinen Weinberg nicht genau lesen noch die abgefallenen Beeren auflesen, sondern dem Armen und Fremdling sollst du es lassen; denn ich bin der Herr, euer Gott.** 3. Mose 19, 10

Ist das nicht ein wundervolles Wort? Es sagt: Gott hat gern großzügige Leute! Er liebt das kleinliche und knauserige Wesen nicht.

Es gibt eine Unmenge Witze über die Schotten. In denen werden diese als lächerlich geizige und sparsame Leute verhöhnt. Diese Witze sind eigentlich eine große Ungerechtigkeit gegen ein Volk. Denn wenn wir richtig zusehen, werden wir entdecken: Diese Fehler haben wir alle von Natur auch – wenn es um andere geht!

Natürlich – uns selber gegenüber können wir wunderbar großzügig sein. Es kommt uns nicht darauf an, recht splendid gegen uns selbst oder für die Unseren zu sein.

Aber – wenn es um andere geht! Um Bedrängte neben uns! Oder um die Nöte der Welt! Dann bemerken wir auf einmal, dass wir es uns nicht leisten können, „Weintrauben und abgefallene Beeren“ – um im Bild unseres Textes zu bleiben – zu verschwenden. Da werden wir dann recht kleinliche und armselige Leute.

So gefallen wir Gott nicht. Er selber ist ja so unerhört großzügig. „Er lässt seine Sonne scheinen über Gerechte und Ungerechte.“ Ja mehr! Er gibt seinen lieben Sohn Jesus in den Tod für seine Feinde, für uns Sünder, die ihn täglich beleidigen.

Die ganze Bibel ist ein brausender Lobgesang auf die Großzügigkeit Gottes. Der Apostel Johannes rief, davon überwältigt, aus: „Von seiner Fülle haben wir alle genommen Gnade um Gnade!“

Dieser große Gott hat nicht gern kleinliche Kinder. Darum gab er seinem Volk Israel dies Textwort. Und sein Geist will uns ihm ähnlich machen.

*Herr! Vergib uns unser Wesen und erneuere uns! Amen.*

**Darum heiligt euch und seid heilig; denn ich bin der Herr, euer Gott . . ., der euch heiligt.** 3. Mose 20, 7 und 8

Das sieht ja aus, als wäre Gottes Wort hier ans Stottern gekommen: „Heiligt euch . . ., denn ich heilige euch." Ja, das scheint geradezu ein Widerspruch zu sein.

Aber im Wort Gottes gibt es kein Stottern. Nur fasst unser Geist die göttlichen Wahrheiten nicht so schnell.

Ja, was hier steht, fassen wir überhaupt nicht mit unserem Intellekt. Aber wir erleben es, wenn wir anfangen, ernst zu machen mit Gott.

Wer innerlich erwacht ist und Gott gehören will, der möchte von Herzen gern Gottes würdig werden. Er möchte „heilig" werden. Da fängt man dann an und gibt sich Mühe, seinen Stolz, seine Launen, seine Unreinheit, seine Trägheit, seine Ichsucht, seine Lügenhaftigkeit und vieles andere noch zu überwinden.

Dabei macht man eine unheimliche Entdeckung: Es wird nichts mit dem Heilig-Werden. Im Gegenteil! Es sieht aus, als wenn die Sünde in uns nun erst richtig anfangen wollte, Macht zu gewinnen.

Schließlich gerät man in eine tiefe Verzweiflung, in der man seinen verlorenen Zustand erkennt und am liebsten Gott vergessen möchte.

Aber nun fängt Gott an: „Ich bin der Herr, der euch heiligt." Er zieht uns zu seinem lieben Sohn. Wir erblicken den Heiland am Kreuz und entdecken: In ihm sind wir – ohne alles Tun – gerecht gemacht, heilig und Gottes Kinder. Da glaubt man von Herzen, überlässt sich ganz diesem Erlöser und nimmt ihn in sein Herz auf.

Und nun fängt Jesus im Herzen an zu wirken. Er wirkt durch den Heiligen Geist die Werke Gottes, die wir nicht tun konnten. Er heiligt uns.

*Herr! Wir wurden müde in unseren eigenen Wegen. Nun danken wir Dir, dass Du Sünder gerecht und heilig machst. Amen.*

**... auf dass ihr innewerdet, was es sei, wenn ich die Hand abziehe.** 4. Mose 14, 34

Vielleicht haben wir bisher gar nicht so sehr darauf geachtet, wie die Hand Gottes heimlich über unserem Leben war.

Sie hat sich uns geöffnet mit guten Gaben. Sie hat uns heimlich festgehalten, wenn Stürme kamen. Sie war auch noch da, wenn wir ganz einsam und verlassen waren.

Nun stellt Gott auf einmal die fürchterliche Möglichkeit vor uns hin, dass er die Hand von uns abziehen kann. Das merkt man wahrscheinlich zuerst gar nicht. Aber allmählich muss man es „innewerden“, dass man ein ganz und gar ungesegneter Mensch ist. Da sucht man schließlich in Not und Sterben nach einem Halt – und es ist keiner mehr da.

Neben dies Wort wollen wir eine Geschichte aus dem Neuen Testament stellen: Eines Tages redet Jesus zu einem großen Volk. Auf einmal gibt es eine Unruhe. Ein Aussätziger hat sich herzugemacht. Die Leute schreien vor Zorn, Entsetzen und Angst vor Ansteckung. Aber der Aussätzige lässt sich nicht aufhalten. Durch die zurückweichende Menge läuft er eilig – bis zu Jesus. Dort fällt er in den Staub und ruft weinend: „Herr, so du willst, kannst du mich wohl reinigen!“

Und was tut Jesus? Tritt er von dem Menschen mit seinen hässlichen Geschwüren einen Schritt zurück? Nein! In der Bibel steht: „Und Jesus rührte ihn an.“

Die Hand Jesu, das ist ja die Hand Gottes, streckt sich nach ihm aus und heilt ihn.

Wir sind Leute mit der furchtbaren Möglichkeit, dass Gott mit Recht die Hand von uns abzieht. Aber in Jesus streckt sich noch einmal seine Hand deutlich nach uns aus. Nach dieser Hand wollen wir greifen.

*Herr! Du reichst uns Deine durchgrabene Hand. Wir danken Dir. Amen.*

**. . . dass ihr nicht von eures Herzens Dünken noch von euren Augen euch umtreiben lasst.** 4. Mose 15, 39

Hier haben wir eine Antwort auf eine ganz moderne Fragestellung.

Es geht ja heute um die Frage: Wem will ich Einfluss auf mich einräumen? Welche Menschen und Mächte sollen mich bestimmen?

Für die meisten ist die Frage schnell gelöst: Man hält es einfach mit der großen Menge und lässt sich vom Geist der Zeit treiben. So kommt man am besten durch.

Aber die edleren Geister, die Selbstständigen und Denkenden begreifen: Auf diesem Weg zerbricht der Mensch im Innersten. Das Gewissen stirbt ab, das Denken hört auf. Man wird dumpf und armselig.

So wählen sie einen anderen Weg: „Wir wollen unsere Persönlichkeit entfalten! Wir wollen uns nur von unserem eigenen Herzen beraten lassen! Mit offenen Augen suchen wir selbst unseren Weg!" Ist das nicht gut?

Aber nun nimmt Gott zu der Sache Stellung. Merkwürdig! Ein Wort, vor Jahrtausenden zu Gottes Volk gesagt, bekommt aktuelle Bedeutung.

Was sagt Gott? Er spricht jetzt nicht von dem Massenweg, den er gewiss hasst. Er sagt den edlen Geistern und denkenden Leuten: „Ich warne euch vor eurem Weg! Dass ihr euch ja nicht von eures Herzens Dünken und euren Augen umtreiben lasst!" Das ist zum Erschrecken! Gibt es denn noch einen dritten Weg?

Ja! Dass man zur Ehre Gottes lebt! Dass man, erlöst durch Jesus, vom Heiligen Geist Gottes sich bilden und bestimmen lässt. Die Bibel drückt es einmal so aus: „. . . dass wir etwas seien zum Lob seiner Herrlichkeit."

*Herr! Befreie uns von der Masse und von uns selbst! Sei Du unser Herr und die bestimmende Macht unseres Lebens! Amen.*

**Er ist dein Ruhm und dein Gott.** 5. Mose 10, 21

Ohne das kommen wir wohl im Leben nicht aus, dass wir etwas haben, dessen wir uns rühmen. Der Sportsmann rühmt sich seiner Kraft. Und die alte, kranke Frau rühmt sich ihrer vielen Leiden und ihrer Schwachheit. Der Reiche rühmt sich seines Reichtums, und der Arme lässt jeden, der ihm in den Weg läuft, wissen, wie schlecht es ihm geht. Jeder muss etwas zum Rühmen haben. So viel ich weiß, ist das einzige Sprichwort, das unsere Zeit hervorgebracht hat: „Wer angibt, hat mehr vom Leben."

Unser Textwort hat der alte Mose gesagt. Es kommt mir vor, als erlaube der Heilige Geist diesem erfahrenen, alten, weisen Mann, auf unsere Schwäche Rücksicht zu nehmen. „Gut!", sagt er. „Ihr habt den Drang, euch zu rühmen! Dann will ich euch sagen, was ihr rühmen sollt: Der geoffenbarte Gott, unser Herr und Erlöser, ist es wert, dass man sich seiner rühmt. ‚Er ist dein Ruhm und dein Gott.'"

Das ist ja ein großartiger Rat! Denn alles das, wessen wir uns sonst rühmen, ist ja so bedeutungslos vergänglich und oft wirklich albern. Gibt es irgendetwas im Himmel oder auf Erden, das herrlicher wäre, schöner und wunderbarer als die Majestät, die Liebe und der Glanz Gottes? Gibt es etwas Wunderbareres, als dass er sich zu uns getan hat und uns gesucht, erkauft und erlöst hat durch seinen Sohn, unseren Herrn Jesus Christus?! Also wollen wir ihn rühmen in unseren Herzen und mit unserem Munde.

Wir werden dann erleben, wie dieses Rühmen uns hinaushebt aus der Niedrigkeit und Armseligkeit der Dinge, die uns oft unnötig ausfüllen und bewegen.

Paulus hat das Wort des Mose aufgenommen, als er sagte: „Wer sich rühmen will, der rühme sich des Herrn."

*Herr! Mache unser Herz weit über Deinem Lob! Amen.*

**Welcher sich fürchtet und ein verzagtes Herz hat, der gehe hin und bleibe daheim, auf dass er nicht auch seiner Brüder Herz feige mache, wie sein Herz ist.** 5. Mose 20, 8

In der Streiterschar unseres Herrn Jesus Christus darf man also desertieren! „Wer ein verzagtes Herz hat, der gehe hin!"

Die wahre Gemeinde der Jesus-Jünger ist allerdings eine Streiterschar. Der Graf Zinzendorf dichtete: „Hier hast du uns alle zu deinen Befehlen! / Je mehr du befiehlst, je mehr Siege wir zählen, / Denn deine Befehle sind lauter Versprechen, / Durch alle verhauenen Bahnen zu brechen. / So werden wir dir zu glückseligen Streitern, / Zu Boten und Dienern und Wegbereitern . . ."

Wer den auferstandenen Herrn kennt und an ihn von Herzen glaubt, reiht sich in diese Streiterschar ein.

Aber wer ein verzagtes Herz hat, der gehe hin! Denn er kennt den Herrn nicht und weiß nichts von der Kraft seiner Auferstehung.

Ein Christenstand, in dem wir in unserer eigenen Kraft antreten wollen, wird bald zerbrechen. Da erschrickt man vor den Anfechtungen von innen und außen und dem Spott und der Feindschaft der Welt und bekommt ein verzagtes Herz.

Solch ein verzagtes Herz ist allerdings schlimm. Denn das ergänzende Wort zu unserem Textwort steht am Ende der Bibel: „Der Verzagten Teil wird sein in dem Pfuhl, der mit Feuer brennt." Ein erschreckendes Wort! Es macht deutlich: Verzagtheit ist eine Absage an den Herrn, dem „alle Gewalt gegeben ist im Himmel und auf Erden".

Lasst uns doch mit ihm rechnen!

*„O Christe, der Du siegst in den Deinen / Und Deinen Namen herrlich lässt erscheinen, / Ach hilf uns, Deinen Schwachen und Elenden, / Mit starken Händen!" Amen.*

**Du sollst anbeten vor dem Herrn, deinem Gott, und fröhlich sein über allem Gut, das dir der Herr, dein Gott, gegeben hat.** 5. Mose 26, 10 und 11

Dass Gott dem Menschen so etwas befehlen muss!

Aber so sind wir! Anstatt fröhlich zu sein über dem, was Gott uns geschenkt hat, denken wir nur darüber nach, was uns noch fehlt. In einem Volkslied heißt es: „Je mehr er hat – je mehr er will! / Nie schweigen seine Klagen still." Und über all dem Sorgen, Schaffen und Laufen kommen wir gar nicht dazu, Gott anzubeten, dass er uns in so großer Geduld getragen und uns mit Gutem gesegnet hat. Und wir kommen nicht dazu, „fröhlich zu sein über allem Gut, das er uns gegeben hat".

Ich musste lachen, als mir einmal jemand erklärte, das Alte Testament sei ein finsteres Buch und der Gott, der darin rede, sei ein düsterer Gott. Darauf kann man nur antworten: W i r sind finster, und u n s e r e Herzen sind voll Dunkelheit. Gott aber möchte gern fröhliche Leute, die ihm aus übervollem Herzen danken.

In unserem Textwort ist die Rede von „allem Gut, das Gott uns gegeben hat". Wenn wir uns recht besinnen, wird uns einfallen, mit wie viel Gutem er uns beschenkt hat.

Das größte Gut aber, das er gegeben hat, ist sein Sohn, der Herr Jesus Christus. Den hat er nicht einfach nur so gegeben, sondern er hat ihn für uns „dahingegeben" an das Kreuz, dass wir durch ihn Vergebung der Sünden, Frieden mit Gott, Heiligen Geist, Leben und Seligkeit haben. Wer dieses Gut kennt, der betet an und wird von Herzen fröhlich vor seinem Gott.

Es ist eine rechte Not, dass unsere inwendigen Augen oft so blind sind. So jammern wir, wo wir singen könnten. So weinen wir, wo wir getröstet sein dürften.

*Herr! Öffne uns die Augen für Deine Güte und Barmherzigkeit! Amen.*

**Boas kam von Bethlehem und sprach zu den Schnittern: Der Herr mit euch! Sie antworteten: Der Herr segne dich!**
Ruth 2, 4

Wie diese Leute miteinander reden!

Es ist ein glutheißer Erntetag. Solch ein Tag verlangte die letzte Kraft von den Schnittern.

Da kommt der Gutsbesitzer! Man könnte sich jetzt – es wäre ein Gedankenspiel – ausmalen, wie nun die Begrüßung vor sich geht. Wir kennen doch verdrießliche Chefs. Wir wissen doch, wie überreizte Arbeitnehmer aufbegehren können! Wir haben's doch erfahren, wie hart Menschen miteinander sprechen können. Und wie kalt! Und wie böse! Ja – auch wie gemein und dreckig!

Und hier? „Der Herr sei mit euch!" Boas spricht nicht von einem nebulosen Herrgott! „Der Herr!" Das Wort in der hebräischen Ursprache ist der geoffenbarte Gott, der mit seinem Volk einen Bund gemacht hat. „Der sei mit euch." Nicht nur in der Kirche, sondern hier, mitten in der heißen Arbeit! Da sei er euch Schatten in der Hitze und Freude im Alltag!

Und die Schnitter antworten: „Der Herr segne dich!"

Wie diese Leute miteinander sprechen! Es ist erstaunlich!

„Das waren eben andere Zeiten!", denken wir vielleicht. Oder: „Das waren damals andere Sitten!"

O nein! Hier begegnen wir Leuten aus der Gemeinde des lebendigen Gottes, der in Jesus sich geoffenbart hat, der seinen Leuten einen neuen Geist gibt, dass sie einander nicht beschimpfen und sich gegenseitig den Teufel auf den Hals wünschen, sondern die einander segnen.

Wo das Licht der Gnade Gottes in Jesus hinkommt, wird alles anders, sogar die Sprache, in der man miteinander verkehrt.

*Herr! Du musst auch bei uns viel neu machen. Tue es! Amen.*

**Naemi sprach: Der Mann gehört uns zu und ist unser Erbe.**
Ruth 2, 20

Zwei arme Frauen, Naemi und ihre junge Schwiegertochter Ruth, sind in großer Not. Da tritt ein reicher Mann namens Boas in ihr Leben. Jetzt atmet Naemi auf: „Der Mann ist unser . . ." In der hebräischen Sprache, in der das Alte Testament geschrieben ist, steht hier das Wort: unser „goel". Luther übersetzt „Erbe".

Aber „goel" hat eine Bedeutung, die man eigentlich gar nicht übersetzen kann. Im Volk des Alten Bundes gab es ein gutes Gesetz: „Wenn jemand in solche große Not kommt, dass er seinen Grundbesitz verliert oder dass er seine Freiheit verliert, dann soll der nächste Verwandte für ihn eintreten."

Welch ein wunderbares Gesetz, das keinen allein ließ! Der nächste Verwandte sollte als „goel" für ihn eintreten. So wird das Wort „goel" auch „der Erlöser" übersetzt. Dass wir doch einander goels würden!

Wie fröhlich sagt hier Naemi: „Der Boas ist unser goel! Nun wird er uns helfen!"

Aber wir wollen hören, wie das Wort goel hinausweist auf einen größeren „Erlöser". Wir Menschen können einander viel helfen. Aber alle Hilfe hat ihre Grenzen. Niemand kann uns beistehen gegen den Tod. Oder gegen die finstere Macht des Teufels. Ja, wer erlöst uns von uns selber? Und wer nimmt uns die Last alter Schuld ab?

Das drückt die Bibel aus in dem erschütternden Satz: „Kann doch einen Bruder niemand erlösen . . ."

Das aber ist nun die frohe Botschaft, das Evangelium: Es ist einer gekommen, der als wirklicher Erlöser für uns eintritt: Jesus, der Sohn Gottes! „Bei dem Herrn findet man Hilfe", rühmt die Bibel.

*Herr! Unser wahrer goel! Wir freuen uns, dass Du uns zugehörst. Amen.*

**Und David sprach: Ist auch noch jemand übrig geblieben von dem Hause Sauls, dass ich Barmherzigkeit an ihm tue um Jonathans willen?** 2. Samuel 9, 1

Schreckliche, blutige Geschichten werden hier berichtet. Sie erzählen von Gottes Gerichten und zeigen, dass Gott wirklich nicht so harmlos ist, wie die meisten Menschen meinen. Jahrelang hat der abtrünnige König Saul den Freund Gottes, David, verfolgt. Nun sind er und sein Geschlecht umgekommen in den Kämpfen mit den Philistern. David hat den Königsthron bestiegen.

Und da sagt er nun dies Wort, das auf einmal so einen anderen Klang hat, einen Klang aus dem süßen Evangelium: „Wenn noch einer aus Sauls Geschlecht da ist, möchte ich Barmherzigkeit an ihm tun um Jonathans willen." Jonathan, der Sohn des verworfenen Saul, war der treue Freund Davids gewesen. David war erschüttert, als er vom Tode Jonathans hörte. Um seinetwillen möchte er nun Barmherzigkeit üben.

„Um Jonathans willen" soll das Gericht zu Ende sein.

Das ist ein ausgestreckter Finger auf das Neue Testament, wo wir hören: „Um Jesu willen" will Gott den Verurteilten, den Sündern und Abtrünnigen Barmherzigkeit erzeigen.

Denken wir ja nicht, wir könnten eine einzige Sünde wegwischen. Keine Sünde lässt sich wieder gutmachen. Und wenn sie nicht vergeben wird, bleibt sie über uns und bringt uns in das Verderben. Aber um Jesu willen, der am Kreuze für uns die Strafe getragen hat, will Gott vergeben und gnädig sein.

Wir kommen nicht damit aus dem Feuer des Zornes und Gerichtes Gottes, dass wir unsere Sünden leugnen, verkleinern, entschuldigen oder vergessen, sondern nur dadurch, dass wir dies „um Jesu willen" annehmen, glauben und die Gnade ergreifen.

*Herr Jesus! Dir sei Dank für Dein Sterben für uns! Amen.*

**Das sprach David zu Nathan: Ich habe gesündigt wider den Herrn. Nathan sprach zu David: So hat auch der Herr deine Sünde weggenommen.** 2. Samuel 12, 13

So schnell geht das? David bekennt seine Sünde. Und schon hat Gott sie vergeben! So schnell geht das? Ja, so schnell geht das!

Aber in Wirklichkeit geht es gar nicht schnell. Denn unser Herz sträubt sich lange, so zu sprechen: „Ich habe gesündigt wider den Herrn!"

Bei Gott geht es schnell mit der Vergebung. Sie ist eigentlich immer schon da, weil der Sohn Gottes, der Herr Jesus, unsere Sünden an das Kreuz getragen hat, weil Jesus die Strafe getragen hat, weil Gott in Jesus der Gerechtigkeit Genüge getan hat. Darum kann er schnell vergeben, weil das Kreuz aufgerichtet ist.

Das gilt auch für schreckliche Sünden. Jesus ist nicht nur für kleine Sünden gestorben, sondern auch für die großen Sünden Davids: Ehebruch, Falschheit, Verrat und Mord. Jesu Verdienst ist so groß, dass Gott um seinetwillen die furchtbarsten Sünden vergeben kann. Bei Gott ist kein Hindernis mehr für die Vergebung.

Aber bei uns geht es langsam. Wir leugnen unsere Sünden. Wir entschuldigen sie, wir verteidigen uns. Aber solange wir das tun, kann Gott nicht vergeben.

Die Vergebung der Sünden durch das Blut Jesu Christi ist die größte innere Hilfe, die uns geschehen kann. Aber wir bringen uns um diese Hilfe, und zwar durch die Unbußfertigkeit unseres Herzens. Unsere Sünden bleiben bei uns bis in die Hölle hinein, so lange, bis wir sprechen lernen: „Ich habe gesündigt wider den Herrn." Dann erst kann es auch bei uns heißen: „So hat der Herr deine Sünde weggenommen." Nur wer sich selbst verurteilt, kann von Gott begnadigt werden.

*Herr! Zeige uns unser Herz! Decke uns unsere Sünden auf! Lass uns nicht in Unbußfertigkeit verloren gehen! Amen.*

**Salomo aber hatte den Herrn lieb.** 1. Könige 3, 3

Doch! Es kommt schon gelegentlich vor, dass der „moderne Mensch" von Gott redet. Da wird dann diskutiert, ob Gott so oder ob er anders sei; ob er Person sei oder irgendetwas wie die „Tiefe des Daseins"; ob man sich ihn innerweltlich oder jenseitig vorzustellen habe.

Wie anders klingt das: „Salomo aber hatte den Herrn lieb." Da ist keine Spur jener Eiseskälte, die unsere Diskussionen über Gott auszeichnet.

Da ist Freude am Herrn! Da ist Gewissheit! Da ist pulsierendes geistliches Leben!

Wenn wir so ein Sätzlein lesen: „Salomo aber hatte den Herrn lieb", dann überkommt uns ein Verlangen: „Wenn doch von uns auch so gesagt werden könnte! So müsste es um uns auch stehen!"

Nun, wir dürfen gewiss sein, dass Gott ein großes Verlangen nach unserer Liebe hat. Darum wirbt er um unser kaltes, totes, steinernes Herz. Er wirbt um uns, indem er seinen lieben Sohn Jesus für uns am Kreuz dahingibt. Der sterbende Heiland wirbt um unsere Liebe. Und seit er auferstanden ist, sendet er den guten Heiligen Geist. Durch den wirbt Gott auch. Er sagt: „Ich will das steinerne Herz aus eurem Fleisch wegnehmen und euch ein fleischernes Herz geben. Ich will meinen Geist in euch geben" (Hesekiel 36, 26).

Und wenn in unseren eiskalten Herzen nur ein ganz kleines Fünklein von Liebe zu unserem himmlischen Herrn entsteht, dann sagt er davon: „Ich will den glimmenden Docht nicht auslöschen." Im Gegenteil! Er will ihn anfachen, bis wir sprechen, wie einst Petrus zum Herrn Jesus sagte: „Herr, du weißt alle Dinge! Du weißt, dass ich dich lieb habe."

*Herr! Du kannst mit unsern steinernen Herzen nichts anfangen. Und wir leiden unter ihnen. Entzünde in uns Deine Liebe! Amen.*

**Salomo aber hatte den Herrn lieb.** 1. Könige 3, 3

Kürzlich erzählte jemand eine kleine Geschichte, die so typisch ist für unsere Zeit: Ein Mann war gestorben. Seine Angehörigen besorgten nun alles für die Beerdigung. So kamen sie auch zu dem Drucker wegen der Todesbriefe. „Soll ich auch ein Kreuz auf die Todesnachricht setzen?“, fragte der. „Aber gewiss!“, war die Antwort. „Unser Vater hatte nichts gegen das Christentum.“

Da sieht man im Geiste die Millionen des „christlichen Abendlandes“, die auch „nichts gegen das Christentum haben“. Deutlicher kann die Herzenskälte nicht formuliert werden.

Ich fürchte, die Hölle wird einmal voll sein von Menschen, die „nichts dagegen“ hatten und doch ohne Heiland, ohne Erlösung, ohne Gnade, ohne Vergebung ihrer Sünden blieben.

Wie anders klingt das Sätzlein: „Salomo aber hatte den Herrn lieb!“

Was Liebe ist, können wir an der irdischen Liebe studieren, die in der Bibel oft als Bild für die Liebe der glaubenden Gemeinde zu ihrem Herrn gebraucht wird. Bei der richtigen Liebe heißt es: „All die Gedanken, die ich hab’, / Die sind bei dir!“ So sagte der Vater Salomos, der Freund Gottes, David, zu dem Herrn: „Wenn ich mich zu Bette lege, so denke ich an dich; wenn ich erwache, so rede ich von dir.“ So war es auch bei dem jungen König Salomo. Man muss einmal lesen, mit welcher Freude und Liebe er den Tempel Gottes baute. Da spürt man seine brennende Liebe zu seinem herrlichen Herrn.

Wer die Offenbarung der Liebe Gottes zu uns Sündern am Kreuz Jesu entdeckt hat, dem wird das Herz lebendig, dass er mit Tersteegen spricht: „Ich will, anstatt an mich zu denken, / Ins Meer der Liebe mich versenken.“

*Herr! Wen anders sollten wir lieben als Dich! Amen.*

**Und Salomo richtete die Säulen auf vor der Halle des Tempels. Und die er zur rechten Hand setzte, hieß er Jachin, und die er zur linken Hand setzte, hieß er Boas.** 1. Könige 7, 21

Merkwürdige Sachen stehen in der Bibel!

Dass der König Salomo seinen neuen Tempel mit herrlichen Säulen verziert, ist noch nichts Besonderes. Aber dass er den beiden Säulen Namen gibt – das ist doch seltsam! War es eine Laune des großen Königs?

O nein! Mit diesen beiden Namen der Säulen, die das Tempeltor flankieren, will er den Reichtum eines gläubigen Herzens darstellen.

„Jachin" heißt: „Gott lässt feststehen" oder „Gott befestigt". Damit wird gesagt, dass ein Christenherz einen festen Grund gefunden hat, von dem es nicht wankt und weicht. Man hat von frommen Christen manchmal gesagt, sie seien stur. Ja, wenn es um das Fundament ihres Lebens und Glaubens geht, sind sie stur und unbeweglich.

Darum sagt der Apostel Paulus: „Gott ist's, der uns befestigt samt euch in Christum." Und ein andermal sagt er: „Seid fest und unbeweglich!"

Das verkündet die Säule „Jachin".

Die andere Säule nannte Salomo „Boas". „Boas" heißt: „Lebendigkeit" oder „Lebensfülle". Diese zweite Säule gehört unbedingt zum Christenstand. Während die Glaubenden fest auf dem Grund des Heils in Jesus Christus stehen, ist ihr Leben erfüllt mit Lebendigkeit. Sie sind, wenn es recht steht, eifrig, ihren Nächsten zu suchen. Sie sind lebendig in Werken der Liebe. Sie freuen sich der Gaben Gottes in Natur und Geisteswelt. Sie haben eine Vitalität, von der die Bibel einmal drastisch sagt: „Ihr sollt aus und ein gehen und hüpfen wie die Mastkälber."

Das sagt die Säule „Boas".

*Herr! Herr! Mache uns unbeweglich in Dir und beweglich in Deinem Dienst! Amen.*

**Herr, lass deine Augen offen stehen über dies Haus Nacht und Tag.** 1. Könige 8, 29

In Essen ist ein Clubhaus für junge Burschen. Wenn man durch die Türe in den Vorraum tritt, sieht man dies Textwort groß an die Wand geschrieben.

Der Erbauer des Hauses, ein Pfarrer Weigle, wusste: Viele Menschenaugen werden auf dies Haus sehen, freundliche, fragende und misstrauische Augen! Aber auf diese Menschenaugen kommt es nicht an. Darauf aber kommt es an, dass die Augen des geoffenbarten Gottes, des Herrn Jesus Christus, mit Liebe und Erbarmen und Gnade auf dies Haus sehen.

Dies Gebet stammt aus dem Munde des herrlichen Königs Salomo. Er betete es, als er seinen schönen prächtigen Tempel einweihte. Salomo gilt bis zum heutigen Tag als ein Wunder der Weisheit. Und es war wohl ein besonderes Zeichen seiner Weisheit, dass er seinen Tempel unter die Augen des Herrn stellte.

Wäre das Gebet Salomos nicht auch ein wichtiges und gutes Gebet für das Haus, in dem wir wohnen? „Herr, lass deine Augen offen stehen über dies Haus Nacht und Tag!“ Wir haben es sicher schon je und dann gemerkt, dass der Teufel sich gern in unserem Haus zu schaffen macht: Wie oft regieren übler Streit und Zank! Wie schleicht sich ein bedrückender Geist der Sorge ein! Wie können schlechte Launen die Luft in unseren Häusern vergiften! Wie kann eine kalte Entfremdung eintreten zwischen Alten und Jungen oder zwischen Eheleuten! Wir sehen das und können ihm nicht wehren. Nein! Wir können es wirklich nicht.

Da muss gebetet sein: „Herr, lass du deine Augen über dem Haus offen stehen! Ja mehr. Lass die Kraft deiner Erlösung unser Haus regieren!“

*Herr! Im Alltag des Lebens haben wir Dich so nötig! Amen.*

**Und über eine lange Zeit kam das Wort des Herrn zu Elia und sprach: Gehe hin und zeige dich Ahab ... Und Elia ging hin.** 1. Könige 18, 1 und 2

Was war das für ein entsetzlicher Gang!

Drei Jahre lang hatte der Herr den Propheten Elia heimlich verborgen. In dieser Zeit hatte der abgöttische König Ahab alles aufgeboten, den Mann Gottes zu finden, den er glühend hasste. Er wollte ihn umbringen. Elia aber war in Gottes Hand geborgen.

Doch nun lässt der Herr den Elia los. „Gehe hin und zeige dich Ahab!" Das hieß ja, in die Höhle des Löwen gehen! Das hieß ja, sehenden Auges in den Tod laufen!

„Und Elia ging hin." Man ist versucht, hier von der herrlichen Furchtlosigkeit eines starken Mannes zu reden.

Aber ich glaube gar nicht, dass Elia furchtlos war. Ich bin überzeugt, dass auch in seinem Herzen Angst und Schrecken lebten. Aber – und das ist entscheidend – er gab dieser Furcht nicht nach. Er überwand die Natur.

Das ist eine wichtige Seite des Evangeliums: Es gibt die Kraft, die eigene Natur zu überwinden.

Als die schöne Frau Potiphar den jungen Joseph verführen wollte, wallte dem gewiss das Blut. Aber er gab dem nicht nach, sondern sagte: „Wie sollte ich ein so großes Übel tun und wider Gott sündigen!" Überwindung der Natur.

Als Jeremia zum Propheten berufen wurde, sah er im Geist die Nöte, in die solche Berufung ihn führen musste, und wendete erschrocken ein: „Ich bin zu jung!" Aber dann ging er doch als Bote des lebendigen Gottes gegen eine Welt an. Überwindung der eigenen Natur!

So etwas wird möglich durch Jesus, der unsere alte Natur in sein Sterben hineinnimmt, auf dass wir mit ihm neu leben.

*Herr! Mache uns frei von uns selbst und regiere Du uns! Amen.*

**Und Ahab rief Obadja, seinen Hofmeister. Obadja aber fürchtete den Herrn sehr.** 1. Könige 18, 3

Da sehen wir einen frommen Mann in einer gottlosen Umgebung! Was mag der Hofmeister Obadja an dem Hof des abgöttischen Königs Ahab innerlich gelitten haben! Es war sicher furchtbar für ihn, wenn am Königshof die wilden Götzenfeste gefeiert wurden! Oder wenn die Königin Isebel über den lebendigen Gott und seine Gläubigen spottete.

Aber er tat treu seinen Dienst. Man konnte ihn nicht entbehren, obwohl er immer wieder seine Liebe zu den Knechten Gottes bewies. Und er blieb in dieser Umgebung, in der alles, aber auch alles für ihn eine Last bedeutete.

Ebenso bewährte sich der junge Joseph in dem heidnischen Ägypten als treuer Zeuge seines Herrn.

Wie schwer muss es für Lot gewesen sein, der in dem abgöttischen Sodom lebte, von dem Petrus schreibt: „Welchem die schändlichen Leute alles Leid taten mit ihrem unzüchtigen Wandel."

Es gibt auch heute viele Kinder Gottes, die in einer ungläubigen Umgebung leben müssen. Da will der Glaube oft klein werden! Es geht ihnen wie jenem jungen Christen auf Sumatra, der dem Missionar sagte: „Wenn ich deine Predigt höre, ist mein Glaube groß wie ein Berg. Aber wenn ich in meiner heidnischen Umgebung bin, ist er klein wie ein Reiskorn."

Da kann ein Blick auf jene Vorbilder des Glaubens helfen. Sie blieben fest, weil sie in jedem Augenblick wussten: „Ich stehe gar nicht allein! Er, der lebendige Herr, ist mit mir! Er hat versprochen, dass niemand seine Schafe aus seiner Hand reißen kann! Das will ich festhalten und ihm Ehre machen an dem Platz, an dem ich stehe!"

*Herr! Gib uns allzeit die Gewissheit Deiner Gegenwart! Amen.*

**Und Ahab rief Obadja, seinen Hofmeister. Obadja aber fürchtete den Herrn sehr.** 1. Könige 18, 3

Es ist seltsam, wie hier von dem frommen Hofmeister des gottlosen Königs Ahab gesprochen wird!

Wir würden erwarten, dass da stünde: „Er glaubte an den Herrn." Stattdessen steht da: „Er fürchtete den Herrn sehr." Was ist denn wohl größer: an Gott glauben oder ihn „sehr fürchten"? Ich meine, die Furcht ist größer als das, was man gemeinhin und oberflächlich „glauben" nennt.

Ich kenne nämlich viele Menschen, die mir sagen, dass sie an Gott glauben. Aber sie haben niemals Gott gefürchtet.

Wer Gott fürchtet, der hat die Wirklichkeit des heiligen Gottes erkannt. Dem ist Gott selbst in den Weg getreten in seiner überwältigenden Heiligkeit.

Wer Gott fürchtet, der nimmt Gott ganz ernst. Aber er wird bei der Furcht nicht stehen bleiben können. Er wird anfangen zu fragen: „Wie bekomme ich denn Frieden mit dem heiligen Gott?"

Ein junger Mann war mit einem Mädchen befreundet. Er nahm die Liebe sehr ernst. Er wollte das Mädchen zur Frau haben. Das Mädchen aber spielte mit ihm. Eines Tages fragte er es: „Ich möchte nun wissen, ob du mich lieb hast?" Das Mädchen lachte: „Ihr Männer stellt immer so ernste, dumme Fragen!" Da sagte der junge Mann: „So frage ich, weil ich dich ernst nehme. Wenn du nur ein Spielzeug für mich wärst, würde ich nicht fragen, wie ich mit dir dran bin."

So geht es auch mit Gott. Nur wer ihn ganz ernst nimmt, will schließlich wissen, wie er mit ihm „dran ist". Wohl dem, dem dann der gekreuzigte Jesus geoffenbart wird, in dem Gott uns als Kinder annimmt.

*Herr! Lehre uns den Anfang aller Erkenntnis! Amen.*

**. . . nur, dass sie die Höhen nicht abtaten; denn das Volk opferte und räucherte noch auf den Höhen.** 2. Könige 12, 4

Das ist doch seltsam!

Hier wird berichtet, wie sehr religiös Israel war. Wo eine liebliche Berghöhe war, da stand ein Altar. Und die Luft war erfüllt von Weihrauch und Opferduft. Sollte ein so religiöses Volk nicht ein Lob von Gott bekommen?

Stattdessen wird von diesem umfassenden Religionsbetrieb vorwurfsvoll, ja mit Abscheu berichtet.

Wie ist denn das möglich?

Es kommt dem heiligen, lebendigen Gott nicht darauf an, dass wir „religiös“ sind, sondern dass wir die Versöhnung mit ihm, die Vergebung der Sünden suchen und finden auf dem Weg, den er dazu verordnet hat.

Da gab es im Tempel in Jerusalem den Altar, auf dem morgens und abends ein Lamm geopfert wurde. Und dieser Altar war ein Hinweis auf den großen, bedeutungsvollen und endgültigen Opferaltar: das Kreuz, das auf Golgatha stand. Auf den, der an diesem Kreuz starb, wies ein großer Gottesmann hin mit dem Wort: „Siehe, da ist Gottes Lamm, welches der Welt Sünde wegträgt.“

Den richtigen, von Gott verordneten Altar und das richtige, von Gott verordnete Opfer sollte Gottes Volk suchen. Seine selbsterwählten Opfer, Räuchereien und Religionen machten keinen vor Gott gerecht.

So gibt es auch für uns nur einen einzigen, von Gott verordneten Weg zum Leben, zum Frieden und zum Errettetwerden: Jesu Kreuz auf Golgatha.

Aber dieser Weg ist sicher. Und dieser Weg macht wirklich vor Gott gerecht. Auf ihm kommt man ganz gewiss an das Ziel.

*Herr Jesus! Du starbst am Kreuze, damit wir aus allem religiösen Nebel zum Frieden mit Gott kommen. Dir sei Dank dafür! Amen.*

**... und es ward ihnen geholfen ..., denn sie schrien zu Gott im Streit, und er ließ sich erbitten; denn sie vertrauten ihm.** 1. Chronik 5, 20

Am Ende kann der Ertrag unseres Lebens in einem einzigen Satz zusammengefasst werden. Gott, der unser Leben beurteilt, kann und wird es tun.

Wie wird dieser Satz bei uns aussehen? Das ist eine beunruhigende Frage!

Vielleicht so: „Er hat viel Geld zusammengebracht!“ Oder: „Er war ein problematischer Mensch, der immer suchte und nie die Wahrheit fand.“ Oder: „Sie verstand es, das Leben zu genießen.“ Oder: „Nur Arbeit war sein Leben ...“

Wie wird der Ertrag unseres Lebens aussehen?

Unser Textwort steht in einer endlosen Aufzählung von Namen und Geschlechtern. Lauter Leute, von denen Gottes Wort nicht einmal einen Satz zu sagen weiß. Leute mit einem leeren und nichtigen Leben! Wahrscheinlich waren die Nachrufe an ihren Gräbern sehr viel inhaltsreicher. Aber am Ende kommt es eben doch nur allein auf Gottes Urteil an. Und der geht hier mit Schweigen über diese leeren Leben hinweg.

Aber mittendrin steht die kurze Geschichte von Leuten, von denen Gottes Wort etwas Wichtiges zu vermelden weiß.

Sie hatten kein leichtes Leben. Sie kamen in große Nöte. Aber – sie konnten beten. Richtig beten: „Sie schrien zu Gott.“ Wie gern hört er das Rufen seiner Kinder! Und dann heißt es von diesen Leuten: „Sie vertrauten Gott.“ Sie kannten den geoffenbarten Gott, den wir noch viel besser kennen dürfen, seit er sich und seine Liebe in Jesus geoffenbart hat. Sollten wir nicht ihm ganz vertrauen?! Und dann: Diese Leute waren Denkmäler der Macht Gottes: „Es ward ihnen geholfen.“

*Herr! Lass auch unser Leben reich werden an Erfahrungen mit Dir! Amen.*

**Da brachen die drei in der Philister Lager und schöpften Wasser aus dem Brunnen zu Bethlehem unter dem Tor und brachten's zu David.** 1. Chronik 11, 18

Das ist eine großartige Heldengeschichte!

David, der heimliche König, musste verfolgt und verachtet in der Wüste leben.

Dort sammelten sich um ihn allerlei Männer, die seine Königsberufung erkannt hatten.

Eines Tages hat David Heimweh nach Bethlehem, wo er früher als Hirte lebte. Dort standen jetzt starke Besatzungsmächte der heidnischen Philister. „Ach!", ruft David. „Wenn ich doch noch einmal Wasser trinken könnte aus dem herrlichen Torbrunnen in Bethlehem!" Das hören drei seiner Gefolgsleute. Sie brechen tollkühn in das Lager der Philister und bringen dem David einen Krug Wasser aus Bethlehem. Das waren Männer, die für ihren heimlichen König David e t w a s  w a g t e n .

Wir haben es heute zu tun mit einem anderen heimlichen König, der aus dem Geschlecht Davids gekommen ist: mit Jesus Christus. Gott hat ihm „alles übergeben". Aber – wer weiß das schon?! Die, welche in dem gekreuzigten Mann von Golgatha ihren Erlöser erkannt haben, die wissen es.

Nun treten diese Männer Davids vor uns und fragen uns: „Was wagt ihr denn für euren Herrn? Wir haben unser Leben eingesetzt, um ihm Wasser zu bringen. Was wagt ihr für ihn?"

Ja, was wagen wir für Jesus? Oft nicht einmal ein klares Bekenntnis. Wie trifft diese Frage eine lahme Christenheit!

Es ist tröstlich, dass wir nicht von dem leben, was wir für ihn wagen. Wir leben von dem, was Jesus für uns wagte, als er sein Leben in den Tod gab.

Und doch: Was wagen wir für ihn?

*Herr! Reiß uns aus aller Trägheit und gib uns brennende Herzen! Amen.*

**Aber der Geist ergriff Amasai: Dein sind wir, David, und mit dir halten wir's, du Sohn Isais ... Friede sei mit deinen Helfern! Denn dein Gott hilft dir. Da nahm ihn David an.**
1. Chronik 12, 18

„Was willst du nun eigentlich werden?", fragt ein Vater seinen Sohn.

Der zuckt die Achseln. Der Vater seufzt.

Es ist schlimm, wenn Menschen sich in wichtigen Fragen ihres Lebens nicht zu einem Entschluss durchringen können. Ganz traurig aber ist diese Entschlusslosigkeit unserem Herrn und Erlöser gegenüber.

Da können wir von dem Amasai lernen. Der kam mit 30 Männern zu dem verachteten und verfolgten David in die Wüste. David geht ihm entgegen und fragt offen: „Warum kommt ihr?"

Da gerät der Geist Gottes über den Amasai, und er gibt dem David, dem Stammvater des Herrn Jesus Christus, die Antwort, die einen festen, klaren Entschluss verrät: „Dein sind wir, David! Und mit dir halten wir es, du Sohn Isais!"

Von dieser Geschichte geht unser Blick unwillkürlich hinüber zum Neuen Testament. Da stand der Herr Jesus und erlebte es, wie unter seiner Rede die Menschen wegliefen. „Das ist eine harte Rede!", sagten sie empört. Jesus wandte sich an seine Jünger: „Und ihr?" Nun antwortete Petrus wie der Amasai: „Herr! Wohin sollen wir gehen? Du hast Worte des ewigen Lebens. Und wir haben geglaubt und erkannt, dass du bist Christus, der Sohn des lebendigen Gottes!"

Es ist wundervoll, wenn ein Herz nach mancherlei Kämpfen zu dem Entschluss kommt: „Dein sind wir, / dein in Ewigkeit!"

Amasai entschied sich für David, weil der ein Freund Gottes war. Wie viel freudiger sollten wir uns für den entscheiden, der der Sohn Gottes ist.

*Herr! Mache uns ganz zu Deinem Eigentum! Amen.*

**Und David sprach zu Gott: Ich bin, der gesündigt und das Übel getan hat.** 1. Chronik 21, 17

Ist es uns klar, dass hier etwas ganz Erstaunliches geschehen ist?

Über das Volk Gottes im Alten Bund ging ein hartes Gericht Gottes. Schrecken und Jammer hatten alle niedergeschlagen. Da erhebt sich auf einmal der König vor Gott und erklärt: „Herr! Was haben diese armen Schafe getan?! Ich, ich habe gesündigt!"

Wo gibt es denn so etwas!

Überall ist man zwar einig darüber, dass die ganze Welt voll Schuld und Sünde ist. Aber – immer sind es die anderen, die gesündigt haben. Immer die anderen! Nie wir selbst!

Haben wir eigentlich schon einmal so zu Gott gesprochen wie der David? Dass wir nicht andere, sondern uns selbst anklagten, vor Gott anklagten?

Da versteht man auf einmal, dass der König David ein besonderer Freund Gottes war. Eigentlich ist das seltsam, denn jeder in der Christenheit hat doch davon gehört, dass dieser David einige ganz böse Dinge getan hat. Die Bibel berichtet von einem Ehebruch und von schmählichem Verrat Davids. Und der soll nun ein besonderer Freund Gottes sein?

Ja! Unser Textwort zeigt ihn als einen Mann, der „aus der Wahrheit ist". Der Ausdruck „aus der Wahrheit" stammt von Jesus, dem Sohn Gottes. Der hat gesagt: „Wer aus der Wahrheit ist, der hört meine Stimme." Ja, wer sich selbst verklagen kann, der findet hin zu Jesus, der unsere Sünde an das Kreuz getragen und weggetan hat. Der findet Gnade und Vergebung und wird so ein Freund Gottes.

Solange wir in der Finsternis wandeln, klagen wir immer alle anderen an. Aber wenn wir in das Licht Gottes kommen, verklagen wir uns selbst.

*Herr! Zeige mir mein eigenes Herz! Amen.*

**. . . denn es waren tüchtige Leute.** 1. Chronik 26, 6

Dies Wort hat einen merkwürdigen Platz in der Bibel.

Da gibt es in dem 1. Chronik-Buch eine lange Aufzählung all der Ämter, die der König David im Staats- und Tempeldienst einrichtete.

Es ist eine lange Liste von Ämtern und Namen. Und mancher Bibelleser hat vielleicht heimlich gedacht: „Es ist wohl schön zu hören, wie im Volke Gottes alles wohl geordnet sein soll. Aber die lange Liste macht mich doch müde!"

Und mitten in dieser Aufzählung steht auf einmal dieses Sätzlein, das uns die Söhne eines Mannes namens Semaja beschreibt: „. . . denn es waren tüchtige Leute."

Die Bibel sagt, was Gott über uns Menschen denkt. Und darum ist dies Sätzlein ein großes Lob.

Wir wollen darauf achten: Hier steht nicht, dass sie geniale Leute waren. Es ist auch nicht die Rede von ihrer großen wissenschaftlichen Ausbildung, auch nicht von besonderer Kraft oder Schönheit. Es ist nicht gesagt, dass sie sehr reich waren. Das alles wäre uns heute wichtig. Von diesen jungen Männern ist nur eins gesagt: „Sie waren tüchtige Leute." Was sie taten, das taten sie vor den Augen Gottes. Darum konnte man sich auf sie verlassen. Was sie taten, das taten sie in großer Treue. Darum konnte man ihnen Aufgaben anvertrauen. Was sie taten, das taten sie gründlich. Darum war ihr Werk brauchbar.

Offenbar waren sie Leute, die auch die kleinen und mühseligen Aufträge nicht verachtet haben. Darum bekommen sie hier das Lob.

Wie wird wohl Gott über u n s e r Alltagswerk urteilen?

*Herr! Hilf uns, treu zu sein in großen und kleinen Dingen! Amen.*

**Und das Volk ward fröhlich, dass sie willig waren; denn sie gaben's von ganzem Herzen dem Herrn freiwillig.**
1. Chronik 29, 9

Hier sollten wir aufmerken! Denn da wird uns gesagt, wie man ein fröhliches und vergnügtes Herz bekommen kann.

Wie man Ärger und Verdrießlichkeiten bekommen kann, das braucht uns niemand zu sagen.

Aber wie man ein fröhliches und vergnügtes Herz bekommt, das möchten wir doch gern alle erfahren.

Das Rezept allerdings ist verblüffend. Es heißt: Opfere deinem Gott und Herrn eine kräftige Gabe – vielleicht an Geld oder an Kraft oder an Zeit oder an irgendetwas anderem! Aber – opfere ihm so, dass du dir dabei einen kräftigen Stoß geben musst!

Und davon soll man ein fröhliches Herz bekommen? Das erscheint uns ja lächerlich! Unser natürliches Wesen sagt uns: Vom Gegenteil wird man fröhlich – wenn man nämlich selber etwas Schönes geschenkt bekommt. Aber etwas opfern und hergeben – das macht doch nur saure Herzen und Gesichter.

So meinen wir. Aber es stimmt nicht. In unserem Textwort wird berichtet, dass der König David in dem Volk Gottes eine große Sammlung veranstaltete, um das Material, Silber, Gold, edle Steine und Stoffe, für einen Tempel Gottes zusammenzubringen. Nun fing das Volk an zu opfern. Und das Ende? „Sie wurden fröhlich, dass sie willig waren."

Ich weiß von einer reichen, schwermütigen Frau. Der riet ihr Pfarrer, sie solle einmal in ihren schönen Park viele arme Leute zu einem Festmahl einladen. Zuerst fand sie das unmöglich. Aber am Abend bekannte sie: „Es war der schönste Tag meines Lebens."

*Herr! Vergib uns unsere Selbstsucht, mit der wir uns selber unglücklich machen! Zeige uns, wo wir Dir dienen und opfern können! Amen.*

**Hilkia sprach zu Saphan, dem Schreiber: Ich habe das Gesetzbuch gefunden im Hause des Herrn.** 2. Chronik 34, 15

Da war also etwas Unerhörtes geschehen in Israel. Das Wort Gottes, sein heiliges Gesetz, war verloren gegangen. Und kein Mensch hatte es gemerkt! Man kam erst darauf, als der Priester Hilkia es in irgendeinem Winkel fand, es las und auf einmal begriff, was dem ganzen Volk fehlte.

Manchmal packt mich die Angst, es könnte in unserem Volk und in dem so genannten christlichen Abendland genauso geschehen: dass die Bibel verloren geht. Und niemand vermisst sie! Vielleicht liest jemand diese Zeilen, in dessen Leben die Bibel jetzt schon verloren gegangen ist. Sie steht noch irgendwo, so wie die Bibel der damaligen Zeit, das Gesetz Gottes, auch noch irgendwo im Tempel war. Aber – unbenutzt, vergessen.

Das ist furchtbar! Dann liegt das Schweigen Gottes über unserem Leben. Denn er redet nur durch sein Wort. Dann hören wir tausend Stimmen. Aber die eine nicht mehr, auf die es ankommt.

In dem Jungendhaus in Essen, im Weigle-Haus, wurde nach dem letzten Krieg ein seltsames Bild aufgehängt: Da sieht man die grauenvollen Trümmer einer zerstörten Stadt. Am Straßenrand spielen die Kinder. Sie haben in den Trümmern etwas gefunden: ein Kruzifix, ein Bild des gekreuzigten Heilandes. Das sehen sie erstaunt an. Und in ihren erschrockenen Gesichtern ist eine Ahnung davon, dass dies der Grund alles Unheils ist, dass dies Kreuz verloren ging.

Junge Menschen fanden es ganz neu, wie Hilkia das Wort Gottes fand. Wir sollten auch die Bibel und das menschgewordene Wort Gottes, Jesus, ganz neu entdecken.

*Herr! Bewahre uns vor Verachtung Deines Wortes und Deines Heils! Amen.*

**Schmecket und sehet, wie freundlich der Herr ist.**

Psalm 34, 9

Das muss man nur einmal laut in unsere Welt hineinrufen. Dann prasseln von allen Seiten die Proteste. „Gott freundlich? Und all das Schreckliche, das täglich passiert?! Hört auf mit dem Unsinn!"

In einem Roman der französischen Schriftstellerin Thyde Monnier erklärt eine verzweifelte Mutter: „Der liebe Gott ist einfach ein Verbrecher, wenn er einem solche Kinder nimmt!"

Ein bekannter Mann schrieb: „Wir haben uns daran gewöhnt, dass wir Angeklagte Gottes sein sollen. Nun muss es endlich einmal gesagt werden: Wenn es heute einen Angeklagten gibt, dann ist es der Gott der Christen. Und der Ankläger ist die geplagte, gepeinigte Menschheit."

Müsste nicht der David vor solchem Protest einpacken mit seinem ganzen Psalm von der „Freundlichkeit Gottes"?

Gewiss, Gott ist ein verborgener Gott. Er lässt einen gerechten Hiob arm und krank auf dem Aschenhaufen sitzen. Er lässt es zu, dass der Weg seines großen Zeugen Paulus sich verliert im Dunkel römischer Kerker.

Und doch: Wir möchten es in die Welt hineinschreien: „Schmecket und sehet, wie freundlich der Herr ist!" Es gibt einen hellen Beweis für seine Barmherzigkeit, Liebe und Freundlichkeit: Das ist das Kreuz Jesu Christi. Das ist der Leuchtturm der Liebe Gottes in der dunklen Welt: „So sehr hat Gott die Welt geliebt, dass er seinen eingeborenen Sohn gab." Wer das Kreuz nicht im Glauben ansehen kann, dem versinkt alles im Dunkel. Aber – so heißt es in demselben Psalm: „Welche auf ihn sehen, die werden erquickt, und ihr Angesicht wird nicht zu Schanden."

*Herr, öffne uns die Augen für Deine Liebe, die auf Golgatha offenbart wurde! Amen.*

**Der Herr ist nahe denen, die zerbrochenen Herzens sind.**
Psalm 34, 19

Hat Gott besondere Lieblinge?

Ja!, sagt die Bibel. Menschen mit zerbrochenen Herzen sind Gottes besondere Lieblinge.

Der Kenner der Bibel fährt auf: „Stimmt denn das? Die Bibel sagt doch: ‚So sehr hat Gott die Welt geliebt ...' Die Welt! Also alle!"

Nun steht aber merkwürdigerweise in unserem Textwort, dass die zerbrochenen Herzen Gott besonders lieb sind. Also doch eine Auswahl? Doch besondere Lieblinge?!

Ein Bild kann es uns klarmachen. Von Jesus, der am Kreuze starb, geht ein Strom der Liebe Gottes in die Welt. Nun wissen wir: Die Wasser fließen ab an den hohen, stolzen Felsenbergen. So fließt die Liebe Gottes ab an den stolzen Steinherzen. Es ist erschütternd, dass Jesus weinte über die Stadt Jerusalem, in der die stolzen Herzen die Gottesliebe an sich abfließen ließen.

In die Tiefe fließen die Wasser. Nach unten! So fließt der Strom der Liebe Gottes zu den Menschen, die „unten" sind.

„Unten" – das ist nicht dasselbe wie „down". So sagt man ja in unserer modernen Sprache: „Ich bin down." „Down" und „unten" unterscheiden sich wie „Katzenjammer" und „Jammer". „Unten" sind die Leute, die Gott zerbrochen hat, denen er ihren verlorenen Zustand gezeigt hat, die ihr verklagendes Gewissen nicht mehr aushalten, die anders werden möchten und die nicht wissen, wie das geschehen soll.

Zu denen fließt der Strom der Liebe Gottes. Und darum sind solche zerbrochenen Herzen Gottes Lieblinge, weil sie seine Liebe so gern aufnehmen.

*Herr, wir danken Dir, dass Du die lieb hast, die sich selbst nicht mehr mögen. Amen.*

**. . . welchen ihr Herz nicht fest war und ihr Geist nicht treulich hielt an Gott, wie die Kinder Ephraim, die geharnischt den Bogen führten, abfielen zur Zeit des Streits.**

Psalm 78, 8 und 9

Vor der Schlacht waren die Krieger Israels angetreten. Aller Augen sahen auf die Leute aus Ephraim. Die waren herrlicher als alle anderen. Wie glänzten ihre Brustpanzer! Wie mutig schwangen die Bogenschützen ihre Waffen!

Aber als es ernst wurde und man gegen den Feind zog, brach unter den Ephraimiten eine Panik aus. Sie liefen davon. Eine schmähliche Geschichte! Man hat sie in Israel nie vergessen.

Wie war denn das möglich? Unser Psalmwort gibt die Antwort: Sie verließen sich allzu sehr auf ihre herrliche Rüstung und ihre Bogen. Weil aber Israel nicht ein Volk wie andere war, sondern das Volk, mit dem der lebendige Gott einen Bund gemacht hatte, sollte der Herr ihre Stärke und ihr Vertrauen sein. Nun wurden sie mit ihrem Vertrauen auf irdische Waffen zuschanden. „Ihr Geist hielt nicht treulich an Gott“, sagt unser Textwort.

Das ist eine wichtige Warnung für alle, die im Bund des Neuen Testaments stehen, der auf Golgatha durch das Blut Jesu geschlossen wurde. Wer in diesen Bund getreten ist, der macht ähnliche Erfahrungen wie die Ephraimiten. Er wird zuschanden, wenn er sich auf seine Klugheit oder Kraft verlässt. Der Herr, der uns so teuer erkauft hat, will uns alles sein.

Aber dann geschieht es, wenn wir geschlagen und verzweifelt allen Glauben an uns selbst verloren haben, dass der Herr uns aufhebt und uns zu Siegern macht. Die Bibel fordert nicht: „Seid stark!“ Sie sagt vielmehr: „Seid stark in dem Herrn und in der Macht seiner Stärke!“

*Herr! „Schaffe in uns neues Leben, / Dass wir uns stets zu Dir erheben, / Wenn uns entfallen will der Mut!“ Amen.*

**Die Kinder Ephraim, die geharnischt den Bogen führten, fielen ab zur Zeit des Streits.** Psalm 78, 9

Das geschah nicht in irgendeinem Krieg bei irgendeinem Volk. Nein! Das geschah in Israel, dem Volke Gottes.

Die Bibel sagt uns, dass alle die Kämpfe des alttestamentlichen Gottesvolks Vorbild, Lehre und Warnung enthalten für die Gemeinde des Neuen Testaments. So ist es also für unser Glaubensleben wichtig, über diese unglückselige Geschichte heute noch einmal nachzudenken.

Die Spannung war auf das höchste gestiegen. Mit gewaltigem Geschrei rückte der Feind, der Gottes Volk bedrohte, heran.

Und genau in diesem Augenblick ging die Nachricht von Mund zu Mund: „Die Ephraimiten laufen weg!" Das war ein Schlag! Ausgerechnet die Krieger aus Ephraim! Wie herrlich hatten die dagestanden in ihrer großartigen Rüstung! Und nun ließen sie einfach dem Feind das Feld!

Diese Psalmstelle spricht davon, dass der Herr seine Leute, wenn sie nicht treu sind, fallen lassen kann gerade in dem Augenblick, wenn es ernst wird. Helmut Lamparter sagt es in einer Psalmen-Umdichtung so: „. . . da ließ er über sie entbrennen / Den Zorn, das Feuer seines Grimms. / Er strafte, ließ ins Unglück rennen / Sein Volk, die Söhne Ephraims."

Das ist eine ernste Wahrheit: Gott straft seine untreuen Kinder oft nicht mit Unglück, sondern dadurch, dass er sie versagen lässt und ihren Glauben zum Spott macht. Wenn Christenleute nicht mehr richtig zu ihrem Heiland stehen, dann zieht er die Hand ab, dass wir „am bösen Tage" nicht mehr „Widerstand tun und das Feld behalten können".

Wenn im Ernstfall unsere Kraftlosigkeit an den Tag kommt, ist es höchste Zeit zu Buße und Umkehr.

*Herr! Beseitige alle Halbheiten und Unklarheiten zwischen Dir und uns! Amen.*

**Er leitete sie sicher, dass sie sich nicht fürchteten; aber ihre Feinde bedeckte das Meer.** Psalm 78, 53

Wir erleben immer wieder, wie dem Glauben an den gekreuzigten und auferstandenen Herrn widersprochen wird. Man setzt gegen unser Glaubensbekenntnis andere Weltanschauungen, Ideale und religiöse Überzeugungen.

Die klingen gut. Aber die Frage ist: Wie bewähren sie sich im Ernstfall?

Da stellt es sich dann heraus, dass so vieles nur eine Schön-Wetter-Religion ist. Wenn Sturm kommt, bricht sie zusammen.

Davon spricht unser Psalmwort. Ein Ernstfall war eingetreten. Israel, das alttestamentliche Gottesvolk, war an das Rote Meer gekommen. Hinter ihm her jagten mit Heeresmacht die Ägypter. Nun zeigte es sich, dass es einem starken Herrn gehörte, einem Herrn, der erretten kann. Er bahnte ihm einen Weg durch die Wasser des Meeres. Und – das ist dem Psalmsänger so wichtig – er nahm ihm alle Furcht weg. Eingehüllt in den Frieden Gottes, zog es auf dieser Schrecken erregenden Straße.

Dann kamen die Ägypter angebraust. Die hatten auch Religion. Sie hatten eine Menge Götter. Aber alle ihre religiösen Überzeugungen halfen ihnen nichts, als die Fluten über ihnen zusammenschlugen und das Grauen sie verschlang.

Wir sollten vorsichtig sein mit religiösen Überzeugungen und Weltanschauungen! Im Ernstfall zeigt sich, was es heißt: Frieden mit Gott haben durch unsern Herrn Jesus Christus.

*O Gott! Gott – nicht der Philosophen, sondern Gott Abrahams, Isaaks und Jakobs! Vater Jesu Christi! Wirklicher Gott! Lass uns Dir gehören! Amen.*

**Ein Mensch ist in seinem Leben wie Gras, er blüht wie eine Blume auf dem Feld; wenn der Wind darüber geht, so ist sie nimmer da . . .** Psalm 103, 15 und 16

Es gab einmal einen Kreis junger Menschen. Die waren sehr unzufrieden mit der „alten Generation". Darum schlossen sie sich zusammen, um als junge Generation der Welt ihre revolutionierende Meinung kundzutun.

Sie veröffentlichten Artikel. Sie verkündeten ihre neuen Gedanken über Kunst und Religion, über Kultur und Philosophie. Und immer hieß es anspruchsvoll: „Wir Jungen!".

Bis eines Tages eine große Zeitung einen Aufsatz veröffentliche. In dem schrieb ein junger Mann, jene Gruppe solle doch aufhören, im Namen der „Jungen" zu sprechen. Sie seien doch schon recht spießiges Mittelalter. Da ging dem Kreis auf: „So schnell geht das, dass auf einmal eine andere Generation da ist und den Anspruch erhebt: ‚Jetzt sind wir die Jungen!'"

So schnell geht das! So schnell geht unser Leben vorbei.

Was wollen wir nun mit diesem kurzen Stück Dasein zwischen Geburt und Tod anfangen?

In dem österreichischen Diakonissenhaus Gallneukirchen steht eine alte Standuhr. Sie trägt die Inschrift: „Zeit ist Gnade."

Die uns gegebene kurze Zeit ist eine Chance. Die können wir verpassen und unser Leben verderben durch Selbstsucht. Wir können diese Gnade aber auch annehmen und unser Leben schön machen durch Liebe. Durch Liebe, die der Herr Jesus, der ja selbst die Fleisch gewordene Liebe Gottes ist, ausgießt in unser Herz.

Wir sollten zu unserem Erlöser sagen:

*„Herr, hilf uns, dass wir, wenn wir schon nur wie Feldblumen sind, schöne Blumen werden!" Amen.*

**Jerusalem ist gebaut, dass es eine Stadt sei, da man zusammenkommen soll.** Psalm 122, 3

Das „Zusammenkommen“ hat in der Gemeinde des lebendigen Gottes immer eine große Rolle gespielt. Schon in den ersten Geboten, die Gott gab, heißt es: „Der erste Tag soll heilig sein, dass ihr zusammenkommt.“ Und von der ersten Gemeinde heißt es: „Sie blieben beständig in der Apostel Lehre und in der Gemeinschaft . . .“

Im Laufe der Kirchengeschichte hat es eine Stunde gegeben, in der die Christenheit beweisen musste, wie viel ihr das „Zusammenkommen“ wert ist.

Der römische Kaiser Diokletian wollte die Christenverfolgung im alten Stil nicht fortsetzen. Darum ließ er verkündigen, jeder dürfe seines Glaubens leben. Nur sollten die Christen keine Versammlungen mehr abhalten.

Sollte die arme, bisher so bedrängte Christenheit darauf nicht eingehen?!

Aber die Ältesten erklärten einmütig: „Das Zusammenkommen gehört für uns Jesus-Jünger zum geistlichen Leben. Wir müssen zusammenkommen, um uns im Glauben an den gekreuzigten und auferstandenen Herrn zu stärken, um uns gegenseitig zu ermahnen, um gemeinsam zu singen und zu beten.“

So haben sie dem Gebot des römischen Kaisers getrotzt, und es kam zu einer der furchtbarsten Verfolgungen.

Das Zusammenkommen der Glaubenden sollte nicht nur ein Gebot, sondern Freude sein. Wenn die Leute aus Israel zu einem der Gottesfeste nach Jerusalem kamen, sangen sie jubelnd den Psalm: „Unsere Füße stehen in deinen Toren, Jerusalem.“

Man will heute vielfach ein Privatchristentum pflegen. Das geht nicht. Da sterben Glaube und Liebe.

*Herr! Gib uns Freude an Deinen Gottesdiensten! Amen.*

**Wenn dich die bösen Buben locken, folge nicht.**

Sprüche 1, 10

„Das Wort von den bösen Buben kommt mir vor wie ein alter, humorloser Mann, der mit erhobenem Zeigefinger einige lustige Max- und Moritz-Streiche vereiteln will." So sagte einer, als er dies Wort hörte. Und wie er, so denken gewiss viele.

Welch ein Missverständnis! Der König Salomo hat in seinen „Sprüchen" sehr genau geschildert, welche Leute er mit den „bösen Buben" meint: Menschen, die ohne Gewissenshemmung und ohne Mitleid mit Brutalität und Schläue ihren Weg gehen.

Solche Persönlichkeiten haben etwas Mitreißendes. Sie sind die Erfolgsmenschen. Der vollkommenste „Bube" dieser Art wird der Antichrist sein, der als letzter Weltbeherrscher der Wiederkunft Jesu vorausgeht.

Als Johannes – so wird es im letzten Buch der Bibel geschildert – ihn sah, wurde er fasziniert. Aber da berührt ihn ein Engel und sagt mahnend: „Staune nicht! Lass dich nicht inwendig ergreifen von diesem Menschen des gewissenlosen Erfolgs!"

Davon redet unser Bibelwort: Wir sind immer in Gefahr, dass wir Menschen verfallen. Es müssen nicht nur die Großen dieser Welt sein. Es kann ein Freund oder jemand vom anderen Geschlecht sein, dem wir besinnungslos verfallen. Die Bibel mahnt: „Werdet nicht der Menschen Knechte!"

Die Bibel spricht noch von einer ganz anderen Verlockung. Jesus, der Sohn Gottes, sagte über Jerusalem: „Wie oft habe ich deine Kinder versammeln wollen wie eine Henne ihre Küchlein versammelt . . ." Haben wir dies Locken schon einmal gehört? So ruft die Stimme des Herrn Jesu: „Wendet euch zu mir, aller Welt Enden, so werdet ihr errettet." Das ist eine Verlockung zum Leben.

*Herr! Lass unsere Ohren geöffnet sein für Deine Stimme! Amen.*

**Wer im Sommer sammelt, der ist klug; wer aber in der Ernte schläft, wird zu Schanden.** Sprüche 10, 5

Denke nur keiner: „Das ist doch eine Binsenwahrheit! Und außerdem geht sie nur Bauern an!“

Der weise König Salomo spricht hier von geistlichen Dingen. Er ist der Ansicht, dass man Gott gegenüber unerhört dumm sein kann. Und er will uns zur rechten Klugheit ermuntern.

„Wer im Sommer schläft . . .“ Was meint er mit dem Sommer? Der Liederdichter Paul Gerhardt hat in einem Liede das erklärt: „Gib, dass der Sommer deiner Gnad' / In meiner Seele früh und spat / Viel Glaubensfrücht erziehe.“

Als Junge erlebte ich es, wie mein Vater einen Mann in den Gottesdienst einlud. Der lachte und sagte: „Die Kirche ist kein Frosch. Sie hüpft nicht davon!“

Nun sagt uns Salomo: Das ist ein Irrtum. Es gibt im Leben der Einzelnen und der Völker Gnadenzeiten, in denen Jesus uns ruft, in denen der Sommer seiner Gnade angebrochen ist. Und da muss man nun zugreifen.

„Wer im Sommer sammelt . . .“ Da meint Salomo dasselbe wie der Prophet, der rief: „Suchet den Herrn, solange er zu finden ist.“ Jesus weinte einst über die Stadt Jerusalem und sagte: „Du hast nicht erkannt die Zeit, in der du heimgesucht wurdest.“

Jesus sagt: „Siehe, ich stehe vor der Tür und klopfe an. So jemand meine Stimme hören wird und die Tür auftun, zu dem werde ich eingehen.“ Das ist der Sommer der Gnade! Da heißt es: Aufstehen vom Schlaf und durchbrechen, bis man Vergebung der Sünden hat und von Gott angenommen ist.

*Herr! Es ist so furchtbar, wenn man im Sterben oder gar am Jüngsten Tage zu Schanden wird. Wecke uns recht auf, dass wir sammeln, was zum ewigen Leben nötig ist! Amen.*

**Hölle und Abgrund ist vor dem Herrn; wie viel mehr der Menschen Herzen.** Sprüche 15, 11

Es ist seltsam: Die Bibel versucht gar nicht, uns das zu beweisen, dass alles offen liegt vor Gottes Augen. Sie sagt auch nicht, dass es vielleicht so sein könnte und dass wir gut täten, diese Möglichkeit ins Auge zu fassen. Sie versucht auch nicht, uns zu dieser Einsicht zu überreden.

Die Bibel stellt nur einfach fest, wie es sich tatsächlich verhält.

Wir werden nicht gefragt, ob uns das passt. Wir werden auch nicht gefragt, ob wir das glauben und annehmen wollen.

Es wird der Tatbestand festgestellt: Alles, die Abgründe der Welt, die Hölle, ja unsere Herzen liegen vor Gott so offen wie ein aufgeschlagenes Buch. „Der Menschen Herzen!" Es geht also nicht nur um unser Tun. Unsere Gedanken, heimlichen Wünsche, unsere Sehnsüchte, unsere Fantasien, unser Hassen und Lieben liegen offen vor Gottes Augen.

Wir müssen darauf achten, wie seltsam unser Textwort spricht: „Hölle und Abgrund liegen offen vor dem Herrn; wie viel mehr der Menschen Herzen." Wir würden doch sagen: „Auch der Menschen Herzen!" Was soll der Ausdruck: „wie viel mehr" denn sagen?

Totenreich und Hölle erstreben eins nicht, was wir immer wieder versuchen: Sie verstecken sich nicht vor den Augen Gottes. Seit Adam sich hinter den Büschen vor Gott verkrochen hat, versuchen wir dauernd, uns Gottes Blick zu entziehen. Wir können und wollen es nicht fassen, dass wir überall vor seinen Augen sind.

Unser Textwort will uns diese Versuche wegschlagen. Wenn Gott sogar die Hölle sieht, wie viel mehr wird er unsere Versteckversuche lächerlich finden.

*Herr! Lass uns lernen, vor Deinen Augen zu leben! Amen.*

**Hölle und Abgrund ist vor dem Herrn; wie viel mehr der Menschen Herzen.** Sprüche 15, 11

Im alten Russland, als noch der Zar regierte, gab es ein Sprichwort: „Der Himmel ist hoch, und der Zar ist weit."

Ein verzweifelter Mensch hat wohl dies Wort zuerst gesagt. Er wollte sagen: Der Zar, der das große Reich regiert, kann unmöglich alles sehen und wissen. Er kennt nicht die Not der Bauern und die Herzlosigkeit der Beamten. „Der Zar ist weit."

Und: „Der Himmel ist hoch." Dahinter steht die Furcht, dass es bei Gott auch so sein könnte wie beim Zaren: dass er unmöglich alles sehen und wissen kann, was die Menschen beschwert.

Aus dem Sprichwort spricht die Verlassenheit eines armen Menschenherzens, das sich mit all seinen Nöten, Fragen und Problemen unsagbar allein sieht.

Solchen Herzen sagt nun unser Bibelwort: Alles, Hölle und Erde und Menschenwelt, ja, sogar unsere Herzen sind aufgedeckt vor den Augen Gottes.

Nachdrücklich wird das bezeugt im Blick auf den Herrn Jesus Christus, in dem Gott zu uns kam: „Er bedurfte nicht, dass jemand Zeugnis gäbe von einem Menschen; denn er wusste wohl, was im Menschen war."

Ich kenne einen Jungen, dessen Hobby kleine, seltene Fische sind. Einmal sah ich ihn, wie er sich über sein Aquarium beugte. So beugt sich Gott über die Menschenwelt. Und alle Geschehnisse und Herzen sind offenbar vor ihm.

Die Bibel berichtet von einer Mutter, die sich mit ihrem kleinen Jungen in der Wüste verirrt hatte. Verdurstend und verzweifelt rüstete sie sich zum Sterben. Da hört sie auf einmal, wie ihr Name gerufen wird. Es ist Gottes Stimme. Er zeigt ihr einen Brunnen. Den nannte sie: „Gott sieht mich."

*Herr! Dir sei Dank für Deine barmherzige Gegenwart! Amen.*

**Es ist besser ein Gericht Kraut mit Liebe denn ein gemästeter Ochse mit Hass.** Sprüche 15, 17

Der König Salomo, von dem dies Wort stammt, stellt uns zwei Häuser vor Augen. Im einen wird ein herrliches Fest gefeiert: Gäste, Wein, gemästeter Ochse! Im anderen steht nur eine Schüssel Kraut auf dem Tisch.

Wo ist es schöner?

Wir antworten natürlich: „Bei dem gemästeten Ochsen!“ „Falsch!“, sagt Salomo. „Schön ist es nur dort, wo die Liebe regiert, wo Gottes Geist Freundlichkeit und Güte gewirkt hat.“

Wenn die Bibel nämlich „Liebe“ sagt, dann denkt sie an den Herrn Jesus, der Gottes Liebe zu uns gebracht hat und durch seinen Geist die Herzen erneuert.

Sehen wir uns doch einfach zwei biblische Gastmähler an!

Das eine wurde im Palast des Königs Herodes gehalten. Wein und gutes Essen hatten die Köpfe erhitzt. Nun tanzte die junge Salome und erregte alle Sinne. Der König brülle: „Wünsch dir was, Mädel!“ Und sie wünschte sich das Haupt des Gottesmannes Johannes. Schauerlich! Eine unerlöste Welt mit ihren gemästeten Ochsen!

Das andere Mahl war sehr einfach: 5000 Menschen saßen um Jesus her in der Steppe. Es wurde sehr still, als Jesus die paar Fische und die wenigen Brote dankend vor dem himmlischen Vater ausbreitete. Aber dann aßen alle und wurden satt. Und es waren große Freude und tiefer Friede über diesem Mahl.

Welches Gastmahl war wohl schöner?

In einem alten Liede heißt es. „O selig Haus, wo man dich aufgenommen, / Du wahrer Seelenfreund, Herr Jesus Christ!“

*Herr! Wir danken Dir, dass Du Frieden schenkst und Liebe! Amen.*

**Ein Geduldiger ist besser denn ein Starker.** Sprüche 16, 32

Es ist seltsam, dass der mächtige König Salomo so etwas schreiben konnte. Denn meistens schätzen die Mächtigen der Erde die Starken. Der Preußenkönig Friedrich Wilhelm I. liebte über alles seine „langen Kerls", Cromwell seine „Eisenseiten", Kaiser Wilhelm II. seine „schimmernde Wehr" und Hitler seine SS.

Und da sagt nun ein König: „Ein Geduldiger ist besser denn ein Starker." Das Wort hat er sich wohl nicht selbst ausgedacht. Das hat ihn Gottes Heiliger Geist gelehrt.

Ja, kein Mensch würde auf solche Weisheit verfallen. Denn sie geht ganz gegen unsere Natur. „Wie?!", fragt diese. „Ein geduldiges Schaf soll man sein, das sich alles gefallen lässt? Das soll besser sein als ein Kerl, der auch mal auf den Tisch haut!?"

„Ja!", erwidert uns Gottes Wort. „Denke nur: Der Sohn Gottes, der Herr Jesus, war ein solches Lamm, ‚allzeit erfunden geduldig'. Und er ist doch sicher besser als alle Starken in der Welt."

Da lernen wir begreifen: Unsere ganze Natur ist vor Gott verkehrt. Unser Wesen ist in Gottes Augen verderbt. Der Schriftsteller Kafka schrieb in sein Tagebuch: „Der unterste Boden unseres Herzens ist nicht Lava, sondern Schmutz . . . Ich elender Mensch!"

Der Herr Jesus hat einmal gesagt: „Die Gesunden bedürfen des Arztes nicht, sondern die Kranken." Mit unserem bösen Herzen, das sich in der Ungeduld zeigt, sind wir offenbar Kranke. Es ist nur ein einziger Arzt für uns da: Jesus, unser Heiland. Er kann uns sogar von uns selbst erlösen. Unsere Ungeduld und unser Starksein-Wollen sind geistliche Krankheiten. Eilen wir zu dem Arzt!

*Herr! Nimm unser Wesen in Deinen Tod und lass uns mit Dir in einem neuen Leben sein! Amen.*

**Ein Geduldiger ist besser denn ein Starker.** Sprüche 16, 13

Wie?! Was?!

Ein starker, vitaler Kerl ist doch wohl besser als ein Geduldiger! Den großen Sportsleuten jedenfalls jauchzen Tausende zu. Doch über einen Geduldigen lächelt man höchstens.

Aber – wer hat denn eigentlich zu bestimmen, was gut, was böse und was besser ist? Die Volksmeinung? Oder die Regierung? Oder die Philosophen? Die Theologen? Die Lehrer? Oder unser eigenes Herz?

Es kann doch nur ein Einziger sagen, was wirklich „gut" ist – nämlich der Herr und Richter der Welt, Gott! Und er proklamiert in seinem Wort: „Ein Geduldiger ist besser denn ein Starker."

Das ist ja ein merkwürdiges Wort! Es müsste doch eigentlich heißen: „Ein Geduldiger ist besser als ein Ungeduldiger!" Es heißt aber: „. . . besser denn ein Starker."

Da ist also nichts gegen die Starken gesagt. Es ist schön, wenn einer stark und gesund ist. Ein solcher tut gut, Gott für solche Gaben zu danken.

Aber – ein Geduldiger ist „besser".

Warum wohl?

Ein Geduldiger ist ein Mensch, der Zeit hat. Vom Teufel heißt es aber einmal in der Bibel: „Er weiß, dass er wenig Zeit hat." Das Keine-Zeit-Haben, das Gehetzt-Sein ist etwas typisch Dämonisches und Satanisches.

Gott hat Zeit. Von ihm heißt es. „Er ruhte am siebten Tage." Und: „Er tut alles fein zu seiner Zeit." Bei Gott ist Ruhe, Friede und Freude. Und der Geduldige ist ein Mensch, der auf Gottes Seite steht und aus seiner Kraft lebt, die er uns in Jesus anbietet.

*Herr Jesus! Mache unser unruhiges Herz stille in Dir! Amen.*

**Wie das Feuer Silber und der Ofen Gold, also prüft der Herr die Herzen.** Sprüche 17, 3

Der norwegische Dichter Henrik Ibsen hat ein Drama geschrieben: „Peer Gynt". In dem kommt eine ergreifende Szene vor:

Der alte Peer Gynt steht nach allen Irrfahrten seines Lebens vor einer Waldhütte und hält eine Zwiebel in der Hand, die er spielend entblättert. Und dabei wird ihm diese Zwiebel zum Bild seines Lebens. Atemberaubend überfällt ihn die Frage: Nach den Häuten müsste doch ein Kern kommen?! Wir hören ihn sagen: „Das hört ja nicht auf! Immer Schicht auf Schicht! / Kommt denn der Kern nicht endlich ans Licht? / Bis zum Innersten – da schau nur einer! / Bloß Häute . . .!"

Und dann erschrickt er: „So ist mein Leben!" Mit einem Fluch wirft er die Zwiebel fort . . .

Eine unheimliche Szene! Aber was die Bibel sagt, ist noch beunruhigender: Da nimmt Gott selber die Zwiebel in die Hand. Unser Leben! Ob er wohl mehr findet als nur Schalen und Häute?

„Wie das Feuer Silber . . ." Von dem geoffenbarten Gott heißt es in der Bibel: „Er hat Augen wie Feuerflammen." Das ist das Feuer, das unser Leben prüft, wie „Feuer das Silber". Ihm machen wir nichts vor. Ob er einen Kern bei uns findet?

Er wird viele Schalen wegwerfen, denn in unserem Leben sind viele Nichtigkeiten. Ob er einen Kern findet?

Was könnte denn das für ein Kern sein? Er findet einen Kern, wenn er sich selber in uns findet in Jesus. Wenn wir den Sohn Gottes in uns aufgenommen haben als den Heiland der Sünder, der aus dem ärmsten Leben etwas macht, dann hat unser Leben seinen Kern und seine Mitte und ist nicht verloren.

*Herr Jesus! Du hast gesagt, dass Du in uns wohnen willst. Kehre bei uns ein! Amen.*

**Es ist besser, einem Bären begegnen, dem die Jungen geraubt sind, denn einem Narren in seiner Narrheit.**
Sprüche 17, 12

„Halbe Narren sind wir alle, / Ganze Narren sperrt man ein. / Aber die Dreiviertels-Narren / Machen uns die größte Pein."

Unser Textwort erinnert unwillkürlich an diesen humorvollen Stoßseufzer. Aber bei näherem Zusehen zeigt sich, dass es hier um Tieferes geht. Einem Bären begegnen, dem die Jungen geraubt sind – das ist lebensgefährlich. Und nun soll es noch gefährlicher sein, einem Narren zu begegnen?! Ja! Der Bär kann uns das Leben kosten. Aber ein Narr kann uns das „Leben aus Gott" nehmen.

Leben aus Gott! Was ist das? Von Natur haben wir es nicht. Aber wenn Gottes Geist in uns arbeitet, dann erwachen Buße und Glaube an Jesus, den gekreuzigten Erlöser. Dann lernt man beten und Gottes Wort lieben. Das ist Leben aus Gott. Aber was sollen wir viel Worte darüber verlieren! Ein Toter begreift nie, was Leben ist. Und wer Leben aus Gott hat, der kennt es.

Nun sagt uns der König Salomo: Dies Leben aus Gott ist bedroht – durch die Narren. Wer sind denn die Narren in Gottes Augen?

David sagt: „Die Narren sprechen in ihrem Herzen: Es ist kein Gott!" Jesaja nennt diejenigen Narren, die sich einen Gott nach ihrem eigenen Bild und nach ihren Gedanken machen. Paulus sagt im Römerbrief von den Verächtern Gottes: „Da sie sich für weise hielten, sind sie zu Narren geworden." Und Gott selbst sagte einem reichen Mann, der nur auf das Irdische bedacht war: „Du Narr, diese Nacht wird man deine Seele von dir fordern!" Diese Narren können menschlich sehr klug und weise sein. Darum sind sie gefährlich für das Leben aus Gott.

*Herr! Bewahre selbst das Werk, das Du in uns angefangen hast! Amen.*

**Der Name des Herrn ist ein festes Schloss; der Gerechte läuft dahin und wird beschirmt.** Sprüche 18, 10

Das Wort sollten wir uns fest einprägen! Und wir sollten nicht ruhen, bis wir verstehen, was es sagt.

Das Seltsame an diesem alten Wort ist dies: Es trifft mitten hinein in unser modernes Lebensgefühl. Es spricht nämlich von unserer Bedrohtheit.

Es gab Zeiten, da der Mensch von einem herrlichen Optimismus erfüllt war: „Es wird immer besser in der Welt!"

Die Zeiten sind dahin! Philosophen, Dichter und Politiker reden beständig von unserem Bedrohtsein. Und alle fürchten das Unheil, das jeden Augenblick über uns hereinbrechen kann: Geldentwertung, Atomkrieg, Krankheit, Naturkatastrophen und vieles andere.

Und wer nicht ganz oberflächlich ist, der merkt: Uns bedrohen nicht nur Dinge und Menschen, sondern unheimliche, hintergründige Mächte. In der gut situierten Schweiz nimmt sich etwa alle acht bis zehn Stunden ein Mensch das Leben. Wer spürt da nicht die drohende Faust Satans, die nach uns greift!

Und nun muss ich das Schlimmste sagen: Am gefährlichsten sind wir von Gott bedroht. Ja, von Gott! Den meisten kommt das unglaublich vor. Aber – wer stieß die Ägypter ins Rote Meer, dass sie umkamen? Gott tat das! Man muss einmal in den Büchern der Propheten lesen, wie Gott ganze Völker und Kulturkreise zum Tode verurteilen kann. Ja, Jesus selbst sagt erschauernd: „Fürchtet euch vor dem, der Leib und Seele verderben kann in die Hölle!"

Unser Lebensgefühl hat schon Recht: Wir sind bedroht! Ja, wir sind bedrohter, als wir ahnen.

Wie wichtig ist da unser Wort, das uns einen festen, sicheren und ruhigen Ort zeigt, wo wir alle Furcht verlieren: „Der Name des Herrn ist ein festes Schloss."

*Herr! Mache uns noch unruhiger, bis wir ruhen in Dir! Amen.*

**Der Name des Herrn ist ein festes Schloss; der Gerechte läuft dahin und wird beschirmt.** Sprüche 18, 10

Es gibt also tatsächlich Menschen, die mitten in dieser bedrohlichen Welt mit all ihren Ängsten leben und doch fröhlich und trotzig rühmen: „Ich fürchte mich nicht! Was können mir Menschen tun?" Oder: „Du wirst mich vor Angst behüten, dass ich, errettet, gar fröhlich rühmen kann." So haben Menschen der Bibel gerufen. Und so rühmen heute die, denen der Name des Herrn zum festen Schloss wurde. Sie sind wie Leute, die in einer unüberwindlichen Burg trotzig ihre Fahne hissen.

Wer möchte es nicht auch so gut haben?

Unser Textwort zeigt den Weg dazu. Allerdings fällt auf, dass der König Salomo hier nicht einfach sagt: „Gott ist ein festes Schloss."

Salomo drückt sich so seltsam aus: „Der N a m e des Herrn ist ein festes Schloss." Was heißt denn das?

Der N a m e des Herrn heißt J e s u s ! Warum nun hier der N a m e Jesus als fester Turm genannt wird, wollen wir uns klarmachen:

Es sagte mir einst ein Mann: „Ich glaube an ein höheres Wesen. Ob ich das nun Allah, Gott, Vorsehung oder Schicksal nenne, ist doch wohl gleichgültig."

Ich erwiderte: „Vielleicht kommen Sie bald in eine Krise oder große Not. Flüchten Sie dann zur Vorsehung! Rufen Sie das Schicksal an! Ergreifen Sie die Hand des höheren Wesens! Dann stellt es sich heraus: Sie kennen Gott nicht einmal dem Namen nach. Sie sind ihm fremd und er ist Ihnen fern."

Aber Jesus! Der geoffenbarte Gott und Heiland! Der ist ein festes Schloss. Wer ihn anruft, kennt Gott mit Namen. Wer Jesus anrufen kann, wohnt in dem festen Schloss. Vor dem Namen Jesus flieht die Hölle. Beim Namen Jesus schweigt sogar Gottes Gericht, weil Jesus für uns Sünder am Kreuz gebüßt hat.

*Herr Jesus! Lass uns Dich erkennen und klar glauben! Amen.*

**Die Ungnade des Königs ist wie das Brüllen eines jungen Löwen; aber seine Gnade ist wie der Tau auf dem Gras.**
Sprüche 19, 12

Der Tau fällt nach der dunkeln Nacht. Und den Tau der Gnade Gottes, die in Jesus erschienen ist, kann nur der kennen, der die Nacht erfahren hat.

Im Morgenland zur Zeit Salomos war die Nacht sehr unheimlich. „Da regen sich alle wilden Tiere", sagt ein Psalmwort. Wenn das Brüllen des Löwen die Luft erzittern ließ, verkrochen sich die Menschen voll Schrecken in ihre Hütten.

„Die Ungnade des Königs" – Salomo spricht vom König aller Könige, vom heiligen Gott – „ist wie das Brüllen eines jungen Löwen." Salomo hatte eine Vorstellung von der Ungnade Gottes. Als er den von ihm erbauten Tempel einweihte, sprach er vor allem Volk ein gewaltiges Gebet. Darin kommt ein Satz vor, der wie ein erschrockener Aufschrei ist: „Der Herr, unser Gott, verlasse uns nicht und ziehe die Hand nicht ab von uns!"

Das ist es: Gott kann die Hand von uns abziehen. Dann sind wir allen dunklen Mächten preisgegeben. Dann sind wir wirklich „Gott-verlassene" Leute.

Seien wir ehrlich: Haben wir nicht verdient, dass Gott die Hand von uns abzieht?! Heute! Und in Ewigkeit – bis in die Hölle! Kann einer sagen, wir hätten Gottes Gericht nicht verdient? Könnte er nicht heute die Hand von uns abziehen?

Das ist die wahre Nacht der Seele, wenn wir das begreifen. Und ohne diese Nacht, in der wir uns dem heiligen Gott stellen, werden wir nie den Morgen erleben. Dann wird es Morgen, wenn Jesu Kreuz vor unsere Augen gestellt wird, in dem wir Gottes Gnade für Sünder sehen dürfen. Da singt das Herz: „Die Gnade des Königs ist wie der erquickende Tau auf dem Gras."

*Herr! Lass uns durchbrechen ins Reich Deiner Gnade! Amen.*

**. . . aber seine Gnade ist wie der Tau auf dem Gras.**
Sprüche 19, 12

Im Jahre 1919 waren die Verliese und Zellen des Zentralgefängnisses in Riga voll gestopft mit Menschen, die in den politischen Wirren als Geiseln verhaftet worden waren. Jeden Tag wurden einige erschossen. Wenn der Abend hereinbrach, ging die Verzweiflung durch die Todesräume.

Und dann geschah es, dass Abend für Abend ein Lied aufklang. Ein gefangenes junges Mädchen, Marion von Kloth, sang den Verzweifelten i h r Lied. Da wurde es still in den Zellen, wenn Marion von Kloth sang: „. . . ich rühm die Gnade, die mir Heil gebracht."

Und nun ein völlig anderes Bild: Es ist 3000 Jahre früher. In seinem schönen Palast sitzt der viel bewunderte König Salomo und schreibt: „Die Gnade des Königs ist wie der Tau auf dem Gras." Das heißt ja: „. . . ich rühm die Gnade, die mir Heil gebracht."

Es meine doch keiner, der König spräche hier von sich selbst und seiner Gnade. Wenn es so wäre, wäre er nicht der Weise, sondern ein alberner Wicht.

Nein! Er spricht von der Gnade des „Königs aller Könige". Er spricht von der Gnade, die in Jesus Christus zu uns gekommen ist.

Sie ist „wie der Tau auf dem Gras". Wir sehen im Geist den König Salomo am frühen Morgen auf die Terrasse seines Palastes treten. Die Tau-beglänzten Gärten atmen Erquickung. Und der König ruft aus übervollem Herzen: „Die Gnade Gottes ist wie der Tau auf dem Gras." So herrlich! So erquickend! Und mit Marion von Kloth und dem großen Salomo preisen die Kinder Gottes die Gnade, die in Jesu Kreuz allen von ihren Gewissen verurteilten Sündern offen steht.

*Herr! „Ich preise Dich für Deiner Liebe Macht, / Ich rühm die Gnade, die mir Heil gebracht." Amen.*

**Ein Mensch, der vom Wege der Klugheit irrt, der wird bleiben in der Toten Gemeinde.** Sprüche 21, 16

Ein unheimliches Wort: „Gemeinde der Toten"!

Das gibt es also: eine Gemeinde der Toten!

Fast auf jeder Seite erklärt uns die Bibel, was damit gemeint ist. Diese Gemeinde der Toten hat ihre Glieder diesseits und jenseits der leiblichen Todesgrenze.

Tot ist in den Augen Gottes, wer nicht s p r e c h e n kann, wer mit Gott nicht redet. Der Mensch ohne Gebet ist tot.

Tot ist in den Augen Gottes, wer nicht s e h e n kann, wer nicht erkennt, wie Gott uns seine Liebe und das Heil geschenkt hat in Jesus, dem gekreuzigten Gottessohn. Solch ein Blinder ist tot.

Tot ist in den Augen Gottes, wer nicht f ü h l e n kann. Gott schlägt uns. Aber wer sagt, er habe „Pech" gehabt, ist gefühllos gegen Gottes Schläge. Und dann ist er wohl auch ebenso gefühllos gegen Gottes Liebesbeweis. Paulus sagt: „Er hat uns viel Gutes getan. Er hat unsere Herzen erfüllt mit Speise und Freude." Wer das nicht fühlt, ist tot!

Wer nicht h ö r e n kann, ist tot für Gott. Gott redet klar zu uns in der Bibel. Wer aber dies Wort nicht hört, der ist tot.

Tot ist für Gott, wer nicht s c h m e c k e n kann. David sagt: „Schmecket und sehet, wie freundlich der Herr ist." Wer es nicht schmeckt, ist tot.

Wollen wir bleiben in der unheimlichen Gemeinde der Toten?

Der Sohn Gottes ist gekommen! Nun heißt es für die Toten: „Wache auf, der du schläfst, so wird dich Christus erleuchten!" Wir dürfen durch Umkehr, Buße und Glauben an Jesus hinzukommen zu der „Gemeinde der Lebendigen".

*Herr! Quelle des Lebens! Belebe uns! Amen.*

**Der Faule spricht: Es ist ein Löwe draußen; ich könnte erwürgt werden auf der Gasse.** Sprüche 22, 13

Eine köstliche Szene schildert hier der König Salomo: Auf seinem Lager liegt ein fauler Kerl und schläft. Jetzt blinzelt er, wirft einen Blick auf die Sonnenuhr und erschrickt: Es ist höchste Zeit, an die Arbeit zu gehen! Aber nun fällt ihm ein: Da hat doch ein Bekannter erzählt, seine Tante habe gehört, ein Mann sei von einem Löwen zerrissen worden. „Ja", sagt der Faule, „da wäre es ja Leichtsinn, hinauszugehen. Es könnte ja ein Löwe auf der Gasse sein." Und er schläft weiter, obwohl er genau weiß: Es laufen keine Löwen in der Stadt herum.

So sind wir! Wir sehen die Welt nicht, wie sie in Wirklichkeit ist, sondern wie wir sie gern sehen möchten und wie es uns gerade passt:

Der Idealist glaubt an das Gute im Menschen, auch wenn alles dagegen spricht. Der Materialist verachtet Gott, auch wenn Gott sich deutlich bezeugt. Wenn Frau X Streit hat mit Frau Y, dann kann Frau Y tun, was sie will: Frau X sieht alles als Bosheit und Falschheit an. Der Schüler sieht im Lehrer den Tyrannen, auch wenn der mit Herzblut um ihn ringt. Wir halten uns für rechte Leute, auch wenn unsere Sünden zum Himmel schreien. Kurz, wir wollen nicht die Wirklichkeit sehen. Wir entdecken im Notfall mitten in der Stadt Löwen.

Leute aber, die Gott erweckt hat, haben den heißen Wunsch, die Wirklichkeit zu sehen. Darum lernen sie ihr eigenes verlorenes Herz kennen. Darum sehen sie die Wirklichkeit des heiligen Gottes. Darum gehen ihnen auch die Augen auf für die Errettung, die Gott durch Jesus Christus gegeben hat. Dass wir doch die Wirklichkeit sehen wollten!

*„Herr! Gib Augen, die was taugen. / Rühre meine Augen an! / Denn das ist die größte Plage, / Wenn am Tage / Man das Licht nicht sehen kann." Amen.*

**Der Faule spricht: Es ist ein Löwe draußen; ich könnte erwürgt werden auf der Gasse.** Sprüche 22, 13

Da liegt dieser Mensch faul auf seinem Lager. Längst ruft ihn die Arbeit. Aber er hat eine Entschuldigung gefunden, eine Ausrede: „Es könnte ein Löwe draußen sein!“

Wie wir hier entlarvt werden! Wir sind tatsächlich solche Leute, die gern faule Entschuldigungen vorbringen. Es ergeht nämlich auch an uns ein Ruf vom lebendigen Gott. Er ruft uns, dass wir uns zu ihm bekehren sollen. Er ruft uns in seinen Dienst.

Und wie er ruft! Da stellt er das Kreuz Jesu in die Mitte. Und der Gekreuzigte lockt: „Wendet euch zu mir aller Welt Enden, so werdet ihr errettet!“ Da steht der auferstandene Herr unter uns und sagt: „Außer mir ist kein Heiland!“ Da klopft der Heilige Geist in unserem Gewissen an und mahnt so ernst, das Heil Gottes zu suchen.

Ja, dringend sind wir gerufen. Aber wie mancher macht es nun wie der Faule, von dem Salomo spricht. Man sucht und findet Entschuldigungen, warum man es nicht ganz mit Gott wagen kann: „Ich habe keine Zeit, mich um diese Dinge zu kümmern!“ Oder: „Meine gesellschaftliche Stellung erlaubt mir nicht, solche ganzen Schritte zu tun.“ Oder: „Meine wissenschaftlichen Überzeugungen lassen mich die Dinge anders sehen.“ Oder: „Es eilt ja nicht! Ich bin ja noch jung!“ Oder: „Ich habe schlechte Erfahrungen mit Christen gemacht.“

Es gibt viele Löwen-Entschuldigungen. Das Unheimliche ist: Über all diesem Entschuldigen werden wir wirklich die Beute des Löwen. Denn – so sagt die Bibel –: „Der Teufel geht umher wie ein brüllender Löwe und sucht, welchen er verschlinge.“ Diesem Löwen fallen wir zur Beute, wenn wir zu träge sind, aufzustehen vom Schlaf der Sünde oder der eigenen Gerechtigkeit.

*Herr! Nun hilf Du zu einem ganzen und neuen Anfang! Amen.*

**Der Faule spricht: Es ist ein Löwe draußen; ich könnte erwürgt werden auf der Gasse.** Sprüche 22, 13

Da liegt der Faule zufrieden auf seinem Lager. Er hat ja einen Grund gefunden für seine Trägheit – den Löwen!

Der König Salomo redet hier von geistlichen Dingen. Er will sagen: Diese Trägheit, die sich so übel entschuldigt, sitzt tief in unserer Natur. Sie findet sich auch in den Herzen derer, die dem Herrn angehören wollen.

Da ist eine christliche Frau. „Ja", sagt sie, „ich weiß wohl, dass ich mich mit meiner Nachbarin versöhnen sollte. Aber die ist eben gar zu böse!"

„Ja!", sagt der junge Mann. „Ich sollte wohl nach dem Willen Gottes meine Eltern ehren. Aber mein Vater ist nun wirklich kein Vorbild. Da kann ich es einfach nicht!"

„Ach ja!", heißt es. „Ich sollte geduldiger sein und weniger launisch! Aber – die Nerven! Die Nerven! Ich habe zu viel durchgemacht!"

„Ich weiß", sagt man, „als Kind Gottes sollte ich von strahlender Reinheit sein. Aber ich bin eben so sinnlich veranlagt!"

„Ich sollte treuer sein im Beruf", sagt der Faule, „aber – vielleicht ist ein Löwe auf der Gasse."

Wie schlimm sind unsere faden Entschuldigungen! Denn mit Nachdruck sagt die Bibel: Menschen, die Jesus für Gott erkauft hat, sollten fleißig sein in der Heiligung ihres Lebens.

Zwei Worte der Bibel sollen hier für viele andere sprechen: „Tut F l e i ß , eure Berufung und Erwählung festzumachen." Und: „Jaget nach der Heiligung, ohne welche wird niemand den Herrn schauen."

Gott erwecke uns aus aller geistlichen Trägheit und errette uns von unseren falschen Entschuldigungen!

*„Jesu, stärke Deine Kinder / Und mach aus denen Überwinder, / Die du erkauft mit Deinem Blut!" Amen.*

**Ein Wort, geredet zu seiner Zeit, ist wie goldene Äpfel auf silbernen Schalen.** Sprüche 25, 11

Als junger Prinz war der spätere „große Kurfürst“ auf einer Studienreise im Ausland. Eine Schar junger Adliger lud ihn zu einem Gastmahl ein. Der Prinz wurde immer eisiger, als gewaltig getrunken wurde und die Gespräche immer zweideutiger wurden. Auf einmal flog die Türe auf, und eine Schar luftig gekleideter Tänzerinnen flatterte in den Saal. Da sprang der Prinz auf, dass sein Stuhl zu Boden krachte, und rief laut: „Ich bin es Gott und meinem Vaterlande schuldig zu gehen.“

Das war „ein Wort, geredet zu seiner Zeit“.

Aber wenn der König Salomo ein Wort „mit goldenen Äpfeln in silbernen Schalen“ vergleicht, denkt er gewiss noch an etwas Größeres. Er meint wohl ein seelsorgerliches Wort, das ein Mensch dem anderen zur rechten Zeit schenken kann.

Wir kennen alle die unangenehme Situation: Wir haben einen betrübten Menschen getroffen. Verlegen stammeln wir einige törichte Worte. Eine halbe Stunde danach fällt uns ein, was wir hätten sagen sollen. Nun ist es zu spät.

Wie groß ist darin der Herr Jesus! Es hat ihn einmal eine verdächtige Gesellschaft von dunklen Existenzen eingeladen. Auch die Herzen dieser Menschen schrien nach Erlösung aus den Banden ihrer Sünden. Auf einmal gab es Lärm an der Tür. Da standen die Pharisäer und beschwerten sich bei den Jüngern: „Euer Meister isst mit den Sündern?!“ Verlegen schwiegen die Jünger. Bedrückt saßen die Gastgeber. Da ruft Jesus: „Die Gesunden bedürfen des Arztes nicht, sondern die Kranken.“ Das waren „goldene Äpfel auf silbernen Schalen“!

Dieser Herr kann auch uns Weisheit geben, recht zu reden, wenn es sein muss. Lasst uns ihn um solche geistliche Weisheit bitten!

*Herr! Gib uns die rechte göttliche Weisheit! Amen.*

**Wer einem betrübten Herzen Lieder singt, das ist, wie wenn einer das Kleid ablegt am kalten Tage und wie Essig auf der Kreide.** Sprüche 25, 20

Als wenn das möglich wäre, ein betrübtes Herz „aufzuheitern"! Dass wir immer wieder einmal solche Doktor-Eisenbarth-Kuren versuchen, zeigt, wie wenig ernsthaft wir uns bemühen um unseren betrübten Nächsten.

Der Apostel Paulus hat besser gewusst, wie man es machen muss: „Freuet euch mit den Fröhlichen, und weinet mit den Weinenden!"

„Weinen mit den Weinenden" – das geht ja gar nicht anders, als dass man ihr Leid so in sein Herz nimmt, als wenn es das eigene wäre.

Wir haben es alle schon erlebt, wie die Menschen sich bei Trauerfällen begegnen: Das Gesicht wird in Trauerfalten gelegt, ein ernster Händedruck und ein Gemurmel von einigen abgegriffenen Wortmünzen wie „Beileid". Dabei bleibt das Herz unbeteiligt.

Den Kummer des anderen übernehmen, als sei es der eigene! Aber – wer kann das?!

Hier wird wieder einmal die ganze Armut unseres Herzens offenbar. Wir können ja gar nicht weinen mit den Weinenden.

Es hat in der Welt nur einen Einzigen gegeben, der das wirklich tat. Jesus! Er hat unsere Schmerzen getragen, sagte Jesaja von ihm, als er ihn im Geiste sah.

Wenn Jesus unser Leben erfüllt, könnte es wohl geschehen, dass wir richtige Tröster würden für die Betrübten. Ich habe es erlebt, dass wahre, geheiligte Jesus-Jünger auf Betrübte nicht mehr wirkten wie „ein kalter Luftzug auf Entblößte oder wie Kreide auf Essig". Wer von Jesus den größten Trost, die Vergebung der Sünden, erfahren hat, lernt recht trösten.

*Herr Jesus! Brauche uns als Deine Werkzeuge in der Bekümmernis dieser Welt! Amen.*

**Hungert dein Feind, so speise ihn mit Brot; dürstet ihn, so tränke ihn mit Wasser.** Sprüche 25, 21

Wie? Das steht schon im Alten Testament? Da wird also schon gesagt: „Liebe deinen Feind!"?

Ja, das ist von Anfang an der Wille Gottes für diese gefallene Welt!

Aber steht denn im Alten Testament nicht der Satz: „Auge um Auge, Zahn um Zahn!"?

Richtig! Auch das steht im Alten Testament. Und dabei ist die Rede vom Recht, das in jedem Volke regieren muss. Es ist schlimm, wenn das Recht gebeugt wird, dass man mit dem Propheten Habakuk klagen muss: „Es geht Gewalt vor Recht. Darum ist das Gesetz ohnmächtig und keine rechte Sache kann gewinnen."

Unser Gott wacht über dem Recht! Darum heißt es beim Propheten Jesaja: „Zion muss durch Recht erlöst werden." Darum streicht Gott unsere Schuld nicht einfach aus, sondern richtet sie an unserem Bürgen: an Jesus.

Recht bleibt Recht! Gerade in der Bibel!

Aber – und damit sind wir bei unserem Textwort – in unserem Leben sollen wir nicht Richter spielen. Wir dürfen lieben – nicht nur unsere Freunde, sondern sogar unsere Feinde. Seitdem Jesus für seine Feinde gestorben ist, dürfen wir schrankenlos lieben. Seitdem Jesus gestorben ist, sind wir nicht mehr zu der Qual verurteilt, zu hassen und uns zu rächen. Niederlieben dürfen wir alle Feindschaft!

Das gehört zu der gewaltigen Befreiung, die uns durch den Tod Jesu geschenkt worden ist. Der Teufel verpflichtet uns zum Hass, zur Vergeltung, zur Feindschaft. Jesus aber lehrt uns, alle Feindschaft unter seinem Kreuz abzulegen. Nun ist der Weg frei zum Lieben.

*Herr! Vergib uns unsere alte, böse Art! Lehre uns, zu sein, wie Du bist. Amen.*

**Wie ein Vogel, der aus seinem Nest weicht, also ist, wer von seiner Stätte weicht.** Sprüche 27, 8

„. . . wer von seiner Stätte weicht." Jetzt steht vor meiner Seele ein Bild aus meiner Bilderbibel, das ich als kleiner Junge oft angesehen habe: Adam und Eva verlassen erschrocken und bedrückt das schöne Paradies. Vor ihnen aber liegt ein kahles Land voll Unkraut und voll von Steinen.

Wenn ich als Kind dies Bild sah, dann fragte ich: „Wo ist denn Gott?" Ja, Gott war nicht mehr zu sehen.

Hier waren Menschen, die ihre Stätte am Herzen Gottes verließen.

Erst später habe ich verstanden: Ihre Stätte hatten sie schon früher verlassen – nämlich als sie Gott den Gehorsam kündigten und schuldig wurden. Nun waren sie heimatlos. Sie konnten sich ein Haus bauen. Aber ihre Seelen blieben heimatlos.

Und das ist die Geschichte aller Nachkommen Adams, ob sie in Essen, Singapore oder New York wohnen.

Wie heimatlose Vögel, denen man das Nest zerstörte, sind unsere Seelen. Sie flattern zu Menschen, Zerstreuungen, Weltanschauungen – und bleiben heimatlos.

Unser Textwort hat eine seltsame Note. Denn ein Vogel weicht ja nicht freiwillig von seinem Nest. Der Mensch aber verlässt freiwillig seinen Gott. Unsere innere Heimatlosigkeit ist nicht ein Unglück, sondern Schuld.

Wer das verstanden hat, der horcht auf bei einem wunderbaren Wort aus dem 84. Psalm: „Der Vogel hat ein Haus gefunden – deine Altäre, Herr Zebaoth! Mein König und mein Gott!"

Ach was! Altäre! Es gibt nur noch einen einzigen Altar für uns: das Kreuz auf Golgatha, wo das Lamm Gottes, das der Welt Sünde trägt, stirbt. Hier ist Heimat für unsere Seelen.

*Herr! Lass uns in Deinen für uns ausgebreiteten Armen nach Hause kommen! Amen.*

**Der Gerechte ist getrost wie ein junger Löwe.** Sprüche 28, 1

„Die Säuren der Ungerechtigkeit haben die Chemie meiner Seele verändert." So schrieb eine Ärztin einst dem amerikanischen Missionar Stanley Jones.

Das Wort macht deutlich, wohin man mit allem Idealismus am Ende kommt. Jeder junge Mensch hat eine gute Portion Lebensmut und Idealismus. Und damit sieht er auf den ersten Blick aus wie ein getroster junger Löwe.

Aber dann kommen die Menschen und das Leben und die Welt. Sie fesseln uns an den Alltag. Sie überschütten uns mit Ungerechtigkeit. Sie bereiten uns Enttäuschungen. Und am Ende ist die „Chemie der Seele" böse verändert. Dann haben wir unsere Komplexe, Streitereien, Stumpfsinn, Menschenverachtung, Wichtigtuerei und Beleidigtsein.

Wenn das alles wäre! Aber da ist Schlimmeres: Wir haben unsere Gottlosigkeit und unser beladenes Gewissen. Ist das denn ein Leben?!

Also – mit Idealismus hat das nichts zu tun. Das muss ein wunderbares Geschenk Gottes sein. Danach sehnen wir uns.

Die Bibel zaubert uns nicht eine Fata Morgana vor die Augen. Sie spricht von möglichen Dingen. „Getrost wie ein junger Löwe" – solch ein Leben können wir haben, wenn wir zu den „Gerechten" gehören.

Was sind das für Leute? Das sind die, die Gott gerecht gesprochen hat, weil sie glauben an den Herrn Jesus Christus. Ihm haben sie ihre Sünden bekannt. Und er hat sie „gewaschen mit seinem Blut". Durch ihn sind sie mit Gott versöhnt. Das macht „getrost wie ein junger Löwe"!

*Herr! Du heilst die zerstörte Chemie unserer Seele. Dir sei Dank! Amen.*

**Der Gerechte ist getrost wie ein junger Löwe.** Sprüche 28, 1

Wie so etwas aussieht, hat der König Salomo in einem anderen seiner „Sprüche“ erklärt: „Der Löwe hat einen feinen Gang und kehrt nicht um vor jemand.“

Dem getrosten Löwen tritt also manches Böse in den Weg. Aber er bleibt getrost und geht darauf los.

Was das für uns bedeutet, hat Luther schön erklärt in einem Brief an Michael Drossel: „Ihr suchet und begehret zwar den Frieden, aber verkehrt. Wisset Ihr auch, dass Gott darum so wunderbar ist in seinem Volk, weil er den Frieden in die Mitte keines Friedens gestellt hat, das ist mitten unter alle Versuchungen. Er hat also nicht einen Frieden, den niemand stört . . ., sondern einen solchen, der, wenn ihn alles beunruhigt, alles ruhig mit Frieden duldet.“

Dazu eine Geschichte aus der Bibel: Vor der Insel Malta strandete ein Schiff. Eine furchtbare Lage: Die wilde Brandung zerschlug langsam und sicher die Planken. Was sollte werden!? Eine wilde Panik brach aus, ein Kampf aller gegen alle.

Da steht auf einmal der Apostel Paulus unter dem erschrockenen Volk. Für ihn war die Lage noch viel furchtbarer. Denn er ging seinem Prozess und vielleicht seiner Hinrichtung entgegen. Ihm drohte der Tod, so oder so. Aber nun tönt seine laute Stimme über das Deck: „Jetzt wäre es am besten, wenn wir alle erst mal etwas essen wollten!“ Dann nahm er Brot, dankte laut seinem Gott und aß. „Da wurden alle guten Muts“, sagt die Bibel, „und nahmen Speise.“

Der Gerechte ist getrost wie ein junger Löwe. Warum? Wegen seiner Gerechtigkeit, die ihm Gott um Jesu willen geschenkt hat. Wer an Jesus glaubt, der ist vor Gott gerecht. Und das macht so getrost.

*Herr Jesus! Lass uns Dein Heil viel ernster nehmen, als wir es bisher getan haben! Amen.*

**Kaninchen – ein schwaches Volk; dennoch legt es sein Haus in den Felsen.** Sprüche 30, 26

Der König Salomo zählt hier eine Reihe von Tieren auf und sagt von ihnen: „Sie sind klüger denn die Weisen." Dazu rechnet er nun auch diese Tiere, die Luther mit „Kaninchen" übersetzt hat. Aber es handelt sich um so genannte „Klippdachse".

Die sind also „klüger denn die Weisen". Da wir Durchschnittsleute ein wenig dümmer als die Weisen sind, bleiben wir also beträchtlich hinter den Klippdachsen zurück.

Ist das nicht unerhört, was Salomo hier sagt?! Wir fragen ihn: „Wieso sind wir dümmer als Klippdachse?" Er antwortet uns: „Weil ihr auf Sand baut!"

Da hören wir im Geist den Herrn Jesus, der die Bergpredigt so schloss: „Wer diese meine Rede hört und tut sie nicht, der ist einem törichten Mann gleich, der sein Haus auf Sand baute. Da nun die Stürme wehten, fiel es . . ."

Trifft uns das? Wir hören wohl von Jesus und seinem Wort. Aber – machen wir Ernst mit der Nachfolge?

Seht doch die Klippdachs-Weisheit! „Sie legen ihre Wohnung in den Felsen." Seltsam, dass hier nicht steht: „in d i e Felsen"! Aber Salomo braucht die Einzahl, um uns nachdrücklich darauf zu stoßen, dass er hier bildlich und geistlich redet. Es gibt nur einen einzigen Felsen, auf den wir unser Leben bauen können. Von diesem Felsen sagte Mose: „Der Herr ist ein Fels." Und da sah er im Geiste den Heiland, den Herrn Jesus. Der ist der rechte Baugrund. Paulus sagt: „Einen anderen Grund kann niemand legen außer dem, der gelegt ist, Jesus Christus."

Jetzt kommt also alles darauf an, dass wir unser Leben auf diesen Felsen bauen. Wir wollen demütig genug sein, von den Klippdachsen zu lernen.

*Herr! Gib uns die rechte Lebens-Weisheit! Amen.*

**Die Klippdachse – ein schwaches Volk; dennoch legt es sein Haus in den Felsen.** Sprüche 30, 26

„Alles Vergängliche ist nur ein Gleichnis", sagt Goethe im „Faust". Offenbar dachte der König Salomo auch so. Und darum werden ihm sogar die Tiere des Feldes zu Bildern von geistlichen Dingen.

Da hat er eines Tages diese Klippdachse gesehen, die in den unzugänglichen Felsen wohnen. „So möchte ich auch", dachte er, „mein Leben bauen auf den ewigen Fels, den Herrn."

Aber nun drückt er die Sache hier etwas eigenartig aus. Wir würden sagen: „Die Klippdachse sind ein schwaches Volk; d a r u m legen sie ihre Wohnung in die festen Felsen." Salomo aber sagt so: „. . . d e n n o c h legen sie ihr Haus in den Felsen." Was soll hier das „ d e n n o c h " bedeuten? Salomo wollte gewiss sagen: Diese schwachen Tierchen passen ja gar nicht in die herrlichen, gewaltigen Felsen. Da gehören die starken Löwen hin und die riesigen Adler. Und doch wagen es die Klippdachse, hier zu wohnen.

Das ist ein schönes Bild für wahre Christen. Sie wissen, wie böse und schwach zum Guten sie sind. Sie sind ihrem Feind, dem Satan, unterlegen. Sie haben Furcht vor Gottes Zorn und der Hölle. Der Welt ist das lächerlich. Aber so schwach sind rechte Christen. Sie passen gar nicht zu dem starken Fels, zu dem herrlichen Heiland. Wie Petrus möchten sie sagen: „Herr! Gehe hinaus von mir! Denn ich bin ein sündiger Mensch."

Und d e n n o c h bauen sie ihr Leben auf diesen Felsen Jesus. Sie können nirgendwo anders leben. Hier wohnen sie in Schwachheit und rühmen doch: „Der Herr ist unser Heil. Wovor sollten wir uns fürchten?!"

*Herr! Herr! Wir danken Dir, dass Du Sünder und Schwache bei Dir wohnen lässt. Amen.*

**Die Spinne – wirkt mit ihren Händen und ist in der Könige Schlössern.** Sprüche 30, 28

Was hat der weise König Salomo sich wohl bei diesem Satz gedacht?

Vielleicht saß er eines Tages in seinem schönen Palast und dachte über das Wohl des Volkes nach.

Auf einmal sah er – es war unglaublich – zwischen der Zederntäfelung und einer Goldleiste eine Spinne.

„Sieh mal an!", dachte er. „Diese fleißige Handwerkerin! Wirkt mit ihren Händen und hat doch keine! Aber – es kann doch nicht jeder einfach in meine Gemächer kommen! Wo kommt sie eigentlich her? Wo gehört sie hin?"

Seine Gedanken wandern: „So eine Spinne ist nirgendwo zu Hause. Darum hat sie eine Heimat gesucht. Wie schlau sie ist: Sie ist nicht in eine alte Baracke gegangen. Sie hat die Heimat beim König gesucht! Sehr klug!"

Nun will Salomo sicher nicht von Spinnen reden, sondern von sich und uns. Wie sehr gleichen wir den Spinnen! Auch wir sind ein heimatloses Volk. Wenn wir einmal irgendwo Wurzeln geschlagen haben, so kommt der Tod und verjagt uns.

Lasst uns von der Spinne Salomos lernen: Wir heimatlosen Seelen dürfen nach Hause kommen beim König aller Könige, bei dem Herrn Jesus Christus.

Kögel hat für den Friedhof der ertrunkenen, angeschwemmten Seeleute auf Sylt ein Gedicht verfasst, das für uns alle passt: „Wir sind ein Volk, vom Strom der Zeit / Gespült zum Erdeneiland, / Voll Unfall und voll Herzeleid, / Bis heim uns holt der Heiland. / Das Vaterhaus ist immer da, / Wie wechselnd auch die Lose. / Es ist das Kreuz von Golgatha, / Heimat für Heimatlose."

*Herr! Dass wir bei Dir, großer König, wohnen dürfen, ist wundervoll! Amen.*

**Die Spinne – wirkt mit ihren Händen und ist in der Könige Schlössern.** Sprüche 30, 28

Der König Salomo hat eines Tages in seinem Schloss eine Spinne entdeckt. Wir an seiner Stelle hätten gewiss sofort nach einer der vielen Putzfrauen gerufen.

Aber Salomo war sehr weise. So hatte er sich Gedanken über die Spinne im Schloss gemacht: „Die Spinne ist in der Könige Schlössern."

Königsschloss und Spinne – so hat Salomo sicher gedacht – passen doch nicht zusammen! Die Spinne ist doch ein widerliches Tier. Ja, manche Gelehrte meinen, das Wort, das hier im hebräischen Text steht, bedeute eine abscheuliche, giftige Eidechsenart. Nein! So etwas passt doch nicht zum König!

Und nun war der Salomo mitten in geistlichen Gedanken: „So wenig diese Spinne zu mir gehört – so wenig passe ich zu dem König aller Könige, zu dem lebendigen Gott. Und doch! Die Spinne ist nun hier. Und ich bin ein Kind des lebendigen Gottes."

An der Spinne geht uns das Wunder der Gnade auf: Der Schächer am Kreuz und der Sohn Gottes, der betrügerische Zöllner Levi und der König aller Könige, wir und der Herr Jesus – wir passen so wenig zusammen wie die Spinne und Salomo.

Und doch dürfen wir zusammen sein, weil der Sohn Gottes unser Fleisch und Blut annahm und „die Sache unserer Seele führte". Das Neue Testament ist voll von der Botschaft: „Jesus nimmt die Sünder . . .!" Genauso, wie sich Salomo wunderte, dass die Spinne im Königsschloss war, so haben die Pharisäer sich gewundert, dass der Sohn Gottes mit den Sündern zusammen war: „Dieser nimmt die Sünder an und isst mit ihnen!" Ja, das ist das Wunder der Gnade!

*Herr! Wir passen auch gar nicht zu Dir! Und doch hast Du uns erkauft mit Deinem Blut! Wir danken dir! Amen.*

**Die Spinne – wirkt mit ihren Händen und ist in der Könige Schlössern.** Sprüche 30, 28

Das Alte Testament ist in der hebräischen Sprache geschrieben. Luther hat unser Wort übersetzt: „Sie ist mit Händen zu greifen.“ Das heißt: Sie ist sehr wehrlos.

Daran hat vielleicht der König Salomo gedacht, als er eine Spinne in seinem Palast sah. Es fielen ihm die bewaffneten Wächter vor dem Schloss ein. Er lächelte: „Dies schwache Tier hat sich durch alle Wachen nicht abhalten lassen, in mein Schloss zu kommen.“

Nun will ja der König Salomo nicht von Spinnen sprechen, sondern von uns. Wir alle sind auch sehr wehrlos. Und wenn ein Sünderherz sich aufmacht zu unserem Salomo, zu unserm König, zum Herrn Jesus Christus, zu laufen, dann stehen da auch grimmige Wachen, die solchem Herzen den Weg versperren wollen:

Da steht die „Welt“, lockt und ruft: „Halt! Das gibt es nicht, dass einer aus der Reihe tanzt!“

Da steht der Teufel und sagt: „Halt! Ein wenig Religion? Meinetwegen! Aber dass du Jesus als deinen König anerkennen und meiner Hoheit entlaufen willst, das verbiete ich!“

Da steht das eigene Gewissen auf und sagt: „Solch ein Sünder wie du kann doch nicht zu Jesus gehen. Da musst du erst ganz anders werden. Aber – wie sollte das zugehen?! Bleib also, wie du bist!“

Salomo sagte von der Spinne, sie sei weiser als die Weisen. Sie ließ sich nicht aufhalten. Und wir?

*Herr! Lass uns durchbrechen zu Dir! Amen.*

**Darum will ich ihm große Menge zur Beute geben, und er soll die Starken zum Raube haben . . .** Jesaja 53, 12

Das verschlägt einem ja den Atem! Wie wird denn hier von unserem Herrn Jesus geredet?! Als „Beutemacher" wird er gezeigt!

In jedem Krieg sind die „Beutemacher", die Pelzmäntel und Uhren nach Hause schicken, die verächtlichsten Gesellen.

Und so etwas wird nun in Verbindung gebracht mit dem Herrn Jesus?! Geht denn das an?

Nun, in unserem Textwort spricht der himmlische Vater selbst: „I c h will ihm große Menge zur Beute geben."

Da müssen wir doch aufhorchen. Denn unser Herr Jesus richtet sich nicht nach unseren Vorstellungen, sondern nach dem Willen seines Vaters.

Er ist also ein Mann, dem Gott „Beute" gibt, große Beute! Aber diese Beute besteht nicht in Schätzen und materiellen Werten. Seine Beute sind Menschenkinder.

In unserem Textkapitel wird der Herr Jesus zuerst ausführlich gezeigt als der Leidende und Sterbende; als der Mann mit der Dornenkrone, der verachtet und bespeit ist; der Mann, der ausgestoßen hinausgeführt wird; der Mann, der wie ein Lamm schweigend leidet und stirbt – der wird gezeigt. Und dabei wird uns klar: Was da am Kreuz geschah, war eine Schlacht, ein entsetzlicher Kampf, den er allein ausgefochten hat.

Und von diesem Schlachtfeld auf Golgatha bringt er seine Beute mit.

Nun sehen wir im Geist die großen Scharen derer, die seine Beute geworden sind. Sie rühmen es laut: „Ja, wir wurden sein Eigentum!" Paulus sagt es drastisch so: „Ich bin ein Sklave Jesu Christi." Die Jesus-Jünger freuen sich, Jesu Beute zu sein.

*Herr! König der Ehren mit der Dornenkrone! Führe auch uns in Deinem Siegeszug mit als Deine Beute! Amen.*

**Wohlan, alle, die ihr durstig seid, kommt her zum Wasser! Und die ihr nicht Geld habt, kommt her, kauft und esst; kommt her und kauft ohne Geld und umsonst beides, Wein und Milch!** Jesaja 55, 1

Hören wir recht? Wie steht da? „Kauft umsonst und ohne Geld!“ Gibt es denn so etwas? Wir kennen das Sprichwort: „Umsonst ist nur der Tod.“

Und nun steht hier, man könne umsonst etwas kaufen. Ach was! Nicht irgendetwas, was um der Reklame willen kostenlos verteilt wird. Sondern das Köstlichste, wonach wir alle – vielleicht ohne es recht zu merken – suchen: das, was den Hunger des Herzens und den Durst der Seele nach Leben stillt.

Die Welt verspricht uns an allen Ecken und Enden, sie wolle uns dieses brennende Verlangen nach wirklichem Leben sättigen. Aber natürlich – Geld muss man mitbringen! Geld muss man bezahlen! Und wenn wir uns dann am Ende betrogen vorkommen, dann heißt es: „Du hättest eben mehr Geld haben sollen!“ Und so laufen die Narren durch die Welt und meinen: „Wenn ich nur Geld genug hätte, könnte ich schon das Leben finden.“

Und die Welt verkauft oft den größten Dreck für teuerstes Geld. Es gibt ein Wort des Propheten Jesaja, das könnte heute geschrieben sein: „Ein gemeiner Mensch redet gemeine Dinge . . ., damit er die hungrigen Seelen aushungere . . .“

Wer so eine Ahnung von dem Betrug der Welt hat, dem verschlägt es nun den Atem. Da steht der auferstandene Herr Jesus in der Welt und ruft die hungrigen und durstigen Seelen: „Kaufet umsonst das wirkliche Leben!“ Umsonst! Das Köstlichste! Es ist schon so, wie einmal ein junger Mann sagte: „Ich kann einfach nicht mehr leben ohne ihn.“

*Herr! Du bist das Leben! Du willst uns voll einschenken und den Durst der Herzen stillen. Dank sei Dir! Amen.*

**Er hat mich angezogen mit Kleidern des Heils.** Jesaja 61, 10

Ja, so bekennen die Leute, die an den Herrn Jesus glauben. Wer den nicht kennt, dem kommt diese Sprache seltsam vor. Aber wer einmal vor dem heiligen Gott in seiner ganzen Unwürdigkeit wie ein zerlumpter Bettler gestanden hat, und wer dann im Glauben sich in die Gnade und Vergebung Jesu kleiden ließ, der versteht diese Sprache. Der rühmt: „Er hat mich angezogen mit Kleidern des Heils."

„Kleider des Heils." Das heißt mehr. Es sind „Kleider mit Wirkung": Die Griechen erzählten sich die Sage vom Tode des Helden Herkules. Dem spielte sein Feind ein vergiftetes Gewand zu. Bei einer Opferfeier trug Herkules dies Gewand. Bald fing es an, auf seiner Haut zu brennen. Er wollte es herunterreißen. Aber es gelang ihm nicht. Das Gewand verbrannte den Helden. Ein Gewand mit Wirkung!

So ähnlich geht es mit dem seltsamen Kleid des Heils. Es fängt an, unser altes, böses Wesen wegzubrennen. Es frisst sich tief hinein in unsere Natur und tötet immer mehr unser ungöttliches Wesen, damit das neue Leben Jesu Christi in uns offenbar werde.

So macht die Gnade Jesu neue Menschen. Und wenn wir uns dabei rühmen wollten, dann hätten wir das „Kleid des Heils" schon verloren und hätten wieder die Lumpen eigener Gerechtigkeit angezogen.

*Durch Deines Blutes Kraft, o Herr, / Befreie Du mich mehr und mehr / Von Sünde und Verderben . . . Amen.*

**Die Ernte ist vergangen, der Sommer ist dahin, und uns ist keine Hilfe gekommen.** Jeremia 8, 20

Wie ergreifend ist diese Klage!

So weint wohl in stiller Verzweiflung ein Kranker, der von Monat zu Monat auf Genesung hofft.

So seufzt jemand, der in bedrängte Verhältnisse geraten ist und nirgendwo einen Ausweg sieht.

So klagte Israel, das Volk Gottes im Alten Bund, das von grausamen Feinden zertreten wurde.

Wem sollte solch eine verzweifelte Klage nicht das Herz bewegen! Der Prophet Jeremia, der von ihr berichtet, fährt gleich in den folgenden Worten fort: „Mich jammert herzlich, dass mein Volk so verderbt ist."

Nur einen Einzigen rührt sie nicht – den lebendigen Gott. Das ist das Unheimliche in diesem Kapitel der Bibel, dass Gott es geradezu ausspricht: „Mich rührt eure Klage nicht!"

Ist denn das möglich? Kann denn Gott so hart sein?

Nun, er erklärt, warum ihn diese ergreifende Klage kalt lässt: Die Klagenden wollen die Hilfe. Aber sie wollen den Helfer nicht.

Da haben wir das ganze Unglück der Welt. Und vielleicht ist es auch das Unglück unseres Lebens: Man will wohl Hilfe, Hilfe für innere und äußere Nöte. Aber den Helfer, den Gott der Welt geschenkt hat, den Heiland, den Erlöser, den Herrn Jesus Christus, den will man nicht, dem verschließt sich das Herz. Da gilt uns dann das andere Wort des Propheten Jeremia: „Du musst erfahren und innewerden, was es für Jammer und Herzeleid bringt, den Herrn, deinen Gott, verlassen."

So lasst uns nicht nach Hilfe ausschauen, sondern nach dem Helfer! Er wartet darauf, unser Helfer zu werden.

*Herr! Dich haben wir nötig! Lass Dich von uns finden! Amen.*

**Kann auch ein Mohr seine Haut wandeln oder ein Parder seine Flecken? So könnt ihr auch Gutes tun, die ihr des Bösen gewohnt seid.** Jeremia 13, 23

Wussten wir eigentlich schon, dass solche Wahrheiten in der Bibel stehen?

Die meisten Menschen sind doch überzeugt, die Bibel sage, man solle Gutes tun, und es sei gut, sich zu bessern.

Und nun steht hier der aufregende Satz, dass wir uns gar nicht bessern oder ändern können.

Ein Mohr kann mit dem besten Willen seine Farbe nicht ändern. Und ein Parder kann sein Fell nicht ändern. „So wenig", sagt hier Gottes Wort, „können wir uns ändern."

Ist das wirklich wahr?

Nun, wir haben doch alle schon versucht, anders zu werden. Unser Weg ist ja gesäumt von guten Vorsätzen, die gebrochen wurden. Wir sind „Mohren, die ihre Haut nicht wandeln" können. Wir sind Menschen, die sich nicht ändern können.

Aber – und das ist die andere Seite der Botschaft: Gott kann uns ändern. Gott hat seinen Sohn am Kreuz sterben lassen, damit wir mit Jesus unserem alten Wesen absterben. Gott hat den Heiligen Geist geschenkt, damit er uns von Grund auf umwandle.

Jesus hat nicht gesagt: „D u musst d i c h ändern." Sondern: „Ihr müsst von neuem geboren werden." Jesus sagt nicht: „Du musst dich selbst anders machen!" Sondern: „Siehe, i c h mache alles neu."

Ich war einst fast gelähmt von einem Ischiasleiden. Ich ging gekrümmt und konnte mir selbst nicht mehr helfen. Da fuhr ich in das Bad Oeynhausen. Ich musste mich nur still hineinlegen in die heilenden Wasser und – wurde gesund. So dürfen es die machen, die merken: „Mein Leben müsste anders sein." Man muss sich nur recht hingeben dem, der alles neu macht.

*Herr! Heile Du mich, so werde ich heil. Amen.*

**So spricht der Herr: Rufe mich an, so will ich dir . . . anzeigen große und gewaltige Dinge, die du nicht weißt.**
Jeremia 33, 2 und 3

Bei diesem Wort wird man ja richtig gespannt, was das wohl für „große und gewaltige Dinge" sind.

Man denkt unwillkürlich an riesige Umwälzungen in der Welt, an gewaltige Katastrophen oder unerhörte technische Erfolge: dass die Kriege abgeschafft werden; dass der Mensch zu den fernen Sternen vordringt oder dass der Hunger in der Welt endgültig beseitigt wird.

„Große und gewaltige Dinge"? Was meint unser Herr damit? Man muss ein wenig weiterlesen in den Worten des Propheten Jeremia. Dann stößt man darauf. Und dann staunt man. Da wird nämlich gesagt, um was es geht: „Ich will ihnen vergeben alle Missetaten, damit sie wider mich gesündigt und übertreten haben."

Vergebung der Sünden! Das ist gemeint mit der Bezeichnung „große und gewaltige Dinge".

Vielen Menschen wird das nur ein Achselzucken und ein Lächeln abnötigen. „Vergebung der Sünden?! Das soll groß und gewaltig sein?!

Ja, der Herr sagt es. Und wer die Vergebung der Sünden im Gewissen erfahren hat, der begreift, wie groß und gewaltig sie ist.

Denn unsere Sünden sind eine schreckliche Wirklichkeit, die wir nicht wegschieben können. Und auch Gott kann sie nicht einfach wegschieben. Das verbietet ihm seine Gerechtigkeit. Wir können nur „durch Recht erlöst werden". Unsere Übertretungen erfordern Strafe und Gericht. Und das ist nun das „große und gewaltige Ding", dass Gott seinen Sohn zum Stellvertreter und Bürgen gab, der an unserer Statt bezahlt und gebüßt hat.

*Herr, öffne mir die Augen für das Wunder der Vergebung und lass es mich erfahren! Amen.*

**Wie murren denn die Leute im Leben also? Ein jeglicher murre wider seine Sünde!** Klagelieder 3, 39

Es ist fürchterlich viel Lärm in der Welt: Flugzeuge, Autos, Hunde, Radios, Lautsprecher – alles lärmt.

Unser Textwort spricht von einem Lärm, den man nicht in Phon messen kann und der doch mehr als aller andere Lärm die Welt vergiftet: „Was murren denn die Leute im Leben also?"

Wie die Bibel uns kennt! In der Tat ist die Welt erfüllt vom Murren der Menschen gegeneinander.

Nun hat die Bibel einen wundervollen Vorschlag: „Wie wäre es, wenn jetzt einmal jeder gegen seine eigene Sünde murren wollte?!"

Es ist dem Propheten klar, dass er mit diesem Vorschlag nicht viel Beifall findet. Darum spricht er, wenn er von dem Gegeneinander-Murren redet, von der Mehrzahl: „Die Leute". „Warum murren d i e  L e u t e!" Da murrt man immer im Kollektiv: Es murrt die alte Generation gegen die junge und umgekehrt; es murren die Farbigen gegen die Weißen und umgekehrt; es murren die Arbeitgeber gegen die Arbeitnehmer und umgekehrt. Es murren Mieter und Hausbesitzer gegeneinander. Man murrt immer in der Menge.

„Ein jeglicher aber murre gegen seine Sünde!" Da ist nicht mehr die Rede von „den Leuten". Da heißt es: „Ein jeglicher".

Das ist ein sehr einsamer Entschluss und ein Schwimmen gegen den Strom, wenn jemand sagt: „Ich, ich habe gesündigt." Aber wohl uns, wenn wir so sprechen! Dann nämlich tritt Gott auf unsere Seite, der in Jesus bußfertige Sünder annimmt.

*Herr, zeige mir den Balken in meinem eigenen Auge, damit ich aufhöre, mich um die Splitter in den Augen der anderen zu kümmern! Amen.*

**Denen, die nach ihres Herzens Gräueln leben, will ich ihr Tun auf ihren Kopf werfen, spricht der Herr.** Hesekiel 11, 21

Wenn wir zu den Leuten gehörten, die Gott nicht ganz ernst genommen haben, dann kann dies Wort uns zurechtbringen. Wie schrecklich redet hier Gott! „Ich will den Sündern ihr Tun auf ihren Kopf werfen!“

Wenn bei uns jemand von alten Sünden zu reden anfängt, dann heißt es sofort: „Ach, lass doch das Alte ruhen!“ Wir wollen unsere Sünden verleugnen. Wir wollen Gras darüber wachsen lassen. „Lass doch das Alte ruhen!“

Unser Textwort sagt: Das Alte ruht nicht! Sünden stehen auf! Und zwar will Gott selber dafür sorgen.

„Ich will den Sündern ihr Tun auf ihren Kopf werfen.“ Es wird sehr schmerzhaft sein, wenn unsere Sünden aufstehen. Sie werden uns – um im Bilde des Textworts zu bleiben – noch gewaltig Kopfschmerzen machen. Was wir vielleicht für leichte und lässliche Sünden ansahen, wird uns sehr weh tun.

In einer großen Versammlung wurde gesagt: „Der moderne Mensch“ kann mit dem Wort ‚Sünde‘ nichts mehr anfangen. Nun, dieser „moderne Mensch“ wird gar nicht mehr zu Wort kommen, wenn Gott ihm seine Sünden an den Kopf wirft. Dann werden seine Sünden mit ihm etwas anfangen.

Das ist ja schrecklich! Was sollen wir tun?

Es gibt einen wundervollen Weg: Warten wir doch nicht ab, bis Gott unsere Sünden uns an den Kopf wirft! Nehmen wir sie doch ernst und werfen wir sie . . . wohin?: dem Heiland der Sünder zu Füßen, der für uns am Kreuz starb.

Unter Jesu Kreuz werden unsere Sünden endgültig abgetan, ausgestrichen, vergeben.

*Herr! Richte mich jetzt in der Zeit der Gnade. Amen.*

**Und es soll alles Fleisch erfahren, dass ich, der Herr, mein Schwert habe aus der Scheide gezogen; und es soll nicht wieder eingesteckt werden.** Hesekiel 21, 10

Ein schreckliches Wort!

Und man wird erst recht bestürzt, wenn man sich klarmacht: Hier äußert nicht ein fanatischer Prophet seine Meinung über Gott! Nein! Hier redet Gott selbst: „Ich, der Herr!“

Dies Wort spricht von der Unerbittlichkeit Gottes. Ja, er ist ein unerbittlicher Feind aller „fleischlichen Art“. Mit „Fleisch“ bezeichnet die Bibel das natürliche, ungebrochene Wesen des Menschen.

Diese fleischliche Art kann in vielen Formen auftreten: in grober Sündenknechtschaft und wilder Triebhaftigkeit ebenso wie in kultivierter Selbstgerechtigkeit und heimlichem Hochmut. Sie tritt auf in der alltäglichen Art, bei der man sein „Ich“ in den Mittelpunkt stellt und seinen Launen freien Lauf lässt. Sie tritt auf in kalter Lieblosigkeit ebenso wie in Wohltätigkeit, die nur die eigene Ehre sucht. Und all das kann sogar sehr christlich verbrämt und verziert sein.

Wie wir auch seien – von Natur sind wir „fleischlich gesinnt“. Der Römerbrief sagt: „Fleischlich gesinnt sein ist eine Feindschaft wider Gott . . .; die aber fleischlich sind, können Gott nicht gefallen.“

Gott ist ein unerbittlicher Feind der natürlichen Art. Er will sie töten, sagt unser Textwort.

Wenn wir Gott gehören wollen, müssen auch wir sie töten wollen. Wollen wir das?

Die Bibel zeigt den Weg: Man gibt sich mit Jesus an das Kreuz. Man gibt sich selbst mit ihm in den Tod und lässt sich vom Heiligen Geist zu einem neuen Leben leiten. „Geistlich gesinnt sein ist Leben und Friede.“

*„Liebe, zieh uns in Dein Sterben, / Lass mit Dir gekreuzigt sein, / Was Dein Reich nicht kann ererben!“ Amen.*

**Darum siehe, ich will sie locken und will sie in eine Wüste führen und freundlich mit ihr reden.** Hosea 2, 16

Das „Darum“ ist das Schönste an diesem Wort.

Gerade vorher nämlich heißt es: „Sie vergisst mein, spricht der Herr.“ Gemeint ist Israel, das wie eine untreue Frau angesehen und angesprochen wird. „Sie vergisst mein, spricht der Herr.“

Nun erwartet man doch ernste Gerichtsworte, Strafen und Zorn. Und was sagt der erzürnte Herr? „D a r u m will ich sie locken und will sie in eine Wüste führen und freundlich mit ihr reden.“ Das ist göttliche Logik!

Wir kennen nur die menschliche Logik: „Wer böse ist, wird bestraft.“

Bei Gott ist es anders, seitdem Jesus unsere Strafe getragen hat. Weil wir böse sind, weil wir unseren richtigen Herrn verlassen haben, weil wir Trost und Hilfe suchten, wo sie nicht zu finden sind, weil unser Herz böse und verstockt ist – d a r u m will der Herr uns locken und freundlich mit uns reden.

Hier haben wir das ganze Evangelium. Die Schriftgelehrten und Pharisäer – so berichtet das Neue Testament – verwunderten sich, dass Jesus sich so nahe zu verlorenen Leuten tat: „Dieser nimmt die Sünder an und isst mit ihnen!“ sagten sie halb erstaunt, halb vorwurfsvoll. Und darauf erzählte ihnen Jesus die Geschichte von dem Hirten, der das verlaufene Schaf nicht verderben lässt, sondern ihm nachgeht, es sucht und sucht, bis er es findet.

Vielleicht erscheint uns diese Botschaft gar nicht so wundervoll. Aber wenn wir einmal erschrocken sind über uns selbst und über die Heiligkeit Gottes, dann werden wir froh, dass Gott uns nicht verderben will – was wir verdient hätten –, sondern dass er uns lockt und sucht und uns Gnade in Jesus anbietet.

*Herr! Zieh uns, dass wir Deinem Locken folgen! Amen.*

**Ich aber will auf den Herrn schauen . . .** Micha 7, 7

In einer Mischung von Feindschaft und Spott fragte ein Ungläubiger einen Jesus-Jünger: „Sie wollen wohl besser sein als andere?!" Der antwortete: „Besser nicht! Aber anders!"

Dies Anderssein kommt in unserem kurzen Textwort so recht zum Ausdruck. Der Prophet schildert in den Versen vorher erschütternd, wie in einer Welt ohne Gott alle Ordnungen sich lösen und alles Vertrauen schwindet: „Niemand glaube seinem Nächsten, niemand verlasse sich auf seinen Freund. Der Sohn verachtet den Vater und die Tochter setzt sich wider die Mutter . . ."

Und dann heißt es: „Ich aber . . ."

Dies „Ich aber . . ." liest man sehr oft in der Bibel. „In den Kneipen singt man von mir. Ich aber bete." David rühmt: „Ich aber will in dein Haus gehen auf deine große Güte . . ." Vorher heißt es: „Der Herr hat Gräuel an den Falschen." Und dann: „Ich aber . . ."

Es ist erstaunlich, wie oft wir dies „Ich aber . . ." aus dem Munde der biblischen Männer und Frauen hören. „Ich aber will schauen dein Antlitz in Gerechtigkeit." – „Ich aber will von deiner Macht singen."

„Ich aber . . ." Ist das nicht sehr hochmütig? Man hört ja geradezu das Geschrei: „Dieser Pharisäismus der Christen! Dieser Hochmut!"

Es wäre Hochmut, wenn es ein einziges Mal hieße: „Ich aber bin besser." So heißt es nie. Es geht immer und jederzeit nach der Weise: „Ich aber will auf den Herrn schauen." Der Herr wird gerühmt! Wer ihn kennt, ist anders.

Dies „Ich aber . . ." ist nicht Hochmut, sondern der immer neue Glaubensschritt der Gotteskinder zu ihm hin.

*Herr! Ich aber will auf Dich schauen, der Du mein Heiland und Herr bist. Amen.*

**Denn auch die Steine in der Mauer werden schreien.**
Habakuk 2, 11

Was für ein merkwürdiges Buch ist die Bibel!

Sie sagt uns: Es gibt in der Welt lärmende Geräusche, die unser Ohr gar nicht hört. Aber zu dem Ohr Gottes dringen sie.

Steine schreien?! Wer hat schon einmal Steine schreien gehört! Gott – so sagt der Prophet – hört Steine schreien aus Häusern, in die Unrecht hineingebaut wurde. Es wird viel gebaut heute. Ob es dabei wohl auch schreiende Steine und seufzende Betondecken gibt?

Die Bibel weiß mancherlei zu reden von solchen merkwürdigen Stimmen.

Hiob spricht einmal davon, dass „sein Land gegen ihn schreien könnte und seine Furchen weinen". Schreiendes Land und weinende Furchen? „Ja", sagt Hiob, „solche Laute hört Gott, wo Bodenwucher und Menschenschinderei das Land befleckt haben."

Die toten Dinge können gegen uns zeugen. Ein Geldbeutel kann schreien, in dem unrecht Gut ist. Und eine Akte, in der unsere Lüge steht, kann gegen uns seufzen vor Gott.

Wie viel für uns stumme und tote Dinge schreien wohl über uns?! Geliehene Bücher, die wir behielten. Zimmer, die böse Dinge sahen!

Ja, längst versickertes Blut schreit. Gott sagt zu Kain: „Das Blut deines Bruders Abel schreit zu mir."

Es gibt nur eins, was das Schreien zum Schweigen bringt: das Blut Jesu Christi, auf Golgatha vergossen, das immerzu schreit um Gnade für uns. Ein herrliches Geschrei!

*Herr! Lass uns ins Licht kommen und bei Dir Gnade finden. Amen.*

**Und es folgte ihm nach viel Volks aus Galiläa, aus den Zehn-Städten, von Jerusalem, aus dem jüdischen Lande und von jenseits des Jordans.** Matthäus 4, 25

Welch eine große Anziehungskraft hat Jesus!

Als geringer Wanderprdiger zog er durch das Land. Und schon strömte ihm das Volk zu.

Wie stark ist erst seine Anziehungskraft, seitdem er am Kreuz gestorben ist: „Siehe, das ist Gottes Lamm, welches der Welt Sünde wegträgt!" Das m u s s ja doch jeden anziehen, der die eigentliche Not der Welt und des eigenen Herzens begriffen hat: die Schuld! Die Schuld vor Gott!

Und wie gewaltig ist erst die Anziehungskraft des Auferstandenen! Wer den Todeshauch, den – man erlaube das Wort, das der Wirklichkeit entspricht – Leichengeruch über der Welt gespürt hat, den m u s s es ja hinziehen zu dem, der glorreich aus dem Grab erstanden ist und in die Welt ruft: „Ich bin das Leben! Wer an mich glaubt, der wird nimmermehr sterben."

Ganz gewaltig ist die Anziehungskraft Jesu geworden, seitdem er erhöht ist zur Rechten Gottes. Nun ist der Heilige Geist überall am Werk und zieht Menschen zu diesem Eroberer der Herzen!

Ich vergesse nicht, wie ich als Junge einmal in einer württembergischen Gemeinschafts-Stunde einen alten Bauern erzählen hörte. Er berichtete, wie er sich als junger Mann gegen Jesus gewehrt hatte. Aber: „Sein Ziehen war mächtiger." Und dann wandte er sich an einen „Bruder", der neben ihm saß, und fragte den: „Gelt, Jakob, du hoscht au den Zug des Heilands g'schpürt?" Und der nickte nachdrücklich: „I han en g'schpürt und han ihm folge müsse."

Die tiefe Unruhe unseres Lebens ist dies Ziehen des himmlischen Vaters zum Sohn hin, zu Jesus. Denn der Vater will nicht, dass wir verschmachten. „Gott will, dass allen Menschen geholfen werde."

*Herr! Vergib uns unsern Widerstand! Siege in uns! Amen.*

**Wenn ihr fastet, sollt ihr nicht sauer sehen.** Matthäus 6, 16

Dass wir jetzt ja nicht den Herrn Jesus missverstehen!

Er empfiehlt hier nicht einen Christenstand, bei dem man unbekümmert „alles mitmacht", was die Welt zu bieten hat, und dabei voll Mitleid herabschaut auf die „engherzigen" Jesus-Jünger, die sich Sorgen machen um das Heil ihrer Seele und die darum nicht mitfahren wollen in dem buntbewimpelten Schiff zeitlicher Zerstreuungen.

Nein! Nein! Einem solch unbekümmerten Christenstand will unser Herr nicht das Wort reden. Er spricht gerade von solchen Leuten, die es ernst nehmen, die Jesus nachfolgen und darum manches meiden, was der Welt gefällt. Der Herr nennt das „Fasten". Und es sollte den „unbekümmerten" Christen doch zu denken geben, wie selbstverständlich hier der Herr von solchem „Fasten" spricht.

Also: Zu Leuten, denen das alles klar ist, redet der Herr. Ihnen sagt er: Es ist richtig, dass ihr es ernst nehmt mit eurem ewigen Heil. Aber dabei solltet ihr nicht so traurige Kopfhänger sein!

Säuerliche Jesus-Jünger! Das ist ein Widerspruch in sich selbst. Entweder ist man Jesus-Jünger. Und dann geht es nach der Melodie: „Weicht ihr Trauergeister, / Denn mein Freudenmeister / Jesus tritt herein . . ." Oder aber wir sind säuerlich. Dann haben wir noch nicht viel gemerkt von der wunderbaren Gnade, die in Jesus Christus erschienen ist.

Gewiss! Jesus-Jünger gehen durch Anfechtungen, von denen die Welt keine Ahnung hat. Und bei ihnen geht es um ein tägliches Absterben der alten Natur. Aber wie schwer uns das fällt, das wollen wir allein mit dem Herrn ausmachen.

Die Welt soll an uns sehen, wie glücklich und selig Jesus seine Leute macht. So will er uns haben!

*Herr! Bringe Du uns zurecht! Amen.*

**Und es begab sich, da Jesus seine Rede vollendet hatte, entsetzte sich das Volk.** Matthäus 7, 28

„Sie entsetzten sich“?

Etwas bestürzend Neues ist in Jesus zu uns gekommen. Im Neuen Testament steht etwa 35-mal „sie entsetzten sich“, wenn Menschen es mit dem Herrn Jesus zu tun bekamen. Luther hat manchmal auch übersetzt: „sie verwunderten sich“. Aber im griechischen Text stehen da lauter Worte, die „Fassungslosigkeit“ ausdrücken.

Als Jesus auf dem Berg seine Rede vollendet hatte, „entsetzten“ sie sich, „denn er redete gewaltig und nicht wie die Schriftgelehrten“.

Die Menschen entsetzten sich, als er Dämonen austrieb. Hier war also einer erschienen, der mächtiger ist als die Höllengewalten.

Als die Jünger Jesu einst in dunkler Nacht in Seenot waren, kam er über die Wogen zu ihnen. Wir verstehen, dass sie sich entsetzten.

Wie entsetzten sich erst die Menschen, als er die Worte sagte: „Dir sind deine Sünden vergeben!“ Sie entsetzten sich, als bei seinem Sterben die Sonne ihren Schein verlor. Und sie entsetzten sich, als sie am Ostermorgen das Grab leer fanden und aus Engelmund hörten: „Er ist auferstanden!“

Und nun sehe man sich unsere heutige Christenheit an! Da ist keine Spur von dieser Fassungslosigkeit. Ich fürchte, wir kennen Jesus noch gar nicht richtig.

In der griechischen Tragödie „Antigone“, die Sophokles etwa 450 Jahre vor Christi Geburt schrieb, sagt der König Kreon: „Auf mich brach das Schicksal grauenvoll herein.“ Das ist das Entsetzen der Welt!

Die Fassungslosigkeit über Jesus ist anders. Sie ist vor allem Freude, weil in Jesus das ganze Heil Gottes zu uns armen Menschen hereinbricht. Wer kann das fassen?!

*Herr! Hilf uns zu voller Erkenntnis Deines Heils! Amen.*

**Und als er in Jerusalem einzog, erregte sich die ganze Stadt und sprach: Wer ist der?** Matthäus 21, 10

Ja, das ist die große Frage: „Wer ist der?“

Wenn wir diese Frage stellen, ertönt ein Stimmengewirr: „Er war ein Mensch wie wir!“ – „Er ist der vorbildliche Mensch!“ – „Er ist mit seiner Demutslehre das Unglück des Abendlandes!“ – „Er ist ein religiöses Genie, das die Vaterliebe Gottes entdeckt hat!“ – „Er ist das Urbild des wirklichen Menschen!“ – „Er ist . . .!“

Da möchte man den Mut verlieren und Jesus aus seinem Leben streichen.

Aber nun gibt es ein merkwürdiges und beunruhigendes Wort von ihm, das sich uns wie eine Schranke, wie ein Stoppschild, in den Weg stellt, wenn wir uns von ihm abwenden wollen: „Das ist aber das ewige Leben, dass sie dich, der du allein wahrer Gott bist, und den du gesandt hast, Jesus Christus, erkennen.“

Das ewige Leben! Das Leben aus Gott, nach dem unsere Seele hungert! Das Leben, das kein Tod mehr töten kann – das also hängt ab davon, ob wir eine Antwort finden auf die Frage: „Wer ist der?“

Es ist, als wenn aus dem Nebel vor uns ein Mann auftaucht, den man zuerst nur unklar erkennt. Auf einem lächerlichen Esel reitet er und ist doch mit Majestät umgeben. Immer besser taucht er aus dem Nebel auf: Jetzt sehen wir, dass er bleich und blutig ist wie ein gerichteter Verbrecher. Und doch umstrahlt ihn himmlischer Glanz. „Wer ist der?“

Es gab eine heilige Stunde, da Petrus ihn erkannte und sagte: „Du bist Christus, der Sohn des lebendigen Gottes!“ Und Jesus antwortete ihm: „Deine Vernunft hat dir das nicht geoffenbart, sondern mein Vater im Himmel!“

*Herr! Gib uns Licht! Es hängt so viel davon ab! Amen.*

**. . . und Jesus legte seine Hände auf ihn.** Markus 8, 23

Einer meiner Freunde leidet häufig an fürchterlichen Kopfschmerzen.

Eines Tages nun entdeckte er ein Bild, das der Maler Wilhelm Steinhausen zu unserem Textwort geschaffen hat. Da sieht man den blinden Mann. Er hat beide Hände erhoben wie ein Soldat, der sich gefangen gibt. Er hat sich ganz in die Hand des Herrn Jesus gegeben.

Ergreifend hat der Maler das Gesicht des Mannes dargestellt. Es ist, als sähe man darin alle Enttäuschungen und Qualen seines Lebens.

Und auf diesem armen, zerquälten Kopf liegt nun die Hand des Herrn Jesus. Diese Handauflegung drückt unendliches Erbarmen, unermessliche Liebe und reichen Trost aus.

Mein Freund hat sich dies Bild seinem Bett gegenüber aufgehängt. Jeden Morgen sieht er als Erstes: die Heilandshand auf dem armen Kopf eines Elenden!

Mein Freund sagte: „So macht es nun der lebendige Herr Jesus mit mir. Er legt mir die Hand auf meine schmerzende Stirn und sagt zu mir wie einst zu Paulus: ‚Lass dir an meiner Gnade genügen; denn meine Kraft ist in den Schwachen mächtig.' Ich spüre seine Hand, die für mich am Kreuz durchbohrt war. Und er bestätigt mir: ‚Fürchte dich nicht! Denn ich habe dich erlöst. Ich habe dich bei deinem Namen gerufen. Du bist mein.' Er legt seine Hand auf mich und versichert mir: ‚Ich bin gekommen, dass du das Leben und volle Genüge haben sollst.' Er nimmt alle Verzweiflung aus meinem Herzen, wenn er mir sagt: ‚Fürchte dich nicht; glaube nur!'"

In einem unserer schönsten Lieder heißt es: „Ach mein Herr Jesu, dein Nahesein / Bringt großen Frieden ins Herz hinein . . ."

*Herr! Wir danken Dir, dass Du so gnädig an den Deinen handelst. Amen.*

**. . . und er ging traurig davon; denn er hatte viele Güter.**
Markus 10, 22

Ein Mensch, für den der Herr Jesus keinen Trost hatte!

Der Herr Jesus ist ja ein großer Tröster. Dem Jairus, dem man die Nachricht vom Tode seines Kindes brachte, sagte er: „Glaube nur!“ Und der Mann richtete sich auf.

Der Sünderin, die den Jammer ihres verfehlten Lebens zu seinen Füßen ausweinte, sagte er: „Dir sind deine Sünden vergeben.“ Welch ein Trost!

Und wie tröstete er den gekreuzigten Schächer herrlich in seiner schrecklichen Todesstunde!

Bis zum heutigen Tage rühmen es Menschen, wie viel Trost sie von ihrem Heiland empfangen haben.

Aber hier ist nun einer, den Jesus ohne Trost gehen lässt. Ein erschütterndes Bild: Langsam geht der junge Mann weg. Erfüllt mit einer ernsten Frage war er zu Jesus gekommen. Das Gespräch hatte damit geendet, dass Jesus ihn in seine Nachfolge berief. Genauso, wie er den Petrus von seinen Fischerbooten und den Matthäus von seinem schmutzigen Geldgeschäft weggerufen hatte. Die waren ihm gefolgt.

Dieser junge Mann aber lehnte es ab, Jesu Ruf zu folgen. Da war das Gespräch zu Ende. Kein Wort fiel mehr. Der junge Mann ging traurig weg. Er ahnte wohl, dass er die große Chance seines Lebens ausschlug.

Da geht er hin. Jesus sieht ihm nach – und sagt dem Traurigen kein einziges Trostwort.

Wir können von Jesus nur dann getröstet werden, wenn wir ihn selber wollen. Es gibt keinen Trost abgelöst von ihm. Leben wir ohne ihn, so sind wir ewig ungetröstete Leute. Gehen wir mit ihm, dann erfahren wir: „Er ist voll Lichtes, Trost und Gnaden . . .“

*Wir danken Dir, Herr, dass Du uns mit Dir selbst alles gibst. Amen.*

**Sie wunderten sich alle der holdseligen Worte, die aus dem Munde Jesu gingen, und sprachen: Ist das nicht Josephs Sohn?** Lukas 4, 22

Herzkranke wissen, wie gefährlich ein plötzlicher Wetterumschlag für ihr Herz sein kann.

Wissen wir aber auch, dass es einen Wetterumschlag im Herzen geben kann, der für unser ganzes Leben, für Zeit und Ewigkeit gefährlich ist?

Von solch einem Wetterumschlag der Herzen ist hier die Rede:

Jesus war nach Nazareth gekommen, wo er seine Jugend verlebt hatte. Das gab eine gewaltige Aufregung. Der unbekannte junge Mann war ja berühmt geworden. Kein Wunder, dass das Versammlungshaus am Sabbat überfüllt war. Jeder wollte Jesus hören.

Und wie herrlich sprach er nun: „Ich bin gesandt, zu heilen die zerstoßenen Herzen, zu predigen den Gefangenen, dass sie los sein sollen . . .'

Gebannt lauschte die Menge. Jeder fühlte ja, wie Natur, Leidenschaften, Sünde, ja der Teufel ihn gefangen hielten. Gab es wirklich eine Freiheit? War der Mann da vorne wirklich der Heiland der Verlorenen?

Es fehlte nicht viel, und mancher hätte an ihn geglaubt. Aber da – mitten in Jesu Rede – geschah es, dass die Zweifel aufstiegen: „Was soll das? Den kennen wir doch! Der ist doch der Sohn des Zimmermanns Joseph! Wir lassen uns doch nicht dumm machen!"

Wetterumsturz der Herzen!

Genauso geschieht es heute noch, dass jemand vom Heiligen Geist ganz nahe zu Jesus gezogen wird. Aber auf einmal wehrt sich die alte Natur: „Ich will ja gar nicht Jesu Eigentum werden! Nein! Ich will nicht!" Und dann macht so ein Herz kehrt, dicht vor dem Tor zum ewigen Leben.

*Herr! Lass uns durchbrechen durch alle Hindernisse, bis wir ganz Dir gehören! Amen.*

**Es fuhren auch Teufel aus von vielen, schrien und sprachen: Du bist Christus, der Sohn Gottes! Und er bedrohte sie und ließ sie nicht reden; denn sie wussten, dass er Christus war.**
Lukas 4, 41

Der primitive Verstand denkt: Jesus hat gewiss den Kampf aufgenommen gegen Ungläubige und Andersgläubige, gegen Atheisten und Gottlose.

Wer das denkt, irrt gewaltig.

Jesus, der Sohn Gottes, ist wohl ein großer Kämpfer. Aber er kämpft nie g e g e n Menschen, sondern immer u m Menschen.

Er kämpft um den Menschen, der in der Gewalt der dämonischen Mächte ist. Er kämpft um den Menschen, der in seinen Lügereien, Unkeuschheiten, Streitereien, Süchten und in seiner Geldgier ein williger Knecht des Teufels ist.

Um solche Menschen kämpft der Sohn Gottes. Er kämpft – hoffentlich haben wir das begriffen – um u n s !

Um uns ging es, als der Sohn Gottes Mensch wurde und in Bethlehem geboren wurde. Um uns ging es, als er im Garten Gethsemane in großer Herzensnot rang. Um uns ging es, als er auf Golgatha an das Kreuz genagelt wurde. Um uns ging es, als er von den Toten auferstand. Und um uns ging es, als er den Heiligen Geist in die Welt sandte.

Unser Text ist eine sehr hintergründige Geschichte. Es kommt uns da manches dunkel und unverständlich vor. Aber das dürfen wir fassen: Um uns kämpft Jesus, um uns loszumachen von der Macht der Finsternis, damit wir freie Kinder des lebendigen Gottes werden.

Sind wir denn nun ganz passiv bei der Sache?

O nein! Diese Leute kamen zu Jesus. Sie drängten sich um ihn. Sie riefen ihn an. Das können auch wir tun.

*Herr! Wir sehnen uns nach der Freiheit, die Du allein geben kannst. Amen.*

**Es sprach einer der Jünger zu Jesus: Herr, lehre uns beten!**
Lukas 11,1

Wir dürfen diese Bitte nicht harmlos verstehen. Es sagte mir mal jemand: „Leider habe ich in meiner Jugend nicht Englisch gelernt! Das fehlt mir auf meinen Auslandsreisen! Aber – ich komme auch so durch die Welt!"

So ist die Bitte der Jünger nicht zu verstehen: „Es wäre ja schön, wenn man beten könnte. Aber – es geht auch ohne das!"

Die Bitte der Jünger ist ein Notschrei: „ Herr! Es geht nicht ohne Gebet! Doch wir können nicht richtig beten! Kannst du helfen?!"

Ein Mensch ohne Gebet ist wie ein Flugzeug im Nebel, bei dem der Funk ausgefallen ist. Der Mensch ohne Gebet ist allen seinen Nöten allein preisgegeben. Er kann nicht zu dem funken, der als Einziger erretten kann. Das ist schlimm. Aber damit ist noch zu wenig gesagt.

Ein Mensch ohne Gebet ist tot für Gott. Wir haben vielleicht einmal vor der Leiche eines lieben Toten gestanden. Wie gern hätten wir noch manches mit ihm besprochen! Aber – er sagte kein Wort mehr.

Unser Herr und Heiland steht vor uns. Er will Wichtiges mit uns besprechen. Aber – wir sind stumm. Wir können nicht reden. Wir können nicht beten. „Tot!" nennt die Bibel diesen Zustand.

Ein Mensch, der nicht betet, ist ein Schein-Lebendiger.

Es könnte geschehen, dass wir am Jüngsten Tag vor Gott stehen und er zu uns sagt: „Ich kenne dich nicht. Ich habe nie eine Bitte oder einen Dank aus deinem Munde gehört. Du bist hier nie aufgetaucht. Nun geh an den Ort, wo du mich für immer los bist – den Ort, den du dir selber erwählt hast! Geh in die Hölle!" Wer das erkennt, versteht, wie dringlich die Bitte der Jünger ist.

*Herr! Lehre uns beten! Amen.*

**Da aber Jesus sie sah . . .** Lukas 13, 12

Wir saßen in einem Hotelsaal beim Mittagessen. Auf einmal stürmte ein Herr herein und erklärte: „Ich habe vorhin meine Brieftasche liegen gelassen."

Der Geschäftsführer fragte ihn: „Welcher Kellner hat Sie denn bedient?" Der Mann schaute sich um und sagte dann verlegen: „Ich weiß es nicht mehr. Ich habe nicht auf den Kellner geachtet."

So gehen wir Menschen miteinander um: Da hat der Kellner diesem Mann eine Stunde lang gedient. Und der Gast hat es sich gefallen lassen, ohne dem „Ober" auch nur einen Blick zu schenken. So gehen wir aneinander vorbei, so kalt und gleichgültig!

Wie anders der Herr Jesus! In der Menge ist ein altes Weiblein, gebeugt von Alter und Krankheit. Ein armes Menschenkind! Wer kümmert sich schon um sie?!

Aber Jesus „sieht" sie. Er ruft sie und nimmt sich ihrer an.

Und der Oberzöllner Zachäus wusste später viel davon zu berichten, wie das war, als er auf einem Baum versteckt saß, und wie ihn dann die Augen Jesu ansahen. Da erkannte Zachäus: „Diese Augen sehen mich, wirklich, sie sehen meine Schande, aber auch meine Sehnsucht und mein Verlangen nach Frieden mit Gott."

Am Zoll saß der Levi. Jeder Vorübergehende warf ihm das Geldstück hin und spie aus vor diesem verächtlichen Betrüger und Knecht der Römer, ohne ihn anzusehen. Aber dann kam Jesus. Der blieb stehen und sah ihn an. Er sah seine grenzenlose Erniedrigung, aber auch sein Heimweh nach Gott. Und dann rief er ihn als Jünger.

*Herr! Wir wollen vor Deinen Augen stehen bleiben. Amen.*

**Es nahten zu Jesus allerlei Zöllner und Sünder, dass sie ihn hörten.** Lukas 15, 1

In den Glanzzeiten Berlins wurde eine lustige Geschichte erzählt: Da stand eines Tages ein Mann aus der tiefsten Provinz an der Friedrichstraße, durch die sich unablässig ein ungeheurer Verkehr wälzte.

Um 10 Uhr stand der Mann da. So etwas hatte er noch nie erlebt. Um 11 Uhr stand er immer noch da. Um 12 Uhr fragte ihn ein Schutzmann, worauf er denn warte. Da sagte er: „Ich will über die Straße. Aber ich muss doch warten, bis der Festzug vorbei ist." Da hat ihm dann der Schutzmann erklärt, dass dies der normale Verkehr sei.

Eines Tages ist der „Festzug" doch abgerissen, als Berlin und die Friedrichstraße in Trümmer sanken.

Ich weiß eine andere Straße, auf der der Verkehr nie abreißt bis an das Ende der Welt: Das ist die Straße, die zu Jesus führt. Man muss es im Neuen Testament nachlesen, wie es da immerzu heranströmt: Fragende, Kranke, Zöllner, Sünder, Kinder und Alte, Stolze und Verzweifelte. Und so ist es bis zum heutigen Tag.

Man hat oft versucht, diese Straße zu Jesus zu sperren. Man hat Warnungstafeln aufgestellt. Man hat Verbotsschilder angebracht. Man hat Märchen und Lügen über den Sohn Gottes verbreitet.

Aber es war alles vergeblich. In allen Jahrhunderten, in allen Kontinenten laufen Menschen zu Jesus.

Man hat die Menschen, die zu Jesus laufen, mit Hohn und Spott bedacht. Man hat sie lächerlich gemacht. Es war alles umsonst. Umsonst! Weil der Vater hungrige Seelen durch den Heiligen Geist zum Sohn zieht.

Sehen wir zu, dass auch wir auf dieser Straße sind!

*„Zieh mich, o Vater, zu dem Sohne, / Damit Dein Sohn mich wieder zieh zu Dir . . ." Amen.*

**Da schlug er in sich . . .** Lukas 15, 17

Der „verlorene Sohn“, von dem der Herr Jesus erzählt, ist ja wirklich kein Vorbild. Im Gegenteil! Solche labilen jungen Menschen, die von ihren Trieben hilflos getrieben werden und die sich dabei noch sehr interessant vorkommen, sind eine rechte Not für alle, die mit ihnen zu tun haben.

Und doch – im Leben dieses leichtsinnigen jungen Mannes kommt ein Augenblick, da er mit einem Schlag sich erhebt über viele, die von sich selbst überzeugt sind.

Von diesem Augenblick spricht unser Textwort: „Da schlug er in sich . . .“ Wörtlich steht hier im griechischen Text: „Da kam er zu sich.“

Was geschah denn da? Der verlorene Sohn machte eine Entdeckungsreise in sein eigenes Herz. Und was er hier sah, erschreckte ihn gewaltig. Er sah nicht nur sein Elend, fern vom Vaterhaus. Er sah auch seine Schuld. Er sah, wie erbärmlich sein Lebensinhalt gewesen war. Er entdeckte, wie schändlich er seinen Vater behandelt hatte. Er erkannte, wie erbärmlich er die ganze Zeit nur sich selber, s e i n Vergnügen, s e i n Recht, s e i n Wohlergehen im Auge gehabt hatte. Er sah sein Herz als eine Wüste, ohne Glauben, ohne Liebe, ohne Hoffnung, ohne Gnade.

Solch eine Entdeckungsreise in das eigene Herz ist eine große Sache. Wir leben in einem elenden Selbstbetrug, solange wir diese Entdeckungsfahrt nicht angetreten haben.

Gewiss! Es ist ein schwerer Weg. Ein bitterer Weg! Aber es ist der einzige Weg, auf dem man zum Heil Gottes und zum Heiland findet. Denn der Herr Jesus nimmt nur Sünder an, die Buße tun. Für die starb er, um sie zu retten.

*Herr! Zeige mir mein Herz! Amen.*

**Zachäus lief voraus und stieg auf einen Maulbeerbaum, auf dass er Jesus sähe.** Lukas 19, 4

„Was ist denn nur in den Zachäus gefahren?" werden seine Bekannten kopfschüttelnd gefragt haben. „Der war doch bisher ganz vernünftig!"

Es ist wahr! Nach der Weise der Welt war er sehr vernünftig! „Man muss doch mit beiden Beinen auf dem Boden stehen", erklärte er wohl lachend, wenn ihm ein Tag besonders einträglich die Kasse gefüllt hatte. Und damit wollte er sagen: Man darf sich keine Gewissensbisse machen, auch wenn das Geld so verdient ist, dass dabei Gottes Gebote mit Füßen getreten werden.

So vernünftig war der Zachäus.

Bis es ihm aufging: Mein Leben ist die größte Narrheit. Was helfen denn Geld und Gut, wenn man keinen Frieden mit Gott hat! Er kam sich vor wie ein Fisch, der aufs Trockene geraten ist. Denn er hat auf einmal verstanden: „Gott ist unser Lebenselement. Und ich bin ganz und gar außerhalb dieses Lebenselements."

Ich weiß nicht, wieso er auch begriff, dass allein Jesus in solchen Fällen helfen kann.

Jedenfalls tat er nun alles Mögliche, was in den Augen der Welt unvernünftig war: Der reiche Mann mischt sich in das Volksgedränge, um Jesus zu sehen. Und als das nicht gelingt, steigt er auf einen Baum. Ich stelle mir vor, wie die Jungen, die schon oben saßen, ihm lachend dabei geholfen haben.

Das schien doch sehr unvernünftig zu sein. In Wahrheit aber fing der Zachäus an, endlich klug zu werden. Denn nun stand über seinem Leben die Verheißung: „So spricht der Herr: So ihr mich von ganzem Herzen suchen werdet, so will ich mich von euch finden lassen."

*Herr! Lass auch uns wirklich klug werden! Amen.*

**Schmecket und sehet, wie freundlich der Herr ist.**
Psalm 34, 9

Als ich einmal durch ein sauerländisches Dorf fuhr, sah ich, quer über die Straße gespannt, ein großes Transparent. Darauf stand: „100 Jahre Schützenfest!"

Bei allem Respekt vor solch alter Tradition – das kann uns nicht imponieren. Denn wir feiern in diesen Tagen ein Fest, das über 3000 Jahre alt ist. Wir können sagen: „3000 Jahre Erntedankfest!" Nicht wahr, das klingt doch großartig.

Es mag etwa um das Jahr 1300 vor Christi Geburt gewesen sein, als das alttestamentliche Volk Gottes, die Kinder Israel, in Kanaan einzogen. Und da haben sie sofort das Erntedankfest gefeiert, wie Gott es ihnen am Berg Horeb geboten hatte: „Sieben Tage sollst du das Fest halten, wenn du hast eingesammelt von deiner Tenne und von deiner Kelter, und sollst fröhlich sein, du und dein Sohn, deine Tochter, dein Knecht, deine Magd, der Fremdling, der Waise und die Witwe." Seitdem gibt es also Erntedankfest. Wir wollen es auch mitfeiern.

Die Großstädter müssen sich ja dazu einen Ruck geben. Denn viele kennen wogende Kornfelder und früchteschwere Bäume kaum noch. Aber sie sollten doch bedenken, woher unser Brot kommt.

Als ich einst die Frage danach an ein paar junge Burschen richtete, riefen sie: „Vom Bauern." – „Richtig", sagte ich, „aber die Ernte kann ja auch durch Regen oder Hitze verderben." – „Dann wird eben Brot importiert!" riefen sie. „So?" erwiderte ich. „Ich habe es erlebt, dass es aus war mit dem Import."

Mattias Claudius hat schon Recht: „Es geht durch unsre Hände / Kommt aber her von Gott!"

Und darum, ja darum feiern wir das Ernte-Dank-Fest und preisen den Vater Jesu Christi.

*Herr! Gib uns offene Augen für Deine schenkenden Hände! Amen.*

**Gott hat sich selbst nicht unbezeugt gelassen, hat uns viel Gutes getan ... und unsere Herzen erfüllt mit Speise und Freude.** Apostelgeschichte 14, 17

Tatsächlich! Hier spricht der Apostel Paulus von der „Predigt des Butterbrots".

Es war in der kleinasiatischen Stadt Lystra. Dort war Paulus mitten in einen heidnischen Opfertrubel hineingeraten. Geradezu erschrocken springt er unter die Volksmenge und bezeugt den einen, lebendigen Gott. „Ihr solltet ihn kennen!" ruft er. „Denn er hat eure Herzen erfüllt mit Speise und Freude."

Das sollten wir hören, wenn wir das Erntedankfest feiern wollen!

Merkwürdig allerdings drückt sich Paulus aus. Müsste es nicht heißen: „Er hat unsere Mägen gefüllt mit Speise"? Ein moderner Übersetzer hat ihn korrigiert und es so gesagt: „Gott hat uns Speise gegeben und unsere Herzen mit Freude erfüllt." Aber im griechischen Grundtext steht nun wirklich: „Er hat unsere Herzen erfüllt mit Speise und Freude."

Was will denn das sagen? Wenn Gott uns das tägliche Brot gibt, geht es ihm dabei um unsere Herzen!

Jedes Butterbrot, das wir essen, sagt uns: „Gott wirbt um dein Herz!" Jedes Butterbrot predigt: „Gott will dein Herz bewegen."

Dass wir doch diese Butterbrot-Predigt hören wollten! Dann wäre jede Mahlzeit ein kleines Fest.

Aber nun haben wir so harte, so taube Herzen, dass wir diese Predigt des Butterbrots nicht verstehen und nicht hören. Ja, so hart ist das Menschenherz! Darum hat Gott, dem es wunderbarerweise so sehr um uns zu tun ist, noch ganz anderes eingesetzt, um uns zu gewinnen. Er hat seinen lieben Sohn, den Herrn Jesus, gegeben. In den Tod gegeben! Für uns!

*Himmlischer Vater! Wie sehr mühst Du Dich um uns weggelaufene Kinder! Wir danken dir. Amen.*

**Und als Jesus kam an die Stätte, sah er auf und ward sein gewahr . . .** Lukas 19, 5

Als junger Mann hörte ich einen Satz, der mir tiefen Eindruck gemacht hat: „Einmal im Leben müssen wir als Narren passieren. Entweder gelten wir jetzt der Welt als närrisch, weil wir mit Ernst den Frieden mit Gott suchen. Aber die Ewigkeit wird zeigen, dass dies klug war. Oder aber – wir gelten hier als kluge und weltoffene Leute. Dann werden wir in der Ewigkeit klagen müssen: ‚Wir Narren haben den rechten Weg verfehlt.'"

So dachte wohl eines Tages auch der reiche Oberzöllner Zachäus. Darum tat er alles, um dem Heiland der Welt, dem Herrn Jesus, zu begegnen. Er stieg dazu – der reife Mann! – auf einen Baum an der Straße!

Ein lächerliches Bild? Nein! Ein ergreifendes Bild! Gibt es etwas Größeres, als wenn ein Mensch bekümmert wird um das Heil seiner Seele! Als wenn ein Mann, der es zu etwas gebracht hat, entdeckt: „Mir fehlt ja das Beste: Frieden mit Gott und Vergebung meiner Sünden!"

Die Leute, die ihn zuerst wohl lachend beobachteten, haben ihn schon vergessen. Denn nun naht der „Wundertäter", der „neue Prophet", der Mann, der in aller Munde ist – Jesus. Da muss man doch schauen!

Und auf dem Baum sitzt Zachäus mit seinem großen Heilsverlangen. Wie soll es denn nun mit ihm weitergehen?

Da bleibt Jesus stehen! Er sieht auf zu Zachäus. Jesus sieht nicht die Menge. Er sieht nicht die angetretene Prominenz von Jericho. Er sieht nur das verlangende Herz und das unruhige Gewissen des Zachäus. Solche Herzen und so gequälte Gewissen hatte er vor Augen, als er am Kreuz starb, „auf dass sie Frieden hätten". So ist Jesus!

*Herr! Du Heiland der sehnsüchtigen Herzen und der beladenen Gewissen! Wie sollten wir leben ohne Dich! Amen.*

**Und Zachäus stieg eilend hernieder und nahm Jesus auf mit Freuden.** Lukas 19, 6

„Der Mann auf dem Baum."

Das könnte der Titel eines modernen Romans sein! Aber es handelt sich um eine wirkliche Begebenheit: Ein reicher Mann bekam eine brennende Sehnsucht, den Herrn Jesus zu sehen. Und weil er bei dem Volksgedränge nicht durchkam, stieg er auf einen Baum.

Wer noch nie ein Heilsverlangen gespürt hat, kann das nicht verstehen. Wen aber der Geist Gottes im Gewissen unruhig gemacht hat, der begreift die Sache gut.

Nun, die Bibel interessiert sich eigentlich gar nicht dafür, warum und wie der Zachäus auf den Baum gestiegen ist. Umso mehr aber dafür, wie er wieder herunter gekommen ist.

Wie ging denn das zu?

Jesus blieb stehen und sagte: „Zachäus, steig eilend hernieder; denn ich muss heute in deinem Hause einkehren."

Und nun kommt's! „Er stieg e i l e n d hernieder." Es war sicher kein sehr würdiges Bild, wie der Mann am Baumstamm herunterrutschte. Aber nun musste es schnell gehen!

Ja, warum denn? Ist der Zachäus verrückt? Er kann sich doch denken, dass es eine große Revolution in seinem Leben und in seinen Geldgeschäften geben muss, wenn Jesus in sein Haus einkehrt. Das muss doch in Ruhe überlegt sein, ob man Jesus aufnehmen will!

Gewiss ist das richtig! Aber ich fürchte, es gehen viele ewig verloren, weil sie ein Leben lang überlegten und zu keinem Entschluss kamen. Die Bibel sagt: „H e u t e , so ihr seine Stimme hört, so verstocket euer Herz nicht!"

*Herr! Mach unseren Überlegungen ein Ende und hilf uns zu einer klaren Entscheidung! Amen.*

**Jesus sprach zu ihm: Heute ist diesem Hause Heil widerfahren.** Lukas 19, 9

Das geschah im Hause eines reichen Mannes namens Zachäus in der Stadt Jericho. Nach einem Gespräch unter vier Augen mit dem Herrn Jesus hat dieser Mann erklärt: „Die Hälfte meiner Güter gebe ich den Armen. Und so ich jemand betrogen habe, das gebe ich vierfältig wieder.“ Damit zerstörte der Mann sein Vermögen, das er in einem langen Leben zusammengebracht hatte.

So etwas spricht sich herum. Und nun habe ich mir vorgestellt, dass der Reporter einer großen Zeitung zu dem Zachäus kam, um ihn zu interviewen. Wie mag solch ein Gespräch gelautet haben? Etwa so:

Der Reporter fragt: „Herr Zachäus! Sie haben in unfassbarer Weise Ihren Geldschrank geräumt! Wie kamen Sie dazu?“

Zachäus antwortet: „Haben Sie schon von Jesus gehört? Der hat mich besucht.“

Der Reporter: „Ich darf offen sprechen? Sie haben mitleidlos und skrupellos Geld gemacht. Nun wollen Sie das – wie man so sagt – wieder gutmachen?“

Jetzt wird Zachäus ernst: „Wieder gutmachen? Wer Jesus begegnet ist, der weiß: Nicht eine einzige Sünde können wir wieder gutmachen. Aber Jesus kann uns jede Sünde vergeben. Denn er ist das Lamm Gottes, das der Welt Sünde wegträgt.“

Der Reporter staunt: „Ja, aber warum haben Sie dann Ihren Geldschrank so unheimlich geleert, wenn Sie doch nichts wieder gutmachen können damit?“

Nun lächelt Zachäus: „Weil Jesus mich vom Geld frei gemacht hat. Ich war ein Sklave des Mammons. Nun hat er mich befreit.“

*O Herr Jesus! Wie mächtig ist Deine Gnade, dass sie Sünde auslöscht und unser Leben frei macht. Lass doch auch uns die Kraft dieser Gnade erfahren! Amen.*

**Jesus sprach zu Zachäus: Heute ist diesem Hause Heil widerfahren.** Lukas 19, 9

Gewiss protestierten die Freunde des Zachäus. „Heil? Unsinn! Unheil ist diesem Hause widerfahren!"

Und so würden auch wir wahrscheinlich sprechen. Denn dieser Mann hatte Besuch von Jesus bekommen. Wer mit Jesus zusammenkommt, gerät in ein helles Licht. Und in diesem Licht sah Zachäus, dass sein Leben eine große Schande war. Jawohl! Er war ein reicher Mann geworden. Aber – wie viel Schuld hing an seinem Geld! Und da hatte er erklärt: „Die Hälfte meiner Güter gebe ich den Armen. Und so ich jemand betrogen habe, das gebe ich vierfältig wieder." Da blieb nicht allzu viel übrig.

Dahin kann es Jesus mit einem Menschen bringen. Ist das nicht Unheil? Hatten die Freunde nicht Recht? Zachäus schüttelt den Kopf: „„Nein! Es ist mir Heil widerfahren!"

Ich kannte einen Bergmann, den ein Felsbrocken in den Rücken traf. Von dem Tage an war er gelähmt. „Welch ein Unheil!", sagten seine Freunde. Hatten sie nicht Recht?

Der unglückliche Mann aber hörte nun zum ersten Mal auf das Evangelium. Er kam zur Umkehr und fand in Jesus Frieden mit Gott. Jetzt wurde er ein froher Mensch. Eines Tages sagte er mir: „Ich will Gott danken, dass er mich gelähmt hat. Denn dadurch habe ich in Jesus Heil gefunden." Und dann fügte er aus Herzensgrund hinzu: „Besser gelähmt sein und Frieden mit Gott haben als gesund mit beiden Beinen in die Hölle springen." War sein Unheil nun nicht Heil?

*Herr! Gib uns Augen, Deine heilsamen Wege mit uns zu begreifen! Amen.*

**Herodes mit seinem Hofgesinde verachtete und verspottete Jesus und legte ihm ein weißes Kleid an.** Lukas 23, 11

„Kleider machen Leute!“, sagt ein Sprichwort. Wenn ich Bilder von Männern im Ordensschmuck, in gestickten Diplomatenfräcken oder in anderen Uniformen sehe, dann muss ich dem Sprichwort Recht geben: „Kleider machen Leute!“

Nur bei einem Einzigen ist es anders: bei Jesus, dem menschgewordenen Gottessohn. An dem Morgen seines Todestages trug der Herr Jesus vier verschiedene Gewänder: zuerst seinen eigenen Rock. Dann legten sie ihm zum Spott einen roten Soldatenmantel um. Am Kreuz trug er nur sein Lendentuch. Und als Herodes ihn verhöhnte, hatte man ihm ein weißes, königliches Gewand umgehängt.

Und doch – er blieb immer derselbe. Sein Gewand war völlig belanglos. Da versteht man, dass die Bibel ihn den „neuen Adam“, den „neuen Menschen“ nennt. Jesus ist der wahre Mensch. Er ist der Mensch, wie Gott uns Menschen gewollt hat.

Das empfand auch dumpf der Römer Pilatus. Als er den gegeißelten Jesus dem Volk vorstellte, rief er erschüttert aus: „Seht! Ein Mensch!“ Er wollte sagen: „Ich kenne Menschen, die eitel sind wie Pfauen, brutal wie Tiger, gemein wie Hyänen. Aber hier – hier ist der wirkliche Mensch!“

Unsere Zeit fragt nach Leitbildern, nach denen wir uns ausrichten könnten. In Jesus hat uns Gott selbst das endgültige Leitbild hingestellt. So barmherzig, so voll Vertrauen zu Gott, so rein, so wahrhaftig, so selbstlos sollten wir sein wie Jesus.

An Jesus haben wir nicht nur ein Leitbild. An ihm wird auch unser böses Wesen und unser verlorener Zustand vor Gott offenbar. Wer das begreift, dem wird Jesus zum großen Sünden-Vergeber und Versöhner.

*Herr Jesus! Alles willst Du uns sein! Alles! Amen.*

**Bist du mehr denn unser Vater Jakob, der uns diesen Brunnen gegeben hat?** Johannes 4, 12

Wir alle haben Bilder und Vorstellungen von großen, bedeutenden Leuten!

Für Menschenfreunde ist Albert Schweitzer der ganz Große. Für künstlerisch Interessierte ist es Picasso. Und für „alte Preußen" überragt Friedrich der Große alle.

Wenn nun einer kommt, der größer ist, dann gibt es eine kleine, tief bewegende Revolution in unserem Leben. Dann fallen Werte und stürzen alte Vorstellungen.

So ging es jener samaritischen Frau, die in einer heißen Mittagsstunde den Herrn Jesus am Brunnen vor dem Stadttor traf. Aus ihren Worten sprechen Schrecken und Verwunderung: „Bist du größer als unser Stammvater Jakob, der diesen Brunnen grub und dessen Name bei uns unvergessen ist?"

Wer mit Jesus in Verbindung kommt, der gerät notwendigerweise an diesen Punkt, wo alle bisherigen Wertmaßstäbe umstürzen und die Frage gestellt wird: „Bist du größer als alle meine früheren Idealgestalten?"

Ja! Er ist immer größer! Bei der Frau am Brunnen ging es um Wasser. Das Wasser, das Jakob gegraben hatte, war wunderbar frisch. Aber Jesus gibt Lebenswasser, das unsere Seelen lebendig macht.

Große Leute haben vielleicht viel getan für die Welt. Aber keiner tat so viel wie Jesus, der sein Leben in den Tod gab, um Gott mit der Welt und mit uns zu versöhnen. Und keiner ist so mächtig wie er, dem der Vater „alle Gewalt gegeben hat im Himmel und auf Erden".

Lasst uns unser Leben auf die richtigen Wertmaßstäbe einstellen! Jesus soll uns immer über allen Menschen stehen!

*Herr Jesus! Wir beten Deine Liebe, Macht und Glorie an! Amen.*

**Es war ein königlicher Beamter, dessen Sohn lag krank zu Kapernaum. Dieser hörte, dass Jesus kam . . . und ging hin zu ihm und bat ihn, dass er hinabkäme und hülfe seinem Sohn; denn er war todkrank.** Johannes 4, 47

„In unseren Kreisen tut man das nicht!"

So hieß es wohl bisher im Hause dieses „königlichen Beamten", wenn die Rede darauf kam, dass der oder jene Jesus nachgelaufen sei. Und wenn auch der König Herodes nicht mehr viel zu sagen hatte, weil die Römer ja das Land beherrschten, so trugen doch er und seine Beamten jetzt gerade die Nase umso höher.

Nein! In diesen Kreisen war es nicht üblich, sich mit Jesus einzulassen. Wenn der Pöbel das tun wollte – bitte! Aber – so hieß es – „wir haben für diese Art Wanderprediger nichts übrig".

Wie ist doch die Welt bis heute voll von solchen „königlichen Beamten". Sie haben nichts gegen Jesus. Aber er kommt auch nicht bis an den Horizont ihres Lebens und Denkens . . .

. . . bis die Not einkehrt! Der Sohn und Erbe wird todkrank. Nun sieht auf einmal alles anders aus! Jetzt helfen Hochmut und Selbstherrlichkeit nichts mehr. Man möchte beten! Aber – wo ist denn Gott?! Ist es vielleicht doch wahr, dass Gott in Jesus gekommen ist?! Dann muss man Jesus anrufen!

Der königliche Beamte hatte bisher eine Weltanschauung, die nur für Schön-Wetter passte. Als die Stürme kamen, zerbrach sie. Wer aber Jesus als seinen Erlöser kennt, hat einen Heiland, der festhält, auch wenn uns das Leben zerbricht.

Wir sollten uns gut überlegen, ob unser Glauben und Denken nicht doch nur für Schön-Wetter sind. Wenn es so steht, dann heißt es umkehren und Buße tun!

*Herr Jesus! Du bist ein Fels in allen Stürmen! Wir danken Dir. Amen.*

**Jesus aber sprach zu dem königlichen Beamten: Wenn ihr nicht Zeichen und Wunder seht, so glaubt ihr nicht.**
Johannes 4, 48

Welch eine Enttäuschung!

Da hat nun dieser hohe Beamte alle Vorurteile gegen Jesus über Bord geworfen. In Herzensnot bittet er den Herrn Jesus: „Heile meinen todkranken Sohn!"

Aber Jesus weist ihn schroff zurück.

Da denke ich an jenen Mann, der mir verbittert erklärte: „Als mein Sohn in den Krieg musste, habe ich Jesus angerufen, er möge meinen Sohn bewahren. Es war umsonst. Er kam nicht zurück! Nun bin ich fertig mit Ihrem Jesus!"

Enttäuschung am Heiland der Welt!

Doch nun macht uns der Herr klar, dass wir keinen Grund haben, von ihm enttäuscht zu sein. Er selbst ist vielmehr von jenem Mann und dem Beamten und oft auch von uns enttäuscht.

Warum? Darum, weil wir wohl e t w a s von ihm wollen. Aber i h n s e l b s t wollen wir nicht. Wir wollen die Hilfe, aber nicht den Helfer.

Ja, wenn wir wenigstens das von ihm wollten, was er geben will und was er am Kreuz für uns notvoll erworben hat: Vergebung der Sünden, Frieden mit Gott und ewiges Leben! Aber das alles schiebt der Mensch weg und sagt: „Ich will weder dein Heil noch dich! Ich kann nur glauben, wenn du mir die Hilfe gibst, die ich jetzt gerade haben will."

Jesus wies den Beamten zurück, weil er uns sagen will: „Man kauft bei mir nicht Hilfe ein, wie man Ware im Laden kauft." Dort geht's nur um die Ware. Was kümmert uns der Kaufmann! Nein! So geht es bei Jesus nicht.

In ihm will der lebendige Gott uns, seine verlorenen Kinder, zurückgewinnen. Darum hat er uns nichts zu sagen, wenn wir nicht ihn selbst und sein Heil begehren.

*Herr! Gib uns ein heilsames Verlangen nach Dir! Amen.*

**Der königliche Beamte sprach zu Jesus: Herr, komm hinab, ehe mein Kind stirbt! Jesus sprach zu ihm: Gehe hin! Dein Sohn lebt!** Johannes 4, 49 und 50

Wir finden es doch imponierend, wenn ein Mann konsequent ist! Der Apostel Paulus hat von sich selbst gesagt: „Bei mir ist Ja Ja, und Nein ist Nein." So muss es doch sein!

Darum ist unser Textwort so erstaunlich. Da hat der Herr diesen Beamten des Königs Herodes schroff zurückgewiesen, als der mit der Bitte zu ihm kam, seinen Sohn zu heilen. Verletzend kalt hat er erklärt: „Ich bin doch nicht euer Wundermann!"

Und dann gibt er dem Bitten des Mannes doch nach und heilt den Sohn.

Wie inkonsequent ist der Herr Jesus!

Ja, Gott sei Dank, dass er so inkonsequent ist! Dass ihm das Herz bricht, wenn jemand sich nicht zurückweisen lässt, sondern mit Bitten anhält. Er kann uns wohl warten lassen, wenn wir bitten. Aber wenn er unseren Glauben sieht und unser Bitten hört, wird sein Herz bewegt, und er erhört uns.

So inkonsequent ist Jesus!

Ja, ist er nicht selbst eine ganz große Inkonsequenz Gottes? Da hat Gott in seinem Wort immer wieder erklärt, dass der Sünder den Tod verdient. Er hat immer wieder gesagt, dass er, der heilige Gott, keine Gemeinschaft mit uns Sündern haben kann.

Und dann kommt Jesus, der Sohn, im Auftrag des Vaters, um die Sünder zu retten und zu heilen. Anstatt dass wir Sünder den Zorn Gottes tragen müssen, nimmt Jesus für uns alle Sünde auf sich und trägt sie an das Kreuz. Die Bibel sagt: „Gott warf unser aller Sünde auf ihn."

Gott sagt: „Der Sünder muss für seine Sünde bezahlen." Und dann gibt er seinen Sohn zum Bürgen, der am Kreuz für uns bezahlt. Herrliche, rettende Inkonsequenz!

*Herr! Dir sei Dank, dass Du so Erbarmen mit uns hast! Amen.*

**Und indem der königliche Beamte hinabging, begegneten ihm seine Knechte, verkündigten ihm: Dein Kind lebt … Und er glaubte mit seinem ganzen Hause.**

Johannes 4, 51 und 53

Lassen wir mal unsere Fantasie ein wenig spielen!

Wenige Monate später war im Hause des hohen Beamten eine größere Gesellschaft versammelt. Bald kam die Rede auch auf Jesus, von dem damals alle Welt sprach.

Einige Kollegen des Beamten verzogen spöttisch ihre Mienen: „Ach, dieser Jesus beschäftigt sich doch nur mit primitiven Menschen! Die ganze Sache ist doch nichts für Gebildete!" Andere meinten: „Wahrscheinlich übertreibt das Gerücht über Jesus ganz mächtig!" Einer wurde vielleicht sogar ärgerlich: „Dieser Jesus behauptet, in ihm sei Gott zu uns Menschen gekommen! Welch ein Wahnsinn!"

Im Hintergrund saß der Sohn des Hausherrn und lächelte. Einer der Gäste bemerkte das und fragte verdrießlich: „Warum lächelst du, wenn gescheite Leute reden?"

Darauf sagte der Junge ganz einfach: „Ich glaube an Jesus, denn er hat mich vom Tode errettet!"

So geht es allen wahren Christen in der Welt. Sie müssen sich viele gescheite Worte über Jesus und das Christentum anhören. Und sie können gar nichts dagegensetzen als ihr schlichtes Zeugnis und ihre Erfahrung: „Er hat mich vom Tode errettet."

So lautet das Zeugnis über Jesus in der Bibel: „Durch seine Wunden sind wir geheilt!" Und der Apostel Paulus bekennt: „Denn der Tod ist der Lohn der Sünde, aber die Gabe Gottes ist das ewige Leben in Christus Jesus, unserem Herrn!"

Es kommt nicht darauf an, was für eine Meinung wir über Jesus haben. Es kommt vielmehr darauf an, dass wir seine Errettung an uns selbst erfahren.

*Herr! Wir danken Dir für Dein erfahrbares Heil! Amen.*

**Herr, wohin sollen wir gehen? Du hast Worte des ewigen Lebens. Und wir haben geglaubt und erkannt, dass du bist Christus, der Sohn des lebendigen Gottes.**

Johannes 6, 68 und 69

Es gibt ein lustiges Bild von dem Maler Wilhelm Busch. Da sieht man einen jener Touristen, wie sie haufenweise heute durch die ganze Welt reisen. Er wandert daher und schaut konzentriert durch ein Fernglas. Und dabei steht der Vers: „Warum sollt ich nicht beim Geh'n, / Spricht er, in die Ferne seh'n! / Schön ist es auch anderswo, / Und hier bin ich sowieso."

Lächelte wohl der Maler-Dichter, als er dies zu Papier brachte? Ich glaube nicht. Denn er wollte etwas Ernstes aussagen.

Er spricht von der Tragik des Herzens. Das denkt: „Ja, wenn ich nach Griechenland oder Afrika reisen könnte, wäre ich glücklich!" Aber dann stellt es sich heraus: Man hat seine Friedlosigkeit, seine Unruhe, seinen Hunger nach Leben in die Ferne mitgeschleppt. Und nun schaut man nach dem Nächsten aus: „Wenn ich dort wäre!" „Wenn ich jenes hätte!" Ergreifend heißt's im Schubertlied: „Dort, wo du nicht bist, dort ist das Glück."

„Wohin sollen wir gehen?", fragt Petrus den Herrn Jesus. Er meint: „Wohin sollen wir gehen, dass wir an ein Ziel kommen, dass wir Frieden finden, dass wir das Leben wirklich haben? Wohin sollen wir gehen?"

Und während er das fragt, schaut er den Herrn Jesus an. Und da gibt er selber die Antwort: „Du, mein Heiland, bist das Ziel! Du bist die Quelle des Lebens! Du bist der, nach dem mein Herz immer verlangte!"

Tersteegen sagt: „Wer dich hat, / Ist still und satt. / Wer dir kann im Geist anhangen, / Darf nichts mehr verlangen." Da braucht man nicht mehr mit dem Fernrohr nach Besserem auszuschauen.

*Wir danken dir, Herr, dass wir Dich finden können. Amen.*

**Da sprachen sie zu Jesus: Wer bist du denn?** Johannes 8, 25

Drängend, spöttisch, notvoll, aufrichtig, suchend ist immer wieder diese Frage gestellt worden: „Jesus, wer bist du?"

Es soll nur keiner sagen: „Diese Frage interessiert mich nicht!" Die Bibel sagt: „Wer den Sohn Gottes hat, der hat das Leben! Wer den Sohn Gottes nicht hat, der hat das Leben nicht." Es hängt also unser „Leben" daran, ob wir Jesus haben.

Und darum müssen wir doch wissen, wer er ist. Wir müssen wissen, ob er wirklich Gottes Sohn ist – dieser Mensch, der über die Straßen Palästinas ging.

„Jesus, wer bist du?" Luther sagt in seinem Katechismus: „Wahrhaftiger Gott, vom Vater in Ewigkeit geboren. Und auch wahrhaftiger Mensch, von der Jungfrau Maria geboren, mein Herr!"

Die Vereinigung der göttlichen und der menschlichen Natur in Jesus ist eine Tat Gottes und unbegreiflich für die Vernunft. Aber die Vernunft muss sich beugen unter die Wirklichkeit. Überall im Leben Jesu sehen wir die zwei Naturen:

Wie ein erschöpfter Mensch schläft er in dem Schiff während des Sturms. Aber gleich darauf steht er an Deck und gebietet dem Meer und den Stürmen zu schweigen.

Als Verbrecher stirbt er am Kreuz einen furchtbaren Tod. Aber sterbend ruft er triumphierend: „Es ist vollbracht!" Der Vollender unserer Erlösung!

Als einen Toten legt man ihn in das Grab. Aber sieghaft ersteht er am dritten Tag.

Das ist wichtig für uns! Denn nun ist er wirklich die Brücke zwischen Gott und Mensch. Nun überwindet er den Abgrund, der uns Sünder vom heiligen Gott getrennt hat. Nun ist er die Himmelsleiter, über die wir zu Gott kommen.

*Herr Jesus! Lass uns Dich immer besser erkennen! Amen.*

**Jesus sagt: Meine Schafe hören meine Stimme.**
Johannes 10, 27

Eine hübsche Geschichte erzählte mir ein Freund. Er hatte seinem kleinen Sohn vom Herrn Jesus, dem guten Hirten, erzählt. Und dann hatte er ihm zum Schluss gesagt: „Du darfst auch ein Schäflein des Herrn Jesus sein."

Der Junge schwieg. Aber als er abends in seinem Bett lag, betete er: „Lieber Heiland! Wenn du mich schon zu einem Tier machen willst, dann lass mich doch lieber ein Pferd sein!"

So sind wir Menschen! Wir wollen gern immer hoch hinaus. Die armselige Kreuzesgestalt des Reiches Gottes missfällt uns. Das „Schäflein" war dem Jungen zu kümmerlich. Da wollte er schon lieber ein stolzes Ross sein.

Nun muss unser Herr doch gute Gründe haben, dass er uns Menschen mit Schafen vergleicht. Er nennt ja nicht nur seine Leute „Schafe", sondern alle Menschen. Er unterscheidet nur zwischen verirrten, verlorenen Schafen und solchen, die zu seiner Herde gehören und gerettet sind.

Warum nennt er uns Schafe? Wohl darum, weil wir gar keinen Orientierungssinn haben. In den Wegen der Welt finden wir uns ja zur Not zurecht. Aber wenn es sich um das ewige Ziel unseres Lebens handelt, sind wir hilflos. Da brauchen wir den Hirten. Und wohl uns, wenn Jesus unser Hirte geworden ist! Wir können es nach allen Kämpfen unseres Lebens nicht weiter bringen, als dass wir wie Kinder singen: „Weil ich Jesu Schäflein bin, / Freu ich mich nur immerhin / Über meinen guten Hirten . . ."

Nun geht Jesus, der Lebendige, über die Straßen dieser Welt und lässt seine Hirtenstimme erschallen. Für die meisten geht diese Stimme unter in dem Lärm, den sie selber oder andere machen. Aber: „Meine Schafe hören meine Stimme."

*Herr! Wir danken Dir, dass Du uns nicht aufgibst. Amen.*

**Jesus sprach: Der Vater, der mir meine Schafe gegeben hat, ist größer denn alles.** Johannes 10, 29

Was sind das für geheimnisvolle, hintergründige Vorgänge!

Es geschieht ja beständig in der Welt, dass Menschen, die ferne waren vom Reich Gottes, zum Glauben an den Herrn Jesus Christus kommen und dass sie ihn annehmen als ihren Erlöser und Herrn.

Wie kommt nun so etwas zustande? Vielleicht so, dass solch ein Mensch einen überzeugenden Prediger gehört hat. Oder dass er durch das Zeugnis eines Bekannten von der Wahrheit des Evangeliums überführt wurde. Oder dass er selber erkannte, wie sein bisheriger Weg falsch war und wie sehr er darin unglücklich und friedlos wurde. Und darum hat er sich zu Jesus aufgemacht.

Das alles ist richtig. Und doch – es ist noch nicht das Entscheidende, warum ein Mensch zum Glauben an den Herrn Jesus Christus kommt.

Was ist denn das Entscheidende? Jesus verrät es uns hier: Dieser Mensch ist vom himmlischen Vater dem Sohn, dem Herrn Jesus, übergeben worden. Da war also schon etwas im Gange, ehe wir daran dachten, den Herrn Jesus aufzunehmen. Der Vater übergab uns seinem Sohn. Darum also gab es in unseren Herzen keine Ruhe, bis wir Jesu Eigentum wurden. Darum also arbeitete der Heilige Geist in uns und zog uns so mächtig hin zum Herrn Jesus.

Das ist eine sehr ermutigende Wahrheit: Die Schafe Jesu dürfen wissen, dass sie von der höchsten Instanz dem guten Hirten übergeben wurden. Und nun dürfen sie ihm in all ihrer Schwachheit angehören, denn sie sind unbestreitbar sein Eigentum: Vom Vater wurden sie dem Sohn Gottes geschenkt. Und außerdem hat der Sohn sie mit seinem Blut erkauft.

*Herr! Wir danken Dir, dass unser Glaube auf festem Grund stehen darf. Amen.*

**Diesen Jesus hat Gott auferweckt.** Apostelgeschichte 2, 32

Die Diskussion über Jesus will nicht abreißen. Der französische Schriftsteller François Mauriac schreibt: „Sieh jenen jungen Mörder auf dem Richtweg, wie er in der Avenue Mozart inmitten einer heulenden Menge auf den Bürgersteig gezerrt wird; da spuckt ihm ein Weib ins Gesicht, und alsbald wird er Christus." Mauriac sieht also in Jesus das Urbild aller wehrlos Leidenden.

Andere sehen in ihm den Mann, „der sein Schicksal auf sich nahm und ja dazu sagte". Und auch das wurde schon geschrieben, dass er „das Gift im Blut der abendländischen Welt" sei. Die einen sehen in ihm den Vorkämpfer für alle Schwachen, und die Bürger wollen ihn gern zum Schutzpatron des Besitzes machen. Und wie oft wurde er ausgegeben als Moralist oder gar als „Religionsstifter".

Welch ein Tohuwabohu! Das ist ja zum Wahnsinnigwerden! Gibt es denn kein unanfechtbares und unantastbares Zeugnis über Jesus? Wer ist er denn eigentlich?

Nun, dies Zeugnis gibt uns Ostern. Da zeugt der lebendige Gott: „Dies ist mein lieber Sohn, an dem ich Wohlgefallen habe." Gott erweckt Jesus aus den Toten. Damit zeugt er für ihn unüberhörbar.

Nun dürfen wir wissen, wer Jesus ist: Er ist der Sohn Gottes! Er ist die Offenbarung des verborgenen Gottes! Er ist die „Tür zum Vater"! Er ist der „gute Hirte"! Er hat nicht umsonst gelitten am Kreuz. Gott bestätigt uns durch die Auferweckung, dass im Kreuz Rettung ist von Schuld und Gericht. Herrliche Gewissheit!

*Vater, wir danken Dir, dass Du alle Nebel über Jesus zerrisen hast; dass wir nun nicht mehr auf Menschenmeinung hören müssen, sondern durch Dich selbst Gewissheit haben. Amen.*

**Lasst euch erretten aus diesem verkehrten Geschlecht!**
Apostelgeschichte 2, 40

Ist es nicht empörend, wie Petrus hier einfach alle Menschen in einen Topf wirft?

Er nennt alle Menschen ein „verkehrtes Geschlecht", aus dem heraus wir durch Jesus uns erretten lassen sollen. Und dabei wird ausdrücklich berichtet, dass Petrus bei dieser Rede „voll des Heiligen Geistes" war, dass er also im Auftrag Gottes so sprach.

Gibt es denn nicht entscheidende Unterschiede unter den Menschen?! Ist eine wackere Hausfrau nicht mehr wert als ein Taugenichts? Ist eine genialer Künstler nicht wertvoller als ein Halbwüchsiger, dessen Horizont durch Schlager und Partys begrenzt ist? Gilt denn ein fleißiger Arbeiter nicht mehr als ein Krimineller?

Wissen denn die Christen gar nichts von solchen Werten? Sollen diese denn gar nicht mehr gelten? O doch! Wir wissen darum! Und solche Werte sind sehr wichtig zum Aufbau der menschlichen Gesellschaft.

Aber – hier kommt das schneidende „Aber" der Bibel – alle diese Werte machen uns vor Gott nicht gerecht. Sie sind nicht imstande, uns zu erretten vor dem Zorn und Gericht des heiligen Gottes. Sie können keine einzige Sünde ungültig machen.

Vor Gott gilt nur ein Einziges: dass wir glauben an den Sohn Gottes, der unsere Sünde an das Kreuz getragen hat; dass wir mit aufrichtigem Herzen ihm nicht unsere Werte vorhalten, sondern unsere Sünden bekennen. Vor Gott gelten nur die Leute – so drückt es die Bibel aus –, die „gewaschen sind im Blute des Lammes". Die Bibel braucht da wirklich massiv das Bild vom Waschen eines schmutzigen Menschen. Darum ruft der Heilige Geist so ernst: „Lasst euch erretten!"

*Herr! Bewahre uns davor, dass wir unsere Hoffnung auf Falsches setzen! Amen.*

**... auf dass ihr nicht erfunden werdet als die wider Gott streiten ...** Apostelgeschichte 5, 39

Nur ein einziger Punkt stand auf der Tagesordnung der schnell zusammengerufenen Sitzung des Hohen Rats in Jerusalem: „Was tun wir gegen das Zeugnis der Jesus-Jünger?“ Der weise Gamaliel gab den Rat: „Abwarten, was daraus wird!“ Man kann darüber streiten, ob es ein guter oder schlechter Rat war. Eindrücklich aber ist in der Rede des Gamaliel die panische Furcht, man könne gegen Gott streiten. Wenn doch diese Furcht auch bei uns wäre!

„Wider Gott streiten“! Ganz vorn in der Bibel wird berichtet, wie die Menschen anfingen, wider Gott zu streiten: Sie bauten den Turm zu Babel, „dessen Spitze bis in den Himmel reichen soll“.

Und die Offenbarung des Johannes schildert uns den letzten großen Versuch der Menschen, die Erlösung der Welt in eigene Regie zu nehmen. Das sieht dann so aus: „Und ich sah das Tier und die Könige auf Erden versammelt, Streit zu halten mit Christus.“

Zwischen diesen beiden Geschichten liegt das, was wir Weltgeschichte nennen: ein beständiges Streiten wider Gott.

Wie oft sind wir daran beteiligt! Da ist unser Unzufriedensein mit seiner Führung! Da ist unser Sündigen und Aufbegehren gegen seine Gebote! „Streiten wider Gott“!

Auf diesem Hintergrund muss man den Ruf des Evangeliums hören: „Lasst euch versöhnen mit Gott“! Das Kreuz Jesu auf Golgatha ist Gottes ausgestreckte Friedenshand. Jetzt gilt's, nicht nur einzuschlagen in diese Hand. Das wäre zu wenig. Bergen dürfen wir uns darin mit unserem bösen, trotzigen Herzen!

*Herr! Wir danken Dir, dass Du Frieden gemacht hast! Amen.*

**Eine Frau mit Namen Lydia hörte zu; dieser tat der Herr das Herz auf, dass sie darauf Acht hatte, was von Paulus geredet ward.** Apostelgeschichte 16, 14

„. . . dieser tat der Herr das Herz auf . . .“

Unser Herz ist also natürlicherweise verschlossen? So sagt die Bibel. Und sie versteht mehr von unserem Herzen als viele kluge Leute.

Von Natur ist unser Herz wie – ja, wie ein verschlossener Bienenkorb. Darin summt und brummt es schrecklich. Genauso ist es mit unserem Herzen. Da drin ist eine mächtige Unruhe: Friedelosigkeit; Hochmut; Neid auf andere, die bevorzugt sind; Angst; Sorgen; Gier nach Geld; allerlei Süchte; Verzweiflung und Menschenverachtung; Hunger nach Liebe und Freundschaft; trübe Fantasiebilder und edle Regungen.

Und all das will heraus und treibt uns hin und her. Wir aber können uns von all dem nicht befreien. Denn unser Herz ist ja verschlossen.

Welch ein Wunder ist doch da in Philippi geschehen an dieser Purpurhändlerin Lydia! „Der tat der Herr das Herz auf.“

Das ereignete sich, während Paulus die Botschaft von der Gnade Gottes in Jesus predigte.

Da hörte nun diese Großstadtfrau zu, die wacker im Leben stand und eine Firma leitete. Und dann kam das Wunder: Der Herr tat ihr das Herz auf, dass sie Acht hatte auf die Predigt. Sie begriff: „Die Botschaft von Jesus geht mich an!“ Sie sah im Geist Jesu Kreuz. Sie sah den Auferstandenen. Ja, viel mehr! Jetzt war ihr Herz offen. Jesus konnte einziehen in ihr Herz. Er macht dem Durcheinander des Herzens ein Ende. Er wird die Mitte eines neuen Lebens im Frieden Gottes.

*Herr! Lass auch uns zu den Leuten mit den geöffneten Herzen gehören! Amen.*

**Ein gottesfürchtiges Weib mit Namen Lydia, eine Purpurkrämerin aus Thyatira, höre zu; dieser tat der Herr das Herz auf, dass sie darauf Acht hatte, was von Paulus geredet ward.** Apostelgeschichte 16, 14

„Ich glaube auch an Gott!", sagte ein Mann im Gespräch. Ein anderer erwiderte ihm: „Gewiss! Aber Sie lieben ihn nicht und Sie fürchten ihn nicht! In der Art glaubt auch der Teufel an Gott. Der ist kein Gottesleugner!"

So stand es bei der Geschäftsfrau Lydia nicht. Sie war „gottesfürchtig". Sie nahm Gott ernst. Sie suchte ihn im Gebet. Sie gab sich Mühe, seine Gebote zu befolgen. Sie ging auch in die Versammlungen.

Ist das nicht genug? Nein! Es ist nicht genug, um Frieden mit Gott zu haben, um fröhlich und gewiss zu werden. Der Frau fehlte das Beste.

Es gibt so viele so genannte Christen, die auch noch nicht weitergekommen sind als die Lydia. Im Grunde ist das ein gequältes Leben, weil man nie weiß, wie man jetzt mit Gott dran ist.

Im Leben der Lydia kam die große Stunde, als sie fand, was ihr fehlte. „Der tat der Herr das Herz auf, dass sie darauf Acht hatte, was von Paulus geredet ward."

Wir wissen, was Paulus sagte. Er sprach vom Kreuz Jesu, in dem Gott den Frieden allen anbietet, die ihn im Glauben annehmen, wo der Sohn Gottes bezahlt, was wir täglich schuldig geblieben sind vor Gott.

Lydia nahm das Heil Gottes in Jesus an, dem Gekreuzigten und Auferstandenen. Sie begriff, dass nicht in uns und unserem Bemühen, sondern in diesem Jesus das Heil ist. In Jesus kam ihr Herz zur Ruhe und zur Freude und zur Gewissheit.

*Herr! Offenbare das Kreuz Deines Sohnes in unseren Herzen! Amen.*

**Als aber der Kerkermeister aus dem Schlafe fuhr und sah die Türen des Gefängnisses aufgetan, zog er das Schwert aus und wollte sich selbst erwürgen; denn er meinte, die Gefangenen wären entflohen.** Apostelgeschichte 16, 27

Eine „Kurzschlusshandlung“ nennen wir heute so etwas.

Und das bei diesem Kerkermeister, diesem Wichtigtuer! Da werden ihm am Abend die beiden Apostel Paulus und Silas übergeben mit dem Befehl, er solle sie „wohl verwahren“. Nun tut er gleich ein Übriges: Er wirft die beiden in das finsterste Kerkerloch und denkt sich noch einige besondere Schikanen aus.

In der Nacht aber geschieht ein Erdbeben. Direkt aus Gottes Hand! Ein gezieltes Erdbeben! Die Stadt bleibt erhalten. Aber die Gefängnistüren springen auf.

Der Kerkermeister sieht das. Er denkt: „Jetzt sind die Gefangenen weggelaufen. Das kostet mich die Stelle, vielleicht sogar den Kopf.“ Ihm brennt sozusagen eine Sicherung im Gehirn durch, und es kommt zu der Kurzschlusshandlung.

Wir kennen solche Kurzschlusshandlungen: Da läuft ein Junge aus dem Elternhaus weg! Da macht ein friedlicher Mann auf einmal Krach. Da . . . Genug! Wir wollen lieber fragen: „Wie kann man sich vor solchem Unheil retten?“

Im Psalmbuch berichtet ein Mann, wie er entdeckt, dass es den Gottlosen so gut geht und dass die Kinder Gottes viel leiden. „Ist denn mein Glaube Unsinn? Ist Gott ungerecht? Oder kümmert er sich um nichts?!“ Die Sicherung ist nahe am Durchbrennen. Aber: „Da“ – so erzählt er – „ging ich ins Heiligtum.“ Er ging in die Stille vor Gott. Er sprach mit ihm. Dabei wurden das Herz still und der Kopf klar. Er war gerettet.

*Herr! Lass uns in den Krisenstunden den Weg zu Dir finden! Amen.*

**Der Kerkermeister ward zitternd und fiel Paulus und Silas zu den Füßen und führte sie heraus und sprach: Liebe Herren, was soll ich tun, dass ich selig werde?**
Apostelgeschichte 16, 29 und 30

Nein! Ein sehr angenehmer Mann war der Kerkermeister in der Stadt Philippi nicht. Er war das, was wir einen „Radfahrer" nennen: nach oben einen krummen Rücken und nach unten treten! Die Zeugen Jesu, Paulus und Silas, lernten ihn so kennen. Sie gehörten zu den Getretenen. Und sie bekamen seine Rohheit gegen Hilflose zu spüren.

Aber seien wir doch überzeugt, dass dieser Mann gar nicht ein außergewöhnlich übles Exemplar Mensch war. Wir alle tragen solche Züge in unserm Wesen. Die Bibel sagt, das Menschenherz sei böse und erlösungsbedürftig.

Eins jedoch ist bei diesem Kerkermeister bewundernswert: Er begriff sofort, dass der Heilige Geist in sein Leben eingriff. In der Nacht geschah ein Erdbeben und sprengte die Türen auf. Nun konnten Paulus und Silas gehen. Aber der Kerkermeister sah mit Staunen und Entsetzen: Die beiden sind nicht geflohen. Sie sitzen still und warten, was Gott tun will.

Blitzartig hat er begriffen: „Jetzt will dieser Gott mit mir Gericht halten. Verdient habe ich es." So fragt er genau richtig: „Was soll ich tun, dass ich selig werde?"

Haben wir auch solch eine schnelle Auffassungsgabe, wenn Gott in überfließender Güte oder im Gericht mit uns reden will? In der Bibel heißt es einmal: „Israel hat eine harte Stirn." Ob das nicht auf uns passt? Und im Psalmbuch steht das Wort: „Ihr Herz ist dick wie Schmer."

So war's bei dem Kerkermeister nicht. Und darum konnte der Herr alles neu machen bei ihm.

*Herr! Gib uns offene Ohren und ein Herz, das für Dich bereit ist! Amen.*

**Liebe Herren, was soll ich tun, dass ich selig werde? Sie sprachen: Glaube an den Herrn Jesus Christus, so wirst du und dein Haus selig!** Apostelgeschichte 16, 30 und 31

„Glaubst du nicht an Gott?“ So wurde ein junger Mann von seinem Vater gefragt. Er antwortete: „Ich leugne Gott nicht. Das käme mir einfach dumm vor. Aber – Gott ist mir noch nicht begegnet. Darum interessiert er mich nicht.“

Wenige Wochen später begegnete Gott diesem jungen Manne. Er hatte ein fürchterliches Erlebnis, in dem er die Hand des wirklichen, lebendigen Gottes erkannte. Des Gottes, von dem Jesus gesagt hat: „Fürchtet euch vor dem, der Leib und Seele verderben kann in die Hölle! Ja! Vor dem fürchtet euch!“

Nun fragte der junge Mann erschrocken: „Was soll ich tun, dass ich selig werde?“

Genau so war es 2000 Jahre früher dem Kerkermeister in Philippi ergangen.

Die Bibel zeigt uns da eine seltsame Situation: Ein kahler, trostloser Gefängniskorridor! Völlig aufgelöst steht der Kerkermeister vor dem Apostel Paulus und Silas. Eben hat er sie aus der fürchterlichen Zelle herausgeholt. Und nun kann er's gar nicht abwarten, seine Frage anzubringen: „Was soll ich tun, dass ich selig werde?“

Was hätten wir hier geantwortet? Paulus hat sich keinen Augenblick besonnen. Es geht Schlag auf Schlag: „Was soll ich tun, dass ich selig werde?“ – „Glaube an den Herrn Jesus Christus!“

Vielleicht denkt mancher: Da hätte doch aber gleich ein Wort gesagt werden müssen über Taufe oder Buße oder Kirche. Nun, von all dem hat Paulus später zu dem Mann gesprochen. Jetzt geht es um die Hauptsache.

Jesus ist die Hauptsache! Jesus steht im Mittelpunkt des Evangeliums! Jesus allein macht selig! Jesus allein rettet vom Zorn und Gericht Gottes!

*Herr Jesus! Werde Du uns über alles wichtig! Amen.*

**Darum hat sie Gott dahingegeben in ihrer Herzen Gelüste, in Unreinigkeit . . .** Römer 1, 24

Was würden doch die meisten Menschen für große Augen machen, wenn sie begriffen, was hier gesagt ist!

Da lebt so ein moderner Mensch dahin, ohne Gott ganz ernst zu nehmen. Er rühmt sich seiner großartigen Freiheit, die es ihm erlaubt, sein „Ich“ durchzusetzen, seine Triebe auszuleben, sich selbst für gut und die übrige Welt für schlecht zu erklären. Und er ahnt nicht, dass dies alles nicht Freiheit ist, sondern Gottes Gericht. So steht es hier: „Weil sie wussten, dass ein Gott ist, und haben ihn nicht gepriesen noch ihm gedankt . . ., darum hat sie Gott dahingegeben in ihrer Herzen Gelüste.“

Es gibt einen Briefwechsel aus dem Jahr 1740. Da schreibt der preußische König Friedrich Wilhelm I. an den Jesus-Zeugen Graf Zinzendorf: „. . . nach meiner Überzeugung stehe ich mit Gott und meinem Heiland sehr gut . . . Meine Sünden bereue ich herzlich und werde mich durch Gottes Gnade bearbeiten, solche noch mehr, und so viel schwachen Menschen möglich ist, abzulegen . . .“

Graf Zinzendorf antwortete: „Ich hätte keine Besserung versprechen können. Das kommt bei mir aus dem Principio her, dass ein Mensch nicht nur wenig, sondern gar nichts Gutes tun kann, der Heiland aber . . . Kraft genug hat, uns nach seinem Sinn zu machen . . . Dazu kommt, dass nach Römer 1 (unser Textwort) die Sünden nur unsere Strafen sind; und sich vor Sünden hüten, so viel gesagt ist, als sich vor seiner Strafe hüten . . ., der man nicht entgehen kann, bis man Gnade kriegt.“

Das sind erschreckende Mitteilungen! Aber wer weiß oder bedenkt das?!

*Herr Jesus, der Du für uns Sünder starbst, lass Deine Gnade in uns mächtig werden! Amen.*

**Gott hat Jesus vorgestellt zu einem Gnadenstuhl durch den Glauben in seinem Blut, damit er die Gerechtigkeit, die vor ihm gilt, darbiete . . .** Römer 3, 25

Als der Herr sein Volk aus Ägypten erlöste, konnte das nur so geschehen, dass er gewaltige Gerichte über Ägypten kommen ließ. Das letzte und furchtbarste war: Der Herr tötete in einer Nacht alle Erstgeburt der Ägypter. Das war schauerlich!

Triumphierend zogen die Kinder Israel aus. Aber der Herr sagte ihnen: „Euer Herz ist genauso böse wie das der Ägypter. Darum gehört auch eure Erstgeburt mir."

Aus diesem Grunde wurde auch Jesus 1000 Jahre später in den Tempel gebracht. Ich sehe im Geist Maria vor mir, wie sie dem heiligen Gott das Kind hinhält: „Es gehört dir."

Wir nennen diese Geschichte die „Darstellung Jesu". Menschen stellen Jesus ihrem Gott dar! Damit fängt Jesu Erdengeschichte an.

Aber dann dreht sich die Geschichte um. Und Gott stellt Jesus den Menschen dar. In unserem Textwort steht: „Gott hat Jesus dargestellt zu einem Gnadenthron in seinem Blut, damit er die Gerechtigkeit, die vor ihm gilt, darbiete." Da ist von Jesu Kreuz die Rede. Hier stellt Gott uns Menschen seinen Sohn hin als Erretter der Sünder, als Quelle des Heils, als Priester und Versöhner. Und Gott sagt zu uns: „Er gehört euch!"

Wer das im Glauben ergriffen hat, der macht es nun doch – in anderem Sinn – wie Maria in der „Darstellungs-Geschichte": Er nimmt im Geist den Heiland auf die Arme, stellt ihn Gott dar und sagt: „Heiliger! Sieh mich Sünder nur in ihm an! Lass deinen Sohn zwischen mir und dir sein! So bin ich mit dir versöhnt."

*Herr! Lass uns teilhaben an dem Heil! Amen.*

**So halten wir nun dafür, dass der Mensch gerecht werde ohne des Gesetzes Werke, allein durch den Glauben.**
Römer 3, 28

Als blutjunger Bursche wurde ich 1915 Soldat. Damals war man sehr streng mit den Bekleidungsvorschriften. Wenn ich auf der Straße einen meiner Vorgesetzten traf, bekam ich jedes Mal einen kleinen Schock. Die erste Reaktion war: nach der Mütze greifen, ob sie richtig sitzt; das Koppel geraderücken und rasch an den Rockknöpfen entlangfahren, ob sie alle geschlossen sind.

Daran muss ich immer denken, wenn ich mit Menschen ins Gespräch komme und wenn dabei der Name Gottes fällt. Sofort reagiert der Mensch wie der junge Rekrut. Er sagt: „Mein Leben ist in Ordnung!“ Er betont, dass er ab und zu in die Kirche gehe. Er spricht von all dem Guten, das er getan hat. Kurz, er setzt sich vor Gott in Positur.

Da fährt uns nun die Bibel dazwischen und sagt: „Das ist ein lächerliches Getue; denn der heilige Gott sieht unser Leben, wie es wirklich ist.“ Sie sagt uns: „Verzweifle getrost an dir selber, denn vor Gott kannst du doch nicht bestehen. Höre doch auf, dich vor ihm in Positur zu setzen. Er hat dich längst in deiner Verlorenheit erkannt.“

Das ist hart: „Verzweifle an dir selber!“ Aber wenn wir so der Wahrheit die Ehre geben, dann ist der Blick frei auf das Kreuz des Sohnes Gottes. Und dann können wir begreifen: Der macht uns vor Gott „gerecht“.

Wir können dem heiligen und unbestechlichen Gott nicht gefallen mit dem, was wir sind und haben. Wir gefallen ihm aber, wenn wir – um ein Bild der Bibel zu gebrauchen – gekleidet sind in die Gerechtigkeit Jesu Christi.

*Herr! Öffne mir die Augen für mich selbst und zeige mir Dein Heil! Amen.*

**Denn das Gesetz des Geistes, der da lebendig macht in Christus Jesus, hat mich frei gemacht von dem Gesetz der Sünde und des Todes.** Römer 8, 2

Wir kennen Gesetze, die das Parlament beschließt. Und wir kennen Naturgesetze.

Was aber ist gemeint mit dem „Gesetz der Sünde und des Todes"?

Wir können es uns klarmachen an einem Naturgesetz. Wenn ich meinen Füllfederhalter loslasse, dann fällt er zu Boden. Hier gilt das Gesetz der Schwerkraft. Und das gilt ebenso hier bei uns wie in New York oder in Hongkong.

So sind wir Menschen immer, überall und zu allen Zeiten dem „Gesetz der Sünde" unterworfen. Wie oft haben wir uns vorgenommen, wir wollten nicht mehr lügen. Aber wir logen doch. Da entdeckten wir das „Gesetz der Sünde", das uns regiert.

Und wie wehren wir uns gegen den Tod! Die Ärzte sind überlaufen. Wir schlucken Pillen gegen alles und jedes. Aber wir gehen jeden Tag mehr dem Tod entgegen. Wir sind dem „Gesetz des Todes" unterworfen.

Gegen das „Gesetz der Sünde und des Todes" helfen weder Entschlüsse noch Pillen.

Und doch – „Gott will, uns soll geholfen sein".

Wenn ich meinen Füllfederhalter fallen lasse, fällt er. Aber wenn ich die Hand darunter halte, wird der Fall aufgehoben. Eine andere Kraft, ein anderes „Gesetz" wirkt gegen das Gesetz der Schwerkraft.

So hat Gott seinen Sohn, den Herrn Jesus, gegeben. In ihm bekommen wir den Heiligen Geist. Nun wirkt zwar das Gesetz der Sünde und des Todes weiter. Aber ein mächtigeres Gesetz, „das Gesetz des Geistes, der da lebendig macht in Christus Jesus", wirkt dagegen. Nun bin ich von dem Sünde- und Todesgesetz frei gemacht in Jesus.

*Herr! Wir danken Dir für Deine unaussprechliche Gabe! Amen.*

**... wie denn die Predigt von Christus in euch kräftig geworden ist ...** 1. Korinther 1, 6

„Wir wollen Ihnen mal sechs Bestrahlungen geben", sagte der Arzt zu dem Patienten.

Solch eine Bestrahlung ist etwas anderes, als wenn man den kranken Fuß oder Arm nur mit einer Taschenlampe anleuchten würde. Eine richtige Bestrahlung geht unter die Haut und wirkt kräftig auf den Organismus ein.

Das Evangelium von der Gnade Gottes in Jesus ist nicht eine Taschenlampe. Wer sich ihm aussetzt, dem geht es wie den Leuten in der großen Stadt Korinth. Er merkt: Das Evangelium ist eine Bestrahlung, die „kräftig in uns wirkt". Sie geht durch Mark und Bein.

Die Bibel spricht in immer neuen Bildern von dieser kräftigen Wirkung des Evangeliums. Da heißt es durch den Mund des Propheten: „Ist nicht mein Wort wie ein Feuer, spricht der Herr, und wie ein Hammer, der Felsen zerschmeißt?" Und durch Jesaja sagt der Herr: „Das Wort, das aus meinem Munde geht, soll nicht wieder zu mir leer kommen, sondern tun, was mir gefällt, und soll ihm gelingen, dazu ich's sende." Und in einem Psalm heißt es: „Er sandte sein Wort und machte sie gesund und errettete sie, dass sie nicht starben."

Die Leute, an die der Apostel Paulus schrieb, haben die Kraft des Evangeliums erfahren. Es machte sie gesund und errettete sie. Vielleicht sagen wir: „Davon habe ich bis jetzt noch nichts gemerkt, dass das Evangelium so gewaltig in meinem Leben wirkt."

Nun, das wird an uns liegen. Ich hörte von einem närrischen Patienten, der Angst hatte vor der Bestrahlung. Da streckte er seinen gesunden Fuß hin. Vielleicht machen wir es auch so – so töricht! Setzen wir doch unsere Krankheit dem Worte Gottes aus!

*Herr! Zeige die Kraft Deines Evangeliums auch an uns! Amen.*

**Das Wort vom Kreuz ist eine Torheit denen, die verloren werden; uns aber, die wir selig werden, ist's eine Gotteskraft.** 1. Korinther 1, 18

Von „Kräften“ versteht unsere Zeit etwas: von PS und Motoren und Atomkräften.

Aber dass im Kreuz Jesu Christi Kraft zu finden sei, das will uns zunächst wunderlich vorkommen.

Eine Geschichte hilft uns zum Verständnis: Am 11. April 1942 saß ein junger Student, Michael Kitzelmann, in einer Gefängniszelle der russischen Stadt Orel. Aus einem fröhlichen Studium hatte ihn der Krieg herausgerissen. Endlose Straßen war er marschiert. Harte Kämpfe hatte er erlebt. Und dann geschah es: Er sah, wie auf einem Markplatz Juden erhängt wurden. Dazu konnte er nicht schweigen. Und nun saß er – zum Tode verurteilt – in der Zelle.

An jenem 11. April schrieb er einen Brief, der auf uns gekommen ist. Da heißt es: „... die schwersten Stunden sind die frühen Morgenstunden. Bei jedem Erwachen fällt die Furchtbarkeit meines Schicksals wie ein zermalmender Felsblock auf meine Seele ... Verzweifelt suche ich einen Halt. Ich klettere dann förmlich am Kreuz meines Heilands empor, um Trost und Kraft zu finden ...“

Der Mensch von heute schüttelt den Kopf: Das Kreuz Jesu ist doch gar nicht vorhanden. Wie kann man im Jahr 1942 daran „emporklettern“!

Aber der junge Mann hat Recht! Das Kreuz ist eine ewige Tat Gottes. Es steht mitten unter uns. Und wo Menschen von den Problemen ihres Lebens erdrückt werden, wo Gewissen unruhig werden und nach Vergebung schreien, wo Friedelose nach Trost und Hilfe verlangen, wo Unglückliche nach Gott fragen – da dürfen sie alles, alles im Kreuz Jesu Christi finden. Hier ist Gottes Kraft für uns.

*Herr! Wir danken Dir für Dein Sterben, das uns zum Leben wurde! Amen.*

**Das Wort vom Kreuz ist . . . eine Gotteskraft.**
1. Korinther 1, 18

An einem Vormittag schlenderte ich durch die Straßen Straßburgs. Ich kam an dem Gebäudekomplex des Europaparlaments vorbei, vor dem die Fahnen der europäischen Länder flatterten. Kurz nachher geriet ich in eine sehr andersartige Welt: Da stand ich in der alten Kirche „St. Pierre le Jeune".

Die Küsterin war eine originelle Frau: „Bei mir", sagte sie, „können Sie den Europarat sehen, nicht wie er ist, sondern wie er sein sollte." Damit führte sie mich vor eine Wandmalerei aus dem 13. Jahrhundert. Auf dem Bild sind die europäischen Länder als Reiter dargestellt. Jeder trägt die Fahne seines Landes. Und alle reiten auf das Kreuz Jesu Christi zu, unter dem geschrieben steht: „Ave crux – unica spes." – „O Kreuz, du einzige Hoffnung!" Die Küsterin berichtete leise: „Wenn die Herren vom Europarat hierher kommen, erkläre ich ihnen, wie sie hier eine klare Weisung bekommen könnten."

Eine kluge Frau!

Der Politiker August Winnig sagte: „Europas Ursprung ist das Bekenntnis zum Kreuz. Dies Bekenntnis schuf den geistigen Raum, in dem die Vielheit der Völker zur Einheit verwandelt wurde."

Es gibt also nichts Wichtigeres, als dass wir uns mit dem Kreuz des Sohnes Gottes beschäftigen.

Aber diese Beschäftigung wird wertlos sein, solange das Kreuz uns nur eine Sache der Vergangenheit bleibt. „Das Wort vom Kreuz ist eine Gotteskraft", sagt die Bibel.

Es ist ein Unterschied, ob ich über elektrischen Strom theoretisch Bescheid weiß oder ob dieser Strom meine Zimmer hell macht. Wir dürfen in das Erlösungskraftfeld des Kreuzes kommen. Im Kreuz ist Kraft!

*Herr! Dank sei Dir für diese Kraftstation neuen Lebens! Amen.*

**Da es aber Gott wohlgefiel . . ., dass er seinen Sohn offenbarte in mir . . .** Galater 1, 15 und 16

Das ist sicher das größte Erlebnis, das uns widerfahren kann: dass der heute lebende Gott sich über uns erbarmt, Licht in unser dunkles Herz gibt und seinen Sohn, den Herrn Jesus Christus, in uns offenbart.

Ehe das geschieht, kann man stundenlang über „das Christentum" reden und diskutieren. Und man fährt doch nur „mit der Stange im Nebel herum".

Wie ist das denn nun, wenn Gott seinen Sohn in uns offenbart?

Da erkennt man das Zentrum des Evangeliums und versteht, wie nötig es ist für unser Leben und wie wunderbar es ist.

Luther hat dies Zentrum des Evangeliums einmal herrlich in ein paar Sätzen ausgesprochen:

„Christus ist vom Himmel herabgestiegen und hat von Gott alles Süße, alle Barmherzigkeit gesagt, nämlich, dass der Vater unsere Sünden vergeben habe.

Und danach ist er wieder aufgestiegen zu Gott und hat Gott wiederum alles Gute von uns gesagt: Nämlich: ‚Vater! Sie haben keine Sünde mehr. Ich habe sie auf mich geladen am Kreuz und weggenommen.'"

Das ist das Zentrum des Evangeliums!

Solange Gott seinen Sohn noch nicht in uns geoffenbart hat, ist das alles für uns unverständlich. Wir sind wie ein Tauber, der in einen Dom kommt, in dem ein Organist herrlich spielt.

Aber wenn Gott in uns sein Werk beginnt, dann ist es, wie wenn plötzlich dem Tauben die Ohren aufgetan würden und er vernähme entzückt die herrlichen Klänge.

Ja, genauso ist es, wenn Gott seinen Sohn in uns offenbart.

*Herr! Tue auch unsere Ohren, Augen und Herzen auf, dass wir Deinen Sohn erkennen! Amen.*

**So spricht der Herr: Siehe, ich will mich meiner Herde selbst annehmen . . .** Hesekiel 34, 11

„Das Reformationsfest ist ja gar kein richtiges, christliches Fest", erklärte mir jemand. „Denn sehen Sie doch: Bei allen christlichen Festen handelt es sich um das, was Gott getan hat für uns. Er gibt den Sohn für uns in den Tod. Karfreitag! Er erweckt ihn vom Tode. Ostern! Er erhöht ihn zur Herrlichkeit. Himmelfahrt! Er sendet uns den Heiligen Geist. Pfingsten! Sehen Sie, da ist von den Heilstaten Gottes die Rede. Reformationsfest aber? Da handelt es sich um Menschenwerk!"

Gewiss! So kann man das Reformationsfest ansehen: Menschenwerk! Dann kommen so unechte Lutherbilder heraus, bei denen der Reformator dasteht wie ein Held mit der geballten Faust auf der Bibel.

Aber solche Betrachtung ist falsch.

Auch das Reformationsfest will von Taten Gottes zeugen. Es will sagen: Gott hat nicht nur einmal seine Kirche gegründet auf den Grund Jesus Christus. Er nimmt sich seiner Kirche auch weiterhin an. Das Reformationsfest bezeugt: „Ich will mich meiner Herde selbst annehmen."

In dem Kapitel, aus dem unser Wort stammt, ist erschütternd die Rede vom Versagen der menschlichen Hirten. Wir wollen jetzt nicht viel davon sprechen, wie sehr diese „Hirten" die Herde hungern ließen. Da griff Gott ein: „Ich will mich meiner Herde selbst annehmen . . ." Er erweckte die Reformatoren, die neu der Herde das Evangelium brachten.

Es gibt auch heute eine „Verzweiflung an der Kirche"! Die menschlichen Hirten können sie nicht retten. Aber „der gute Hirte" nimmt sich seiner Schafe an. Das sagt das Reformationsfest.

*Herr! Du „großer Hirte Deiner Schafe"! Wir vertrauen auf Dich. Amen.*

**Ihr liefet fein. Wer hat euch aufgehalten, der Wahrheit nicht zu gehorchen?** Galater 5, 7

Großes Interesse für Sport hatten die Menschen zur Zeit der Apostel.

Darum werden im Neuen Testament oft Bilder aus dem Sportleben gebraucht, um den Christenstand zu schildern. So wird er hier mit einem Lauf verglichen.

Christen sind Leute, die auf der Aschenbahn des Lebens mit konzentrierter Aufmerksamkeit auf das Ziel zueilen.

Es ist etwas Wundervolles um solch einen Läufer, der alle anderen überrundet. Wie tragisch ist es, wenn er plötzlich mitten im Lauf aufgibt!

Das ist im Sport schon tragisch. Aber schrecklich ist es bei dem Glaubenslauf.

Bei den Christen in Galatien war das geschehen. Sie hatten alle ihre Hoffnung gesetzt auf die Erlösung und Versöhnung, die Jesus am Kreuz gewirkt hat. Darum gehörte ihr Herz diesem Herrn Jesus.

Auf einmal aber wird ihr Glaubenslauf unterbrochen. „Wer hat euch aufgehalten?“, fragt der Apostel erschrocken. Wir wissen es: Der Unglaube, der sagte: „Man kann doch nicht so einseitig alles Heil allein und ausschließlich von Jesus erwarten.“

Und nun stehen allerlei Bilder vor uns auf: Da ist der Jünger Judas. Wie fein lief er mit, als Jesus ihn berufen hatte! Auf einmal gab er auf. Was hat ihn aufgehalten? Der Unglaube, der ihm einredete: „Du kommst zu kurz bei Jesus!“

Da sind die Kinder Israel. Wie sangen sie in der Nacht, als sie aus Ägypten zogen! Und doch – sie kamen nicht an das Ziel. Was hat sie aufgehalten? Der Unglaube, der nur die Schwierigkeiten sah, aber nicht die starke Hand ihres Erlösers.

*Herr! Mache uns stark, dass wir an das Ziel kommen, wo wir Dich sehen! Amen.*

**Ihr aber, liebe Brüder, seid zur Freiheit berufen!**
Galater 5, 13

Wir leben in einer „christlichen Welt". Da sollte man doch meinen, das Evangelium sei allgemein bekannt. Aber leider ist nichts so unbekannt wie die „Frohe Botschaft".

Ein Vorurteil, das sehr verbreitet ist, deckt unser Textwort auf: „Ihr seid zur Freiheit berufen." Wie seltsam! Man meint doch allgemein, ein rechter Christenstand sei ein harter Zwang, ein drückendes Gesetz. Ja, selbst bei ernsten Christen findet man diesen Irrtum.

Die Sache steht aber so: Nicht das Evangelium bringt uns in Knechtschaft. Sondern o h n e das Evangelium leben wir im Zwang und in der Sklaverei.

Da sind wir Knechte des Zeitgeistes. Was alle tun, was alle treiben – das muss man doch mitmachen. Wo käme man hin, wenn man nicht mit den Wölfen heulte!

Da ist man Knecht des Geldes. Zeit, Kraft, Leben, Familienglück – alles wird auf dem Altar dieses harten Götzen geopfert.

Da ist man Knecht seiner dunklen Triebe. Wie unglücklich kann ein Mensch sich selber machen! Und doch, wir kommen von den trüben Bindungen nicht los.

Da ist man Knecht des Todes. Vom ersten Tag unseres Lebens an streckt dieser harte Herr die Hand nach uns aus.

Knechte sind wir. Aber das Evangelium macht frei. Seitdem der Sohn Gottes am Kreuz für uns starb und in die unheimliche Dämmerung des Karfreitag rief: „Es ist vollbracht", steht die Tür zur „Freiheit der Kinder Gottes" für uns offen.

Wagen wir es doch, diesem Befreier uns anzuvertrauen! Ach was! Es ist nicht m e h r Wagnis, als wenn ein Ertrinkender die Hand des Retters fasst.

*Herr! Befreier! Erlöser! Zeige auch an uns Deine Macht! Amen.*

**Gelobt sei Gott und der Vater unseres Herrn Jesu Christi, der uns gesegnet hat mit allerlei geistlichem Segen in himmlischen Gütern durch Christus.** Epheser 1, 3

„Himmlische Güter"?!

Da werden wohl die meisten Menschen denken: „Die haben hier in der Welt keinen Kurswert!"

Das liegt aber nicht an den himmlischen Gütern, sondern an unserer Blindheit. Man hat in Neuguinea jetzt Völkerstämme entdeckt, die noch im Stadium der Steinzeit leben. Stellen wir uns einmal vor, einer der Missionare, die dort hingezogen sind, böte solch einem „Steinzeitmenschen" eine Tausenddollarnote an. Der Steinzeitmensch würde das Geschenk für völlig wertlos ansehen.

Trotzdem ist die Tausend-Dollar-Note wertvoll.

So ist es mit den himmlischen Gütern, die wir leicht gering achten, weil wir ihren Wert nicht kennen.

Es wäre doch traurig, wenn uns unsere Blindheit um die kostbaren Schätze brächte, die Gott uns anbietet. Er schenke uns einen „himmlischen Sinn", dass wir erkennen, wie unendlich reich er uns machen will!

Wir sollen diese Güter nur durch Jesus Christus bekommen, sagt unser Textwort. Jesus verschenkt sie.

Was für Güter sind denn das?

Es handelt sich hier um eine große Schatztruhe, in die wir wahllos hineingreifen wollen: Friede mit dem heiligen Gott, Vergebung aller Sünden, Kindschaft bei Gott, Friede und Ordnung in unserem Herzen, Heiliger Geist, lebendige Hoffnung auf eine persönliche Vollendung und auf die Vollendung des Gottesreichs, Freude, Kraft, Trost, wirkliches Leben.

*Herr! Dir gefallen Leute, die sich von Dir beschenken lassen. Mache uns zu solchen Leuten! Amen.*

**Aus Gnaden seid ihr selig geworden durch den Glauben – und das nicht aus euch: Gottes Gabe ist es.** Epheser 2, 8

Ein Christ wurde einst höhnisch gefragt: „Sie wollen wohl besser sein als wir?!"

Er antwortete: „Ich glaube nicht, dass ich besser b i n . Aber – wir Jesus-Jünger h a b e n es besser."

Davon sind übrigens die meisten Menschen überzeugt, dass wirkliche Christen es gut haben bei dem „guten Hirten".

Ja, warum glauben denn dann nicht alle Menschen an den Herrn Jesus Christus?

Sie sehen das Erlangen eines neuen Herzens, den Glauben, die Heiligung des Lebens, das Seligwerden für einen hohen, fast unersteigbaren Berg an.

Ich stand manchmal vor den gewaltigen Felswänden der Eigernordwand. Mit Schaudern dachte ich daran, wie viel Bergsteiger an diesen Wänden umgekommen sind. Und ich wusste: „Ich jedenfalls werde diese Felsen nie ersteigen können."

So steht manches Herz vor dem Evangelium: „Es wäre schön, wenn ich glauben könnte! Aber – das ist zu schwer! Ich schaffe das nicht!"

Wer so verzagt an seinem Können, dem spricht unser Wort tröstlich zu. Das Evangelium ist wirklich eine frohe Botschaft! Denn hier handelt es sich nicht darum, unerreichbare Felswände zu ersteigen. „Gottes Gabe ist es!", ruft der Aposel. „Nicht aus euch! Eure falschen Vorstellungen machen es euch schwer. Gott ist bereit, uns alles zu schenken." Es geht nur um das verlangende, bereite Herz.

Davon hat schon der Dichter des 100. Psalms gesprochen: „Er hat uns gemacht und nicht wir selbst zu seinem Volk und zu Schafen seiner Weide."

*Herr! Tu Dein Gnadenwerk auch an uns! Unser Herz verlangt nach dem Frieden, den Du durch Jesus schenkst. Amen.*

**Unser Wandel aber ist im Himmel ...** Philipper 3, 20

Unzählige Male ist der Satz gesagt worden: „Christen sind Bürger zweier Welten. Sie gehören der irdischen und der himmlischen Welt an."

Nun, dieser Satz ist durch seine häufige Wiederholung nicht richtiger geworden.

Der Mann, der ihm widerspricht, ist der Apostel Paulus. „Nein!", sagt er. „Wir sind Bürger nur in einer, in der himmlischen Welt. Dort haben wir unser Bürgerrecht."

Zur Erklärung sei eben angemerkt, dass das Wort, das Luther mit „Wandel" übersetzt, „Bürgerrecht" heißt. „Unser Bürgerrecht ist im Himmel", sagt der Apostel.

Man möchte ihm am liebsten ins Wort fallen: „Paulus! Zu deiner Zeit galt das römische Bürgerrecht als der allerhöchste Vorzug. Erinnerst du dich, wie einst ein römischer Offizier dir sagte, er habe für dies Bürgerrecht eine große Summe ausgeben müssen (Apostelgeschichte 22, 28)? Du aber hattest es von Geburt. Und nun tust du, als sei das nichts, und erklärst, dein Bürgerrecht sei im Himmel!"

Aber schon springt ihm der Apostel Petrus bei und erklärt: „In dieser irdischen Welt sind wir Jesus-Jünger Fremdlinge! Lest nur den ersten Satz meines ersten Briefs, wo ich das offen bekenne, dass unser Bürgerrecht im Himmel ist. D o r t sind wir zu Hause. Hier sind wir Fremdlinge."

Nun, solches hört unsere Zeit nicht gern. Sie nennt diese Haltung „Weltfremdheit". Petrus würde lächeln: „Richtig! Wir sind fremd geworden in dieser Welt, seitdem wir von Jesus für Gott erkauft wurden."

Was sollen wir dazu sagen? Gilt uns die Bibel als Autorität? Dann ist jetzt bei uns vielleicht eine große Umstellung unseres Lebens fällig!

*Herr! Lass unsere Namen im Buch des Lebens geschrieben sein! Amen.*

**Unser Bürgerrecht aber ist im Himmel . . .** Philipper 3, 20

„Einfach unmöglich!", sagt das Herz zu dieser Behauptung des Apostels. „Ich muss doch in dieser Welt leben!"

„Ja!", erwidert der Apostel. „Ich musste ja auch in dieser Welt leben. Aber wer als Glied zur Gemeinde Jesu zählt, in der er selbst das Haupt ist, der gehört doch zuerst und vor allem zu dem Haupt. Sein Bürgerrecht und seine Heimat sind im Himmel. Und hier ist er ein Fremdling, ein Ausländer, ein Gast."

Die Welt lacht oder empört sich: „Jetzt haben wir euch Christen! Seht ihr, dass ein wirklicher Christenstand völlig untüchtig machen muss für diese Welt! Wie könnt denn ihr Jesus-Jünger in dieser Welt noch etwas leisten, wenn ihr nur im Himmel zu Hause seid?!"

Was sollen wir dazu sagen? Ist das wahr? Ach nein! Es ist ein Gedankenkurzschluss. Ein Vergleich soll es verdeutlichen:

Ein Staatspräsident machte in einem fremden Lande einen offiziellen Besuch. Als alle Feierlichkeiten abgewickelt waren, lud er seine Landsleute, die hier im Ausland lebten, ein zu einer Party. Und dabei hielt er eine große Rede. Der Inhalt war: „Ihr hier im Ausland vertretet gewissermaßen als Botschafter unsere Heimat. Ihr müsst euch dessen bewusst sein und darum ganz besonders tüchtig, vorbildlich, ehrlich und sauber leben."

Keinen Augenblick kam der Präsident auf den Gedanken zu sagen: „Weil ihr hier Fremdlinge seid, könnt ihr hier gar nichts leisten!" Im Gegenteil! „Weil ihr Fremdlinge seid", sagt er, „werdet ihr besonders tüchtig sein in allem!"

Was das für uns Christen bedeutet, kann sich jeder selbst übersetzen.

*Herr! Hilf, dass wir unserer himmlischen Heimat keine Schande machen! Amen.*

**Eure Lindigkeit lasset kund sein allen Menschen!**
Philipper 4, 5

Allen Menschen! Wirklich allen?

Ist das nicht zu viel verlangt?

Es gibt doch nun wirklich Leute, die uns „auf die Nerven fallen", die uns „nicht liegen", mit denen wir einfach nicht zurechtkommen können. Solche Menschen werden wir – je nach unserem Temperament – eisig behandeln oder nervös oder zornig. Jedenfalls werden wir sie unsere Ablehnung spüren lassen.

Aber da tritt uns nun Gottes Wort in den Weg. „Es ist Sünde, wie du dich verhältst!", sagt es. Ja, Sünde! Genauso wie Mord, Ehebruch und Diebstahl Sünde sind.

„Da ist doch noch ein Unterschied!", empört sich unser Herz. „Nein! Es ist kein Unterschied!", sagt dir Gottes Wort. „Du willst dem Willen Gottes nicht gehorchen. Und das ist Sünde!"

Es ist schon ein ganz großes Wort: „Eure Lindigkeit lasset kund sein allen Menschen!" Das Wort steht nicht für sich allein. Es gibt auch noch eine Geschichte dazu. In der wird berichtet, wie der Herr Jesus in der Stunde menschlicher Schwachheit uns diesen Satz vorgelebt hat.

Es war im Garten Gethsemane. In der Nacht vor seinem Leiden. Judas hatte ihm den Verräterkuss gegeben. Die rohe Horde der Häscher packte ihn. In diesem Augenblick wurde Petrus vom Zorn fortgerissen. Er zog sein Schwert und hieb einem Burschen Malchus ein Ohr ab.

Plötzlich wilder Tumult! Hass und Geschrei! Jesus aber wehrt dem Petrus und heilt dem Malchus das Ohr. Dann streckt er ihnen die Hände hin zur Fesselung. „Lindigkeit – allen Menschen!"

*Herr! Dein Heiliger Geist gestalte uns nach Deinem Bild! Amen.*

**. . . was lieblich ist und was wohllautet . . ., dem denkt nach!**
Philipper 4, 8

Das ist eine harte Seelsorge!

Da greift die Bibel in unser Geheimstes hinein: in unsere Fantasie.

Nun, das ist doch wohl unser allerprivatestes Gebiet. In einem Volkslied heißt es: „Die Gedanken sind frei! / Wer kann sie erraten? / Sie fliehen vorbei / Wie nächtliche Schatten . . . / Es bleibet dabei: / Die Gedanken sind frei!“

Und nun erklärt das Wort Gottes: „Nein! Die Gedanken sind nicht frei! Jesus ist am Kreuz gestorben, damit auch eure Fantasie erlöst werde und der gute, helle Heilige Geist euer Herz erfülle!“

In der Bergpredigt nennt der Herr Jesus ein paar Beispiele:

„Wer seinem Bruder zürnt, der ist des Gerichts schuldig.“ – „Ja, ja“, sagen wir, „da ist wohl ein Mensch, dem ich heimlich grolle. Ich habe ihm in Gedanken schon zehnmal einen richtig saftigen Brief geschrieben. Es sind nur Gedanken. Damit schade ich doch niemand!“ – „Doch“, sagt die Bibel, „du schadest dir selbst. Du hast Finsternis im Herzen!“

Jesus erklärt: „Wer eine Frau ansieht, ihrer zu begehren, der hat schon die Ehe gebrochen in seinem Herzen.“ – „Wie!?“, denken wir, „nein, das sind doch nur Gedanken, die nicht mal zu Worten oder gar zu Taten werden. Wem schaden denn die?“ Und die Bibel antwortet: „Dir schaden sie! Finsternis ist in dir!“

„Was lieblich ist und was wohllautet – was göttlich und groß ist –, dem denkt nach!“

Wie soll denn das zugehen? Jesus sagt: „Was bei Menschen unmöglich ist, das ist möglich bei Gott.“

Noch einmal: Jesus kam und starb für uns, um sogar unsere arme Fantasie zu erlösen.

*Herr! Wie sehr weißt Du, was wir brauchen! Amen.*

**. . . und vertrage einer den andern und vergebt euch untereinander, so jemand Klage hat wider den andern; gleichwie Christus euch vergeben hat, also auch ihr.** Kolosser 3, 13

„. . . so jemand Klage hat wider den andern." Selbstverständlich haben wir Klage gegen den andern!

Wir leben ja in einer Welt, in der ein Sündenfall geschehen ist, in der die Harmonie im wahrsten Sinne des Wortes zum Teufel ist. Wie sollten wir da nicht Klage haben wider den anderen!

Wenn wir nur einen fänden, der uns mal richtig anhören wollte! Stundenlang könnten wir unsere Klage gegen den anderen vorbringen.

Was ist denn da zu tun?

Der Gottesmann Tersteegen bemühte sich einst um einen Kreis junger Männer, die dicht aufeinander wohnten und die sich schließlich sehr auf die Nerven fielen.

Einer von diesen schrieb einen Brief an Tersteegen, voll mit Klagen gegen die anderen. Da antwortete Tersteegen etwa so: „Glaube Du, lieber Freund, von ganzem Herzen, dass D u der Allerverkehrteste und Schwierigste bist; und dass D u den anderen viel zu tragen gibst. Glaube das fest! Aber – sprich darüber mit niemand, sondern bekenne es Deinem Heiland!"

Das ist ein guter Rat: Denke einmal darüber nach, wie viel die anderen über dich klagen müssen. Da lernst du das: „Vertrage einer den anderen."

Und: „Vergebet euch, wie Christus euch vergeben hat!"

Jedes Volk und Land hat bestimmte Ordnungen. In England z. B. müssen die Autofahrer lernen, links zu fahren. Auch Gottes Reich hat seine Ordnung. Und die heißt: Vergebung! Du brauchst und darfst Gottes Vergebung haben, weil Jesus für dich starb. Und du sollst und darfst allen anderen vergeben, die dich betrübt haben.

*Herr! Lass uns in Deiner Vergebungsordnung leben! Amen.*

**Das ist der Wille Gottes, eure Heiligung.**
1. Thessalonicher 4, 3

Petronius!

So hieß der Mann, der vielen jungen Männern im römischen Weltreich Vorbild war. Der Schriftsteller Tacitus schildert ihn: Petronius verbrachte Tage und Nächte mit wilden Vergnügungen. Er galt als raffinierter Schlemmer und Verschwender. Das machte ihn berühmt. Seine zügellosen Aussprüche gingen von Mund zu Mund. Er stieg zu den höchsten Staatsämtern auf und zeigte sich den schwierigsten Aufgaben glänzend gewachsen. Durch seine Ausschweifungen gehörte er zum engsten Kreis um den Kaiser Nero. Als er in Ungnade fiel, öffnete er sich die Pulsader. Unter lasterhaften Gesprächen mit seinen Freunden hauchte er seine Seele aus.

Petronius war ein Zeitgenosse des Paulus. Er verkörpert die Atmosphäre, in der die Christen zur Zeit des Paulus lebten. Kein Wunder, dass es auch Christen gab, die sagten: „Nimm's leicht! Jesus vergibt ja Sünden!"

Da hinein fährt das Wort des Paulus, gesprochen in der Vollmacht des Heiligen Geistes: „Das ist der Wille Gottes, eure Heiligung!"

Wie uns das trifft! Der heilige Gott schließt keinen Frieden mit irgendeiner unserer Sünden. Er will uns seinem Sohn, dem Herrn Jesus Christus, ähnlich machen. Nicht der Geist der Zeit, sondern der Geist Gottes soll die Kinder Gottes prägen: Unsere Selbstsucht soll sterben und dafür soll Liebe wachsen. Unsere Launen sollen sterben und dafür soll ein freudiges Wesen wachsen. Unsere Unreinigkeit soll sterben, stattdessen soll strahlende Reinheit regieren. Unsere Zänkereien sollen sterben. Friedenskinder sollen wir werden.

*„Liebe, zieh mich in Dein Sterben, / Lass mit Dir gekreuzigt sein, / Was Dein Reich nicht kann ererben . . .!" Amen.*

**Der Gott des Friedens heilige euch durch und durch.**
1. Thessalonicher 5, 23

„Heilig durch und durch“? Ist das nicht zu viel verlangt?

Gibt es denn überhaupt so etwas? Selbst die ganz großen Heiligen haben doch gesündigt! Mose durfte nicht nach Kanaan hinein, weil er dem Herrn Unehre gemacht hatte. Und Petrus hat doch den Herrn jämmerlich verleugnet. Wenn selbst diese großen Heiligen versagt haben, wie sollten wir „heilig durch und durch“ werden können?!

„Heilig durch und durch“! Da kann man ja wirklich einen Schock bekommen! Soll denn tatsächlich mein Alltagsleben „heilig“ sein? Und was hat denn unser Geschäftsleben mit dem Christentum zu tun? Und sollte Gott wirklich in unsere Beziehungen zum anderen Geschlecht hineinreden wollen? Und was hat denn meine politische Überzeugung mit dem Glauben zu tun? „Heilig durch und durch“ heißt doch, dass alle Gebiete meines Lebens geheiligt werden. Ist das nicht zu viel verlangt?

Achten wir doch darauf, dass hier nicht steht: „Ihr sollt euch heilig machen!“ Das können wir nicht, wir mit unseren unheiligen Herzen. Aber hier steht: „Der Gott des Friedens heilige euch durch und durch.“ Er, er allein will und kann es tun. Und das ist wirklich sein Programm mit seinen Leuten, dass er sie durch und durch heiligen will. Darum hat er uns so teuer zu seinem Eigentum erkauft durch das Blut Jesu Christi. Darum arbeitet sein Heiliger Geist in uns.

Bei diesem Programm Gottes geht es nicht darum, was wir können, sondern um das, was Gott durch das Blut seines Sohnes und durch seinen Geist an uns ausrichten kann.

*Herr! Nun wollen wir uns willig dem Wirken Deines Geistes öffnen. Amen.*

**Wir haben nichts in die Welt gebracht; darum offenbar ist, wir werden auch nichts hinausbringen.** 1. Timotheus 6, 7

Das ist doch eine Binsenwahrheit! Um das zu wissen, brauchen wir doch nicht die Bibel!

Wirklich? Ist das eine Binsenwahrheit? Es scheint eher, als sei nichts so unbekannt wie diese Wahrheit.

Jeder rafft doch möglichst viel zusammen an Besitz, als könnte er in die Ewigkeit alles mitnehmen. Jeder hängt doch an seinem Besitz, als hätte man ihn für immer!

„Wir werden nichts hinausnehmen." Wie wird das sein im Sterben? Da bleibt alles, alles zurück, woran unser Herz hing. Ganz leer gehen wir in die Ewigkeit – vor Gott!

Da muss ich nun von einem berühmten Professor erzählen. Er lebte im 19. Jahrhundert in dem damals noch stillen Bonn und hieß Christlieb. Sein Name passte zu ihm, denn er hatte den Herrn Jesus Christus lieb. Der Herr Jesus hatte ihm durch sein Sterben am Kreuz das Herz abgewonnen.

Diesen Mann hörte sein Sohn einmal laut beten: „Herr Jesus, von allem müssen wir einmal Abschied nehmen. Nur nicht von dir!"

Christlieb hat unser Textwort verstanden und die Konsequenzen daraus gezogen. Er sagte sich: „Wenn ich nun doch einmal von den Dingen dieser Welt Abschied nehmen muss, dann will ich mein Herz nicht daran hängen. Aber an meinen Herrn und Heiland will ich mein Herz hängen. Denn der geht mit mir durch das Tal des Todes. Und der sorgt dafür, dass ich nicht einmal meine Schuld vor Gott mitnehmen muss. Denn die hat er am Kreuz weggetragen."

War das nicht ein kluger Professor? Von ihm sollten wir lernen: „Dass uns werde klein das Kleine / Und das Große groß erscheine. / Sel'ge Ewigkeit!"

*Herr! Mach unser Herz frei von allem Ballast – für Dich! Amen.*

**Er schämt sich nicht, sie Brüder zu heißen.** Hebräer 2, 11

Als ich Gymnasiast war, sagte mir meine Mutter einmal, ich solle mit meinem kleinen Bruder in die Stadt gehen und etwas besorgen. „Wo ist er denn?", fragte ich. „Er wartet draußen auf dich!"

Ja, da stand er! Aber er war ziemlich dreckig und – na überhaupt! Der Junge war noch in dem Alter, in dem man keinen Wert auf seine Kleider legt. Ich dagegen war in dem Alter, in dem man etwas eitel ist.

Da – ja! –, da habe ich mich geschämt, mit meinem kleinen Bruder zu gehen.

Wie der Herr Jesus uns wohl sieht? Wir sind in seinen Augen bestimmt viel schmutziger als der kleine Bruder in den meinigen. Wie er uns wohl sieht mit unserem bösen, selbstsüchtigen, verlogenen, lieblosen, gottlosen Wesen? Er hätte allen Grund, sich unser zu schämen.

Da ist nun dem Schreiber des Hebräerbriefs das Wunder der Liebe Jesu überwältigend aufgegangen, dass er ausruft: „Er schämt sich nicht, uns Brüder zu heißen." Wer dem Herrn Jesus angehört und in seinem Licht sich selber sieht, der muss jeden Morgen neu anbeten: „Ich danke dir, Herr, dass du mich immer noch deinen Bruder sein lässt!"

Es ist interessant, wie die lateinische Bibelübersetzung diese Stelle überträgt: „Er wird nicht aus der Fassung gebracht."

Wir werden manchmal aus der Fassung gebracht, wenn wir sehen, wie Christen ihren Herrn blamieren. Nun, wir hätten allen Grund, darüber nachzudenken, wie unsere Lieblosigkeiten, Lügen und Streitereien unseren Heiland aus der Fassung bringen könnten.

Aber – er wird nicht aus der Fassung gebracht. Er nennt uns weiter Brüder! Es ist schon zum Staunen!

*Herr! Wir danken Dir, dass Du Dich so entschlossen zu uns hältst, die wir es nicht wert sind. Amen.*

**Jaget nach . . . der Heiligung, ohne welche wird niemand den Herrn sehen.** Hebräer 12, 14

„Nimm's leicht!" Das ist so einer von den Sprüchen, mit denen die Menschen von heute sich gegenseitig trösten.

Können wohl Leute, die dem Herrn Jesus angehören, auch so sagen? Gewiss! Nur – sie sagen es in einem anderen Fall als die Kinder dieser Welt.

Wenn so richtig Jammer und Not hereinbrechen, vergeht der Welt der Spruch „Nimm's leicht!". Dann verfängt dieser Trost nicht mehr.

Jesus-Leute aber können gerade in solchen Lagen einander zurufen: „Nimm's leicht!" Denn: „Wenn der Winter ausgeschneiet, / Tritt der schöne Sommer ein. / Also wird auch nach der Pein, / Wer's erwarten kann, erfreuet. / Alles Ding währt seine Zeit, / Gottes Lieb in Ewigkeit." Christen sagen: „Nimm's leicht!" Denn: „So ich im Finstern sitze, ist doch der Herr mein Licht."

„Nimm's leicht!" Andererseits aber gibt es einen Fall, wo die Kinder der Welt das zueinander sagen, Christen es aber nicht sagen können: wenn die Sünde mächtig wird und das Gewissen verletzt wird. Dann sagt die Welt: „Nimm's leicht! Gewissen! Pah, wer wird sich darum kümmern! Gebote Gottes?! Unmodern! Also – nimm's leicht!"

Da aber heißt es bei Christen: „Nimm's schwer!" Jesus ist nicht darum gestorben, dass wir bleiben, wie wir sind. Er will durch seinen Geist neue Menschen machen. Darum: „Nimm's schwer! Jaget nach der Heiligung, ohne welche wird niemand den Herrn sehen."

Gewiss, wir hoffen, durch die Gnade Jesu Christi selig zu werden. Aber die Gnade will unser Leben ganz durchdringen. Und Jesus will ganz Herr werden. Das wollen und müssen wir sehr ernst nehmen.

*Herr! Hilf uns, jederzeit richtig zu denken und recht zu stehen! Amen.*

**Jesus hat uns geliebt und gewaschen von den Sünden mit seinem Blut.** Offenbarung 1, 5

An einem tief verschneiten Wintertag habe ich im Stadtwald nahe bei einer Großstadt etwas Seltsames gesehen: ein Gespräch im Schnee!

Da hatte jemand mit deutlichen Buchstaben in den Schnee geschrieben: „Jesus hat dich lieb!" Ein anderer hatte daneben geschrieben: „Ist das wahr?" Dann war offenbar ein Dritter gekommen, der schrieb neben diese Frage nur einfach: „Ja!"

Ein merkwürdiges Schneegespräch! Man möchte sich die Teilnehmer vorstellen können. Der erste ist wahrscheinlich ein Mensch, dem es geht wie jenen Jüngern, mit denen Jesus einst bei Emmaus sprach. Sein Herz brennt für Jesus. Und das ist schön in einer Zeit, in der die Herzen so kalt sind.

Der zweite, der die Frage stellte – was mag er für ein Mensch sein? Vielleicht ist er ein moderner Skeptiker, der alles und jedes in Frage stellt, der nichts mehr ernst nehmen kann. Einen solchen Menschen ärgert die frohe Gewissheit der Christen. Vielleicht ist er aber auch ein einsamer Mensch, der aufhorcht bei der Nachricht: „Da ist einer, der dich lieb hat!"

Der dritte ist ein sachlicher Mensch. Er schreibt einfach nur ein „Ja!". Hinter diesem kurzen Wort steht die Gewissheit: „Die Liebe Jesu ist nicht ein leeres Gefühl oder eine unsichere Sache. Der Sohn Gottes hat seine Liebe bewiesen, als er unsere tiefste Not anpackte, nämlich unsere Sünde! Dafür ließ er sich an das Kreuz schlagen. Und von dem Blut, das da auf Golgatha vergossen wurde, sagt die Bibel: ‚Das Blut Jesu Christi, des Sohnes Gottes, macht uns rein von aller Sünde.'"

*Herr Jesus! Wir danken Dir für diesen erfahrbaren Beweis Deiner Liebe! Amen.*

**Ich rate dir, dass du weiße Kleider von mir kaufest, dass du dich antust und nicht offenbart werde die Schande deiner Blöße.** Offenbarung 3, 18

Es ist uns doch wohl klar, dass der Herr Jesus hier nicht von Textilien spricht.

In der biblischen Bildersprache bezeichnet das Gewand unsere Würdigkeit oder Unwürdigkeit vor Gott. Oder – so nennt es die Bibel – unsere Gerechtigkeit vor Gott.

In unserem Textwort sagt uns Jesus deutlich: „Von Natur habt ihr ein unmögliches Gewand an, auch wenn ihr es – wie eine rot verzierte Generalsuniform – mit leuchtenden guten Werken aufputzt –, auch wenn ihr es mit dem Seidenfutter der Religion vornehm gemacht habt. Ihr müsst bei mir ein ‚weißes Kleid' kaufen."

„Kaufen", sagt er. Das ist ein seltsamer Kauf! Denn ich muss nur mein altes Gewand, meine eigene Gerechtigkeit, hingeben und bekennen: „Es taugt nicht!" Dann darf ich frei und umsonst das Kleid nehmen, das er anbietet: die Gerechtigkeit, die vor Gott gilt, die er am Kreuz für uns erworben hat, als er unsere Schuld büßte und uns mit Gott versöhnte.

Zinzendorf hat es schön gesagt, was gemeint ist: „Christi Blut und Gerechtigkeit, / Das ist mein Schmuck und Ehrenkleid. / Damit will ich vor Gott besteh'n, / Wenn ich zum Himmel werd' eingeh'n."

Nicht wahr, das ist ein leichter Kauf! Und doch! Es ist auch ein sehr schwerer. Denn nichts ist für unsere stolzen Herzen bitterer als zuzugeben: „So, wie ich bin, kann ich nicht vor Gott bestehen. Ich bin ja in Lumpen gekleidet, befleckt mit Sünde." Es muss viel geschehen, bis unser Herz so klein ist.

Aber wenn es dahin gekommen ist, dann gehen uns erst richtig die Augen auf für das, was der Sohn Gottes uns am Kreuz erworben hat. Dann greift das Herz im Glauben zu.

*Herr Jesus! Dir sei Dank für das weiße Kleid! Amen.*

**Siehe, ich stehe vor der Tür und klopfe an.**
Offenbarung 3, 20

Vor unserer Tür steht also einer! Er schellt nicht! Er poltert nicht! Er steht einfach da, klopft leise an und wartet, ob wir ihm auftun. Er ist nicht ein Bettler oder Hausierer! Er ist der, dem „alle Gewalt gegeben ist im Himmel und auf Erden". Er heißt Jesus.

Wir hätten ihn gar nicht bemerkt, wenn er es uns nicht gesagt hätte, dass er vor der Tür steht.

Ein Professor in Oslo, Hallesby, hat gesagt, diese Mitteilung Jesu sei wichtig für alle, die beten lernen wollen. Das lässt uns aufhorchen. Denn das ist ja die Not, dass wir nicht recht beten können. Es ist so viel Lärm – außen und innen.

Jesus also steht vor der Tür. Und hinter der Tür sitzen wir mit unseren ungelösten Problemen, mit viel Schuld auf dem Gewissen, mit Aufgaben, die uns zu schwer sind, mit unserem Ärger, Kummer, Leid. Wir sind wie ein Kaufmann, dessen Bücher in Unordnung geraten sind. Und wir können sie einfach nicht mehr in Ordnung bringen.

Warum denken wir nicht an den, der draußen steht? Machen wir doch die Tür auf, zeigen dem Heiland die Bücher unseres verwirrten Lebens und bitten ihn: „Nimm du doch alles in deine Hand!"

Wir müssen darauf achten, dass diese Hand durchbohrt ist. Die Nägelmale sprechen davon, dass er für uns am Kreuz hing. Er will also und kann mächtig und rettend eingreifen in unser Leben. Wir sind ja dumm, wenn wir mit all unseren Dunkelheiten allein bleiben. Und draußen steht der Helfer und Erretter!

*Herr, wir wollen nicht länger uns allein herumschlagen mit allem, was zu schwer ist! Hilf uns! Amen.*

**Es spricht, der solches bezeugt: Ja, ich komme bald. Amen, ja komm, Herr Jesus!** Offenbarung 22, 20

Wir standen an einer Bushaltestelle. Ein Mann wollte ein Gespräch anfangen. „Warten Sie auch?", fragte er. „Ja", antwortete ich, „ich warte auch."

Genauso können sich die Leute in der Gemeinde Jesu Christi unterhalten: „Warten Sie auch?" – „Ja, ich warte auch – nämlich auf die herrliche Wiederkunft des Herrn Jesus."

Ganz eindeutig, ja sehr nachdrücklich, geradezu feierlich redet der erhöhte Herr hier von seinem Wiederkommen in Herrlichkeit: „Es spricht, der solches bezeugt: Ja, ich komme bald!" Wer also dahinlebt, ohne mit der Wiederkunft des Herrn Jesus zu rechnen, tut es „auf eigene Gefahr".

Wer den Herrn Jesus kennt, der freut sich auf seine Wiederkunft. Wie schwer sind doch alle dunklen Rätsel, alle Gemeinheiten und alle Ungerechtigkeit dieser Welt zu ertragen! Wie bedrückend ist es zu sehen, dass der Herr Jesus so verachtet ist!

Das hat die erste Christenheit auch erlebt in dem verfallenden römischen Reich. Aber sie hat darüber nicht gejammert, sondern sie hat Ohren und Herzen aufgetan für die Botschaft: „Jesus kommt wieder!" Und dann hat sie auf diese Botschaft geantwortet mit einem brausenden: „Amen. Ja, es soll also geschehen!" Und darin wollen wir nun einstimmen: „Amen! Ja, komm, Herr Jesus!"

Die blinde Welt lächelt über diese Hoffnung. Mag sie! Die Menschen der Bibel achten auf die Zeichen der Zeit. Sie erkennen, dass der Tag immer näher rückt. Und – ehe die Welt es vermutet – geschieht es: „Zion hört die Wächter singen, / Das Herz tut ihr vor Freuden springen / . . . Ihr Freund kommt vom Himmel prächtig, / Von Gnaden stark, von Wahrheit mächtig . . ."

*Herr! Lass uns wach sein, nüchtern sein und trauen auf Deine Verheißungen! Amen.*

**Tut Buße, das Himmelreich ist nahe herbeigekommen!**
Matthäus 4, 17

Buße! – ach, das ist etwas ganz anderes, als die Leute es sich denken.

Ist das Buße, wenn man sich selber rechtfertigt?

Ein Bild soll es klarmachen: Ein Mensch steht wegen schwerer Verschuldung vor Gericht. Selbstverständlich kämpft er wie ein Löwe, um sich reinzuwaschen. Er leugnet. Er stellt alles ins beste Licht.

So machen wir es vor dem heiligen Gott. Wer kann und will sich denn schon schuldig geben?!

In meiner Bücherei habe ich einen Band aus dem Jahre 1708 mit Predigten des berühmten Wiener Kanzelredners Abraham a Sancta Clara. Es ist pompös, wie geistreich und originell der wettert gegen die Sünden seiner Zeit. Aber das hat die Tausende, die ihm zuströmten, nur amüsiert. Eine lebendige Bewegung entstand nicht.

So etwas meint die Bibel auch nicht, wenn sie von „Buße" spricht.

Es ist wirklich erstaunlich, was sie uns sagt: Die Buße fängt gar nicht mit dem an, was w i r tun oder getan haben. Sie fängt mit dem an, was G o t t getan hat.

Ihm bricht das Herz über unserem verkehrten und bösen Wesen. Darum sendet er seinen Sohn, den Herrn Jesus Christus. Der lässt sich wie ein Opferlamm in den Tod am Kreuz geben. Da hat er – so erklärt uns die Bibel – „unsere Sünden hinaufgetragen an das Holz, auf dass wir, der Sünde abgestorben, der Gerechtigkeit leben".

Damit fängt u n s e r e Buße an, dass Gott diese Heilstat für uns getan hat. Ohne die könnte kein Mensch Buße tun.

Und darum müssen wir hören: Das Gericht über uns ist schon ergangen – auf Golgatha! Jesus hat es getragen. Nun können wir ohne Furcht unsere Sünden bekennen und umkehren.

*Herr! Lass uns im Lichte Deiner Gnade Buße tun! Amen.*

**Nun gebietet Gott allen Menschen an allen Enden, Buße zu tun.** Apostelgeschichte 17, 30

Über alle in- und ausländischen Rundfunk- und Fernsehsender, durch alle Zeitungen, durch Maueranschläge und Plakate sollte man es bekannt geben: „Der Herrscher über alle Welt hat eine Verfügung erlassen, von deren genauen Befolgung unser zeitliches und ewiges Schicksal abhängt."

Dies ist die Verfügung: „Gott gebietet allen Menschen an allen Enden, Buße zu tun."

Es ist unglaublich: Wir Menschen unterschlagen diese Proklamation Gottes.

Und wenn sie uns doch einmal begegnet, dann hat jeder schnell eine ausweichende Antwort zur Hand: „Ich soll Buße tun? Mir kann doch keiner etwas nachsagen." Oder: „Ich kenne eine Menge Leute, die es nötig hätten. Aber ich doch nicht!"

Manche lachen Gott einfach aus: „Was habe ich denn davon? Soll ich etwa ein Trauerkloß werden?"

Und die meisten sagen heute: „Das ist nun auch so ein unverständliches Wort aus der Dogmensprache der Kirche. Sie sollte sich endlich der Zeit anpassen. Wir wissen nicht, was Buße ist."

Nun, das kann man in ein paar Worten sagen: Einhalten auf seinem Weg, weil der in die Hölle führt. Umkehren und vor Gott stehenbleiben. Ihm seine Sünden – wir kennen sie doch genau! – bekennen! Ihm versprechen, dass man ihnen den Krieg erklärt. Aufschauen auf den gekreuzigten Herrn Jesus, der Vergebung der Sünden gibt und die trüben Bindungen zerreißt. Und dann sein Leben führen im Lichte Gottes! Das ist Buße – eine große Sache!

Zu groß für uns? Gott meint es ernst mit seiner Proklamation. Er macht nicht einen unverbindlichen Vorschlag. Er gebietet! Wollen wir ihm trotzen? Wollen wir seine Feinde werden?

*Herr! Bekehre Du mich, so bin ich bekehrt! Amen.*

**Ich habe wider dich, dass du die erste Liebe verlässest. Gedenke, wovon du gefallen bist, und tue Buße . . .**

Offenbarung 2, 4 und 5

Man muss staunen, wie die Bibel immer wieder in einer ganz anderen Richtung denkt als wir.

Da ist das letzte Buch des Neuen Testaments, die Offenbarung. In erschütternden Bildern spricht sie von den Zorngerichten Gottes über die abtrünnige und gottlose Welt.

Wenn ein Mensch unserer Art solch ein Buch geschrieben hätte in der Gewissheit, dass die Gerichte Gottes einmal kommen müssen, dann hätte er ganz bestimmt damit angefangen, einen Querschnitt durch die Zeit zu geben. Er hätte eine Weltdiagnose, eine Darstellung von der Verderbtheit d e r W e l t gegeben.

Ganz anders macht es die Offenbarung des Johannes. Sie will von den Gerichten über die gottlose Welt zeugen. Aber sie beginnt damit, dass sie von den Sünden – es ist erstaunlich – d e r K i n d e r G o t t e s spricht; dass sie die Schäden der gläubigen Jesus-Jünger aufdeckt.

Das ist eine bittere Sache für uns. Es ist ja so leicht, die „Balken im Auge der Welt“ zu sehen. Aber „die Splitter in unseren eigenen Augen“?!

Man kann also die Offenbarung gar nicht lesen, ohne durch ein Sperrfeuer des Gerichts zu gehen. Hier spricht der Herr selber von der Ursünde der Kinder Gottes: Dass sie „die erste Liebe“ verlassen. Die „erste Liebe“! Was ist denn das?

Das ist die Liebe des Herrn Jesus zu uns Sündern. „Er hat uns zuerst geliebt“, sagt die Bibel. Mit seiner Liebe, die er am Kreuz unter Beweis stellte, fing es an. Und dass er uns suchte, damit ging's weiter.

Davon kann man also weggeraten?! Kehren wir um zu ihm und seiner großen Liebe!

*Herr! Zeige uns Deine Liebe auch dadurch, dass Du uns aufdeckst, wo wir sündigen! Amen.*

**Wir sind aber getrost und haben vielmehr Lust . . ., daheim zu sein bei dem Herrn.** 2. Korinther 5, 8

Dieser Paulus nimmt ja eine erstaunliche Haltung ein!

Wie klammern sich die Menschen ans Leben! Er aber hat Lust zu sterben. Doch andererseits hat er auch keine lebensfeindliche Selbstmörderhaltung! „Wir sind getrost!“, sagt er im Blick auf alle Schwierigkeiten, von denen er vorher spricht. Das ist die Haltung der Menschen, die sich durch Jesu Blut für Gott erkauft wissen. Sie haben eine gewisse Hoffnung des ewigen Lebens. Inzwischen leben sie „getrost“.

Die Hoffnung, die sich immer neu an der Auferstehung Jesu entzündet, bestimmt das ganze irdische Leben der Christen.

Stellen wir uns eine nächtliche Landstraße vor. Es regnet. Ein kalter Wind bläst. Da kommt langsam ein Mann des Wegs. Mit hochgeklapptem Kragen geht er trübselig dahin. Der Arme hat keine Heimat. Er hat kein Ziel.

So ist der Mensch ohne die Christenhoffnung. Er geht ohne Ziel über die Straßen des Lebens. Ihm gilt: „Weh dem, der keine Heimat hat!“

Jetzt kommt ein anderer Wanderer des Wegs. Ihm schlägt auch der Regen ins Gesicht. Auch ihn friert es im scharfen Wind. Aber er pfeift ein fröhliches Lied und schreitet tüchtig aus. Warum ist er so anders? Er sieht da vorn die Lichter seiner Heimat. Da ist es warm. Da wartet die gute Ruhe auf ihn.

So wandern Christen. Sie gehen durch dieselben Stürme wie die Menschen der Welt. Aber sie sehen vor sich die Lichter der ewigen Heimat. „So will ich zwar nun treiben / Mein Leben durch die Welt, / Doch denk ich nicht, zu bleiben / In diesem fremden Zelt. / Ich wandre meine Straßen, / Die zu der Heimat führt . . .“

*Herr! Lass auch uns Wanderer zur ewigen Heimat werden! Amen.*

**Der Tod ist der Sünde Sold; aber die Gabe Gottes ist das ewige Leben in Christus Jesus, unserm Herrn.** Römer 6, 23

In Luzern gibt es eine viel bewunderte mittelalterliche gedeckte Holzbrücke über die Reuss.

Zwischen den mächtigen Balken der Brücke hängen bemalte Holztafeln, auf denen die Berufe dargestellt sind.

Als ich einst gemächlich Tafel um Tafel studierte, blieb mein Blick hängen an dem Bild des Rechtsanwalts. Das primitive Gemälde ist kaum noch erkennbar. Aber der Vers darunter fesselt die Aufmerksamkeit.

„Vor G'richt bin ich ein Advokat, / Mach manchen krummen Handel grad, / Kann doch nicht g'winnen, dass ich frey, / De jure vom Tode ledig sey."

Der Mann, der das gemeint hat, wusste, was so viele in unserer Zeit nicht mehr wissen. Er wusste, was der Tod ist. Er ist Gottes gerechtes Gericht über unsere Sünde. „De jure" heißt: „von Rechts wegen". Von Rechts wegen sind wir dem Tod verfallen. Der Tod ist der Lohn für unsere Sünde.

Gegen diese Verurteilung können wir keine Berufung einlegen. Selbst der klügste Rechtsanwalt ist hier machtlos. „Kann nicht g'winnen, dass ich frey, / De jure vom Tode ledig sey." Wie fürchterlich!

Aber das ist nun die frohe Botschaft der Bibel, das „Evangelium", dass wir „de jure" vom Tode errettet werden können. Von Jesus, dem für uns gekreuzigten Sohn Gottes, sagt der Psalmsänger: „Du hast meine Seele vom Tode errettet." Und zwar – und das ist wichtig! – de jure! Von Rechts wegen, weil er als Bürge für unsere Sünde bezahlt hat. Wer Jesus gehört, hat das Leben. „Die Gabe ist das ewige Leben in Christo Jesu!"

*Herr! Durch Dich hab ich gewonnen frei, / Dass ich de jure vom Tode ledig sei. Dank sei Dir! Amen.*

**Hölle und Abgrund ist vor dem Herrn; wievielmehr der Menschen Herzen.** Sprüche 15, 11

Das ist ja ein aufregend interessantes Wort! Denn es lässt uns die Welt anschauen mit den Augen Gottes. Da dürfen wir getrost alle anderen Weltanschauungen auf die Seite stellen und mit Gottes Augen auf die Welt schauen.

Wie sieht Gott die Welt?

Wörtlich übersetzt heißt unser Textwort: „Totenreich und Verdammungsort liegen offen vor dem Herrn; wievielmehr der Menschen Herzen." Gott sieht also uns Menschen direkt neben dem Totenreich und der Hölle.

Wir müssen sterben! Und – man kann nach dem Sterben ewig verlorengehen. Unheimliche Bedrohung!

Dem unerleuchteten, natürlichen Sinn kommt dies lächerlich vor. Aber wenn Gott uns gnädig ist, öffnet er uns die Augen durch seinen Geist. Dann sehen wir mit Gottes Augen. Uns und die Welt! Dann erkennen wir die unheimliche Bedrohung durch „Totenreich und Verdammungsort". Der unbekannte Dichter des 116. Psalms spricht von diesem Erlebnis: „Stricke des Todes hatten mich umfangen, und Ängste der Hölle hatten mich getroffen; ich kam in Jammer und Not."

Wer davon nichts weiß, gleicht einem Menschen, der über eine ganz dünne Eisdecke geht und meint, er sei auf sicherer Straße.

Gibt es Rettung von Tod und Hölle? Wo ist sie?

Das Evangelium gibt die Antwort: bei Jesus, dem Sohn Gottes, der für uns auf Golgatha am Kreuz starb. Wohl dem, der ihm gehört und bekennt mit dem 49. Psalm: „Er wird meine Seele erlösen aus der Hölle Gewalt; denn er hat mich angenommen."

*Herr! Wir danken Dir, dass in Dir ewige Errettung ist! Amen.*

**Wir sind nun Gottes Kinder; und es ist noch nicht erschienen, was wir sein werden. Wir wissen aber, wenn es erscheinen wird, dass wir ihm gleich sein werden; denn wir werden ihn sehen, wie er ist.** 1. Johannes 3, 2

In einer Versammlung sagte ein Redner: „Als Kinder haben wir gebetet: ‚Lieber Gott! Mach mich fromm, / Dass ich in den Himmel komm.‘ Darüber sind wir heute hinaus. Wir glauben nicht mehr an den Himmel.“

Als ich das hörte, war mein erster Gedanke: „Welch ein armer Mann, der keine Hoffnung hat und sich dessen auch noch rühmt!“

Ich glaube an den Herrn Jesus Christus, der am Kreuz für meine Sünden bezahlt und mich mit Gott versöhnt hat. Durch dessen Gnade werde ich gewiss in den Himmel kommen.

Wenn man nun heute diese Hoffnung bekennt, kommt sofort die Frage: „Himmel?! Ja, wie sollen wir uns den vorstellen?“

Auf diese Frage gibt unser Textwort eine klare Antwort. Diese Antwort ist seltsam. Denn wir hören darin gar nichts davon, wie es im Himmel aussieht. Kein Wort von neuen Zuständen und Verhältnissen.

Nur zweierlei wird von den Seligen ausgesagt: Erstens: Sie werden den Herrn Jesus sehen. Hier wandeln wir – sagt Paulus – „im Glauben und nicht im Schauen“. Dort werden wir ihn sehen. Wir werden die Zeichen seiner Niedrigkeit, seine Nägelmale und auch seine Glorie schauen.

Und zweitens wird gesagt: Im Himmel werden wir ihm gleich sein. Das ist groß! Keine Niederlagen, keine Sünde, kein Versagen mehr! Ihm gleich!

„Es ist noch nicht erschienen, was wir sein werden. Wir wissen aber …“, sagt der Apostel. Da bekennt er unsere Armseligkeit. Aber sie wird überstrahlt von einer gewissen Hoffnung.

*Herr! Lass uns das Ziel im Auge behalten! Amen.*

**. . . der du mich erhebst aus den Toren des Todes.**
Psalm 9, 14

In einer seiner berühmten volkstümlichen Predigten erzählt der Augustinermönch Abraham a Santa Clara († 1709) von einem jungen Mädchen, das „sterbend also lamentiert: O Tod! Du bäurisch grober Mann. / Hilft denn kein freundlich Wort? / Lässt doch mit sich der größt' Tyrann / Oft handeln durch Akkord; / Lass mich allein für mein' Person / Noch eine Gnad' erhalten / Und brauche mehr Diskretion / Mit Jungen als mit Alten!"

In diesen originellen Versen ist manches Wichtige über den Tod gesagt: dass er oft junge Menschen wegrafft und alte übergeht; dass er ein Tyrann ist; dass, wenn's ans Sterben geht, jeder wenigstens „seine Person" retten möchte. Und vor allem, dass man mit ihm nicht verhandeln und „akkordieren" kann.

Nur eins ist falsch: Der Tod ist nicht so mächtig. Im 90. Psalm sagt Mose zu Gott: „Der d u die Menschen lässest sterben . . ."

Und weil G o t t die Menschen sterben lässt, darum ist er allein auch imstande, uns vom Tode zu retten und uns zu „erheben aus den Toren des Todes".

Ja, das kann er, und das will er auch. Darum hat er seinen Sohn, den Herrn Jesus, den „Fürsten des Lebens" gesandt. Jesus sagt: „Wer an mich glaubt, der wird nimmermehr sterben." Ein unerhört großes Wort!

Weil Jesus die Ursache des Todes, unsere Schuld, weggetragen hat, darum sind durch ihn diejenigen, die an ihn glauben, jetzt schon im Leben. Weil Jesus selbst in seiner Auferstehung den Tod überwunden hat, darum sind die im Leben, die sich glaubend an ihn hängen. Wer ihm angehört, singt hier schon, mitten in der Welt des Todes: „Du erhebst mich aus den Toren des Todes."

*Lebensfürst! Wir flüchten aus dem Tod zu Dir! Amen.*

**Der Gerechte ist auch in seinem Tod getrost.** Sprüche 14, 32

„Das Sterben ist nicht schwierig! Das Leben ist schwierig!“ So oder ähnlich kann man's in unseren Tagen oft hören. Und es scheint ja verblüffend richtig zu sein.

Aber – stimmt es wirklich? Nein! Es ist falsch! Denn das Sterben ist eine große und schreckliche Sache. Warum eigentlich?

Darum, weil die Bibel sagt: „Es ist dem Menschen gesetzt, einmal zu sterben; danach aber das Gericht.“

Auch der Gottloseste weiß im Sterben, dass er jetzt Gott nicht mehr weglaufen kann und dass er nun vor ihm stehen muss. Es ist, als habe Gott das Wissen um sein Gericht in die Seele eines jeden Menschen gelegt.

Das macht das Sterben so schwer! Man kann die Wahrheit, dass wir gerichtet werden, sein Leben lang wegschieben, wie man ein ärgerliches Aktenstück immer wieder nach unten schiebt. Aber im Sterben hört das auf. Luther hat gesagt: „Es muss ein jeglicher für sich selbst sterben! Ich werde dann nicht bei dir sein und du nicht bei mir; in die Ohren können wir einander wohl schreien; aber es muss ein jeglicher für sich auf die Schanze treten.“

Das Sterben also ist sehr schrecklich.

Nun sagt die Bibel: „Der Gerechte ist auch in seinem Tod getrost.“ Das muss doch herrlich sein! Da möchte man ein „Gerechter“ sein.

Nun, wir dürfen es sein! Unsere eigene Gerechtigkeit allerdings reicht dazu nicht aus. Aber wir dürfen im Glauben die Gerechtigkeit annehmen, die Jesus uns erwarb, als er am Kreuz für uns starb. Weil Jesus meinen Tod für mich starb, darum darf ich ins Leben gehen.

*„Herr! Lass Deine Todespein / An mir nicht verloren sein!“ Amen.*

**Der Gerechte ist auch in seinem Tod getrost.** Sprüche 14, 32

Von einem heidnischen König Agag berichtet die Bibel. Als er um seiner Schuld willen hingerichtet wurde, lachte er, erhob sein Haupt und sagte: „Also muss man des Todes Bitterkeit vertreiben."

Das ist großartig! Aber im Gericht Gottes vergeht solcher Trotz. Nein! Das ist kein „getrostes", sondern ein verkrampftes Sterben.

„Der Gerechte ist auch in seinem Tod getrost." Wer wollte nicht als „Gerechter" in das Sterben gehen?! Wie macht man das?

Da warte ich erst gar nicht den Jüngsten Tag ab. Vielmehr stelle ich mich jetzt schon – am besten heute – vor den Richterstuhl Gottes. Ich lasse mir meine Sünden von Gott aufdecken. Und dann fange ich gar nicht an, mich zu verteidigen und zu entschuldigen. Ich gebe Gottes Urteil Recht, das sagt, dass ich die Hölle verdient habe. Ich lasse mich verurteilen.

Aber dann hebe ich meine Augen auf zu meinem Heiland und Bürgen Jesus Christus. Ich sehe ihn im Geist an, wie er am Kreuz für mich stirbt. Und ich sage im Glauben: „Hier, an Jesus, ist mein Gericht schon vollstreckt. Hier ist meine Schuld abgetan! Jesu Gerechtigkeit ist nun meine Gerechtigkeit!"

Und das gilt! Nun bin ich ein „Gerechter" und kann getrost dem Tod ins Auge sehen.

Einst sah ich ein seltsames Bild: Da waren drei nackte Schädel gezeichnet. Und darunter standen die Worte: „He! Mein Lieber! Nun zeig mir an, / Wer war hier König, wer Weiser, wer Bettelmann?"

So ist es: Im Tod hören alle Unterschiede auf. Nur einen gibt es noch: Es gibt Leute, die Gott um Jesu willen gerecht gesprochen hat – und andere.

*Herr! Wir danken Dir, dass Dein Tod uns das Leben gibt. Amen.*

**Der Gerechte ist auch in seinem Tod getrost.** Sprüche 14, 32

„Wissen Sie, warum ein Gerechter im Tode getrost ist?", fragte ich einst einen Mann.

Und ich bekam die wundervolle Antwort: „Weil er das tägliche Sterben gewohnt ist."

Leute, die dem Herrn Jesus angehören, üben das Sterben, solange sie auf dieser Erde sind.

Gott nimmt ihnen das Liebste – und sie sagen „Ja" dazu. Gott macht ihnen einen Strich durch ihre Wünsche und Pläne – und sie murren nicht, sondern geben ihr Herz in den Tod.

Ja, die Bibel sagt von den Jesus-Jüngern das unheimlich große Wort: „Sie kreuzigen ihre Natur samt den Lüsten und Begierden."

Wir haben einen Herrn, der am Kreuz starb. Wer ihm nachfolgt, lernt täglich, sein eigenes „Ich" in den Tod zu geben. Der übt das Sterben.

Darum ist für rechte Christen das Hingeben des Atems nicht mehr so sehr groß.

Und doch – unser Textwort meint gewiss noch mehr, wenn es sagt: „Der Gerechte ist auch in seinem Tod getrost." Die Vulgata, die lateinische Bibelübersetzung, hat wohl das Rechte getroffen. Sie übersetzt: „Der Gerechte hofft im Tod." Ja, wer dem Herrn Jesus angehört, der hat einen Herrn, der vom Tod erstanden ist. Und darum hat er eine lebendige Hoffnung. Da weiß das Herz im Tod: „Mein Heimat ist dort droben, / Da aller Engel Schar / Den großen Herrscher loben . . ."

Und nun muss auch das noch gesagt werden: Wer so getrost dem Tod entgegengehen kann, der ist auch im Leben getrost.

*Herr! Wir danken Dir, dass wir an Deinem Sterben und an Deinem neuen Leben teilhaben dürfen! Amen.*

**Sie schrien mit großer Stimme und sprachen: Heil sei dem, der auf dem Thron sitzt, unserm Gott, und dem Lamm!**
Offenbarung 7, 10

„Sie schrien!" Ein wildes, ein tumultuarisches Freudengeschrei! Ein Geschrei aus Herzen, die zerspringen wollen vor Freude!

Das ist die Gemeinde Jesu Christi am Ziel!

Wer diese Bibelstelle liest, den muss es doch einfach zum Gebet treiben: „Herr! Lass mich dabei sein – bei diesen Leuten und ihrem Freudengeschrei! Und hilf mir, dass ich manch einen mitbringe!"

Der griechische Geschichtsschreiber Xenophon, der etwa 400 Jahre vor der Geburt Christi lebte, hat einen großartigen Tatsachenbericht geschrieben über ein Ereignis, das er selbst an entscheidender Stelle miterlebte: Durch Kriegsereignisse waren 10 000 griechische Söldner irgendwo in die Gegend am Euphrat verschlagen worden. Da standen sie nun, umgeben von Feinden, überall bedroht. Und dann schlugen sie sich durch – von der mesopotamischen Ebene durch das wilde Kurdistan und das armenische Gebirge bis hin zum Schwarzen Meer. Hier waren sie gerettet. Xenophon schildert ergreifend, wie sie beim Anblick des Meeres in Jubel ausbrachen: „Das Meer! Das Meer! Gerettet! Gerettet!"

Die Offenbarung des Johannes zeigt uns am Thron Gottes ein „gläsernes Meer". Dort werden die Kinder Gottes, die sich hier durch diese Welt durchschlugen, vom Teufel bedroht in ihrem Glauben, auch jubeln: „Das Meer! Das Meer! Gerettet! Gerettet!"

Diese Gemeinde am Ziel rühmt – und das ist wichtig – nicht ihren Glauben, ihre Treue und ihren Mut, sondern „das Lamm", Jesus, der sie für Gott erkaufte durch sein Sterben am Kreuz, und den starken Gott, dem alle Ehre und Anbetung gebührt.

*Herr! Lass uns bei denen sein, die Dich sehen werden! Amen.*

**Meine Seele erhebt den Herrn, und mein Geist freut sich Gottes, meines Heilands.** Lukas 1, 46 und 47

Auf einer Wanderung durch das schwäbische Land besuchte ich einst in einem Dörflein einen Kaufmann. Ich hatte von ihm gehört, dass er ein treuer Jünger sei. Das war damals, in den Zeiten des Hitler-Reichs, gar nicht so einfach.

Als ich bei ihm angekommen war, legte ich nun auch gleich los mit dem, was mein Herz erfüllte und beschwerte. Ich sprach von der Unterdrückung des Evangeliums, von dem Unrecht, das ich selbst erlebt hatte, von all dem Schlimmen, das geschah.

Auf einmal unterbrach mich der Mann freundlich mit dem Vorschlag: „Wir wollen doch lieber vom W e s e n t l i c h e n sprechen!"

Und dann redeten wir von den großen Taten Gottes. Wir freuten uns an der Erlösung durch das Blut Jesu Christi. Wir berichteten uns gegenseitig von Erfahrungen, die wir mit der Führung durch den Heiligen Geist gemacht hatten.

Und über all dem wurden auf einmal all die Nöte, die uns bekümmerten, die Sorgen, die uns quälten, und die Ängste, die uns bedrückten, so unwesentlich.

Ich kann gar nicht sagen, welch eine Befreiung das für mich bedeutete. Und als ich weiterzog, dachte ich: „Dass doch mein Geist und meine Seele immer mit dem W e s e n t l i c h e n erfüllt wären!"

Bei Maria war es so, als sie in ihrem schönen Adventslied sagte: „Meine Seele erhebt den Herrn, und mein Geist freut sich Gottes, meines Heilands."

Ihr Geist und ihre Seele waren nicht Rumpelkammern, gefüllt mir Sorgen, Ängsten, Wünschen und irdischen Kleinigkeiten. Ihr Geist war ein Tempel Gottes.

*Herr! Schaffe in uns, dass „uns werde klein das Kleine / Und das Große groß erscheine"! Amen.*

**Und siehe, ein Mensch war zu Jerusalem, mit Namen Simeon . . ., der wartete auf den Trost Israels, und der Heilige Geist war in ihm.** Lukas 2, 25

In einem alten Adventslied wird das Weihnachtsgeschehen wundervoll beschrieben: Aus der Ewigkeit nähert sich leise ein Schifflein dem Ufer der sichtbaren Welt. Die kostbare Fracht ist der Sohn Gottes. Das Segel, das dies Schiff treibt, ist die Liebe Gottes: „So sehr hat Gott die Welt geliebt, dass er seinen Sohn gab . . .“

Nun berichtet das Alte Testament, dass – um im Bild zu bleiben – an der diesseitigen Anlegestelle seit grauester Vorzeit Menschen gestanden haben, die nach dem Schiff ausschauten. Sie hatten nämlich viele Versprechen Gottes, dass der Heiland in die gefallene Welt kommen werde.

Als Eva ihren ersten Sohn bekam, nannte sie ihn „Gewonnen“! Sie dachte wohl, der sei schon der Verheißene. Er wurde aber der Brudermörder Kain.

Wie hat der Patriarch Jakob nach dem Schiff ausgeschaut! Sterbend rief er: „Herr! Ich warte auf dein Heil!“ Und Jesaja betete ungeduldig: „O, dass du den Himmel zerrissest und führest herab!“

Es wären noch viele zu nennen. Sie sind darüber gestorben. Im Geist sahen sie wohl die Ankunft des Schiffes: „Uns ist ein Kind geboren!“, ruft ein Prophet. Aber sie erlebten nicht die Wirklichkeit.

Bis auf einen, den Simeon! Ein Leben lang steht dieser Mann am Landeplatz Gottes und schaut aus. Und er darf es erleben: „Der Anker haft' auf Erden, / Da ist das Schiff an Land . . .“ Mit unendlicher Freude hält er das Kind, den Sohn Gottes, in seinen Armen: „Meine Augen haben deinen Heiland gesehen!“

Und wir? Wir brauchen gar nicht mehr zu warten! Wir dürfen einfach alle Türen auftun und die „Fracht“ dieses Schiffes in die Räume unseres Herzens aufnehmen.

*Herr! Nimm uns in die Reihe derer, die sich über Dein Kommen freuen! Amen.*

**Und siehe, ein Mensch war zu Jerusalem, mit Namen Simeon . . ., der wartete auf den Trost Israels.** Lukas 2, 25

Vielleicht ist der alte Simeon je und dann gefragt worden: „Hör mal! Du machst den Eindruck, als wenn du beständig auf etwas wartest?“ Und Simeon antwortete: „Allerdings warte ich! Aber nicht auf etwas, sondern auf jemand.“ – „Auf wen wartest du denn?“, wurde dann wohl weiter gefragt. Darauf wird Simeon zur Antwort gegeben haben: „Auf den T r o s t des Volkes Gottes.“

War denn der Mann in besonderes Unglück geraten, dass er beharrlich den kommenden Erlöser „den Trost“ nannte?

Ich glaube es nicht. Ich denke, der Mann war eines Tages „zu sich gekommen“. Der Mensch von heute kommt ja überall hin, nach Italien, Spanien, USA und Indien. Nur zu sich selbst kommt er nicht.

Als der Simeon zu sich kam, entdeckte er: Ganz tief unten in unseren Seelen wohnt die Verzweiflung. Sie setzt sich aus vielem zusammen: aus Lebensangst, aus Wissen um die Schuld, aus Angst vor Versagen, aus Neid und Minderwertigkeitsgefühlen, aus Hochmut und Hunger nach Anerkennung. Alles in allem – Verzweiflung!

Der Prophet Nahum hat einmal im Blick auf die untergehende Weltstadt Ninive und im Grunde im Blick auf die Welt gefragt: „Wo soll ich dir Tröster suchen?“

Simeon wusste: Die Heilung unserer Lebens-Verzweiflung kann nur durch eine Tat Gottes geschehen. Und diese Tat tut er! Es kommt der Sohn Gottes als unser Heiland.

In Simeons Herzen klang es: „Er kommt, er kommt mit Willen, / Ist voller Lieb und Lust, / All Angst und Not zu stillen, / Die ihm an euch bewusst.“

*Herr! Dir sei Dank, dass Du der Trost der Welt bist! Amen.*

**Simeon wartete auf den Trost Israels, und der Heilige Geist war in ihm. Und ihm war eine Antwort geworden von dem Heiligen Geist, er sollte den Tod nicht sehen, er hätte denn zuvor den Christus des Herrn gesehen.** Lukas 2, 25 und 26

Da lief also dieser alte Simeon durch die Straßen Jerusalems als eine lebendige Mahnung: „Vergesst nicht die Verheißungen Gottes!"

Im Geist habe ich ein Gespräch mit dem Alten geführt: „Simeon! Du wartest hier auf die Ankunft des Erlösers mit einer so seltsamen Gewissheit, als hättest du die Fahrpläne Gottes studiert."

Simeon antwortet: „Das habe ich auch!" Ich frage wieder: „Simeon! Woher weißt du es denn so gewiss, dass der Heiland wirklich kommt?" Der Alte erwidert: „Aus der Bibel. Die ist voll mit Versprechungen Gottes. Und er lügt doch nicht."

„Ja", wende ich ein, „aber es haben doch vor dir viele auf diesen Trost Israels gewartet, und die sind darüber gestorben. Woher weißt du denn so gewiss, dass d u sein Kommen erlebst?" Geradezu triumphierend antwortet Simeon: „Mir ist vom Heiligen Geist gesagt worden, ich soll den Tod nicht schmecken, ich hätte denn zuvor den Heiland gesehen."

„Jetzt wird mir vieles klar! Ich verstehe! Durch die Bibel hast du erfahren, dass der Heiland k o m m t . Und durch den Heiligen Geist, dass er z u d i r kommt."

„Genau so!", sagt Simeon.

Ich gehe in mein 20. Jahrhundert zurück und habe viel gelernt: Durch die Bibel erfahre ich Gottes große Taten zu unserem Heil. Der Heilige Geist aber lässt sie uns verstehen und persönlich im Glauben ergreifen. So gehören das Wort Gottes und der Geist Gottes zusammen. Wo man das Wort Gottes ohne Heiligen Geist liest, bleibt es uns ein totes Buch. Und wo man den Heiligen Geist will ohne die Bibel, gerät man in Schwärmerei.

*Herr! Lass Dein Wort und Deinen Geist an uns ihr Werk tun! Amen.*

**Dem Simeon war eine Antwort geworden von dem Heiligen Geist, er sollte den Tod nicht sehen, er hätte denn zuvor den Christus des Herrn gesehen.** Lukas 2, 26

Das ist eine ganz besonders wichtige Bibelstelle, mit der wir uns noch einmal beschäftigen müssen. Hier ist nämlich die Rede von den beiden Kräften, durch die ein unerleuchteter Mensch zum hellen Licht des Glaubens kommen kann. Diese beiden Kräfte sind die Bibel und der Heilige Geist.

Wie bei Simeon, so geht es immer zu, wenn jemand erleuchtet wird. Durch die Bibel erfährt man, was Gott tut zu unserem Heil. Durch den Heiligen Geist wird es uns persönlich zugesprochen.

In der Bibel steht: „Gottes Zorn entbrennt über alle Sünde der Menschen." Der Geist Gottes aber sagt: „Du bist unter Gottes Zorn!" Nun bekommt man Sorge um sein Heil.

Die Bibel sagt allen Menschen: „Euch ist der Heiland geboren!" Gottes Geist spricht es dir zu: „Für dich ist der Retter gekommen, der dich von Gottes Zorn erlöst."

Die Bibel zeigt auf das Kreuz Jesu Christi und sagt: „Siehe, da ist Gottes Lamm, welches der Welt Sünde wegträgt." Der Heilige Geist ruft es in das unruhige Gewissen hinein: „Da ist Gottes Lamm, welches deine Sünde wegträgt!"

Es ist wundervoll, wie Gottes Wort und Gottes Geist zusammenwirken, damit wir zum Glauben an den Christus Gottes kommen können.

Wie oft wird gefragt: „Was soll man denn tun, um glauben zu können?" Die Antwort kann nur lauten: „Lies Gottes Wort und bitte dabei um das Licht des Heiligen Geistes!"

*Herr! Wir danken Dir, dass Dein Wort und Dein Geist so wirksam sind. Amen.*

**Dem Simeon war eine Antwort geworden von dem Heiligen Geist, er sollte den Tod nicht sehen, er hätte denn zuvor den Christus des Herrn gesehen.** Lukas 2, 26

An diesem Wort kann man wirklich erschrecken!

Denn es könnte uns ja geschehen, dass wir den Tod sehen, ehe wir den Christus des Herrn gesehen haben. Das muss furchtbar sein – sterben ohne d e n zu kennen, der vom Zorn Gottes, von Schuld und von der ewigen Verdammnis errettet!

Sterben ist ja kein Kinderspiel! Die Menschen haben immer wieder versucht, sich einzureden, das Sterben sei doch ein ganz natürlicher Vorgang. Aber es ist noch keinem gelungen, das Grauen des Todes damit zu vertreiben.

Und das hat seinen Grund: Sterben ist mehr als ein biologischer Vorgang. Die Bibel sagt: „Der Tod ist der Lohn der Sünde." Das Sterben ist das unübersehbare Zeichen, dass wir Sünder sind und dass Gottes Zorn über der Sündenwelt lastet.

Darum liegt das Grauen über dem Sterben.

Und was kommt nach dem Sterben? Ein Arzt, der ein Leben lang dem Tod Beute abjagen wollte, sagte einmal: „Wenn doch der Tod ein Punkt wäre, der allem ein Ende macht! Aber nun ist er ein Fragezeichen, das sich grinsend am Totenbett erhebt und fragt: ‚Was kommt nun?'"

Nun, der Tod ist weder ein Punkt noch ein Fragezeichen, sondern ein Doppelpunkt: „Es ist dem Menschen gesetzt, einmal zu sterben, danach aber das Gericht."

Und das alles erleiden müssen ohne einen Heiland! Ohne Erlöser! Ohne Vergebung der Sünden! Ohne lebendige Hoffnung! Das muss furchtbar sein.

Selig, wer mit dem Simeon sprechen kann: „Nun lässest du mich in Frieden fahren. Denn meine Augen haben deinen Heiland gesehen!"

*Herr! Führ uns in das Leben, ehe die kalte Hand des Todes nach uns greift! Amen.*

**Siehe, dein König kommt zu dir, ein Gerechter und ein Helfer.** Sacharja 9, 9

Nachdenklich stand ich vor einer Plakatsäule. Sie war bunt beklebt: Konzert! Tanzabend! Wintersport im Allgäu! Waschmittel! Zigaretten!

„Seltsam", dachte ich. „Da spürt man gar nichts von Advent! Haben die Leute denn keine Antenne dafür, dass alle Luft es ruft, dass alle Glocken es läuten, dass alle Christenlieder es singen: ‚Siehe, dein König kommt zu dir!'?" „Macht hoch die Tür, die Tor macht weit! / Es kommt der Herr der Herrlichkeit, / Ein König aller Königreich, / Ein Heiland aller Welt zugleich, / Der Heil und Leben mit sich bringt; / Derhalben jauchzt, mit Freuden singt . . .!"

Aber der Mensch ist nicht so schnell zu erschüttern. Der König des Himmelreichs kommt! „Na – und?"

„Na – und?" Oder – anders ausgedrückt: „Was sollen wir denn da tun?"

Es ist seltsam, dass unser Textwort darauf keine Antwort gibt. Da steht nur: „Siehe, dein König kommt zu dir, ein Gerechter und ein Helfer." Und damit ist es aus! Fertig! Nichts weiter!

Es ist, als habe der Liederdichter Paul Gerhardt auch eine Verlegenheit gespürt, als er in seinem Adventslied fragte: „Wie soll ich dich empfangen / Und wie begeg'n ich dir?"

Nun, Paul Gerhardt wusste die Antwort. Und wir wissen sie hoffentlich auch. Sie lautet: Einfach Jesus, den König, den Helfer, aufnehmen. Es geht hier ja nicht um Dogmen und Theorien. Er kommt wirklich zu uns. Nehmen wir ihn auf! Wir haben ihn so nötig. Der Philosoph Hamann sagte: „Ein Mensch kann eher ohne Kopf und ohne Herz leben als ohne Jesus."

So lasst uns nicht „Na – und?" sagen. Sondern lasst uns bitten:

*„Richte Du auch eine Bahn / Dir in meinem Herzen an!" Amen.*

**Siehe, dein König kommt zu dir, ein Gerechter und ein Helfer.** Sacharja 9, 9

Seltsam, diese Adventsverheißung aus dem Alten Testament! Da sind ja zwei Begriffe zusammengestellt, die gar nicht recht zueinander passen: „gerechter Richter" und „Helfer".

Und doch – das drückt genau aus, wer der Herr Jesus Christus ist.

„Gerechter": Ein Journalist schrieb in seinem Bericht über einen aufregenden Mordprozess: „Es ist das Ärgste am Verbrechen, dass es Menschen zwingt, über Menschen zu urteilen."

Wie hat der Mann doch Recht! Wie können Menschen gerecht urteilen!

Jetzt aber kommt der Sohn Gottes in die Welt. „Ein Gerechter", sagt die Bibel. Ja, der darf und kann richten. Und er tut es auch.

Das Neue Testament ist voll von Geschichten, wie Menschen, die in die Nähe Jesu kamen, entlarvt und überführt wurden. Dem „reichen Jüngling" deckt er auf, dass Geld sein Gott ist. Ob uns das nicht auch trifft? Den Petrus überführt er, dass er höher von sich dachte als ihm zustand. Trifft uns das? Der „großen Sünderin" wurde klar, dass ihr unreines Triebleben eine große Schande war. Trifft uns das nicht? Der Saulus erkannte im Licht Jesu, dass er, der Makellose, ein Mörder war.

Ja, Jesus ist ein gerechter Richter. Er macht unsere Gerechtigkeit zuschanden.

Wer das erlebt, fragt erschrocken: „Wo soll ich hin?" Die Antwort kann nur lauten: Zu ihm, dem Richter! Denn er ist ja zugleich der „Helfer". Lasst uns nach Golgatha gehen, wo er am Kreuz hängt! Da macht derselbe, der uns zu Sündern machte, durch die Vergebung der Sünden uns zu Gerechten, die vor Gott leben können.

*Herr! Hilf uns, dass wir Dir standhalten und gerettet werden! Amen.*

**Da sie nun nahe an Jerusalem kamen, gen Bethphage an den Ölberg, sandte Jesus zwei seiner Jünger und sprach zu ihnen: Geht hin in den Flecken, der vor euch liegt . . .**
Matthäus 21, 1 und 2

Das Ende dieser Geschichte wird sein, dass die ganze Stadt Jerusalem in Aufregung gerät; dass der Jubel um den Herrn Jesus alle Straßen erfüllt; dass kühle Leute mitgerissen werden, ihm Ehre zu erweisen. Ja, das Ende dieser Geschichte wird großartig sein.

Doch der Anfang ist so unscheinbar, so harmlos und gering: Zwei Jünger bekommen den Auftrag, sich in einem Dörflein nach einem Esel umzusehen. Das ist alles!

Aber – wie wir sagten – dieser Anfang ist typisch für alles, was mit dem Herrn Jesus zusammenhängt. Es fängt ganz still, ganz harmlos, ganz verborgen an. Als er in die Welt kommt, geschieht es unter Ausschluss der Öffentlichkeit. Nur ein paar Hirten werden informiert. Als er von den Toten aufersteht, geht es genauso heimlich und unauffällig zu.

Und alle Werke des Reiches Gottes, die Weltmission, die Innere Mission und was es sei – es entstand alles ohne Aufsehen aus den kleinsten und unscheinbarsten Anfängen.

Der Herr Jesus hat es einmal so gesagt: „Das Himmelreich ist gleich einem Senfkorn, welches ist das kleinste unter allem Samen.“ Aber es hat eine unerhörte Kraft und wächst zu einem großen Baum.

Die meisten Dinge in der Welt geschehen umgekehrt. Da muss alles mit Lärm und Reklame anfangen. Über kurz oder lang aber kommt das klägliche Ende.

Das ist wichtig für Menschen, denen es um göttliche Weisheit geht. Sie lassen sich nicht betören vom Lärm, sondern sehen auf Jesu Hände, die in geringen Dingen wirken.

*Herr! Gib uns offene Augen für Dein Tun! Amen.*

**. . . da sandte Jesus zwei seiner Jünger und sprach zu ihnen: Geht hin in den Flecken, der vor euch liegt, und alsbald werdet ihr eine Eselin finden . . .** Matthäus 21, 1 und 2

Bei uns heißt es: „Ein Meister schickt zwei Gesellen." Oder: „Ein Minister schickt zwei Regierungsräte." Also immer irgendwie Fachleute!

Nun müsste es dementsprechend in unserem Textwort heißen: „Jesus sandte zwei Leute aus dem Bauernstand, die sich auf störrische Esel verstanden."

Hier steht aber nur: „Er sandte zwei Jünger."

Merken wir, was das bedeutet? Es ist dem Herrn völlig gleichgültig, was und wer jemand ist. Bei Jesus wird nur gefragt, ob man „Jünger" ist. Da kann einer noch so gelehrt oder tüchtig sein – der Herr Jesus fragt nur nach dem einen: „Bist du mein Jünger?"

Wenn wir das nicht sind, sind wir unbrauchbar für das Reich Gottes.

Was ist denn das: ein Jünger? Die Jünger, die der Herr damals nach Bethphage schickte, hatten das Geheimnis des Kreuzes Jesu noch nicht verstanden. Sie wussten noch nicht, was das ist: „von neuem geboren werden". Aber sie waren unter den Einfluss des Herrn Jesus gekommen.

Ich stand einmal am Heck eines Rheindampfers und sah in das strudelnde Kielwasser. Da kam ein großes Blatt Papier geschwommen. Plötzlich wurde es aus seiner bisherigen Richtung gerissen und von unserem Kielwasser stromauf mitgezogen.

Die Welt ist ein Strom, der mächtig von der Quelle des Lebens fortströmt. Jünger nun sind Leute, die herausgerissen wurden aus der Strömung der Welt und in den Sog des Herrn Jesus gekommen sind.

Mein Gleichnis ist schlecht. Denn das Papier war willenlos. Jünger aber werden wir nur mit unserem Willen.

*Herr! Nimm auch unser Herz gefangen! Amen.*

**Geht hin in den Flecken, der vor euch liegt, und alsbald werdet ihr eine Eselin finden angebunden . . ., löset sie auf und führet sie zu mir!** Matthäus 21, 2

Das war ja nun wirklich ein erniedrigend geringer Auftrag. Die Jünger erwarteten von dem Herrn Jesus große Dinge. Nun erfolgte so ein Befehl! Wenn wir einer der beiden gewesen wären, hätten wir sicher gesagt: „Herr! Das kann doch der Junge machen, der gerade dort drüben läuft. Wir sind doch Apostel!"

So sagten sie nichts. Sie gingen hin und taten, wie ihnen Jesus befohlen hatte. Und weil sie im Kleinen treu waren, konnte der Herr sie zu großen Aufgaben gebrauchen.

„Geht hin in den Flecken", lautete der Befehl diesmal. Wenige Wochen später hieß es wieder: „Geht hin . . .!" Aber nun nicht mehr „. . . in den Flecken, der vor euch liegt . . .", sondern: „Geht hin in alle Welt!"

Und wenn auch diesmal der Auftrag war, eine Eselin abzulösen, so hieß es bald nachher, ganze Völker loszubinden aus den Banden der Sünde und des Todes und sie hineinzuführen in das Reich der Freiheit und des Lebens, in Gottes Reich.

Der Herr kann nur Leute brauchen und zum Segen setzen, die im Geringsten treu und gehorsam sind. Das heißt etwa für eine Mutter: „Jetzt nimm dich mit größerem Ernst deiner Kinder an und zeige ihnen den Heiland! Und lass sie Heilandsliebe an dir erfahren!" Das heißt für Männer: „Lasst doch eure Umgebung, eure Nachbarn und Kollegen merken, dass der Herr Jesus euer Herr ist!" Das heißt für manchen jungen Menschen: „Habe doch den Mut, in tausend kleinen Dingen gegen den Strom zu schwimmen. Oder lass es dir nicht zu beschwerlich sein, eine Gruppe im Kindergottesdienst zu übernehmen!"

Lasst uns in geringen Dingen treu sein. Dann kann er uns zu einer Quelle des Segens für die arme Welt machen!

*Herr! Brauche uns, wie Du willst! Amen.*

**Und so euch jemand etwas wird sagen, so sprecht: Der Herr bedarf ihrer.** Matthäus 21, 3

Ein eifriger Mann verzehrte sich in einer Menge von kirchlichen Ämtern und Ehrenämtern.

Eines Tages hielt ihn ein alter Jünger des Herrn Jesus an und sagte: „Sie haben ja gar keine Zeit mehr zur Stille, zum Lesen der Bibel und zum Beten."

Der eifrige Mann antwortete mit vielen Worten, deren Inhalt war: „Ohne mich geht es nicht!"

Der alte Christ lächelte und meinte: „Nur ein einziges Mal steht in der Bibel: ‚Der Herr bedarf sein.' Und das war ein Esel."

So ist es! Das Wort sagte der Herr Jesus, als er seine Jünger aussandte, eine Eselin zu seinem Einzug in Jerusalem zu besorgen.

Es ist sehr demütigend für uns: Unser Herr hat uns nicht nötig. Und wenn kein Mensch mehr einen Dienst für ihn tun wollte – seiner Herrlichkeit wäre nichts abgebrochen.

Er braucht uns nicht. Aber wir brauchen ihn!

Wer das begriffen und ihn im Glauben aufgenommen hat, der kann nun doch nicht anders: Er will für den Herrn Jesus etwas tun. Die Liebe zu dem Erlöser, der sie mit seinem Blut erkauft hat für Gott, treibt die Kinder Gottes zum Dienst für ihn. Nicht der dumme Hochmut, er bedürfe unser.

In der Zeit der „Aufklärung" lebte in Magdeburg ein Pfarrer als treuer Zeuge des Gottessohnes. Eines Tages sagte in einer großen Gesellschaft ein führender „aufgeklärter" Mann lächelnd von ihm: „Er ist ein Esel!" Das Wort machte die Runde in der Stadt. Da stieg der fromme Pfarrer am Sonntag darauf auf die Kanzel, verlas unser Textwort und erklärte: „Ich bin ein Esel! Gut! Aber dann will ich der Esel sein, auf dem der Herr Jesus in Magdeburg einreitet."

*Herr! Du brauchst uns nicht. Aber lass uns aus Dank Dir dienen! Amen.*

**Das geschah aber alles, auf dass erfüllt würde, was gesagt ist durch den Propheten, der da spricht: „. . . Siehe, dein König kommt zu dir . . .“** Matthäus 21, 4 und 5

Das ist die rechte, eigentliche Adventsbotschaft: „Siehe, dein König kommt zu dir!“

Aber nun kann uns diese Adventszeit eine gewisse Not machen, wenn wir es genau und gründlich nehmen.

Der Sohn Gottes i s t doch schon zu uns gekommen in die Menschenwelt. Und als er am Kreuz hing, hat er gerufen: „Es ist vollbracht!“ Und dann ist er zurückgegangen in die Herrlichkeit seines Vaters. Das alles dürfen wir im Glauben annehmen und unser ganzes Leben auf den festen Grund dieser Heilstatsachen bauen.

Wenn es aber so steht – was soll uns dann noch die Adventsbotschaft: „Siehe, dein König kommt zu dir!“? Spiegelt vielleicht diese Adventszeit doch nur die Vergangenheit wieder, in der die Väter auf das Kommen des Heilands warteten? Und geht uns darum diese Botschaft gar nichts mehr an?

So ist es nicht. Dass uns jedes Jahr verkündigt wird: „Dein König kommt!“, zeigt uns, dass das Evangelium eine – ja, nun komme ich ohne ein Fremdwort nicht aus – dynamische Angelegenheit ist. Es ist Bewegung und Leben. So gewiss der Herr einmal gekommen ist, so gewiss ist er doch auch der, welcher beständig kommt. Er bedrängt die Welt und schafft Unruhe. Er kommt zu den hungrigen, heilsverlangenden Herzen. Er bricht immer neu in das Leben derer ein, die an ihn glauben. Ja, die Adventszeit zeugt von der herrlichen Dynamik, von der wirksamen Lebendigkeit des Herrn Jesus Christus. Immer neu, immer wieder erschreckend und beglückend geht der Ruf an die Welt und an die glaubende Gemeinde: „Siehe, dein König kommt zu dir!“

*Herr! Wir freuen uns, dass Dein Reich das Lebendigste ist, das es gibt! Amen.*

14. Dezember

**Siehe, dein König kommt zu dir.** Matthäus 21, 5

Dass wir nur ja das nicht verpassen!

In Oslo, der norwegischen Hauptstadt, habe ich einst etwas Dummes erlebt. Ich war zum Königsschloss hinauf gebummelt. Als ich hinkam, sah ich Offiziere auf und ab rennen und Soldaten sich aufstellen. Junges Volk stand neugierig herum. Auf meine Frage erfuhr ich, der König werde jetzt mit Pomp ausfahren, um das Parlament zu eröffnen. Ich freute mich: „Jetzt sehe ich doch einmal den König von nahem!"

Plötzlich rannte das junge Volk weg. Ich lief hinterher. Und nun sah ich, wie sich alle um eine exzentrisch bemalte und gekleidete Frau drängten. Ich sah, wie diese Frau gelangweilt ein Autogramm gab und dann den Füller einfach fallen ließ. „Wer ist denn das?", fragte ich. Und ich bekam die Antwort: „Das ist die große Filmschauspielerin . . ." Es folgte ein Name, den alle Welt kannte und der bestimmt in 30 Jahren völlig vergessen ist.

Schnell eilte ich zurück. Ich wollte doch den König sehen! Aber – o Schreck! – der war inzwischen weggefahren. Ich hatte ihn verpasst.

Nun sagt uns heute das Wort Gottes: „Siehe, dein König kommt – nicht nur vorübergefahren, nein! –, er kommt zu dir!" Da ist ja nicht von einem irdischen König die Rede, sondern vom König Himmels und der Erde. Er ist ein König, der mehr für uns getan hat, als man nur ausdenken kann: Er gab sein Leben für uns. Er ist ein König, dessen Anblick Befreiung des Gewissens von aller Schuld bringt, Leben, Freude, Frieden mit Gott, ewige Seligkeit und noch vieles andere.

Er kommt! Aber es geht uns mit ihm so leicht, wie es mir dort in Oslo ging. Es ist so viel, was uns ablenken will. Darum heißt's hier: „Siehe!" Halt dich ran! Pass auf! Dass wir ihn nur ja nicht verpassen!

*Herr! Weck uns auf, dass wir verstehen, um was es geht! Amen.*

**Sagt der Tochter Zion: Siehe, dein König kommt zu dir!**
Matthäus 21, 5

Merkwürdig ist es mit den Geschichten des Neuen Testaments. Jeder dieser Berichte schildert eine einmalige geschichtliche Tatsache. Jeder erzählt, was vor etwa 2000 Jahren einmal geschehen ist.

Aber dies ist das Seltsame: Obwohl die biblische Geschichte nur einen einmaligen Vorgang schildert, geschieht jede dieser Begebenheiten fortwährend – auch heute.

Der Herr Jesus wurde einmal gekreuzigt auf Golgatha. Aber seitdem kreuzigt die Welt ihn fortgesetzt. Er wurde einmal ins Grab gelegt. Aber seitdem hat jedes Jahrhundert ihn totgesagt. Und jede Generation erlebt neu, wie mächtig er aufersteht.

Einmal hat der Herr im Tor von Nain einer weinenden Mutter gesagt: „Weine nicht!“ Aber bis zu dieser Stunde sagt er es tröstend zu den Traurigen.

Er hat einmal den Jüngling zu Nain aufgeweckt. Aber seitdem bezeugen es Millionen: „Wir wissen, dass wir aus dem Tod zum Leben gekommen sind.“

So auch ist es mit dem Einzug Jesu in Jerusalem. Eine alte Geschichte! Gewiss! Und doch geschieht sie heute in unserer lauten, aufgeregten, aus den Fugen geratenen Welt jeden Tag. „Siehe, dein König kommt zu dir!“ Das ist Tatsache! Es geschieht! Und es kommt alles darauf an, dass wir es merken.

Wie viele Fragen, Nöte und Probleme erfüllen unser Herz. Über alles fällt ein völlig verändertes Licht, wenn wir es hören: „Er kommt, er kommt mit Willen, / Ist voller Lieb und Lust, / All Angst und Not zu stillen, / Die ihm an euch bewusst.“

*Herr! So soll also der Einzug in Jerusalem heute bei uns stattfinden?! Du siehst, dass unser Herz voll Schreck und Freude darüber ist. Amen.*

**Die Jünger taten, wie ihnen Jesus befohlen hatte, und brachten die Eselin ... und setzten ihn darauf. Aber viel Volks breitete die Kleider auf den Weg ...** Matthäus 21, 6–8

War das ein Adventstrubel, als der Herr Jesus in Jerusalem einzog! Auch bei uns heute gibt es viel Adventstrubel. Aber dabei fehlt meist die Hauptperson – der Herr Jesus selbst.

Hier in unserer Geschichte war er die Mitte. Um ihn zu ehren, taten die Leute etwas Großartiges: Sie breiteten ihre Kleider auf den Weg. Das war im Morgenland möglich, weil die Leute als Obergewand ein großes, malerisch umgeworfenes Tuch trugen.

Da lagen nun die Gewänder nebeneinander im Staub: herrliche Stoffe reicher Leute und geflickte Kleider armer Bauern. Bunte Gewebe eleganter junger Männer und das graue Gewand eines Eseltreibers.

Alle miteinander redeten die gleiche Sprache: „Herr Jesus! Wir haben dich lieb!" Luther hat ein Bibelwort so übersetzt! „Christum liebhaben ist viel besser denn alles Wissen."

Eine Frau erzählte mir einst von ihrem Streit mit der Nachbarin. Und dabei erklärte sie mir: „Sie müssen wissen, dass ich sehr christlich erzogen bin. Aber die Nachbarin glaubt gar nichts!"

Mir wurde übel. „Christlich erzogen"! Aber keine Spur von brennender Liebe zum Heiland. Sonst würde sie ihre „Nächste" lieben.

Ich glaube, wir müssen uns sehr schämen vor den Leuten, die ihre Kleider hinbreiteten, um dem Herrn Jesus ihre Liebe zu zeigen. Dabei hätten wir viel mehr Ursache, ihn zu lieben. Denn wir wissen ja, was die Leute noch nicht wissen konnten, dass er das „Lamm Gottes ist, das der Welt Sünde wegträgt".

Dass doch in unseren Herzen solch ein Adventsjubel wäre: „Lasset uns ihn lieben; denn er hat uns zuerst geliebt!"

*Herr! Vergib uns unsere Kälte! Amen.*

**Aber viel Volks breitete die Kleider auf den Weg . . .**
Matthäus 21, 8

„Siehe, dein König kommt zu dir!", hieß es vor den Toren Jerusalems. Und das Volk hörte es. Das wurde ein jubelnder Adventstag!

„Viele breiteten die Kleider auf den Weg." Die Leute haben von der hintergründigen Bedeutung ihres Tuns selber noch nichts geahnt. Die wollen wir doch verstehen:

Als der Herr Jesus wenige Tage nach seinem Einzug am Kreuz starb, hat er etwas für uns erkämpft, was die Bibel „Gerechtigkeit vor Gott" nennt. Diese Gerechtigkeit vor Gott wird in der Bibel oft verglichen mit einem Gewand. Da heißt es: „Er hat mich angezogen mit Kleidern des Heils und mit dem Rock der Gerechtigkeit mich gekleidet."

Solange uns die Augen nicht aufgetan sind durch Gottes Geist, gefallen uns die Kleider unserer eigenen Gerechtigkeit ganz gut. Sehr gut sogar!

Aber wenn uns die Augen aufgehen im Licht des lebendigen Gottes, sprechen wir mit einem anderen Mann der Bibel: „Unsere Gerechtigkeit ist wie ein besudeltes Kleid."

Ja, lasst uns nur die besudelten Gewänder unseres Lebens, die von Sünde beschmutzten Kleider vor dem Herrn Jesus in den Staub werfen! Mehr ist unsere eigene Gerechtigkeit nicht wert.

Das kommt uns allerdings hart an. Lieber versuchen wir die Selbstreinigung und Selbstrechtfertigung. Etwa so: „Ich habe es doch immer gut gemeint." Oder: „Es steht mit mir doch gar nicht so schlimm."

Das alles ist vergebliches Bemühen. Wollen wir warten, bis Gott uns das klarmacht, wenn es einmal zu spät ist?

Es ist so befreiend, seine eigene Gerechtigkeit vor Gott aufzugeben!

*Herr! Dir sei das besudelte Gewand unserer eigenen Gerechtigkeit zu Füßen gelegt. Amen.*

**Da Jesus nun hinzog, breiteten sie ihre Kleider auf den Weg.** Lukas 19, 36

Ja, das war ein herrlicher Adventstrubel beim Einzug des Herrn Jesus in Jerusalem!

Aber – ich könnte mir denken, dass diese Geschichte mit den Kleidern auch eine bedenkliche Seite hatte.

Im Geist sehe ich einen Mann vor mir, der sein bestes Gewand, das er für die Reise nach Jerusalem angezogen hatte, in den Staub gebreitet hat. Nun ist Jesus vorübergezogen. Der Mann nimmt sein Kleid wieder auf.

Böse ist es zugerichtet vom Staub und von Huftritten. „Was wird meine Frau dazu sagen?", geht es ihm durch den Kopf. Aber er will sich die Freude dieser Stunde nicht verderben lassen. „Es ist egal!", sagt er sich. „Der Herr Jesus ist einen Sonntagsanzug wert!"

Damit geht er davon. Er ist überzeugt, dass er ein großes Opfer gebracht habe. Das hat er auch! Aber – ahnt er, dass dies viel zu wenig ist?

Jesus ist der Herr. Er will mehr als nur „etwas" von uns. Er will nicht nur Geld, Opfer, Kleider oder sonst „etwas". Er will uns selbst!

Darum ist er am Kreuz für uns gestorben und hat unsere Schuld bezahlt und hat uns losgekauft. Luther sagt im Kleinen Katechismus: „. . . auf dass ich sein eigen sei."

Hier ist die haarscharfe Linie zwischen „Christlich-sein" und „Christ-sein".

„Auf dass ich sein eigen sei!" Machen wir uns doch klar: Es geht hier ja nicht um einen finsteren Tyrannen, sondern um den Herrn, der mehr an uns getan hat als je ein Mensch. In einem Lied heißt es: „Welch ein Herr! Welch ein Herr! Ihm zu dienen – welch ein Stand!"

*Herr! Lass uns bei denen sein, die nicht nur „etwas" opfern, sondern die sich selbst Dir ganz geben! Amen.*

**Das Volk aber, das vorging und nachfolgte, schrie und sprach: Hosianna dem Sohn Davids! Gelobt sei, der da kommt in dem Namen des Herrn! Hosianna in der Höhe!**
Matthäus 21, 9

Stellen wir uns einmal vor: Der Reporter einer großen Tageszeitung – vielleicht gab es ein „Römisches Tageblatt" – geriet in diesen Einzug Jesu hinein. Er verstand das Ganze nicht recht. Darum fasste er einen, der besonders laut schrie, am Arm und sagte: „Würden Sie mir wohl ein kurzes Interview gewähren? Ich möchte ein paar Fragen stellen." – „Fragen Sie!" – „Warum rufen Sie immer einen alten Bibelspruch?"

Der Gefragte antwortet: „Sie haben ganz recht gehört. Wir schreien ein Wort aus dem 118. Psalm. Dies Wort ist eine Verheißung, dass ein Heiland kommen werde. Und – der dort auf dem Esel, der ist es!"

Der Reporter ist natürlich kritisch und sagt: „Aber wenn nun die Welt ihn nicht anerkennt?"

Der Mann aus Israel lacht: „Sehen Sie, wenn die ganze Welt Ihren großen Kaiser in Rom ablehnen würde, wäre der Mann erledigt. Der kommt nämlich in seinem eigenen Namen. Aber dieser Jesus kommt im Namen des lebendigen Gottes. Darum ist er gar nicht von uns abhängig."

„Und woher", fragt der Reporter, „wissen Sie, dass dieser Jesus der Verheißene ist?"

Sofort kommt die Antwort: „Weil Gott uns die Augen aufgetan hat. Wir haben geglaubt und erkannt, dass dieser ist Christus, der Sohn des lebendigen Gottes!"

Der Reporter schüttelt den Kopf. Er ist doch sonst ein Mann, der sich schnell in alles hineindenken kann. Aber dies – dies ist ihm unfassbar ... Es gibt einen Punkt, an dem die unerleuchtete Welt und die Kinder Gottes sich nicht mehr verstehen.

*Herr! Lass uns bei denen sein, die glauben und mitrufen: Hosianna! Amen.*

**Das Volk aber, das vorging und nachfolgte, schrie und sprach: Hosianna dem Sohn Davids! Gelobt sei, der da kommt in dem Namen des Herrn! Hosianna in der Höhe!**
Matthäus 21, 9

Wir haben uns vorgestellt, der Reporter einer großen römischen Tageszeitung geriete unvermutet in den Trubel, der den Einzug Jesu in Jerusalem begleitet.

Nun möchte er gern über dies Ereignis berichten. Aber er versteht nichts. Er begreift auch nicht, als ihm einer erklärt: „Dieser Mann auf dem Esel ist der von den Propheten verheißene, von Gott gesandte Heiland der Welt."

Ich stelle mir vor, wie der Reporter nun leise lächelnd einen der jubelnden Männer fragt: „Kommt Ihnen dieser Welt-Heiland nicht sehr armselig vor?"

Jetzt lächelt auch der Mann aus Israel: „Das ist doch das Schönste an ihm! Gott ist groß und schrecklich. Unsere Väter liefen weg, als er am Sinai mit ihnen redete. Und nun macht sich Gott so gering und klein, dass er in diesem armen Jesus zu uns kommt. Denken Sie, ich habe ihm meine Kinder gebracht. Und er hat sie gesegnet. Seien Sie doch nicht so blind! Diese Niedrigkeit ist das Schönste an ihm."

Noch einmal setzt der Reporter an: „Warum freuen Sie sich denn so maßlos?" Fast zornig fährt er fort: „Ihre Lage hat sich doch durch diesen Jesus in nichts verändert."

„Doch! Völlig verändert!", jubelt der Mann aus Israel. „Ich war ein Mensch, der vor Gott weglief und doch unter seinem Zorn blieb. Und nun – dieser Jesus hat mich zum Kind Gottes gemacht. Aber jetzt muss ich ihm nachlaufen!"

Verständnislos bleibt der Römer zurück.

*Herr! Lass uns bei der Schar sein, die sich in Dir freut, weil sie Dich kennt – und Du sie kennst! Amen.*

**Da machte sich auf auch Joseph ... in das jüdische Land zur Stadt Davids, die da heißt Bethlehem, darum, dass er aus dem Geschlecht Davids war, auf dass er sich schätzen ließe mit Maria, seinem vertrauten Weibe ...** Lukas 2, 4 und 5

Als Student besuchte ich ein philosophisches Kolleg. Da empfahl uns der Professor zu Anfang ein Buch mit dem Titel „Prolegomena zum Verständnis der Philosophie". „Prolegomena" sind „Vorbemerkungen", die man lesen muss, um das Ganze zu verstehen.

Unser Textwort enthält solche „Prolegomena" zum Verständnis der Weihnachtsbotschaft. Die muss man kennen. Sonst wird man diese Geschichte für eine nette Märchenerzählung ansehen.

Hier ist die Rede vom „Geschlecht Davids" und von „Bethlehem". Damit stoßen wir auf etwas Großes: auf den Heilsplan Gottes.

Auf den Fluren Bethlehems weidete der junge David seine Schafe. Er dichtete das Lied: „Der Herr ist mein Hirte." Und später sagt der Herr Jesus: „Dieser gute Hirte bin ich!"

Dieser David wurde König und ein Freund Gottes. Ihm verhieß Gott, sein Geschlecht werde einen „ewigen Königsthron" haben. Einen „ewigen"?! Wo gibt es denn so etwas!

Gott aber sprach zu David von seinem Plan, der Welt einen „ewigen König" zu geben, dem einmal alle Reiche zufallen sollen. Wir wissen, dass diese Verheißung in dem „Davidssohn" Jesus erfüllt ist.

So deuten die ersten Verse der Weihnachtsgeschichte auf den großen Plan Gottes zu unserem Heil. Wir verstehen alles nur, wenn wir wissen: Gottes Heilsplan kommt in der Geburt seines Sohnes zur Erfüllung. Es ist schön zu wissen, dass dieser Plan Gottes auf uns zielt, auf unsere Seligkeit.

*Herr! Lass uns Deinen Heilsplan nicht nur verstehen, sondern auch in ihn hineingezogen werden! Amen.*

**Es begab sich aber zu der Zeit, dass ein Gebot von dem Kaiser Augustus ausging, dass alle Welt geschätzt würde. Und jedermann ging, dass er sich schätzen ließe, ein jeglicher in seine Stadt.** Lukas 2, 1 und 3

Wie? Jetzt schon die Weihnachtsgeschichte? Das Fest feiern wir doch erst in drei Tagen!

Nun, die eigentliche Weihnachtsgeschichte beginnt mit dem Satz: „Sie gebar ihren ersten Sohn." In unseren Textversen steht eine Wahrheit, die man vorher verstehen muss, wenn man Weihnachten begreifen will.

Da ist vom Kaiser Augustus die Rede. Der war ein großer Mann. Er gab der damaligen Welt den Frieden. Ein Historiker schreibt von ihm: „Er war die ordnende Mitte von der Themse bis zum Indus." Dabei stellte er für sich nur geringe Ansprüche. Aber wo Not war, griff er mit seinen persönlichen Mitteln ein.

Ist es da nicht kleinlich von der Bibel, dass sie von ihm nichts anderes zu sagen weiß als dies: Er wollte seine Völker zählen und verursachte so eine heillose Verwirrung und Unruhe.

O nein! Hier wird die Erfahrung des „kleinen Mannes von der Straße" berichtet. Für den gibt's keine Ruhe, keinen Frieden. Damals erklärten sicher viele Bürger: „Wir kümmern uns nicht um die Politik!" Aber die Politik kümmerte sich um sie. Und so müssen Tausende – wie Maria und Joseph – die Heimat verlassen, über Straßen wandern und Not erleiden. Und später müssen die beiden mit ihrem Kind fliehen, weil mitten im „römischen Frieden" ein Herodes morden kann.

Machen wir uns doch keine Illusionen über die Welt! Sie ist eine gefallene Welt. „Finsternis bedeckt das Erdreich und Dunkel die Völker", sagt Jesaja.

Diese Welt braucht einen Heiland. Und sie bekommt ihn – von Gott. „Das ew'ge Licht geht da herein, / Gibt der Welt ein'n neuen Schein . . ."

*Herr! Du Licht der Welt! Komm in unser armes Leben! Amen.*

**Die ihr nicht Geld habt, kommt her und kauft umsonst!**
Jesaja 55, 1

An dem Nachmittag vor einem Weihnachtsfest hatte ich einst ein wunderliches und fröhliches Erlebnis.

Ich war gebeten worden, in einem Männerheim eine Weihnachtsansprache zu halten. Hier lebten die Außenseiter der Gesellschaft, die Zugvögel, die es immer wieder auf die Landstraßen treibt. Meine Kinder begleiteten mich. Sie hatten Geigen und Blockflöten bei sich, um ein wenig Weihnachtsmusik zu machen.

Als wir in das Heim kamen, stand da nur der Leiter im festlich geschmückten Saal. Verlegen erklärte er mir: „Die Männer sind noch bei einer Weihnachtsfeier, die der CVJM für alleinstehende Männer veranstaltet. Aber sie werden bald erscheinen."

Nach geraumer Zeit kamen sie an. Atemlos, jeder ein Paket unter dem Arm. Und bald darauf saßen sie geduldig an neuen Tischen, um die nächste Feier „mitzunehmen". Vielleicht schon die dritte!

„Ja", so erklärte es mir einer der Männer nachher, „hier gibt's was umsonst. Da muss man mitnehmen, was man kann."

Ich musste lachen. Und dann dachte ich: Sieh, von diesen Männern sollte man lernen. Da bereitet der große Gott uns einen Weihnachtstisch. Er gibt seinen Sohn. Und in ihm so viel, dass man es gar nicht sagen kann: Leben, Frieden, Vergebung, Kraft, Trost, Hoffnung, Liebe, Freude und noch viel, viel mehr. Und alles umsonst und ohne Geld! Kein Geld ist ja imstande, solche Schätze zu kaufen!

Sollte man da nicht wie diese Männer laufen, um so viel wie möglich „mitzunehmen"?! Die Hirten in der Weihnachtsgeschichte sind gelaufen. Und wir?

So lasst uns nun so viel wie möglich „mitnehmen"!

*„O dass mein Sinn ein Abgrund wär' / Und meine Seel' ein weites Meer, / Dass ich Dich möchte fassen!" Amen.*

**Und alsbald war da bei dem Engel die Menge der himmlischen Heerscharen, die lobten Gott ...** Lukas 2, 13

Wir kennen ja kaum noch die große Stille der Nacht. Irgendwo dröhnen Eisenbahnzüge, rauschen Flugzeuge oder brummen Autos.

Welch eindrucksvolle Ruhe aber mag in der Weihnachtsnacht über den Feldern und Weiden von Bethlehem gelegen haben.

Umso erschütternder war der nun hereinbrechende Lobchor der himmlischen Heerscharen!

Es gibt ein Wort im Buch Hiob, das uns in seiner Schönheit ans Herz greift: „Gott, mein Schöpfer, der Lobgesänge gibt in der Nacht." Elihu wird kaum geahnt haben, wie herrlich dies Wort in der Weihnachtsnacht in Erfüllung gehen sollte.

Man möchte still werden und lauschen. Denn von diesen Klängen muss doch irgendwie noch die Luft erfüllt sein.

Und so ist es in der Tat! Diese Lobgesänge sind noch nicht verstummt.

Man verzeihe in diesem Zusammenhang ein Bild aus der Technik. Beim Auto spricht man von einer „Initialzündung". Eine erste Zündung muss im Motor hervorgerufen werden, dann läuft der Motor schon weiter.

Das Lobgetöne der Engel in der Weihnachtsgeschichte ist eine Initialzündung. Die Hirten nahmen es auf. Und dann die erste Christengemeinde. „Sie lobten Gott mit Freuden", so heißt's von ihnen. Und so geht der Lobgesang durch die Jahrhunderte. Lasst uns doch nicht stumm sein! Lasst uns mit einstimmen: „Lobt Gott, ihr Christen, allzugleich, / In seinem höchsten Thron, / Der heut schleußt auf sein Himmelreich / Und schenkt uns seinen Sohn."

Welches Wohlgefallen hat Gott an uns, wenn wir das Weihnachtslob der himmlischen Heerscharen aufnehmen!

*Herr! Entzünde Du unser Herz und Gemüt zur Weihnachtsfreude! Amen.*

**Euch ist heute der Heiland geboren.** Lukas 2, 11

Dem Boten aus der himmlischen Welt hat es sicher fast das Herz zersprengt vor Freude, dass er diese wundervolle Botschaft in die Welt hineinrufen durfte: „Euch ist heute der Heiland geboren!"

Denn es gibt doch nichts Schöneres, als eine Freudenbotschaft zu überbringen!

Und ist es nicht bewundernswert, in welcher Kürze und Schlichtheit der Engel die Botschaft sagte! Er hält keine langatmige, komplizierte Predigt. Das, was er sagt, kann ein Kind fassen. Und ein Gelehrter wird sein Leben lang nicht fertig, die Tiefe dieses einen Satzes auszuschöpfen.

„Euch ist heute der Heiland geboren!" Euch! „Euch, die ihr unter Gottes gerechtem Gericht steht! Euch, die ihr dem Tod verfallen seid! Euch, die ihr begraben seid unter Bergen von Schuld! Euch, die ihr das Gute tun wollt und doch immer das Böse tun müsst! Euch ist der Heiland geboren!"

Der „Heiland"! Wörtlich heißt es im griechischen Grundtext: „der Retter"! Hier fährt ja der starke Arm Gottes mitten in unsere Verlorenheit hinein, um uns herauszuziehen aus allem, was Verderben ist, um uns an die Ufer des Lebens, der Freude, des Friedens, kurz, an die Ufer Gottes zu tragen.

Und „heute" ist's geschehen! Die Väter haben ausgeschaut nach diesem Tag. Aber: „Ihr erlebt den Tag des Heils! Jetzt ist er da, der Heiland!"

Wer kann die Größe dieser Botschaft ermessen!

Matthias Claudius sagt: „Es ist freilich ein Geheimnis, und wir begreifen es nicht, aber die Sache kommt von Gott und aus dem Himmel, denn sie trägt das Siegel des Himmels und trieft von Barmherzigkeit Gottes."

*„Gelobet seist Du, Jesu Christ, / Dass Du Mensch geboren bist!" Amen.*

**Und siehe, des Herrn Engel trat zu ihnen ... und sprach: „Euch ist heute der Heiland geboren ...“** Lukas 2, 9–11

Wir wollen doch mal versuchen, die Weihnachtsgeschichte zu modernisieren: Ein junges Ehepaar – die Frau erwartet ein Baby – bekommt eine amtliche Vorladung in die Kreisstadt. Als sie ankommen, sind alle Gasthäuser überfüllt, weil am nächsten Tag eine landwirtschaftliche Ausstellung eröffnet wird.

Im Gasthaus „Zum Ross“ bekommt der Wirt Mitleid und schlägt den beiden vor, in seiner Garage zu übernachten. Da hätten sie wenigstens ein Dach über dem Kopf. Es finden sich noch zwei Tragbahren, die von der letzten Feuerwehrübung herumstehen.

In der Nacht bekommt die Frau ihr Kind. Sie wickelt es in Windeln und legt es auf das Polster des alten Wagens, der in der Garage steht.

In derselben Nacht sind ein paar Streckenarbeiter an der Bahn beschäftigt. Sie arbeiten bei Nacht, weil tagsüber zu viel Züge verkehren. Plötzlich wird es hell ...

Nun ist es aus mit dem Modernisieren. Jetzt kommen die Engel. Engel sind herrliche Gottesboten. Nun beginnt das Wunder! Eine Tür geht auf zur Welt Gottes, und die Engelscharen brechen herein in die sichtbare Welt.

Und das ist noch ein geringes Wunder. Das ganz große ist: Der Sohn Gottes selbst ist durch diese offene Tür zu uns gekommen. „Heute geht aus seiner Kammer / Gottes Held, der die Welt / Reißt aus allem Jammer. / Gott wird Mensch, dir Mensch zugute, / Gottes Kind, / Das verbind't / Sich mit unserm Blute.“

Das ist keine alltägliche Geschichte. Das ist vielmehr die große Tat Gottes, die unsere Alltäglichkeit verwandelt. Sie öffnet uns die Tür zum Leben.

*Wir danken Dir, Herr Jesus, für Deine Menschwerdung. Amen.*

**. . . denn sie hatten sonst keinen Raum in der Herberge.**
Lukas 2, 7

Es muss ein elender Raum gewesen sein, in dem Gott Mensch wurde!

Wer in dem Kind den Sohn Gottes erkannt hat, dem ist diese Armut fast unerträglich. So singt Paul Gerhardt: „. . . ach, Heu und Stroh ist viel zu schlecht. / Samt, Seide, Purpur wäre recht, / Dies Kindlein draufzulegen."

Wir müssen es eben immer neu lernen, dass gerade diese ganze „Entäußerung" des Sohnes Gottes das Schönste an ihm ist. Die Bibel sagt: „Er wird arm um unsertwillen, dass wir durch seine Armut reich würden."

Dieser Stall ist aber nicht nur ein elender Raum, sondern er ist auch der Raum der Elenden.

Ein moderner Dichter schrieb: „Man muss schon fragen, / Ob es sich lohnt, / Die Welt zu erlösen. / Wenn man fragt, / So muss man schon sagen, / Dass außer der alten / Asthmatischen Frau, / Die drüben im Hause / Immer nach Luft ringt, / Dass außer dem blinden Krüppel / . . . Und dem scheuen, / Verzweifelten Jungen, / Der sich heimlich erhängen wollte, / Eigentlich niemand / Auf ihn wartet. / . . . Wir hängen am besten / Ein Schild an die Türe, / Dass mangels Beteiligung / Und Interesse / In diesem Jahre / Die Menschwerdung ausfällt."

Nein! Dies Schild wird nicht an die Tür gehängt! Die Menschwerdung Gottes findet statt – und zwar gerade für die „alte, asthmatische Frau" und für den „scheuen, verzweifelten Jungen" und für elende Herzen, für beladene Gewissen, für Menschen, die mit sich selbst nicht fertig werden, für die, die Furcht vor Gott haben.

*Herr! Wir sind ja so elend! Neben den Hirten wollen wir knien und Dich anbeten. Amen.*

**Und sie kamen eilend und fanden ... das Kind in der Krippe liegen.** Lukas 2, 16

Da stehen die Hirten vor der Tür des Stalles. Noch atemlos vom schnellen Laufen. Ihr Herz klopft. Nun sind sie am Ziel. Nur noch diese Tür müssen sie öffnen.

Diese Tür! Sie kommt in der Weihnachtsgeschichte nur zwischen den Zeilen vor. Und sie ist doch so wichtig.

Wenn man einen der Großen dieser Welt besuchen will, dann muss man am Portier vorbei. Dann geht's durch viele, viele Türen. Und endlich steht man – vor der Sekretärin, die einem erklärt: „Der Chef ist sehr beschäftigt."

Seht dagegen die Stalltür in Bethlehem! Die Hirten machen sie auf. Niemand hindert sie. Und schon sind sie beim Heiland. So leicht kommt man zu ihm. Auch heute! Es ist nur ein einziger Schritt, der uns zum Heiland unseres Lebens bringt.

Eine armselige Tür! Und doch trennt sie zwei Welten. Draußen ist die Welt des Gesetzes. Da leben wir – ob wir es wollen oder nicht – unter dem Gesetz Gottes. Und das verklagt uns. Wir wissen alle, dass wir Schuldige sind. Die Bibel sagt: Man „geht mit Werken um". Das gibt große innere Unruhe. Man muss das Gesetz Gottes wegschieben, man muss sich dauernd verteidigen oder rechtfertigen. Und doch verklagt uns im Gewissen Gottes Gesetz.

Die Hirten aber gehen durch die Tür. Und schon stehen sie in einer anderen, neuen Welt, in der Welt der Gnade Gottes. Sie sehen das Kind, von dem auch wir singen dürfen: „Aus Gnaden! Hier hilft kein Verdienen, / Die eignen Werke fallen hin. / Er, der aus Lieb im Fleisch erschienen, / Hat diese Ehre zum Gewinn, / Dass uns sein Tod das Heil gebracht / Und uns aus Gnaden selig macht."

*Herr! König im Gnadenreich! Dein wollen wir sein! Amen.*

**Darin ist erschienen die Liebe Gottes gegen uns, dass Gott seinen eingeborenen Sohn gesandt hat in die Welt, dass wir durch ihn leben sollen.** 1. Johannes 4, 9

Nun geht die liebe Weihnachtszeit zu Ende. Die Weihnachtsbäume verlieren ihre Nadeln. Und die Schaufenster der großen Läden werden umdekoriert.

Und wie steht es mit uns? . . .

Als meine Kinder noch klein waren, brachte ich ihnen jedes Mal etwas mit, wenn ich von einer Reise zurückkam.

Eines Tages fand ich bei solcher Heimkehr das kleine Volk im Garten. Da trommelten alle mit Kochlöffeln auf Blechdeckeln und zogen dabei singend im Kreise herum.

Als sie mich sahen, gab's ein großes Freudengeschrei. Vor allem wollten sie das Mitbringsel sehen. Ich packte aus. Sie betrachteten es, aber offenbar fand es nicht ihr Wohlgefallen. Gleichgültig schauten sie das Geschenk an. Und dann sagte der Junge trocken: „Komm, Hanna, gehn wir trommeln!"

So kann man es mit Gottes Weihnachtsgeschenk machen. Er gab seinen Sohn. Wir haben das in den Feiertagen zur Kenntnis genommen. Aber nun heißt's vielleicht: „Gehn wir trommeln!" Und wir machen unseren Alltagslärm weiter, der ja oft nicht sinnvoller ist als das kindliche Bleckdeckel- und Kochlöffel-Getrommel, als wenn es keine Weihnachtsbotschaft gegeben hätte!

So soll es nicht sein! Gottes Liebe ist in Jesus erschienen. „Leben" dürfen wir durch ihn. Wirklich leben, nicht nur vegetieren oder existieren. Leben aus Gott dürfen wir haben durch diesen Heiland.

Nein! Für uns darf Weihnachten nicht „dahin" sein. Im Licht dieser Liebe wollen wir weiterwandern!

*Herr! Lass uns gesegnete Leute sein und bleiben! Amen.*

**Deine Sünden sind dir vergeben.** Markus 2, 5

Das Jahr geht seinem Ende zu. Wie wollen wir das Jahresende begehen?

Die einen überschlagen, was es ihnen an Freude und Leid gebracht hat. Die anderen planen nur nach vorne – ins neue Jahr hinein. Die dritten denken überhaupt nichts und bereiten die große Knallerei vor.

Christen sollten sich in das Licht Gottes stellen. Darüber wird es ihnen aufgehen, wie viel Schuld, Sühne und Versagen sich im alten Jahr finden. Und nichts wird ihnen wichtiger sein, als neu sich der Vergebung der Sünden zu vergewissern. Bei Jesus, der für uns starb, finden wir sie. „Das Blut Jesu Christi, des Sohnes Gottes, macht uns rein von aller Sünde", sagt die Bibel.

Dass dies das Allerwichtigste ist, machte der Herr Jesus einmal unüberhörbar deutlich. Da brachten ein paar Männer einen Gelähmten zu ihm. Sie hatten viel Mühe mit der Sache gehabt. Und nun erwarteten sie, dass der Mann sofort geheilt würde.

Aber Jesus sagte als Erstes: „Dir sind deine Sünden vergeben." So etwas Großes kann ja nur er aussprechen. Und diese Gabe der Sündenvergebung steht nur ihm zu.

Wir haben gewiss viele Wünsche und wichtige Pläne, Aufgaben und Anliegen für das neue Jahr. Aber nun wollen wir uns doch von Jesus sagen lassen: Das Wichtigste ist, dass wir nicht mit alten Schulden ins neue Jahr gehen, dass wir nicht alte Gewissenslasten weiter mitschleppen.

Im Alten Testament heißt es einmal: „Schicke dich und begegne deinem Gott!" Das wollen wir tun. Rüsten wir uns, in sein Licht zu treten! Gehen wir mit ihm das vergangene Jahr durch! Bekennen wir alle Schuld! Dann wird auch uns der Herr Jesus seine durchbohrten Hände auflegen und sagen: „Dir sind deine Sünden vergeben."

*Herr! Hilf uns, unser Leben in Ordnung zu bringen! Amen.*

**Ich hörte eine große Stimme wie eine Posaune, die sprach: Ich bin der Erste und der Letzte.** Offenbarung 1, 10 und 11

Der l e t z t e Tag des Jahres ist gekommen.

Während ich das leise vor mich hinspreche: „Der letzte Tag!", kommt es wie eine Wehmut über mich. Als 365 große Möglichkeiten lagen am Anfang des Jahres die 365 Tage vor mir. Nun sind sie dahin. Bis auf den l e t z t e n .

Während ich dem nachdenke, höre ich auf einmal die „Stimme wie eine Posaune": „Ich bin der L e t z t e ! " Es ist der auferstandene Herr, der so spricht.

„Du bist der L e t z t e ? ", frage ich. „Was bedeutet das?"

Und er antwortet: „Wenn der letzte Tage des Jahres vergangen ist, bin ich noch da. Und wenn der letzte Tag deines Lebens dahin ist, bin ich auch noch da. Ja, wenn der letzte Tag dieser Weltzeit vorübergegangen ist, bin ich auch noch da. Und wenn die neue Welt anbricht, wenn der Jubel der himmlischen Heerscharen sich mischt mit den Stimmen der vollendeten Gemeinde, die ich erkauft habe mit meinem Blut – ja, sieh, dann bin ich wieder der Erste."

„O Herr!", sage ich. „Nun bin ich vergänglicher Mensch durch den Glauben ein Glied an deinem Leib geworden. Dann bin ich doch bei all dem dabei? Denn du kannst doch deine Glieder nicht lassen!"

„Ja", sagt er. „Darum gibt es für die Meinen keine l e t z t e n Tage mehr, sondern immer nur n e u e s Leben in mir."

*Herr! Wir danken Dir, dass Du uns aus dem Strom des Vergänglichen herausgerissen hast. Du hast uns durch Dein Blut für Gott erkauft und hast uns ewiges Leben geschenkt. So wollen wir nun an der Schwelle des neuen Jahres Deine Hand fassen und bekennen: „Wir geh'n durch Jesu Leiten / Hin in die Ewigkeiten! / Es soll nur Jesus sein!" Amen.*

## ALTES TESTAMENT

## NEUES TESTAMENT

**Johannes**

**Wilhelm Busch**

wurde 1897 in Wuppertal-Elberfeld geboren, erlebte seine Jugendzeit in Frankfurt a. M. und machte auch dort sein Abitur. Als junger Leutnant des Ersten Weltkriegs kam er zum Glauben. Er studierte in Tübingen Theologie, war zunächst Pfarrer in Bielefeld, dann in einem Bergarbeiterbezirk und schließlich jahrzehntelang Jugendpfarrer in Essen. Dabei hielt er hin und her im Lande und in der Welt Evanglisationsvorträge. Im Dritten Reich brachten ihn sein Glaube und der Kampf der Bekennenden Kirche mehrmals ins Gefängnis. Nach dem Zweiten Weltkrieg war er wieder unermüdlich mit der Botschaft von Jesus unterwegs. 1966 wurde er von seinem Herrn in Lübeck auf der Rückreise von einem Evangelisationsdienst in Saßnitz auf Rügen heimgeholt.

# *Heilsam und herausfordernd*

Täglich ein paar Minuten innehalten, still werden und über Gott nachdenken, dazu lädt dieses Buch ein. Die beliebten Andachten des großen Predigers Wilhelm Busch begleiten Sie durch das ganze Jahr.

Entdecken Sie die Spuren Gottes in der Welt und in Ihrem Leben!

Wilhelm Busch
**Der Herr ist mein Licht und mein Heil**
Andachten für jeden Tag

gebunden, 376 Seiten
ISBN 978-3-7615-6683-1

neukirchener

## *Interessante Einblicke in das Leben ausgewählter Persönlichkeiten*

Im Arbeitszimmer des berühmten Pastor Wilhelm Busch hingen Porträts von Menschen, die ihm Vorbild waren. Hier erzählt er auf ansteckende Weise von ihnen und ihrem Glauben – tiefgründige Geschichten über beeindruckende Persönlichkeiten.

Wilhelm Busch
**Plaudereien in meinem Studierzimmer**

gebunden, 299 Seiten,
mit s/w-Fotografien
ISBN 978-3-7615-5704-4

neukirchener